U0564567

浙江省文化研究工程指导委员会

浙江省社科联社科普及课题成果

浙江简史丛书

浙江社会简史

杨张乔　著

ZHEJIANG UNIVERSITY PRESS
浙江大学出版社
·杭州·

本书为浙江文化研究工程项目成果
本书为浙江省社科联社科普及课题成果
本书受浙江省社会科学院资助

浙江文化研究工程成果文库总序

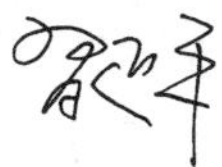

有人将文化比作一条来自老祖宗而又流向未来的河，这是说文化的传统，通过纵向传承和横向传递，生生不息地影响和引领着人们的生存与发展；有人说文化是人类的思想、智慧、信仰、情感和生活的载体、方式和方法，这是将文化作为人们代代相传的生活方式的整体。我们说，文化为群体生活提供规范、方式与环境，文化通过传承为社会进步发挥基础作用，文化会促进或制约经济乃至整个社会的发展。文化的力量，已经深深熔铸在民族的生命力、创造力和凝聚力之中。

在人类文化演化的进程中，各种文化都在其内部生成众多的元素、层次与类型，由此决定了文化的多样性与复杂性。

中国文化的博大精深，来源于其内部生成的多姿多彩；中国文化的历久弥新，取决于其变迁过程中各种元素、层次、类型在内容和结构上通过碰撞、解构、融合而产生的革故鼎新的强大动力。

中国土地广袤、疆域辽阔，不同区域间因自然环境、经济环境、社会环境等诸多方面的差异，建构了不同的区域文化。区域文化如同百川归海，共同汇聚成中国文化的大传统，这种大传统如同春风化雨，渗透于各种区域文化之中。在这个过程中，区域文化如同清溪山泉潺潺不息，在中国文化的共同价值取向下，以自己的独特个性支撑着、引领着本地经济社会的发展。

从区域文化入手，对一地文化的历史与现状展开全面、系统、扎实、有序的研究，一方面可以藉此梳理和弘扬当地的历史传统和文化资源，繁荣和丰富当代的先进文化建设活动，规划和指导未来的文化发展蓝图，增强文化软实力，为全面建设小康社会、加快推进社会主义现代化提供思想保证、精神动力、智力支持和舆论力量；另一方面，这也是深入了解中国文化、研究中国文化、发展中国文化、创新中国文化的重要途径之一。如今，区域文化研究日益受到各地重视，成为我国文化研究走向深入的一个重要标志。我们今天实施浙江文化研究工程，其目的和意义也在于此。

千百年来，浙江人民积淀和传承了一个底蕴深厚的文化传统。这种文化传统的独特性，正在于它令人惊叹的富于创造力的智慧和力量。

浙江文化中富于创造力的基因，早早地出现在其历史的源头。在浙江新石器时代最为著名的跨湖桥、河姆渡、马家浜和良渚的考古文化中，浙江先民们都以不同凡响的作为，在中华民族的文明之源留下了创造和进步的印记。

浙江人民在与时俱进的历史轨迹上一路走来，秉承富于创造力的文化传统，这深深地融汇在一代代浙江人民的血液中，体现在浙江人民的行为上，也在浙江历史上众多杰出人物身上得到充分展示。从大禹的因势利导、敬业治水，到勾践的卧薪尝胆、励精图治；从钱氏的保境安民、纳土归宋，到胡则的为官一任、造福一方；从岳飞、于谦的精忠报国、清白一生，到方孝孺、张苍水的刚正不阿、以身殉国；从沈括的博学多识、精研深究，到竺可桢的科学救国、求是一生；无论是陈亮、叶适的经世致用，还是黄宗羲的工商皆本；无论是王充、王阳明的批判、自觉，还是龚自珍、蔡元培的开明、开放，等等，都展示了浙江深厚的文化底蕴，凝聚了浙江人民求真务实的创造精神。

代代相传的文化创造的作为和精神，从观念、态度、行为方式和价值取向上，孕育、形成和发展了渊源有自的浙江地域文化传统和与时俱进的浙江文化精神，她滋育着浙江的生命力、催生着浙江的凝聚力、激发着浙江的创造力、培植着浙江的竞争力，激励着浙江人民永不自满、永不停息，在各个不同的历史时期不断地超越自我、创业奋进。

悠久深厚、意韵丰富的浙江文化传统，是历史赐予我们的宝贵财富，也是我们开拓未来的丰富资源和不竭动力。党的十六大以来推进浙江新发展的实践，使我们越来越深刻地认识到，与国家实施改革开放大政方针相伴随的浙江经济社会持续快速健康发展的深层原因，就在于浙江深厚的文化底蕴和文化传统与当今时代精神的有机结合，就在于发展先进生产力与发展先进文化的有机结合。今后一个时期浙江能否在全面建设小康社会、加快社会主义现代化建设进程中继续走在前列，很大程度上取决于我们对文化力量的深刻认识、对发展先进文化的高度自觉和对加快建设文化大省的工作力度。我们应该看到，文化的力量最终可以转化为物质的力量，文化的软实力最终可以转化为经济的硬实力。文化要素是综合竞争力的核心要素，文化资源是经济社会发展的重要资源，文化素质是领导者和劳动者的首要素质。因此，研究浙江文化的历史与现状，增强文化软实力，为浙江的现代化建设服务，是浙江人民的共同事业，也是浙江各级党委、政府的重要使命和责任。

2005 年 7 月召开的中共浙江省委十一届八次全会，作出《关于加快建设文化大省的决定》，提出要从增强先进文化凝聚力、解放和发展生产力、增强社会公共服务能力入手，大力实施文明素质工程、文化精品工程、文化研究工程、文化保护工程、文化产业促进工程、文化阵地工程、文化传播工程、文化人才工程等“八项工程”，实施科教兴国和人才强国战略，加快建设教育、科技、卫生、体育等“四个强省”。作为文化建设“八项工程”之一的文化研究工程，其任务就是系统研究浙江文化的历史成就和当代发展，深入挖掘浙江文化底蕴、研究浙江现象、总结浙江经验、指导浙江未来的发展。

浙江文化研究工程将重点研究“今、古、人、文”四个方面，即围绕浙江当代发展问题研究、浙江历史文化专题研究、浙江名人研究、浙江历史文献整理四大板块，开展系统研究，出版系列丛书。在研究内容上，深入挖掘浙江文化底蕴，系统梳理和分析浙江历史文化的内部结构、变化规律和地域特色，坚持和发展浙江精神；研究浙江文化与其他地域文化的异同，厘清浙江文化在中国文化中的地位和相互影响的关系；围绕浙江生动的当代实践，深入解读浙江现象，总结浙江经验，指导浙江发展。在研究力量上，通过课题组织、出版资助、重点研究基地建设、加强省内外大院名校合作、整合各地各部门力量等途径，形成上下联动、学界互动的整体合力。在成果运用上，注重研究成果的学术价值和应用价值，充分发挥其认识世界、传承文明、创新理论、咨政育人、服务社会的重要作用。

我们希望通过实施浙江文化研究工程，努力用浙江历史教育浙江人民、用浙江文化熏陶浙江人民、用浙江精神鼓舞浙江人民、用浙江经验引领浙江人民，进一步激发浙江人民的无穷智慧和伟大创造能力，推动浙江实现又快又好发展。

今天，我们踏着来自历史的河流，受着一方百姓的期许，理应负起使命，至诚奉献，让我们的文化绵延不绝，让我们的创造生生不息。

2006 年 5 月 30 日于杭州

“浙江简史丛书”前言

地处中国东南沿海的浙江，因钱塘江江流曲折而得名。浙江历史悠久，文化璀璨，自古人杰地灵，人才辈出，素有“丝绸之府、鱼米之乡、文物之邦”和“诗画江南，活力浙江”等盛誉，在中华文明发展史上具有重要地位。“浙江简史丛书”正是这样一套力求全面系统地记述浙江自然、政治、经济、文化和社会等各项事业历史巨变的书籍。

一、“浙江简史丛书”的编写来由及基本情况

千百年来，浙江也曾留下不少记载全省历史、传承区域文明的史志著述文献，仅改革开放以来，就有 12 卷、580 万字的《浙江通史》和上百卷、上亿字的《浙江通志》等一批具有一定厚重度和较大影响的史志著述相继问世。但从省级层面看，还缺乏一套篇幅适当、适合广大读者阅读的科普类地方史读物，相应也缺乏“浙江经济史”“浙江社会史”等记述研究浙江某一领域历史与重大变化的史志著述。为此，2020 年底，浙江省及有关部门领导都提出，能否在已基本完成的《浙江通志》基础上，组织编写一套“浙江简史丛书”，以多种方式展示浙江历史，同时弥补以往相关

成果的缺憾，并委托浙江省社会科学院和浙江省地方志编纂委员会办公室承担这一任务。浙江省社会科学界联合会还下达了“浙社科联发〔2021〕49 号”文，将“浙江简史丛书”正式列为“重大委托课题”（编号：22KPWT05ZD）。浙江省社科院、浙江省财政厅和浙江省地方志编纂委员会办公室等部门都十分重视，很快便落实了编写班子、相关经费等保障条件，并于 2021 年正式启动了编写工作。

全书编写工作由浙江省地方志编纂委员会办公室原主任潘捷军主持负责。五本书的作者按书序分别是：

《浙江自然简史》作者：颜越虎，浙江省社会科学院（浙江省地方志编纂委员会办公室）研究员；李迎春，浙江省社会科学院（浙江省地方志编纂委员会办公室）助理研究员；李睿，浙江大学地球科学学院副教授。

《浙江政治简史》作者：潘捷军，浙江省社会科学院（浙江省地方志编纂委员会办公室）研究员。

《浙江经济简史》作者：徐剑锋，浙江省社会科学院研究员；毛杰，浙江省社会科学院助理研究员。

《浙江文化简史》作者：汤敏，浙江省社会科学院（浙江省地方志编纂委员会办公室）研究员；范玉亮，杭州电子科技大学讲师。

《浙江社会简史》作者：杨张乔，浙江省社会科学院研究员。

以上作者长期从事相关领域的研究工作，同时大都参与了《浙江通志》相关门类各卷的编纂工作，在这一过程中积累了丰富的经验和大批史料，为完成“浙江简史丛书”的编写工作打下了基础。

2024 年，由于浙江省社科联等部门有关领导的高度重视和编辑出版团队全体同志的共同努力，并经规范评审程序，“浙江简史丛书”又被列入“浙江文化研究工程重大项目”（“浙社科办〔2024〕40 号”，项目编号：24WH20ZD）。各卷分别被列为重点项目。浙江文化研究工程由习近平总书记在浙江工作时亲自倡导设立，是浙江历史上第一次有组织、有计划、大规模地系统梳理历史文脉，深入挖掘文化内涵，重点研究当代发展的重大社科工程。“浙江简史丛书”被列入其中，充分体现了全省各方面对地方史编写价值意义的高度重视及对该项目前期工作的基本肯定。为此，编辑团队又按工程要求和评审专家的修改意见，对各卷书稿进行了认真修改完善。

二、“浙江简史丛书”的主要特点

在认真学习中国地方志指导小组《地方史编写基本规范》等文件和借鉴相关史志著述成果的基础上，经作者团队认真研究和编写，“浙江简史丛书”力求体现以下几个主要特点：

一是定位为既有一定学术色彩，同时又能适应广大读者阅读的社科科普类读物。各卷篇幅一般为二三十万字，同时在语言风格上力求深入浅出，便于普通读者阅读，也与以往的《浙江通史》等史著成果在形式上有所区别。

二是在体例框架上，借鉴了国务院《地方志工作条例》对地方志书的大类划分方法和《中华人民共和国史研究丛书》（六卷）等成果，尝试将全书分为自然、政治、经济、文化和社会共五大类（即五卷）。同时在编写以及装帧设计上，使全书合起来是一个整体，拆开来又各为一卷，在规范、风格基本统一的基础上又各有特点，便于读者各取所需，自行选择。

三是全书总体上力求把握几个特色。一是内容全：即力求通过各卷全景式展示浙江自古至今自然、政治、经济、文化和社会各个领域发展中的重大事件、重要人物和重要特点，既力求不遗漏重大事件、重要人物等要素，又要处理好各卷的交叉关系。二是脉络清：即将编年体、纪事本末体等几种形式有机融为一体，在各卷“横排门类”的基础上，按史序“纵述史实”并力求“纵不断线”，同时借鉴《浙江通志》的体例，除个别事实、数据需考虑相互间的逻辑关系对时间下限进行调整外，各卷下限基本统一到2010年。三是史实准：通过查找、考订大量的历史文献、档案资料等，做到言而有据，对一些重要史实等视情形进行规范注解，力求客观准确。四是规律明：即力求以马克思主义唯物史观指导编研工作，努力探寻并总结浙江数千年历史发展的总体规律，并通过对一些重要历史阶段、重要史实的记述，注重展现浙江发展不同于其他地域（省份）的独特规律。同时，按“详今明古”等原则，力求彰显新中国成立后特别是改革开放以来的发展变化，突出习近平新时代中国特色社会主义思想对浙江发展的指导引领意义。

三、“浙江简史丛书”的编写出版过程

“浙江简史丛书”从编写到出版的全过程中，先后得到了来自各方面领导、专家的精心指导和大力支持。李志庭、梁敬明、陶水木、袁成毅、袁朝明等专家于2021年3月参加了篇目论证会，对全书框架给予了充分肯定和具体指导；李志庭、包晓峰、宫云维、陈剩勇、陈微、徐吉军、李建中、梁敬明等专家先后参加了各卷的评审工作，都从各自的专业角度给予了悉心指导。同时，郭华巍、王四清、查志强、俞世裕、何显明、谢利根、陈先春、郑金月、范钧、刘东、蔡青、王三炼、杨金柱等有关领导专家，也通过不

同方式给予了大力指导与支持。

浙江大学出版社袁亚春、陈洁、徐婵、宋旭华等有关领导和各位责任编辑，在这一工作全过程中兢兢业业，严谨认真，从而保证了“浙江简史丛书”按质量和进度要求如期出版，在此一并表示真诚的谢意！

此外，除全书每卷前都附有这篇统一的《“浙江简史丛书”前言》外，各卷都结合本卷实际情况，在开篇附有《导言》，分别介绍本卷特点并说明有关情况。

最后需要说明的是，由于我们水平有限和时间较紧等主客观原因，尤其是按自然、政治、经济、文化和社会五大类分卷编写，实为2015年中宣部和国家新闻出版广电总局发文“将地方史编写纳入地方志工作范畴”（见“新广出办发〔2015〕45号”）后，在全国地方史志系统的创新之举，因而在探索性编写过程中肯定还存在很多不足，恳请广大读者给予批评指正。

目　录

导 言

一

社会史主要是运用社会学理论和方法对历史上的社会范型、社会结构及其运动、社会组织及其运动、社会制度与政策安排、社会生活与社会心理等进行研究并与历史学紧密结合的一个分支学科。法国年鉴学派是西方社会史研究的主要代表。20世纪50年代以后，社会史学在美国、英国和联邦德国等国得到了迅速发展，并演化出许多新的分支。20世纪80年代中期至21世纪初，我国史学家“接受了二三十年代社会史研究、阶级论史学关于劳动者斗争史研究的成果及受西方年鉴史学运动影响，自觉或较自觉地进行社会史研究，目前方兴未艾，有成为史学主流之势”[①]。

与此同时，历史学、社会学、经济学、人类学、民俗学共同开展社会史研究，扩大了历史研究的领域，马克思主义的社会形态

① 冯尔康:《中国社会史概论》，高等教育出版社2004年版，第6页。

理论、西方社会学的社会结构理论以及社会制度政策与社会福利保障、日常生活实践、民间信仰、人与人群的体质与心态、生态环境等都进入了研究范围。就社会史研究的方法论而言，著名历史学家冯尔康在《中国社会史概论》中指出，社会史的研究方法采用归纳法，视角转向普通民众，历史人类学的田野调查法、社会学的个案研究法、哲学的辩证法等也被吸收作为研究方法。社会史研究，推进了史学功能由政治功能向社会文化功能的转向。其特征主要体现在对整体社会、下层民众及"长时段"历史的研究上。

作为一种区域社会史，《浙江社会简史》是立足于浙江自原始社会各时期并历经奴隶社会、封建社会、半殖民地半封建社会至社会主义初级阶段探索时期与中国特色社会主义现代化建设新时期这样的"长时段"历史的研究。土地是有史以来一切社会问题产生的总根源；人口是人类社会发展的历史主体；家庭—宗族是世俗社会构成的最基本单元。作为对浙江社会史的整体性的探讨，采用以土地赋税（人地）、人口户籍（管理）、宗族宗法（组织）为形态特点的社会范型，以等级与阶级阶层为核心的社会结构，以荒政、医政、民政（福利、保险与社会保障）及殡仪为普惠目标的社会制度与社会政策，以人民日常生活和宗教习俗为重点的社会生活这样四个范畴的框架结构。作为对浙江社会史的下层民众的研究，采用发展的理念、量化的统计和对比的方法，对上层帝王将相、达官贵族、大地主及近代资产阶级等阶级阶层与处中下层的士人、农民、手工业者（工匠）、商人、兵士以及底层奴隶（奴婢）、贱民等阶级阶层的社会生活作以客观的叙述性研究。作为区域社会史，采用将浙江社会的专业史作为隐性主线，嵌入朝代更替的过程之中，形成以朝代的时间递进和空间转移为轴，纵为专业史、横为区域史的浙江社会史叙事画卷。

从社会学与社会史研究的相关性上，提出《浙江社会简史》各专业史研究的方法论特点和研究内容：以土地社会学理论、出土文物、文献资料为分析基础的土地制度研究，主要研究各个时期的土地制度、土地开发利用、土地管理以及土地与政治、土地制度与社会变迁等关系的历史。以人口社会学理论、统计资料和个案等多学科为分析基础的人口制度研究，主要研究人口思想、人口过程、人口构成、人口素质及人口与社会、政治、经济、文化关系的历史。以历史学知识、档案资料、个案分析、图表解读为分析基础的宗族制度研究，主要研究西周宗法制衰落后各个时期宗族制的形式、特征、功能以及谱系维系的历史。以社会分层理论、量性和质性相结合为分析基础的社会等级与阶级结构研究，主要研究各个时期阶级形成的缘由、结构、规模、意志、生活状态及其作用于社会发展的历史。以社会政策学与经济学、社会行动理论为分析基础的社会（制度）政策研究，主要研究各个时期的荒政、医政、户政、民政（社会福利、社会保障与丧葬殡仪等）的历史。以生活方式与社会变迁理论、量性与质性相结合为分析基础的社会生活研究，主要研究社会生活的活动主体、场所、条件、消费形式与水平以及多侧面、多层次的社会生活其他现象的历史。以宗教社会学、民俗学、社会统计与个案为分析基础的宗教信仰研究，主要研究宗教的社会功能、组织状况以及宗教史上的思潮及运动的历史。

二

浙江素称鱼米之乡、文化之邦。地处东南沿海、长江三角洲南翼，陆域面积 10.55 万平方公里，有“七山一水二分田”之说。地形大致可分浙北平原、浙西中山丘陵、浙东丘陵、中部金衢盆地、浙南山区、东南沿海平原和滨海岛屿等 6 个地形区；有杭嘉湖、宁绍、金丽衢、温台四大平原和钱塘江、瓯江、灵江、苕溪、甬江、飞云江、鳌江、曹娥江八大水系；地处亚热带中部，属季风温润气候，四季分明，光照充足，雨量丰沛。

浙江是中国古代文明的发祥地之一，有距今百万年的长兴七里亭遗址等原始社会遗迹和河姆渡文化、马家浜文化、良渚文化等新石器时代文化，以及吴越文化、宋韵文化等地域文化和在现代社会率先进入的网络社会文化。其区域社会史悠久，不仅有社会范型、社会结构范畴的专业史资料样本，而且有社会制度和政策安排、社会生活和宗教信仰范畴的专业史资料样本。

浙江原始社会的考古学年代始于距今 100 万—80 万年的长兴七里亭遗址和安吉上马坎遗址，属原始人群的土地、食物共有时代。遗址中石手镐的发现，显现了旧石器时代早期浙江开发和利用土地的原始意识。婚姻处族内血缘婚，人口极其稀少。至良渚文化时期，生产力已高度发达，出现财富私有及由此产生的贫富阶级差异，土地属部族或酋邦国公有，其范围大于母系氏族公有制。据推测，良渚文化中晚期浙江区域中心遗址内的人口约 2 万—3 万人，在江浙属人口密度较大的区域。婚姻由对偶婚进入原始一夫一妻制，家族或宗族成为部族或部族联盟的基础单元。宗教出现巫觋职业化趋势，社会形态呈酋邦国雏形。

越国自良渚文化消失千年之后封立于宁绍平原，历经上古三代。初期山居，“随陵陆而耕种，或逐禽鹿而给食”，土地开发利用、人口与部族组织规模都较小。“鸟田”“鸟耕”之说从一个侧面反映了当时农地的保护和养护意识。句践灭吴北征至今山东琅琊,尊事周王室,维护周王朝的宗法制格局;土地王属,分封十数,封邑内土地归领主所有。农民通过开垦和相关土地典礼也能获得少量土地使用权。句践先后推行税收优惠政策和“兵农合一”的赋役制度。是时,越国阶级矛盾日益尖锐。至战国时给予奴隶姓氏并允许列为编户。句践推崇大夫计倪的荒政思想,进行大规模水利建设;围绕生育和养育初步提出一套社会福利制度。生产力的发展推动了吃穿住行的社会生活方式的变迁和物质生活水平的提高,上层社会食以“饭稻羹鱼”,行以舟楫车舆,住以宫室瓦墙。良渚玉琮、玉璧为周王室礼祭重器,反映了越国时期国家宗教信仰的萌生。

秦汉六朝,浙江社会发生巨大的变化。秦始皇南巡至浙,立碑教化,大越人移迁,秦官员任职浙江;其南巡之路成为浙江通往全国各地的官道。土地为私人、官府所有并存,兼并初盛,六朝后期初试均田制。秦汉时用家族法规范家庭建设;至魏晋六朝,北方门阀世族势力在浙江蔓延,大兴庄园经济,后期寒族势力有所上升;记录宗族世系的谱牒或士族功成后记传之风日兴,形成士族宗族制社会范型。是时,浙江贵族阶层发生结构性调整,武士家族势力上升;农民阶层分化严重,手工业工匠阶层崛起。社会生活方式因南北人口交融而进一步融合;户政、荒政皆有新制新法。浙地佛教初盛,形成我国最早的本土佛教天台宗;道家呈宗教化趋势,两教皆面向民众,介入社会福利救助事业。

隋唐结束了自魏晋以来战火纷争的局面,实现了国家的再度统一。浙江社会振兴,重新推行土地国有并进行了一系列重大的土地赋税制度改革,均田制推动了经济、社会的较好发展。浙江人口增长迅速,户籍制度有大的创新;婚姻上实行“一夫一妻多妾”制度,世族与寒族并存,并趋向大家族聚居。阶级等级呈明显塔式结构，各阶级内部亦有多个层次，地主阶层势力上升，有贵族地主、庶族地主、寺院地主及大小地主之分。隋唐浙江的医疗事业高度发展，养生理论门派纷呈，高道司马承祯隐居天台山40年，所著《服气精义论》《坐忘论》对宋元内丹家影响较大。社会生活相对开放，大运河解决了千里沿途的灌溉和交通；宗教信仰政治化倾向严重。吴越国以保境安民为国策，土地仍以旧籍为数，赋役制度沿袭唐中后期，以两税征田亩税。

宋代是中国古代历史上具有深厚文化底蕴和辉煌历史的朝代之一。婺学鼻祖吕祖谦著《家范》《宗法条目》，继承了孔子及其后学的思想，倡导家族重建运动，这是浙江理学家对宋代宗祠宗族制度构建的呼应。宋朝实行"田制不立""不抑兼并"的土地政策和五赋两役及"两税法"；浙江义庄土地模式成为土地私有制度的一种新形式。"靖康之难"又掀北人南下，"四方之民，云集两浙，百倍常时"，其中又以流入临安者为多。南宋两浙的阶级结构层次复杂，上至临安宫廷皇室、官僚士人与豪强地主，下至与五等户制对应的农民与城市市民阶层等。其中城市市民是以商人、百工、城市平民为主体的新兴阶层；人力、女使大部分雇佣化，社会地位略有提高。两宋浙江实行了以朝廷为主、民间为辅的赈灾新体系；完善了地方医疗保健与公共卫生制度；推进了社会救济、社会福利及家族养老制度的建设。宋代浙江社会生活反映了文化层面的简约、风雅与精致。浙菜在"南食"中占有重要地位；服饰引领南宋的时代潮流；建筑发生结构性、居卧性变革；驿递实行了多项改革。佛教独盛于江南；道教南宗紫阳派鼻祖张伯端开创以内丹为中心的合一局面。

元代建立了一种多民族统治的模式。朝廷将全国居民分为四等，民族歧视现象严重。从浙江的社会状况看，元代实际上存在着社会阶级阶层与法定种族四等制之间的冲突和混合。元朝浙江的土地,大致分为屯田、官田、寺观田及民田四类,屯田、官田是国有土地——“系官田”,寺观田、民田属于私田;“系官田”的不断增加是元代土地制度的一个特点。浙江人口曾一度占元朝总人口数的近半,分布于浙江境内11路。浙江重视并采用历代荒政政策与经验,“劝分”之法是其中典范;弘扬、践行敬老养老的孝道文化。社会生活方式体现了民族融合的特点,但存在着明显的等级差别;城市街道和坊巷采取开放式设计,相对比较规整。民间的交通投资规模和桥梁港口建设均有较好的发展。宗教方面,密宗盛行于宫廷,汉传佛教诸宗均受到严重的抑制,实参实悟的禅宗成为佛教的主流;道教东华派在浙江兴盛。

明代呈现了中国资本主义萌发前期的社会繁荣,也是浙江区域社会发展的鼎盛时期。是时,浙江土地的私有化程度高,民田胜于官田,占总田地的九成以上。按《大明律·户律三·婚姻门》的规定,浙江在婚姻的解除与兼祧等继承制度方面有很大的完善和突破;宗族复兴突出民众化和自治化的特点,滋生了如浦江郑氏义门这样同族千余人共居的“超级”家族。浙江官僚与缙绅势力较大。开国元勋刘基、宋濂位高权重;十数位浙籍官员任内阁首辅,以致朝中形成“浙党”;地方胥吏形成一个庞大的阶层;绍兴师爷成为中国封建官衙幕僚阶层的重要组成部分。商人阶层顺势而变,弃田弃儒、士商相混,海商集团亦商亦盗,地域性商帮走向全国。荒政之制、技、法较前朝有新的改进;户籍制度以“辨贵贱、正名方”为宗旨,实行黄册制度;医疗机构渐趋完善,医学名家辈出。在吃穿住行方面,餐食由节俭趋于奢美;面料的多样化、品质化和棉丝纺织品市场的繁荣为明代浙江时尚服饰的流行提供了物质上的先决条件。居室由强调等级制转向墅群世俗化和乡居化。到明中后期，水陆交通和驿路皆极为发达。明代，浙江的佛教再盛，天台宗中兴，净土与禅宗合流，寺院归并，释儒互引，民间宗教渐趋兴盛；道教出现人格化、神格化的取向。

清朝前期出现康乾盛世；鸦片战争以后多次遭受外国列强的入侵，先后进行了洋务运动、戊戌变法等近代化的探索和改革。浙江推进了从“滋生人口永不加赋”到“摊丁入亩”“火耗归公”的土地赋税改革，减轻了少地无地农民的负担，促进了人口的增长；鸦片战争以后，浙江实施“招民垦荒”的奖励政策，完善“永田制”，改变了土地占有关系；并确立了土地的所有权与使用权的永久分离，以保持长期稳定的租佃关系。同时，太平天国的《天朝田亩制度》提出了“凡天下田，天下同耕”的原则。孙中山提出了“平均地权”思想。浙江人口在顺、康、雍时期逐渐恢复，从乾隆时期开始有大规模增长，至晚清人口发生骤减后又复增长，形成“U”字形变化曲线。清前期，浙江山区耕地大量开发，闽、赣、徽等省迁入的宗族渐多，“宗族之制”不断完善；温州乡村宗族自治较为普遍，多有义举。至晚清，“各自为村”的社会结构开始瓦解。鸦片战争之后，中国渐入半殖民地半封建社会，浙江的阶级结构和阶级关系出现了新的变化，新兴的资产阶级开始崛起，工人阶级日渐壮大；“满汉一体”的政策促进了浙江地区的民族融合与发展。浙江先行推进近代新型义赈救助体系；民间创办的京都同仁堂乐家老铺、杭州胡庆余堂名震南北药界；建立了人户分立的户籍制度。清代浙菜成为中国八大菜系之一；民间服饰由传统简朴发展到多样化、时尚化、高档化；近代驿道、铁路及民信局得到新的发展；随着水泥和钢铁等新建筑材料的出现，浙江建筑由传统逐步向现代转变。康、雍、乾时期诸帝青睐佛教，促进了浙江佛教的复兴，雍正推崇三教合一和禅净合一。浙江全真道龙门派复兴，金盖山古梅花观成为江南地区最大的子孙丛林。

辛亥革命推翻了2000多年的封建王朝，建立了中华民国。国共两党提出并实行不同的土地革命路线和方针，并推行了相应的土地赋税政策。浙江是资产阶级土地革命的重要阵地；同时，闽浙赣等革命根据地不同程度地实施将地主土地分给农民的土地政策，推行减租减息运动。民国时期，浙江人口呈现高出生率、高死亡率、低增长率状态，是人口史上又一个动荡时期。"一夫一妻多妾制"受到浙籍政府要员和知识分子的抨击，女权运动日益高涨；浙江的宗族制度在总体衰落的过程中寻求因地因时因势而变的生存法则，社会宗族观念和法律意识发生了极大的变化。资产阶级阶层呈现出地域性扩张，四大家族之一的陈氏财阀及江浙财团处于浙籍资产阶级的上层；大机器生产催生了产业工人阶级的迅速崛起。地主阶级仍然是浙江地主制经济的主要剥削者；自耕农经济地位极不稳固，两极分化极为显著。浙江现代医疗与公共卫生事业初现端倪；荒政与慈善机构向民间性、社会性、国际性发展；全省推行身份证制度。近代浙江的社会生活受到中西文化碰撞的影响，在吃穿住行方面都有深刻的变革；奉化红帮裁缝在旗袍改良与西装推广、中山装创制过程中起到过极重要的作用。顺应时局与厘革谋变成为民国浙江近代宗教复兴的亮点。

中华人民共和国成立之后，经历了新民主主义社会时期、全面建设社会主义时期、改革开放和社会主义现代化建设新时期。1950—1952年，浙江开展了土地改革运动，消灭了封建土地所有制，一千多万农民分得了土地，建立了农民土地所有制；初级农业合作社转为高级农业合作社并发展到人民公社，历经艰难的探索之路而形成“队为基础，三级所有”的农村土地集体所有制。中共十一届三中全会之后，浙江在农村推进了家庭联产承包责任制，确立了在集体土地所有制基础上的农户土地使用权制度；分别实行集体土地建设用地使用制度与国有土地有偿使用制度。同时，浙江省政府推行新的农业税制度和财政管理体制，于2006年1月1日废止了自战国以来两千多年的农业税。改革开放以后，浙江人口的城乡结构、文化结构、年龄结构都发生明显变化，在全国率先进入老龄化社会。随着1950年《中华人民共和国婚姻法》及1982年、2001年的两次修订版的颁布与实施，浙江推行男女婚姻自由、一夫一妻制，从法律上保护妇女的合法权益，积极推动城乡婚姻观念和家庭关系的变革，实行计划生育政策。在新的历史时期，宗亲组织与活动以及谱系修编在浙江有所恢复，成为促进浙江区域社会经济发展的积极力量。浙江成功地进行了土地改革及对农业、手工业和资本主义工商业的社会主义改造，工人阶级队伍迅速壮大，农民阶级成为社会主义建设的生力军；地主阶级、资产阶级成为自食其力的劳动者；社会主要矛盾转为人民日益增长的物质文化需要同落后的社会生产力之间的矛盾。“文化大革命”期间，重提“以阶级斗争为纲”的政治口号。改革开放40多年间，浙江的阶级结构发生了巨大变化，突出表现为私营企业主和个体经营者阶层的崛起以及新社会阶层的迅速成长。社会福利制度和政策方面，浙江推行救灾与保险结合的改革措施，探索自然灾害应急救助预案；对城乡医疗卫生事业、医疗保险体系和养老保险体系都进行了制度性的改革，社会救助能力和社会福利水平都有极大提升。随着社会主义现代化的逐步实现，浙江全面建设小康社会的各类指标逐渐完成，网络社会生活骤然兴起，社会生活方式发生了“裂变”。20世纪80年代之后，浙江宗教事业有了基础性恢复、法制性推进、中国化发展。

三

《浙江社会简史》是近百年来诸多中国社会史探索性研究中的一个。作为一种整体史研究，其纵向构成浙江专业社会史，横向构成浙江区域社会史。总结《浙江社会简史》的写作及其内容的特点，有如下几方面值得提及和肯定。

《浙江社会简史》侧重于社会中下层民众的研究，以便对历史有个自下而上的整体看法。关注普通民众，就需同古代社会生活史联系在一起，关注与土地赋税密切相关的最广大农民阶级和深受剥削压迫的手工业者及近代工人阶级的命运，重视社会各层面吃穿住行的贫富差别和历史走向，注重对荒政、医政、社会救助、社会福利、社会保障等政策的关照。尤其是重点关注新中国成立以后，广大劳动人民翻身解放且走上社会主义康庄大道的历史叙述，以及改革开放以来我国社会所发生的史无前例的现代化“裂变”和全体人民所经历的现代生活变迁的历史记载。

《浙江社会简史》注重了各具体范畴之间的内在逻辑关联性。譬如社会范型中的三个基点，都可能直接影响社会结构的变化。土地制度变迁所引发的土地兼并，直接导致了大批农民的破产而影响社会结构的变化；人口结构、数量的变化也会直接影响社会的职业选择和职业阶层的动荡式调整；宗法精神为统治阶级提倡并有助于稳定社会结构和社会秩序，但它在很大程度上“妨碍着等级结构的解体和阶级的分化”[①]。

《浙江社会简史》探索了相关具体范畴与经济史、政治史的互动。譬如,社会生活中物质生活的质量水平与经济发展水平有着很大的逻辑关联。但物质生活的形制、规格、等级又与政治有着直接的逻辑关联。食物的贫富之异、食器皿的等级之别、座次的官爵与辈分之差,都蕴含着严格的政治地位的区分。穿戴、居住、出行的形制、规格、颜色、等级亦是如此,君王与臣子、臣子与平民在各个层面都有着上述外在“标签”区分。古代墓葬制度尤为突出地反映出这种等级差别和贫富差别。

《浙江社会简史》对浙江人及其群体的社会性作了一些铺叙,从中可以体会到浙江社会的某些特征。其一,浙江社会是一个具有高度包容性的区域社会。古代浙江经历了人口的多次大规模外迁和中原人口的大量南移,但都没有引发大的社会动乱,原本可能会发生的冲突和矛盾在融合过程中逐渐消弭了。其二,浙江社会是一个具有紧密集群性的区域社会。这从明清时期的商人集团和商帮的生成中可以见得。20 世纪 80 年代之后浙江中小企业的区域集群现象也证明了这一点。其三,浙江社会是一个具有很大开放性的区域社会。当我们研究越国史的时候,总绕不开句践政治集团上层的人才结构,其中起主要作用的是范蠡、文种、计倪等这些非本土出身的人才,可以想见句践时代对人才引进的开放程度。魏晋六朝中原世族何以能在浙江落地生根,并形成影响一个时代的庄园经济,这与当时浙江人口混合型的开放模式、不排外的襟怀是有很大关系的。改革开放新时期浙江呈现开放型的格局,吸引了外来人才和输入性资源,助

① 冯尔康:《中国社会史概论》,高等教育出版社 2004 年版,第 337 页。

力了浙江经济社会的发展。其四，浙江社会是一个具有无限创造性的区域社会。以本社会史个案为例，浙江较早的稻作文明和良渚精湛绝伦的玉文化，越国时期先进的铁工艺，印纹陶和瓷工艺的发明，贯穿于历代的水利工程，宋代的仓储创新和纺织印染业的改良，明代的农学，晚清传统中医药学的发展等，无不展现出古代浙江人在社会领域的创造、创新精神。

《浙江社会简史》相关历史范畴的深入研究，很多地方是通过社会学方法加以实现的，如对社会阶级结构的个案研究与统计。在对古代浙江社会的研究中，尽可能用量化材料作为佐证；在对现代浙江社会的研究中，采用更多的量化材料作为佐证。对一些形态性发展过程的研究，还采用了口述史材料。作为科普性简史，限于篇幅和读者对象，本书未采用数学模型对相关问题进行推断求证，实为憾事。

《浙江社会简史》作为浙江文化研究工程重大项目，着眼于历史文化的视野，不仅通过物质遗存（如古陶瓷、古玉器、古建筑、古路港、古服饰、古餐食等）来重塑浙江历史文化的面貌，而且还通过研究精神传承（如制度、宗教、信仰、观念、习俗、时尚等）以增强对浙江历史文化的认同和自信，推进浙江历史文化的深入研究和发扬光大。

浙江百万年的史前（原始）社会史，五千年的有文字记载的社会史，闪烁着耀眼的华彩，在中国社会史上占有重要的历史地位。浙江改革开放以来的社会史，犹如钱塘江汹涌的潮头，一浪更高一浪。作为率先进入全面小康社会的省份，浙江正逐步走向高质量发展、建设共同富裕的道路。以此为基础，浙江正进入中国特色社会主义高质量发展建设的新时代。

第一章　史前社会范型与文明进化

原始社会是人类历史上最早形成的一种社会制度和形态。现有的考古成果表明，它存续了二三百万年，其社会组织经历了原始群和氏族公社两个发展阶段。浙江的考古学年代可追溯到长兴七里亭遗址，距今百万余年，属原始群落土地和食物共有时代，处于族内婚阶段。“建德人”时代为早期母系社会，土地公有，处于族外婚阶段，至浦江上山文化，地下发现炭化稻壳，为浙江稻作之始。河姆渡文化，地下发现原始村邑，农耕工具革新，稻作文明辉煌，为母系社会之鼎盛；崧泽文化时期进入父氏社会，至良渚文化时期全盛，社会高度文明，实行原始的一夫一妻制，土地公有，财产私有，阶级形成，原始宗教出现，社会生活遗迹丰富，呈酋邦国社会雏形。

第一节　远古时代的社会范型

一、原始土地意识和制度：一种据共理和考古发现的推测

（一）安吉上马坎原始群生活年代与原始群“土地”共有印迹

水系与生存环境。浙江八大水系之一的西苕溪发源于天目山，自安吉县西南向东北穿行而流经长兴县南部折向东，与东苕溪汇合后注入太湖，具有良好的古人类生存环境。在这片不算广袤的土地上，21 世纪初，接连发现了安吉上马坎旧石器时代遗址和长兴七里亭旧石器时代遗址，前者最早年代距今 80 万年，后者最早年代距今 100 万年，在地质年代上属于早更新世（距今 300 万—100 万年）的晚期。

尖刃类石镐与原始群的土地开发利用。据林华东《浙江通史》史前卷介绍，安吉县上马坎试掘探方出土石制品 29 件，磨圆良好的砾石 9 件，可分断块、石核、石片、石器和石器备料。其中石片最多且形态较为规则，表明人工锤击法打片技术具有较高水平；石器 2 件，分别为刃角为 80 度的单直刃刮削器和刃角为 60 度的单边凸刃砍砸器。采集到出自下部底层的石制品 12 件，打片和修理石器均用锤击法，特点与试掘坑所出相一致。采集到脱离底层的石制品 66 件，有断块 4 件、石核 12 件、石片 28 件、石器 22 件。其中 22 件石器可分为刮削器、砍砸器、尖刃类手镐、无刃类石球。2005 年 10 月《钱江晚报》发表金毅撰《80 万年

前的浙江人会用手镐挖地》[①]，将石器与原始人群最早的土地开发利用以及土地意识的产生联系到了一起。

生活圈认知与土地意识。从安吉上马坎遗址、长兴七里亭遗址出土的人工石制品可知，当时生产力水平极度低下，生活环境极其恶劣，食物获取相当不易，食物以狩猎和采集为主；处于群婚阶段，主要在洞穴居住，群落不会很大且活动范围也不会很广。因此，可以这样推测，原始群落存在着有限的生活圈认知，以及在原始自然群内已有直观的土地意识，如居住地、踏勘地、远涉地、围猎地、采集地等；生产资料和食物的共有程度和共用共食程度都很高，实行原始自然群的土地共有。由于当时人口稀少，密度很低，为巩固群落的力量，会排斥群外人进入已形成的土地领域。在这一历史时期，作为食物的采集者，原始人群艰难被动地适应着产生和供养他们的土地。据希腊裔美国历史学家 L. S. 斯塔夫里阿诺斯在《全球通史：从史前到 21 世纪》中估计，即使在那些冬季也很温暖、物产丰饶的地区，每平方英里也只能养活一至二名食物采集者；如果在天气寒冷的地区、热带丛林区或沙漠地带，那么每养活一名食物采集者需要有 20—30 平方英里的地盘。当然，安吉上马坎、长兴七里亭所处东苕溪气候温润，植被茂密，可能与前一种状况相仿。

（二）河姆渡人的生活年代与母氏公社土地公有印迹

母系社会初期土地的火耨开发迹象。1974 年冬季，中国科学院古脊椎动物和古人类研究所与浙江省博物馆自然部的考察组专家，在建德县李家镇上新桥村西的乌龟洞中，发现了浙江第一枚远古人类犬齿化石，该远古人类也被命名为“建德人”。在

① 金毅：《80 万年前的浙江人会用手镐挖地》，《钱江晚报》2005 年 10 月 13 日。

洞中原生地层上层还发现了人类化石及第四纪哺乳动物如鬣狗等11种化石；下层共发现剑齿象、纳玛象、巨貘等17种动物化石。1986年，北京大学考古系年代测定实验室公布了对“建德人”犬齿化石的铀系法测定，其生活年代应为距今10万年左右。[①] 据此，“建德人”所处的社会发展阶段应在考古学上的旧石器时代中期，相当于母系社会的初级阶段。类似“建德人”的远古人类的主要工具为打制石器，也有如木长矛和木棒等简单的木质工具，开发和征服自然的能力有很大提高；主要生产活动是采集、狩猎和捕鱼等，从简单的土地观念演进到区域的土地公有制度，土地、工具等生产资料始归母系氏族公社“公有”。人们共同劳动，共同消费，过着以母系血缘为纽带的穴居生活。据建德当地考证，“建德人”已懂得使用火。火的使用，可以供人取暖，给人带来了光明，同时还为制造工具、围捕猎物和过上熟食生活创造了条件，甚至成为“火耨式”土地开发的必要条件。

河姆渡文化与稻作文明的土地整合。据研究，余姚罗江的河姆渡遗址第四文化层距今7000—6500年，第三文化层距今6400—5900年，被命名为“河姆渡文化”。据遗址出土的骨耜、木耜、木锄、角质靴形器等农具分析，专家们认为我国东南沼泽平原地区当时已进入“耜耕农业”阶段。考古发现的大批动植物遗存和大片木结构建筑遗迹以及大量的人工栽培的完好稻谷，表明河姆渡文化时期稻作农业及与之相适应的生活圈已相当成熟。而稻作的土地开发要求远高于旱地作物，土地的整合与灌溉系统的修筑是重要前提，需要较高的开发成本和氏族人员的调度，土地的所属和使用关系的确认就显得尤为重要。正如吴

① 林华东：《浙江通史》史前卷，浙江人民出版社2005年版，第24页。

次芳、吴丽在《土地社会学》中所认为的:“这场变革的本质不是生产工具,而是人类对土地特殊认识及其利用技术的一次重大飞跃,它使人类从食物的采集者变为食物的生产者。从此土地的生产能力获得了极大的提高,土地真正成为生产要素。”

土地“两权”的最初分离。河姆渡文化是目前可知“杭州湾地区最早的新石器文化”[①],也是自“建德人”及上山文化、跨湖桥文化、马家浜文化序列之后浙江母系氏族公社的全盛时期。母系氏族公社时期,为土地氏族内部公有制,全氏族的人一起种植,获得的产品由全体氏族人员平均分配。氏族公社开始把土地按家族或家庭平分,但家庭和家族仅有土地使用权,所有权归公社所有。有些氏族每年收获后,公社就收回土地,来年耕种时再重新分配。与原始群相比,母系氏族公社已具有更强的土地占有意识。正如马克思在《摩尔根〈古代社会〉一书摘要》中所指出的:“一般实行共同的土地占有。”土地权属、分配方式顺应氏族社会特点,不分公私,采取公有。旱地农业耕作一般用烧田法开垦荒地,加上当时没有肥料,必须在一二年地力消失后重新开垦。这样的土地制度正是原始社会制度的体现,是人类社会简单共有的一种自然状态。稻作文明推进了浙江先民对水网沼泽地的开垦与改造,并以骨耜挖沟排水,用火耘焚草木肥田,从而极大地拓展了氏族公社的共有土地。

(三)良渚人的生活年代与父氏公社土地“公有制”的衰微

生活年代。良渚文化是环钱塘江分布且涉及太湖流域的以黑陶和磨光石器为代表的新石器时代晚期文化。其遗址有 145

① 严文明:《论青莲文化和大汶口文化的关系》,《文物集刊》第 1 辑,文物出版社 1980 年版,第 17 页。

处之多，涉墓地、祭台、宫殿、城池、水利设施等，距今 5300—4000 年，涉江、浙、沪等地。

高度文明的古国及掠夺战争。据考古发掘，良渚文化时期稻作农业已相当进步，有籼、粳稻之分，并普遍使用石犁、石镰等先进农具。手工业也有相当成就，玉石制作、制陶工艺、木具制作、竹器编织、丝麻纺织都已达到较高水平。其琢制的玉器，数量之多，工艺之精，品种之丰富，雕琢之隽美，均达到史前玉器的高峰。其古城已出现邦国社会形态，被史学界称为"中华第一城"。先秦典籍《鹖冠子》称："成鸠氏之国，…… 兵强，势不可夺。"疑即指良渚古国。良渚遗址中的大量石钺说明亲兵制度的存在，"贵族利用亲兵来保护自己，打击穷人，这种特殊的武装力量加速了氏族制度的瓦解"[①]。严文明教授曾指出良渚文化墓葬普遍随葬石钺和大墓有时随葬玉钺的现象，应是掠夺战争经常发生的一个证据；而大汶口文化分布区江苏新沂花厅遗址发现大量良渚文化的器物，"当是良渚文化某部落远征花厅的象征"。无论是近掠还是远征，都可理解为通过战争实现对财富和土地的重新分配与占有。

良渚中晚期环境变化与人地关系的矛盾是研究良渚土地制度不可忽略的问题。据一些古气象学家的研究，良渚中晚期出现了不利于稻作农业发展的气候因素。对此，良渚人只能通过改进农业技术提高单位产量，同时进一步扩大耕地面积来化解这一矛盾。太湖流域的平原地区正是在这样的压力下被加速开发的。从某种意义上说，这种对低地平原的过度开发是缓解食物匮乏和社会矛盾的无奈之举。这一时期聚落和群以及聚落之

① 毛昭晰：《良渚文化与文明起源之管见》，《浙江学刊》1996 年第 5 期。

间可能存在着械斗或激烈的土地之争。[①] 在以堆筑土墩方式解决平原低洼地区的人居与稻作生产的矛盾后，太湖流域进入了土地高度开发的时期。

良渚父系公社的土地公有制。良渚文化时期，处于父系社会形成至兴盛的重要时期，总体上实行生产资料和财产分配的公有制，但良渚文化晚期生产力高度发展，出现了财产私有现象。按良渚遗址的考古学年代，其城邦形式、部族联盟的酋长国已历经千年，其土地制度也不可能是纯粹的、单一氏族（部族）的土地公有制，极有可能是以部族联盟为结构基础的邦国土地公有制或共有制，也可能会有土地的私人开垦与邦国开垦。

二、原始人口进化和繁衍的时空状态

浙江原始人口进化的地质年代。地质时代的第四纪更新世之初（距今约 300 万年），是人类的起源时期。到了距今 11 万—1.2 万年前的晚更新世，远古人类已有很大的发展，社会跨入考古学所称的旧石器时代中晚期。[②] 就目前浙江考古发现而言，长兴七里亭遗址、安吉上马坎遗址的古人类踪迹是浙地迄今发现的最早的人口聚落遗址。从同一时期发现、发掘的安吉 13 处和长兴 18 处旧石器时代文化遗址看，其地质年代处于中更新世至晚更新世早期。“建德人”所反映的人口现象所处的社会发展阶段相当于考古学上的旧石器时代中期晚段，距今约 10 万年。浙江人口的智人阶段标记物，为临安智人打制石器和桐庐智人头盖骨，以及余杭区凤凰山东坡、建德市杨溪乡豪猪洞与莲花乡樟

---

① 王宁远：《遥远的村居——良渚文化的聚落和居住形态》，浙江摄影出版社 2007 年版，第 35—36 页。

② 林华东：《浙江通史》史前卷，浙江人民出版社 2005 年版，第 9 页

村洞等发现的哺乳动物化石，距今年代为10万—1.2万年前，是地质年代的晚更新世。浙江人口的全新世时期，已进入到以磨制石器、定居、烧造陶器和农业出现为主要特征的新石器时代。这包括浦江上山遗址、嵊州小黄山遗址、萧山跨湖桥遗址以及马家浜遗址、河姆渡遗址和良渚遗址以及温州、丽水史前文化遗址等，大约在距今1.2万年前。至良渚文化时期，尽管浙江的区域人口并无统计数据，但从太湖流域主要遗址分布，尤其是杭州市北郊的余杭良渚、安溪和瓶窑三地的33.8平方公里的范围内，发现的100多处密集而成群连片的良渚遗址可知，当时杭嘉湖平原的人口已达相当规模，且密度很高。

浙江原始人口繁衍的地理分布。从地下考古发现、发掘看，浙江原始人口分布地域由北向南分别为：一是太湖流域，即以太湖为中心，广及周围诸水系流域在内的范围，分布有已发现、发掘的主要遗址的人口聚落35个之多，历经长兴七里亭和安吉上马坎遗址文化、“建德人”和临安智人、马家浜文化、崧泽文化、良渚文化等人口繁衍时期及社会生活类型。这一区域北临长江，东濒海，西部自北而南分别为茅山、界岭和天目山，以秦淮河、水阳江、钱塘江流域为界，面积为36900平方公里。地理位置属中纬度地区，北亚热带季风气候，四季分明，湿润多雨，土地肥沃，是我国著名的粮仓和蚕桑基地之一。二是杭州湾南岸的宁绍平原，西起萧山，东抵镇海、鄞县，南靠会稽、四明山和天台诸山，北薄于海，东西长，南北窄，是浙江境内的第二大平原，其中还零星分布着海拔在500米以下的一些山岗。河姆渡先民正是生活于四明山和踏脑岗之间的狭长地带。此地域今属亚热带季风气候区，气候温和，适合各种生物的生长和人口的繁衍。历经桐庐智人、上山文化、跨湖桥文化、河姆渡文化等人口繁衍时期及社会生活类型。三是金衢盆地，东起东阳市，西至衢州市，东西长200公里，平均宽逾20公里，在金华市汤溪镇南九峰山和衢州市区南烂柯山发育规模不大的丹霞地貌之间，为省内最大的中生代陆相盆地，属亚热带季风气候。海浸对金衢盆地影响不大，其原始先民的活动比宁绍平原要早且丰富，但史前文化遗址较罕见。四是台州灵江上游、中下游和沿海岛屿三个区域。灵江为浙江八大水系之一，其河段全长197.7公里，流域面积6613平方公里，流经缙云、磐安、仙居、天台、临海、黄岩、椒江。其地以丘山和陵地为主，有千米以上的括苍山、大雷山、天台山三大主峰，辅以仙居平原、天台平原和临海大田平原三片河谷冲积平原，属亚热带季风气候区。灵江上游的下汤、玉环岛三合潭等遗址距今约5000—4000年。这里生产力水平较为发达，有较集中的原始人口繁衍聚居。五是温州瓯江下游、飞云江沿岸和鳌江沿岸地区及丽水遂昌县三仁畲族乡等区域，20世纪80年代以后进行文物普查，均陆续发现不少新石器时代遗址或遗存，尤其是丽水三仁畲族乡好川大型墓地80座贵族墓葬和20座平民墓地的发现与清理，及1000多件随葬品的发掘，显示了良渚文化晚期同当地土著文化的交流融合，并可以此推测史前丽水一带人口繁衍与流动的情况。

浙江原始社会人口的转移与流动。浙江原始社会中晚期最大的人口迁移，是钱塘江南北聚落人口从山区向平原的逐步转移。据徐建春《浙江通史》先秦卷分析，宁绍地区聚落总的走向是：山地聚落依次向山麓冲积扇聚落、孤丘聚落、平原聚落、沿海聚落转移。杭嘉湖地区聚落发展的顺序是：平原中部沙洲聚落依次向孤丘聚落、平原聚落、沿海聚落转移。河姆渡人完成了从山地向山麓冲积扇的转移，最终聚居于四明山和踏脑岗之间的狭长地带。良渚人完成了从平原沙洲向孤丘、平原以及沿海的转移，分布于太湖流域的丘陵土岗和土墩地带，附近有大片低凹湖沼水域存在，有利于水稻田的开发和排灌及淡水养殖和捕捞。温州、丽水原始人口亦逐步完成从大山向瓯江、飞云江、鳌江的转移及占据岛屿形成聚落。金衢盆地成了原始金衢人聚落的最终选择。大自然的灾难和频繁的战争也常常造成浙江原始社会人口的大批外流。如良渚文化在距今4000年前后突然衰亡，史学界对此有诸多说法，如"海侵说""洪水灾害说""良渚文化北迁说"以及"战乱说"。但不管哪种说法，产生的直接社会灾难则是人口的死亡、外流或被作为俘虏虐杀、掠夺。江苏省新沂花厅墓地三次考古发现大量与良渚文化鼎盛时相同的陶器、玉器和石器，对于其来源的争议至今发人深省。当时有良渚远征军占领该地与良渚远征军被掠、被俘两种不同的看法。两种结局在人口学上反映的都是良渚原住民人口迁移的政治因素。

浙江原始人口的人类文化学与人口社会学问题。浙江原始人口的人种学分析，以建德市李家镇乌龟洞发现的"建德人"右上犬齿化石形态为例，这件标本的齿冠内侧缘已磨失，齿冠高11.66毫米，远中、近中径为8.2毫米，唇舌径9.5毫米。比较"柳江人"、"山顶洞人"101号的右上犬齿和现代人的犬齿发现，"建德人"右上犬齿形态与"柳江人"和"山顶洞人"的表现十分相似，但其构造上较"山顶洞人"的上犬齿有明显进步；其唇舌径与远中、近中径的平均值相比要略大一些，"结合'建德人'出土的层位和与之共存的古动物资料分析，将'建德人'归属于'柳江人'一类的智人类型这一论点是应值得重视的"[①]。河姆渡遗址

① 林华东:《浙江通史》史前卷，浙江人民出版社2005年版，第21页。

出土的保存较为完整的M23、M17头骨，经中国社会科学院考古研究所专家进行头像复原，发现“河姆渡人”头骨均为长颅类型，且颅高大于颅宽。据体质考古学专家韩康信、潘其凤先生的研究，这种长颅类型虽然多见于澳大利亚-尼格罗人种，如美拉尼西亚人、巴布亚人、澳大利亚人等，但从“河姆渡人”头骨弓并不特别粗壮，眉间不突出，鼻根凹浅平，眶角较钝，鼻骨低平及至凹形鼻梁，颧骨大而突出，颧骨缘结节发达和铲形门齿等性状分析，明显具蒙古人种形态特征。从其长而狭的颅型，宽而平的鼻骨，显眼的齿槽突颌，狭长的上齿槽弓及缺乏腭圆枕和下颌圆枕等性状分析，又可能和澳大利亚—尼格罗人种相近。[①] 值得注意的是，“河姆渡人”头骨所显示的蒙古人形貌发育比旧石器时代晚期的“柳江人”更为明显。由于良渚文化先民的遗骨资料极为有限，很难直接作出人种的分析判断。不过，“参考崧泽文化先民的骨骼鉴定结果，可以推知良渚文化先民铲形门齿的比例较高，颧骨较前突，眼眶较圆钝，犬齿窝也较弱，显属南亚蒙古人种特征”[②]。其平均年龄在35岁，这与崧泽文化晚期至良渚文化早期的海盐县仙坛庙墓葬遗址早晚两段，及其他合计63座墓葬人均寿命27.8岁的统计数据相差较大，经性别判断后其中女性17人，平均寿命26.91岁，男性14人，平均寿命34.35岁。[③] 而女性生育高峰期在20—25岁，且幼儿死亡率较高，呈现高生育率、高死亡率的状况。

---

① 韩康信、潘其凤：《浙江余姚河姆渡新石器时代人类头骨》，《人类学学报》第2卷第2期(1983年5月)，第124—131页。

② 林华东：《浙江通史》史前卷，浙江人民出版社2005年版，第312页。

③ 王宁远：《遥远的村居——良渚文化的聚落和居住形态》，浙江摄影出版社2007年版，第60页。

浙江原始聚落的人口规模。我们只能从遗址发掘点及其面积，并以家庭人口为推测参数的方法，推测区域人口的可能规模。以嘉兴地区已发掘的普安桥、仙坛庙、新地里等遗址为例。其中仙坛庙遗址为崧泽早期到良渚晚期的聚落遗址，位于海盐县百步镇农丰村9组，中心为一孤立的东西向近长方形高土墩，现存高墩东西长约100米，南北宽约60米，最高处海拔高度7.4米，周围为水田，外围有河港环绕，形成相对封闭的地理环境和聚落形态，聚落核心部分的墓地和居住区分布都未超出高墩的范围，约6000平方米；清理出墓葬166座及水井、灰坑与1200多件随葬品。普安桥遗址为崧泽末期至良渚早期的聚落遗址，位于桐乡市屠甸镇，遗址主体所处高墩纵横约100米，面积近10000平方米，形成河流环绕的格局，发掘墓葬41座，房屋基址13座，为首次发现的良渚文化的生活区和墓葬区并存的人口聚落。新地里遗址位于桐乡市崇福镇湾里村，遗址总面积10000多平方米，是一处以墓地为主的综合型高土台类型良渚文化中晚期聚落遗址。在约3000平方米的发掘范围内，共清理140座良渚文化墓葬及40余个灰坑、2个灰沟、1口水井、1个祭祀坑与1处规模较大的红烧土营建遗迹。以上3个聚落遗址都属于小型聚落，“可能首先是通过一两个核心家庭的开发为肇始的”①。据良渚古城及水利系统考古领队王宁远研究员分析，新地里聚落早期人口也仅30—50人，晚期人口也不超过150人。仙坛庙土墩发掘面积接近一半，推算其基本人口数量在40—60人。在这些小聚落的周边，都发现有多个规模结构类似的小聚落成群

① 王宁远：《遥远的村居——良渚文化的聚落和居住形态》，浙江摄影出版社2007年版，第78页

分布。普安桥遗址也有类似情况。这种以三五十户人家组成自然小村落,2—3 个村落彼此毗邻形成一个相对集中的区域单位,人口约 150—200 人的情况,与现在嘉兴地区自然村落的布局相仿,只是现在的人口规模远大于原始村落时期。良渚遗址总数约 440 处,可分期的 140 处,如以最高量值晚期 64 处,150 人/处推测,这些遗址点人口总计约有上万人。如按可分期遗址数的晚期比例,整个良渚遗址数中晚期数约 200 个,那么这些遗址点的人口总计有约 30000 人,这在原始社会晚期也是个不小的人口数。

三、开放与闭合:婚姻家庭的变迁与宗族的萌发

(一)母系氏族族外婚的转变

母系氏族的产生,首先伴随的是一场与生产力发展水平相适应的婚姻家庭制度的变革。大体在“建德人”“桐庐智人”到浦江上山遗址(距今 11400—8600 年)和嵊州小黄山遗址(距今 10000—8000 年)之前时期,浙江境域从原始人血缘内婚制过渡到氏族外婚制的母系氏族社会。先人们逐渐发现,从保持原始人群相对稳定的角度,亲属外男女通婚所生子女的身体和智力要好于同一亲属家庭中男女所生子女,并意识到种源繁衍的质量与亲情关系的远近有很大的关联。由于传统习俗的影响,族内婚姻向族外婚姻的制度转变经历了一个漫长的过程,先后排除了血缘最近的同胞兄弟姊妹之间和血缘较近的旁系兄弟姊妹之间的婚配,最后得以形成母系为主线的且内部不能婚配的血缘亲属集团,即母系氏族公社。这是母权制时代的社会基本结构,一个或几个女始祖所传的后代儿女,便构成一个以母系计算血缘亲族关系的母系氏族。

浙江早期母系氏族应该已有自己的语言、名称。同一氏族有共同的血缘，崇拜共同的祖先。氏族成员生前共同生活，死后葬于共同的氏族墓地。妇女在生产和经济生活中占有主导和支配地位，在社会上受到尊敬。母系氏族是以母系血缘维系的，并由母系关系传递。世系按女性继承，子孙归属母亲，代以相继。人们“但知其母，不知其父”。在母系氏族社会的繁荣时期，婚姻形式已由群婚转化为对偶婚，男子主动到女方家过婚姻生活。不过，因为配偶关系不固定，男女双方都可另觅伴侣，仍保留有一定的群婚色彩。

(二)父权制下的家庭与婚姻

浙江的考古发现显示，父系氏族公社是父权制时代的基本社会组织。在父系氏族公社之下，不同的氏族和部落中往往又分为若干兄弟氏族和若干父系大家庭及个体家庭。由于父权的统治，世系必须按父系计算。父权制家庭又称家长制，即家长在家庭中享有家庭财产的支配权、家务管理权以及对子女的主婚权和对家属的惩戒权。这种家庭形式意味着从对偶婚向专偶婚的过渡。为了保证妻子的贞操，保证子女出生自一定的父亲，妻子便落在丈夫的绝对权力之下。专偶制是不以自然条件为基础，而以经济条件为基础，即以私有制对原始的自然产生的公有制的胜利为基础的第一个家庭形式。[①]

父系氏族公社时期，实行一夫一妻的婚姻制度。这一制度下，血缘纽带从女系改为男系，家庭婚姻关系由“夫妻居”转向从夫居住的方式；子女不再属于母系氏族成员而成为父系氏族成

① 恩格斯:《家庭私有制和国家的起源》,《马克思恩格斯选集》第 4 卷，人民出版社 1972 年版，第 65 页。

员，以继承夫妻的家庭财产。同时家庭组织相应地也与一夫一妻制婚姻相适应，成为相对独立的一个生活单元，以父权为中心的个体家庭成为与氏族对抗的力量。在父权制社会，男人占据生产和经济领域的主导地位，女子处于从属、辅助的地位，不育子女的妇女随时可以被丈夫遗弃，有无子嗣成为决定妇女命运的头等大事；氏族男性成员的子女均留在本氏族内，女性成员的子女也不再属于母系的氏族，崇拜男性祖先和出现以男性为主位的丧葬习俗。

（三）良渚时期的部落与宗族

父系公社出现后，形成了以地缘为组织的部落，即由若干血缘相近的宗族、氏族结合而成的集体。当时，部落形成于一定的地域，每个部落或相近的部落都有自己的语言和文化，有常设的部落议事会以及宗族祭祀仪式。为了自卫和掠夺的需要，不少相邻的部落纷纷结成联盟，并设立部落联盟的首领、军事领袖和宗教祭司的管理机构，负责处理日常共同事务。上古三代的宗法制度，正是基于这种部落制度发展而来的。

第二节　阶级结构：以良渚文化时期为例

一、贵族阶层与神权阶层

良渚文化时期社会生产力高度发达，私有财产相对集中，形成“高度统一的宗教”和“超血缘的地域性权力中心”以及统一的礼制。[①] 以余杭莫角山为中心的统治集团，通过军事、宗教和礼

① 董楚平：《广义吴越文化论》，中国社会科学出版社 2012 年版，第 22 页。

制掌握着这个超血缘的地域性权力，靠掠夺压迫、剥削，聚敛着大量的社会财富，并形成掌握军权、财权、宗教势力和礼制规范的贵族阶级，其核心是上层建筑中的统治集团。

余杭反山、瑶山、汇观山 M4、文家山和横山墓地以及武进寺墩 M3、昆山赵陵山 M77 和上海福泉山 M139 等大墓，正是良渚上层社会贵族阶级墓葬的典型。这些大墓不仅规模宏大，有墓坑、木棺、木椁和玉器、象牙器、漆器及嵌玉漆器等，更有象征贵族权势的玉琮、玉钺等玉礼器，而且还有权力阶层独享的冠饰和与墓葬配套的祭坛。这些都显示了良渚文化时期掌握着统治权力的贵族阶级的存在。

在宗教盛行、祭坛遍布、神权至上的良渚社会，巫觋阶层在社会中享有较高的地位，是原始宗教的解释者、宣传者和执行者。在巫政合一的良渚社会，巫觋以神的意志为幌子，凭借着特权，披着神圣的宗教外衣聚敛财富，跻身于贵族阶层。良渚文化的墓葬遗址显示，用玉琮陪葬者往往是身兼宗教神职的贵族。

二、农民、手工业者与商人

良渚文化时期的农民阶级是由史前农业文明后的氏族成员分化发展而来的，指以农业为主，兼及渔猎、采集等其他生产活动的广大生产者，是社会财富的主要创造者。这一阶级大多属于平民阶层，有着数量不等的土地、生产工具和属于自己的家庭财富。除稻作生产外，他们还从事采集和渔猎活动，并驯养家畜和家禽，以补充粮食的不足，丰富家庭的餐食生活。这一阶级作为氏族成员，还承担着兵民的职责，一旦发生战争，为了族团利益和属地安全，他们需拿起弓箭、石刀、石矛和标枪、木棍、木矛等武器参加战斗，保卫家园。他们是良渚社会的主体，既是农业生产的主力军和社会财富的创造者，又是兵民和猎人，受到良渚上层统治者的剥削和压迫。

考古材料表明，良渚文化中、晚期，随着社会生产力的不断发展，专业化劳动技能日益积累，手工业从农业中逐步分离，商业活动在日常生活中经常发生，并可能出现了原始"货币"[①]。"长江流域史前社会复杂化和文明化的经济基础是商品经济，良渚文化是其中杰出的代表。"[②]这一原始商业是基于当时农业和手工业的分工发展，通过物物交易的形式实现的，它孕育了良渚文化时期的商人及其商人阶层。根据发掘的地下材料与史前相关研究资料推测，这个阶层可能包括跻身于贵族的商人、专门从事商业活动的商人及自制自销的手工业者。

良渚文化出土的遗物表明，新石器时代中晚期良渚的手工业生产全面而发达，已拥有陶器、石器、木器、竹器、丝麻纺织、酿酒、玉雕以及髹漆等多种手工业，而且都达到了极高水平。其中，以陶器、玉器和漆器的制作为突出，蚕丝织品等手工业已成为独立的生产部门，形成有专门的手工业者队伍。手工业者业已演变为基础扎实、人数众多的一个社会阶层。他们分工明确，有专业技术职能，有专门从事作业的工坊，是良渚文化手工业昌盛的标志。良渚手工业的发达，手工业者人数的增加和产品的丰富，促进了良渚文化时期原始商业的发展。

---

① 王心喜：《良渚文化时期原始商业的初步考察》，《宁波大学学报（人文科学版）》2011年第3期。

② 何驽：《长江流域文明起源商品经济模式新探》，《东南文化》2014年第1期，第53—64页。

三、奴隶现象

良渚社会是否经历过奴隶社会形态，史家有诸多推测，但皆不足以定论。然而良渚社会存在过奴隶这一最低阶层，这在1990年至1991年发掘的昆山赵陵山遗址和上海福泉山M139和M145等一系列墓地遗址中可见一斑。赵陵山墓地遗址中发现有一堆被杀殉的奴隶遗骨和19座既无墓坑又无随葬品的乱葬墓群，南北呈三列，人骨方向不一，大多身首异处，肢体残缺，有的手足被捆绑，显然是被集体杀殉的奴隶。福山M139、M145墓地遗址发现有屈身下跪和双手被绑作人牲的奴隶。据考古学界的分析，良渚社会的奴隶可能是战争中被掠夺而来的人口和战俘，也可能是因贫困而沦为奴隶的平民。他们失去人身自由和财产，处于社会的最底层，被驱使去从事最为繁重的体力劳动或上战场战死，是当时社会的最低阶层。

四、阶级矛盾

良渚文化的社会形态处在父系社会高度发展的繁荣时期。当时生产力高度发展，犁耕和灌溉成为农业发展的推动力。玉文化标志着良渚时期高度发展的文明。一夫一妻制扎根于氏族文化，先民的定居生活相对集中和稳定；同时，财产私有普遍，贫富差距相当悬殊，阶级剥削和压迫极为严重；氏族间战争时有发生，社会阶级结构和阶级关系发生了根本性变动。良渚古城的发现，反映了良渚文化晚期部落战争和社会冲突的历史进程。

第三节　禳灾救荒、水利系统与丧葬制度

一、巫政时代的祭天礼地、禳灾避祸

良渚文化虽已处于新石器时代，生产力已高度发达，但仍崇拜神灵的力量和权威。在良渚先民看来，日月运行、斗转星移、四季交替，是上天神灵主宰的结果；土地滋生着万物，是族人赖以生存繁衍的基础。因此一旦发生天灾人祸，他们便认为这是天神和地母的发怒与惩罚，常由氏族主持举行祭天礼地等宗教活动，以祈求风调雨顺、粮畜丰沛，族人安康。良渚社会为上述祭天礼地的原始宗教活动建立了大型的祭台，并制作了大量诸如玉琮、玉璧等礼器或宗教法器，设立了巫政合一的宗教机构和礼制形式，以适应普遍的宗教信仰和祈福禳灾需求。这种祭台一般规模巨大，包括瑶山、汇观山台阶状结构的回字形祭坛、武进寺墩与海宁荷叶地和达泽庙高土台结构的圜丘状祭坛、海宁大坟墩覆斗式结构小型祭台等。这些结构、形式各异的祭台至良渚时普遍流行，在祭坛中往往还发现有墓葬。良渚发现的大玉琮上的神面兽身的神徽，既可避凶祛邪，又可为民祈福禳灾、预测丰歉，具有浓郁的原始宗教色彩。

二、良渚古城的大型水利系统

良渚文化时期，用于农业生产的灌溉系统基本建立，城邑里的排水系统也受到重视。而良渚古城的水坝系统则是城邑排水与农田灌溉两种功能高度统一的系统工程。良渚古城是长江下游首次发现的新石器时代城址，建造年限约距今4700—5100

年。古城呈圆角长方形，正南北方向，东西长 1500—1700 米，南北长1800—1900 米，总面积达 290 万平方米。

根据良渚古城水利系统的考古学考察，遗址外围的水利系统位于古城址的西北部和北部，依自然山体的走势设计，共由十一条堤坝组成，主要建筑于两山间的谷口，分为南北两组坝群，即由塘山、狮子山、鲤鱼山、官山、梧桐弄组成的南边低坝群和由岗公岭、老虎岭、周家畈、秋坞、石坞、蜜蜂弄组成的北边高坝群，构成前后两道保护体系。该水利系统设有埠头，具有防洪、运输、用水、灌溉等功能，与良渚文化的经济和社会发展密切相关。经相关专家实地确认，良渚外围的水利系统，是迄今所知中国最早的大型水利工程（也有学者存有疑义），也是世界最早的水坝系统。该水利工程的调查与发掘被列入 2015 年全国十大考古新发现。

三、各文化序列的丧葬制度

丧葬是人类所特有的一种社会活动和文化行为。丧，即死亡，是对人生命终结的一种习惯称谓。葬，即下葬、埋葬，是活着的人对死者遗体的安置行为。人类历史进程的阶段性、地域性、民族性和文化性的不同，形成了死者不同的葬法、葬式和葬制。葬法和葬式一般受自然环境、生存环境、文明制度以及宗教信仰的影响较多，而葬制则主要受社会形态、社会意识的制约。

浙江在距今大约 9000 年的嵊州甘霖镇上杜山村小黄山遗址发现有长方形主穴土坑墓。该地的史前遗址处于新旧石器时代过渡期，先民们的灵魂意识和丧葬概念已相对成熟。朦胧的原始宗教崇拜和掩埋死者的原始意识，引导了先民们对死者祖先的崇拜。随着社会的发展，尤其是阶级社会的发展，这种祖先崇拜渐渐发展为具有尊卑崇拜和等级规制的葬俗。据考古研究，这种葬俗在马家浜和河姆渡文化时期已初步形成。

自嵊州小黄山遗址发现主穴土坑墓后，浙江在马家浜文化、河姆渡文化、崧泽文化、良渚文化等遗址处均发现大量的墓葬，成为考古发现中最重要的历史遗存。其葬法与葬式以土葬为主，大体可分为单身葬、丛葬、合葬、公共墓葬、殉葬五种类型。

第四节　氏族聚落的社会生活

一、河姆渡文化时期的聚落与生活方式

河姆渡文化时期的聚落是宁绍平原最典型的早期聚落，也是新石器时期中期先人们在相对固定的土地上生存的生活方式的写照。这种聚落所形成的生活方式距今约有 7000 年的历史了。宁绍地区聚落是从山地聚落开始，而后走向山麓冲积扇聚落、孤丘聚落，最后定型于平原聚落和沿海聚落。[①] 这一聚落的形成、安定和发展与自然环境及生产基础密切相关。因为人类总是倾向于在地势平坦、气候适宜、水源充足、有利于防止自然灾害的地方集聚生活。

河姆渡文化时期先民们穿着布料衣服和佩戴玉器、礼带以彰显时尚，这与当时的纺织技术与制玉技术的发展密不可分。从河姆渡文化遗址中出土有上百件苇编残片、三股制式的绳索、数量众多的纺轮和原始纺机部件、骨梭形器、木机刀和布轴以及编织纹装饰图案等文物的特征推断，河姆渡文化时期的编结技

① 徐建春：《浙江通史》先秦卷，浙江人民出版社 2005 年版，第 187 页。

术和纺织技术已达到较为发达的水平，应已使用原始的水平腰机类型的踞织机。这种织机操作时“一升一降，每次投梭引渡纬线，奇数和偶数的经纬轮流交替成底经和面经，持续不断，便于可交织成布帛”[1]。特别引人注目的是遗址中发现的带有尾眼的骨针和骨锥，缝纫用的线已细而韧，这也从侧面印证了那个时期纺织业的发达。另据考古界对河姆渡遗址出土的33件经人工砍割的貉下颌骨标志的推测，河姆渡先民已会剥取动物毛皮制成衣服御寒护身。同一时期，河姆渡文化遗址还出土有工具类与佩饰类玉器，这是长江下游地区最早出现的玉器。这一时期的琢制工艺并不复杂，造型虽相对简单，但制作已然精细。

河姆渡文化时期宁绍平原先民的饮食条件和水准，都较之同时期的其他地区要先进。一是主副食材已分离，且种类丰富。稻谷已成为河姆渡先民的主要粮食，他们利用杵臼脱壳加工大米。其地出土的动物遗骨高达61种，其中有一部分已是饲养而来，为先民们的肉食来源。其时已有舟楫、织网，捕鱼活动较频繁。当时饮食已然丰富，饭稻羹鱼，果蓏蠃蛤、龟鳖鱼蚌、菱藕芡实、葫芦酸枣等，民多采集。二是用于烹饪加工的器具器皿的多样。先民们用以烧饭的是用陶支脚架起的陶釜或架釜炊煮的陶灶，为我国最早的专用灶具；现还出土有可能是用来蒸制酒水的陶甑以及盛酒的陶鼎。三是专用器具的完备。河姆渡遗址中出土有陶盘、陶钵、陶杯、陶釜等，以及骨匕、骨匙、骨机刀及鸟形象牙圆雕等，功用性甚强。

河姆渡文化时期先民的住房以干栏式建筑为主。它是由原始巢居形式直接发展而来的。河姆渡先民的干栏式建筑经历了

① 夏鼐：《考古学和科技史》，文物出版社1959年版，第111页。

三个发展阶段，即由最先的栽桩架板的平栏式建筑，发展至埋桩、打桩式建筑，再发展至埋柱式地面建筑。河姆渡文化时期的开拉式建筑已有高超的木作技术和一定的力学原理支撑，它是以桩木(圆桩和排桩)和承重柱为基础，上架大小横梁后，再铺上板材作地板，形成架空的建筑基底，然后在立柱上构筑梁架及屋顶的干栏式房屋建筑。[①] 这类干栏式建筑是长江流域及南方地区较为流行的一种原始居住形式。

河姆渡文化时期出行方式主要是陆路和水路。从目前发掘的遗址、遗迹看，陆地道路主要是靠自然泥石铺平经踩实后形成的步行道，可能还会有简易的独木桥和石桥等设施，以助道路间的连通。水路主要靠独木舟行载，似有配套的河埠头。

二、良渚文化时期的聚落群与生活方式

(一)良渚文化聚落群的分布特点

良渚文化聚落群主要分布在浙北、浙东和江苏南部及上海西部地区，广域范围为：东至舟山群岛，北临长江，南部抵达浙江浦江、诸暨、嵊州及奉化、象山一带，西部为江苏南京至安徽郎溪、广德及浙江安吉、临安、桐庐、建德、淳安、浦江等一线。在这一文化地理范围，据不完全统计发现有500多处良渚文化聚落遗址，其中杭嘉湖平原余杭区良渚文化聚落遗址最为密集，仅良渚、安溪和瓶窑三地33.8平方公里范围内就发现有近百处良渚文化聚落遗址。故而，学术界称良渚文化聚落的分布状态为“聚落群”。“聚落群则是诸多聚落的总称，实际上包括了聚落遗址

① 林华东：《浙江通史》史前卷，浙江人民出版社2005年版，第143页。

的分布(可有单个或数个)及其聚落形态与环境和社会结构等内涵。”[①]聚落的遗址有房屋、道路、灰坑、手工业作坊、畜牧、宗教场所、生活设施等,有些大型聚落还分居住区、生产区和丧葬区等,有规划和布局,是复原当时社会面貌的主要依据。

根据良渚文化早、中、晚期的遗址点分布,一般可将其划分为五个大型聚落群,即太湖南的良渚-瓶窑群、太湖东南的嘉兴群、太湖东的苏州-上海群、太湖西北的江阴-武进群和太湖西的湖州-宜兴群。[②] 目前的考古发掘资料显示,吴江龙南遗址是良渚文化早、中期聚落群的代表;余杭良渚庙前、昆山赵陵山遗址皆为良渚文化中期聚落群的代表。余杭大观山果园遗址为良渚文化良渚、安溪、瓶窑范围内 100 多处聚落遗址群的中心区域,其四周环绕有荀山遗址群、瑶山遗址群、汇观山遗址群、潘板遗址群和横山遗址群。据研究,良渚文化时期的基层聚落村邑,在人工堆筑的土台上建筑房屋,在土台周边埋葬死去的亲属。建筑为木骨泥墙,斜坡屋顶。

(二)良渚聚落群生活方式的确立与变迁

生活方式是一定社会制度下社会群体及个人在物质和文化生活方面各种活动形式和行为特征的总和。[③] 人们的衣食住行是生活方式基础性的生成要素。良渚文化时期的生活方式经历了从新石器时代晚期定型并转向青铜器文明时代的重要转折。它的许多形式和内容影响了中华民族生活方式的进化。

良渚文化时期饮食的定型与变迁。一是“饭稻羹鱼”、荤素

---

① 严文明:《聚落考古与史前社会研究》,《文物》1997 年第 6 期,第 27—35 页。

② 王宁远:《遥远的村居——良渚文化的聚落和居住形态》,浙江摄影出版社 2007 年版。

③ 辞海编辑委员会:《辞海》第六版缩印本,上海辞书出版社 2010 年版。

结合的膳食结构初步确立。良渚农业已实现大面积犁耕，水井和灌溉系统在一定程度上扩展了水稻的种植面积，稻作农业体系已相当成熟，除供主粮外还有积余。同时，广泛驯养家猪、家狗和鸡鸭，并将狗驯化成狩猎"帮手"；改进网捕技术与猎杀石器以获取野猪、水牛、梅花鹿、水鹿、麋鹿、獐、草龟、鳖、鲤、鳢以及鸟类、软体类等动物性食料；通过采集、种植等手段获取葫芦、甜瓜、桃梅、杏、李、柿、菱角、芡实、野菜等植物性食料。"丰富的水产资源和高超的舟楫、网捕技术，使这一代先民放弃了低效率、低能量的食用模式"，形成以稻米为主粮，菜蔬植物为主肴，动物为辅味，饭稻羹鱼、荤素结合的膳食结构模式。① 二是饭菜分别、饮食并用的餐饮习惯基本形成。良渚先民用鱼形足鼎、T 字形足鼎、竹芦把豆、双鼻壶等典型的陶器，来炊煮或盛放食物，储存水或酒。良渚遗址发掘豆、盘、钵、碗等食具，说明良渚人已有饭、菜之别，这决定了中国餐饮的基本模式。盛酒器、温酒器、饮酒杯造型复杂多样，足见当时饮酒风气之盛行。据杨法宝编著的《良渚文化研究》推测，良渚先民还可能采集野果，通过研磨做成果汁饮用。三是围席而坐、合家用食的餐席礼仪。余杭瑶山、汇观山两遗址出土的玉匙和玉匕表明，当时的显贵者已使用玉质进食餐具，平民阶层则可能使用竹或木、骨制成的匕、刀、匙、筷子。席地围坐的餐饮遗址，则预示着食仪的萌芽。但在等级分明的良渚男权制社会，餐食时的尊父、尊长甚至尊子的语言及姿态礼仪或已然成习。

良渚文化时期的衣冠鞋饰在质地、形制、佩饰等方面也发生了重大变化。质地的变化反映在植物纤维的开发和加工水平方

---

① 俞为洁：《良渚人的衣食》，《杭州日报》2017 年 7 月 11 日。

面。湖州钱山漾出土较多的绸片、细丝带、丝线、麻绳、麻布等纺织品，麻绳、麻布片等的细密程度已与现在的细麻布极为相似。良渚先民还可能掌握了一定的制革能力，裁制皮革或皮裘，做成服装和帽子。丝绸是良渚文化的一大发现，它源于高度发展的纺织机械和技术的积累。利用纺机和织机，良渚先民能纺织面幅达 35 厘米以上的织物，这在形制上是一个重大突破，说明先民已穿着较大面幅纺织面料的衣服。形制的变化与良渚文化时期的裁制技术、审美观念以及礼仪规制有着密切的关联。良渚文化时期祭祀礼仪正逐步脱离原始习俗而成为一种社会规制和宗教仪式。这种规制和仪式通过一定的外在服饰加以确立。巫觋的服饰穿戴，要适合行典时的肃穆气氛。而贫富的差异，权贵的显赫，邦国统治者的权威，也需要配制相应的服饰穿戴。据不完全统计，良渚遗址出土的玉器数量已超过万件，仅良渚反山遗址一处就多达 3500 余件。考古学家将良渚先民服饰上的玉佩分为六大类。由杨法宝编著的《良渚文化研究》可知，其中头饰有羽冠、三叉形器、玉佩束发等，颈胸有玉管串、玉璜串、组手串（璜、坠、管、珠等的组合），耳饰有玉玦、玉耳饰珠，臂腕饰有玉镯、象牙镯、骨锡、琮式镯；服饰有玉带钩的腰带、带小玉环的腰带、玉圆牌串饰，腿脚饰有由玉珠串成的链饰、骨石珠等。显然，这些饰品主要是富裕阶层佩戴的。

从良渚文化聚落遗址的地形、地貌与地下发掘研究推测，良渚聚落群建筑有四个主要特征：一是因势而立、因水而筑的居址分布。良渚文化聚落群选址讲究地形地貌，包括人工堆积高于地表的土墩，背山向阳的山坡或山脚的坡地，河湖海沿岸的岗丘，隔河相望的水岸等，都是先人们居址选择的理想之地。二是多种建筑形式并存，彰显原始建筑美学理念。据王宁达在《遥远的村居》一书中介绍，良渚居址有许多建筑形式，包括两面坡棚架或屋顶的双间L形中穴式房型、功能分离的短形或圆形草房型、穴壁为墙及上尖半顶的圆形单穴房型、门进外伸两面下坡的半地穴式房型、南设走廊居室架空的干栏式房型等。[①] 三是区块功能划分明晰，居室内外使用功能完备。即在同一聚落区域内，居住区、墓葬区、祭坛区、作坊区等功能区划分很明晰，居室内外规划有水井、水沟，居室内规划有厨房、灶坑等生活设施。四是聚落之间邻里相望，客观上形成村寨或城邑格局。余杭原良渚、安溪、瓶窑三镇范围内已发现的良渚遗址，分布密集、连成一片。这一区域出土有各种大型墓葬、祭坛、居址、礼仪性建筑、宗教场所、水井和手工作坊等，而中心便是良渚古城遗址。

良渚文化时期先人出行的水陆交通设施与工具也有了很大的发展。道路设施的进步体现在从自然踩踏至砂石（或陶片）夯基、木桩固形的筑路技术的变革。宁波慈湖遗址第五层和江苏吴江龙南遗址第三期良渚文化层中都发现有人工筑路的遗迹。慈湖遗址的路南以陶片、砂石夯实以作浅基，路基两侧打入密集的木桩，以固路形。这种加固路面基础的道路设施，是聚落区居住形式高度发展的标志。良渚文化时期水上交通工具已使用独木舟和桨。浙江的独木舟最早出现在距今8000—7000年的萧山跨湖桥遗址，是中国现存最早而又最长的独木舟实物。舟体残长560厘米，残宽53厘米，厚度3—4厘米，船舱深15厘米。该独木舟遗址被学术界猜测为一个造船工坊。良渚文化湖州钱山漾遗址、宁波慈湖遗址上文化层、余杭瓶窑下家山遗址、杭州

① 王宁远：《遥远的村居——良渚文化的聚落和居住形态》，浙江摄影出版社2007年版，第175—177页。

水田畈遗址均有木船桨出土，可推知当时已普遍使用独木舟乃至竹筏、木筏作水上交通工具。

三、原始宗教：习俗、图腾与巫觋

（一）习俗与原始宗教

原始习俗是原始社会的人们在长期生产和生活中逐步自发形成并共同遵守的习惯和风俗。原始社会正是借助于这种习惯和风俗来协调人与人之间的关系。[①] 在原始社会，习俗往往又凝固传袭成为具有规范性、强制性的制度，如图腾制度、宗法制度、舅权制度等。一方面，它在民族中的认同，使其具有一定的制度效力；另一方面，它还具有信息和规范的压力，迫使人们不得不受它的约束。[②]

浙江新、旧石器时代，是一个从村邑、部落到部族或民族的完整发展过程，而支持这一过程连续性的重要一环则是原始习俗。在国家没有形成之前，习俗的范围十分广泛，几乎涵盖生产、生活以及社会礼仪的全部内容。在国家形式出现之后，习俗的作用范围逐步缩小。

葬俗、祭台与原始宗教。自嵊州小黄山遗址发掘出一座长方形竖穴土坑墓之后，在嘉兴马家浜文化遗址、余姚河姆渡文化遗址、丽水好川墓地以及余杭良渚文化遗址等发掘出墓葬逾千座，墓穴之规模，葬式之讲究，葬法之复杂，葬制之规范以及陪葬品之丰富，随浙江考古文化序列的进步而发展，并都与原始宗教

---

① 孙国华：《中华法学大辞典》法理学卷，中国检察出版社 1997 年版，第 493 页。

② 辞海编辑委员会：《辞海》第六版缩印本，上海辞书出版社 2010 年版，第 204 页。

的发展有着千丝万缕的联系。那种敬畏死者的神秘葬礼，是通过原始宗教活动加以实施的。在良渚文化时期，当时祭天礼地的原始宗教活动场所主要为祭坛或祭台。作为祭天礼地与举办入葬仪式的祭坛，既有等级和形制结构的不同，又有祭祀形式的区别。在良渚社会的上层集团中还流行过“玉敛葬”等高级别的原始宗教葬礼。

食人、猎首习俗与原始宗教。人类历史上普遍存在过食人与猎首的习俗。在河姆渡遗址第四文化层居址内，曾发现一件陶釜、两件陶罐，釜、罐内各有一具婴儿骨架。经古人类学家贾兰坡教授亲自鉴定，确证其是经煮过的出生不久的婴儿遗骨。由此推断，在河姆渡文化时期曾存在食人现象。在河姆渡文化、马家浜文化和良渚文化中还发现有以“无头葬”或单独的人头骨为表征的猎首习俗。这种习俗是继食人之风后出现的，起源于原始氏族、部落对地母(也即地神)的崇拜，目的是祈求地母保佑或报答地母之恩。

拔牙习俗与原始宗教。拔牙，又称拔齿、凿齿等，一般指的是人工拔除一对上颌侧门齿(或中门齿、犬齿)的一种古老习俗。在崧泽遗址的墓葬中，曾发现有两座墓中的头骨标本上有人工拔牙的痕迹，这两个头骨被判断应属于青年女性。崧泽文化先民可能在12—20岁进行拔牙，所拔牙齿主要是侧门齿。关于古代先民的拔牙习俗，其产生原因说法较多，有身份象征、婚宴习俗、陪父母葬以及氏族崇拜等。至于马家浜文化和崧泽文化时期青少年的拔牙习俗，较为合理的解释是“成年礼俗和进入婚姻资格的一种标志”①。

① 林华东:《浙江通史》史前卷，浙江人民出版社2005年版，第22页。

(二)图腾与原始宗教

图腾崇拜是原始社会的一种宗教信仰,约发生于氏族公社时期。在浙江境域的原始宗教观念中,最具特色的是对凤鸟的崇拜。河姆渡遗址中,曾发现11件雕刻或堆塑鸟图像,其中有“双鸟朝阳”纹象牙雕刻蝶形器、圆雕象牙鸟形匕、连体双鸟纹和钻刻鸟纹骨匕、堆塑双飞燕器盖、木雕鸟形蝶形器,质料均为象牙、骨、木和陶等。宁波慈城傅家山遗址中出土有由象牙精雕而成的如鹰首形的饰品残片和形如鸟兽的陶器盖钮及支脚。舟山白泉遗址还出土过鸟形盉。鸟形图案的频频出现,表明了河姆渡文化时期浓烈的凤鸟图腾崇拜情结。在良渚文化时期,先民们以最精致华贵的玉器雕绘鸟形,并在象征神权、军事统帅权的玉璧、玉钺上刻着飞鸟和神人羽冠。先民们还赋予了与生命攸关的农业生产以鸟的色彩,称田为“鸟田”。在凤鸟崇拜的宗教活动中,还提炼出一条“会稽鸟耕”的道德戒律。良渚文化遗址出土数件刻着五台阶状“盾牌”鸟图像的玉璧以及透雕神人玉器,被学术界认为是良渚先民鸟图腾崇拜的实证。

(三)巫觋与原始宗教

巫觋源自原始宗教,指古代能以舞降神、以神法器祝祷神灵降福消灾或作坛祭祀的宗教神职人员。良渚文化墓葬遗址中,发现有巫觋的墓坑及数量众多的随葬品,如玉饰、玉佩等挂坠件玉器,说明巫觋在良渚文化石器时代时已形成一个数量不小的社会阶层,成为一种原始社会职业。

巫觋有自己特定的功能,包括通鬼神、预知吉凶、治病驱邪、祈求神灵等。请神附体是其施巫的主要方式之一。《汉书·礼乐志》曰:“大祝迎神于庙门,奏《嘉至》,犹古降神之乐也。”降神后,巫成为神的体现,代神言行。方式之二即“通过阴”,也就是巫觋的灵魂可以离开肉体，到神鬼所在的地方。据钟敬文《民俗学概论》，巫觋为了通神，需借助一定的中介体，如树木、山峰、巨石、动物等。随着巫觋群体的扩大，出现了占卜、预知吉凶、驱鬼、治病等神职助手。在宗教盛行、祭坛遍布的良渚社会，巫觋是人与神互相沟通的中介和神灵的代言人。

(四)礼制与原始宗教

原始人类文明经历着从公有制下的平等到私有制下的等级差别的阵痛。礼的要义“别”，正是这种区分上下等级的规则，它建立起等级森严的金字塔式的国家制度与社会秩序。良渚文化时期的文明演进，借助于以宗教面貌出现的原始礼仪制度。在良渚反山、瑶山遗址贵族墓葬中，曾发现宗神的全身像，对代表宗教权威的宗神像的拥有，直接成为葬礼等级的标志。

第二章　越国兴霸的社会变革与古越部族的流布

越国始建于公元前2032年，终于公元前222年，是历经夏、商、周三代的中国东南方存在时间最长的诸侯国，是春秋最后一代霸主。从无余封国至允常扩疆的千余年间，取夏制越部族赓续的社会范型。至允常、句践扩疆称霸，取分封宗法范型，尊周室礼制。句践灭吴后，率兵北征至齐国琅琊，并迁都进取中原，称霸百余年，而后势力衰落，无彊败于楚，越国偏隅瓯、闽。越国时四民分业、人分十等，贵族崛起，庶民编户，商贾聚邑，奴隶获得姓氏。土地制度、荒政、户政、婚制、福利制度皆有开创，社会生活同步于国家文明进步，宗教祭祀进入职业化时代。

第一节　始立国的社会范型

一、大时代的土地"记忆"

(一)洪荒时代的终结与"鸟田"祥瑞

先秦时期，浙江气候多变，处在东亚季风活动激烈的地带。

公元前24世纪至公元前20世纪，相当于传说中的尧至夏代，乃中国大地洪水泛滥时期。浙江亦不能例外，重大的区域性灾难频发，如太湖流域的水溢，沿海地区的潮浸，钱塘江水的泛滥，浙西南频发的山洪，等等。是时，尧用鲧治水，以堵为法，没有成功。其子禹承替鲧治水，采用疏导法，呕心沥血十三年，三过家门而不入，终使洪水大治，天下太平。

传说大禹三次到会稽，一为治水，二乃会盟，三则东巡狩。《史记·夏本纪》记载："十年（即位十年），帝禹东巡狩，至于会稽而崩。……或言禹会诸侯江南，计功而崩，因葬焉，命曰会稽。"《淮南子·齐俗》言："禹葬会稽之山，农不易其亩。"疑禹惜农田之贵。

据《吴越春秋》，"禹崩之后，众瑞并去。天美禹德，而劳其功，使百鸟还为民田，大小有差，进退有行，一盛一衰，往来有常"。此乃鸟田祥瑞，实为群鸟耘田。据明万历《绍兴府志》言："鸟田在禹庙下。"《文选·左思〈吴都赋〉》又概以"象耕鸟耘"之语。李善注引《越绝书》释之："舜死苍梧，象为之耕；禹葬会稽，鸟为之耘。"

其实，禹之鸟耘，舜之象耕，均为对圣人之赞。今日观之，实为山地与水田的耕作方法，即耕者以象行之法，耘者如鸟之啄食。在百越史研究中有关于骆越族的"雒田"研究。所谓"雒田"，大致为利用河水涨落所形成的水田。具体而言也有不同观点，其中与本书有关的是"雒田即为鸟田"说，研究者有曾雄生、游修龄、冯广宏等；持此说既有语言学上的理由，亦有水环境方面的理由，更有稻作性质方面的理由，不一一赘言。

就土地制度而言，有学者认为，越国在时间上与西周、东周交集，但并未有有关井田制的记载出现，言外之意即越国没有实行过井田制，这可能与鸟田耕作有关。此说虽有点牵强，但不是完全没有道理。井田制首先出现在北方，土地广袤而平坦且便于划分与管理是一个先决条件。越国多山地，平原又是水网交织，很难按井田制划分管理。当然，政治与经济方面的原因则是更为重要与根本的。

（二）无余立国后的山地生活与夏朝土地赋税制度

无余是越国的缔造者。据《吴越春秋》记载，禹以下六世而得帝少康，他怕祖先夏禹在会稽的陵墓无人祭祀，就封他的一个儿子到越地立国，少康子自号“无余”，建立越国。《吴越春秋》卷六《越王无余外传》言：无余刚受封时，人民山居，虽有鸟田之利，租贡只够贡给宗庙祭祀之费。无余质朴，不设宫室之饰，从民所居。夏商时代，於越部族已经在今浙东地区活动，但直到春秋晚期，於越部落的活动中心始终停留在平原南部山区，大约在今奉化至诸暨、萧山一带，过着“随陵陆而耕种，或逐禽鹿而给食”的迁徙农业和狩猎业并重的经济生活。这显然是因为当时的海岸线还未远离山麓，平原土地面积狭小，且湖沼密布，不能为越国初创提供成片的土地和耕植条件。[①] 当时宁绍平原中部可作养殖的湖泊已由潟湖演化形成。这个时期也不排除越人对宁绍平原南部山区和钱塘江南岸可耕地的开发。因为在夏朝人们已普遍使用犁耕、播种和灌溉等农业生产技术，逐渐实行了对土地的开发利用。

夏朝实行了严格的土地管理制度，谓之“上田制度”。即把土地分为官田、私田和公田三种。官田由夏朝朝廷掌控，用于官员和军队的活动、地方税收和供应军粮。私田由百姓自行开垦

① 徐建春：《浙江通史》先秦卷，浙江人民出版社 2005 年版，第 17 页。

耕作。公田则由全体百姓共享耕种，人人都有耕种权。越国既然为夏朝的分封国，在土地管理及赋税方面，在无余之后数百年间按照夏朝的制度，也在情理之中。

夏朝的赋税主要是田地赋税（田租）、土特产赋税（土贡）。根据土地肥瘠程度与运输成本的不同，确定相应的赋税等级。田地赋税一般以五十亩为一个纳税单位，按收成的十分之一缴税。《孟子·滕文公》总结为“夏后氏五十而贡”，取什一。越地多土特产和工艺品等，《逸周书·王会解》记有鱼皮做的刀鞘、鲛鱼做的盾牌、鲗鱼做的酱及利剑等物，历来作为贡物。

（三）允常的拓土扩疆与周朝的王属土地制

越国兴霸，自允常起。据顾野王《舆地志》所言，允常“拓土始大，称王”。按《吴越春秋》卷六《越王无余外传》可知，“常立，当吴王寿梦、诸樊、阖闾之时”。时越国中心统治区的范围，据《国语·越语上》，南至于句无（今诸暨市），北至于御儿（今嘉兴市），东至于鄞（今宁波市），西至于姑蔑（今龙游县）。按如今陆地面积计，约 58641 平方公里，相当于浙江全境陆地面积 10.55 万平方公里的 50％强。据清代地理学家考证，今江西省东北部也属越国。允常拓土扩疆后，尝试从山地搬到平原，并垦荒植田，使可用耕地面积大增。

周朝乃王属土地制，土地属于君主，但土地使用权和收益权被授予诸侯。诸侯通过控制土地来建立自己的势力，君王则通过授予土地来维护自己的统治。随着分封制度的建立和发展，土地的使用权、收益权逐步分散于官员和贵族。从西周到东周，土地所有制进一步向官僚和富裕阶层倾斜，土地转移到官员和士族手中，形成地主阶层以及相应的土地经营市场，扩大了土地私有的层面。允常时期正处于这一敏感的历史阶段。其称王，是天子之下的王,受周室爵位之分封。封爵虽低,但受于其制,自然与周室有频繁往来,包括与土地相关的赋税上贡。允常拓土称王后,依春秋的形势,行土地的封赏已为惯例。到句践时,范蠡、文种等大臣均有封地,也属对诸侯封地使用权和收益权的转移。允常拓土时期和句践复兴时期都鼓励开垦土地,按周制,所垦土地以私属为多,否则开垦者没有积极性。周代最主要的赋税制度为"百亩而彻",即按比例缴税。允常时效仿中原列国的制度体系,由于与楚国的族亲渊源、军事依附和风土相近等,尤其重视借鉴楚国的经验来完善越国的赋税制度。当时楚国的赋税制度分军赋、田税、地租、户口税、关市税等,比较符合长江以南地区的实际情况。

(四)句践北拓封邑与春秋战国私田的崛起

周敬王三十八年(前 482),越王句践率军攻陷吴都。四十二年(前 478),句践率军攻吴,大败吴军于笠泽。周元王三年(前 474)十一月,句践灭吴,乘势北伐至齐国琅琊。周贞定王元年(前 468),迁都琅琊,建起观台,纵行千五百余里,横跨近千里。其势力范围达 33 万平方公里,子孙相袭,时间长达百年,为春秋最后一代霸主。其间大封子弟、功臣,授封土地无以计数。在这个时期,越国官员和士族拥有的土地越来越多。同时越国多次发动农人开垦种植,这些开垦地大多为农人占用。至东周,土地所有制逐步向地主私有制和农民个体占有制两个方向发展。农民通过开垦和相关土地典礼也可获得土地使用权。

赋税制度在春秋战国有了很大的改变,私人土地占有比重骤增。齐国、晋国相继推行土地制度改革。公元前 594 年,即允常出生前约 30 年,鲁国推出了"初税亩"制,按私人占有土地面积计亩征收税、军赋、田赋等。公元前 538 年,郑国"作封洫",承认土地占有的现实，按私有土地收取赋税。战国时期，以井田制为中心的土地制度被废除，封建田赋制度确立。公元前408年，即句践过世后50多年，秦国推行“初租禾”，按私人耕地的收获量征税。凡此，均对越国私田的崛起及赋税制度的改革起到了积极影响。尤其是封邑内的土地，归为贵族所有。在赋役方面，句践时期推行“兵农合一”的兵役制度，即战时全民动员，壮劳力一律参军，和平时仍回来务农的一种兵役制度。这种制度既能保证兵源的充足，又能在无战事时不失劳动力的储备。

二、社会史分期与宗法社会形态的演化

（一）夏制越部族赓续的社会范型

越国始建于公元前2032年，终于公元前222年，历时1810年，是跨越夏、商、周三朝的中国东南方存在时间最长的诸侯国，为春秋“五霸”之一。

越国社会的历史发展经历了三个时期，即1500余年的夏制越部族赓续社会时期、100余年的扩疆称王争霸的家国宗法社会时期、150余年的由盛转衰的越国宗法礼制衰落时期。这三个时期分别表现出互有关联却又有各自特征的土著部族向宗族社会过渡及至衰落的范型。

越国的出现并非通过自身内部力量的驱动，而是作为分封国模仿夏王朝的制度模式建立起来，“但却未能生根”的世袭制诸侯国，属于在周边更高级的社会模式影响之下的“次生国家”。①

越国的前身是古代“于越部落”，故而又被称为于越、於越。

① 徐建春：《浙江通史》先秦卷，浙江人民出版社2005年版，第109页。

据赵晔《吴越春秋》记载，越国的开国之君无余，立国于会稽，以供奉夏禹的祭祀。数年后，他们文身断发，除去荆棘草丛，修筑城邑，是为越国之始。无余“质朴，不设宫室之饰，从民所居”[①]。无余传十余代，末君微劣，不能自立，贬为庶民，转为编户，禹冢的祭祀也一度中断。此事之后十余年，有无壬者，自称无余之苗末，说他重修了禹墓以供奉祭祀，并为民请福于天。老百姓拥立这位无余的后代继承越君之位，使越国“稍有君臣之义”，并“建立较为完整的国家体系”[②]。又过了十余世，至夫谭之子允常，扩疆称王，与子句践开创霸业，终结了越国千余年积弱的局面。

越国千余年的积弱主要反映在国家管理的部族化与生产方式、宗教信仰的原始状态等层面，在很大程度上是夏朝世袭制度框架下越部族的原始社会范型的赓续。日本先秦史研究专家平势隆郎曾对夏、商、周王朝的社会范型，提出了“文化地域”的解释框架。他认为，一般将夏、商、周称作是“天下”的王朝，其实这个“天下”是新石器时代以来的多个文化地域的集合体。虽然“也有过陪都之类的方式，将统治区域扩大到其他文化地域的情况，但基本上一个王朝统治的是一个文化地域”[③]。文化地域一般包括生态、民俗、传统、习惯等文明表现，不过平势隆郎更多强调的是国家管理制度的不完备状况。越国前期何以长时间停留在夏制框架下的部族社会范型，未能推进“国家化”，究其缘由：

一是生存的自然条件阻碍了“国家化”的进程。越国处于宁

---

① 赵晔：《吴越春秋·越王无余外传》，崔冶译注，中华书局 2020 年版，第 166 页。

② 徐建春：《浙江通史》先秦卷，浙江人民出版社 2005 年版，第 10 页。

③ ［日］平势隆郎：《从城市国家到中华·殷周 春秋战国》，周洁译，讲谈社《中国的历史》第 2 册，广西师范大学出版社 2014 年版，第 9—10 页。

绍平原而一直不能摆脱“湖泊循环”现象的困扰，这使得越部族的活动中心始终停留在宁绍平原南部山区，处于迁徙农业和狩猎业并重、游牧与小农耕作相间的经济和社会范型，以至于越国延缓了“国家化”的步伐而长期地停留在部落共同体社会的阶段。

二是凝滞的部族属性阻断了外界信息的交流，而君主个人的品行在特定历史时段打消了扩张的野心。从越国封立至允常扩疆的千余年里，其国民主体是土著而非外来移民，因此一直保留着土著族民的身份与习俗而亘古不变，同化外族流民的能力强于吸附异族文化的意志，致使其在很长的历史时期里未能摆脱部族或部族联盟的氏族社会范型。

三是遵循“奉守禹之祀”的立国初衷，遵行越族之原始宗教习俗，“复夏王之祭，安集鸟田之瑞”，“通鬼神之道”[①]。然而这些习俗和信仰很长一个时期内停留在越部族的原始宗教阶段，并未马上与王权、宗教权和家庭继承权结合，以成为越国前期意识形态的组成部分和家国社会形态。这从处于同一时期的马桥文化、高祭台类型文化的玉礼器考古中亦可得到一些印证。

四是夏王朝是一个以“夏后”为首，十二个氏族部落为基础，并由“禅让制”过渡到“世袭制”的国家，它的国家制度中本身就包含着部族社会的许多原始元素。越国初期更多地保留了土著社会管理的氏族模式的原始性，这也符合夏王朝立国初期的实际状况。夏朝的这种包容性在相当长的历史阶段里并不排斥部族社会管理制度元素。即使到了商周时期，也大体如此。只不

① 赵晔:《吴越春秋·越王无余外传》，崔冶译注，中华书局2020年版，第166页。

过商周时期已发展到以家族、民族、国家融合的宗法制度形式，以此作为王朝的制度基础。越国在立国后千余年中一直维持夏制框架下的部族社会管理模式，以此作为社会范型的基础，这既是一种历时态的无奈，又是一种现时态的选择。这可能与良渚文化从鼎盛期突然消失，良渚古国最终走向衰亡有着间接关系。良渚文化千余年的消弭使环太湖失去了从酋邦进阶至家国的契机，而夏初越国分封后千余年的几近消弭，却使世袭制的越国徘徊并后进于商周的部落社会范型。

值得关注的是，无壬“因共封立，以承越君”，“稍有君臣之义”，从一定意义上也反映了越部族的精神力量。其一，它反映了部族原始民主制度的本质和作用。越国封立时承夏朝王位世袭制之大统，但国君也会因品行和功绩“微劣”而被贬为庶民，这实际上是在礼制并不完备的境况下，沿用越部族原始民主制的做法；在越国危亡之际，部族的原始民主制在王位继承中也起到了很大作用。如“因共封立”的有效性，“为百姓请命”的舜禹部族传统的应时性等，都折射出国家管理部族化的光辉。其二，越部族的原始宗教信仰和习俗仍对国家管理起到重要作用。如鸟图腾崇拜（“鸟禽呼应”“鸟田之瑞”）、祖先崇拜（“禹墓之祀”）、英雄崇拜（祭防风神、奏防风古乐）、鬼神崇拜（“请福于天”“以通鬼神”）等原始宗教信仰，渗入国家的意识形态，对经济、政治、文化等产生一定的影响。

（二）允常、句践扩疆称霸及越国的宗法社会范型

越国的中后期指继无壬的礼制改革后允常扩疆称“王”、句践灭吴北征而列春秋五霸的时期。这一时期，越国接受周天子分封，史学界认为，这是越国对周代宗法制的认可。周朝分封有公、侯、伯、子、男五个爵级，越国是“蛮夷小国”，因而在“周室爵

列不能成子”,很可能只是“男”一级的爵称。[1] 周元王时期又封句践为“伯”。

宗法制是古代维护贵族世袭统治的一种制度。宗法制以父权和族权为基本特征,按照血缘的远近区分亲疏,其核心是嫡长子继承制;表现为宗族组织与国家组织结合一体、宗法等级与政治地位相应等同的一种制度关系。这一制度源于原始父权社会,初立于夏朝二世的“王位世袭制”,发展于商朝末期的嫡长继承制,完备于西周的“建侯卫”与礼乐制度,后影响封建社会的各个朝代。

西周宗法制度在本质上已不再是夏朝的氏族社会那种相对单纯的血缘关系,而是根据血缘关系,明确每个人在宗族中的地位,各司其职,具有浓郁的政治色彩和等级之分,甚至有一定的阶级对抗性质。在宗法制度下,天子建国,诸侯立家,卿置侧室,大夫有两宗,士有隶子弟。

无壬改制中兴,使越国“稍有君臣之义”,其实质是强化宗法制度。西周建立了一整套礼乐制度,标志着宗法制度的完备和成熟。君臣之义,忠君(君统)是根本,等级是核心,理顺了这层关系,就是强化了宗法制度。这说明在允常、句践时期越国被分封是有其宗法基础的。周敬王三十八年(前 482),句践趁吴国北上争霸而伐吴。至周元王三年(前 474)十一月,灭吴并率兵渡过淮河,与齐、晋等诸侯国会盟于徐州。为北上争霸,句践做了五件大事,以维护周朝宗法制的权威,赢得更多的支持。

第一件事,尊重周室礼制,维护周天子的宗法制格局。句践为得到周天子的褒奖,不但向周王室朝贡,而且派使者到齐、楚、秦、晋等国,号令他们共同辅助周王室,歃血订立盟约。他向弑

① 徐建春:《浙江通史》先秦卷,浙江人民出版社 2005 年版,第 108 页。

君的齐国田氏兴师问罪，对不尊周室的秦君进行讨伐。为此，周元王册命句践为“伯”，承认句践在诸侯中的领袖地位。

第二件事，抑强扶弱，稳定宗法社会秩序。越国并吞吴国后，句践主动把原被吴国侵占的部分土地归还楚、宋、鲁等国，以维持中原诸侯既定的疆域状况，暂时停止了互相攻伐的局面。

第三件事，扩大分封范围，强化宗法制的凝聚作用。在越国疆土扩展之后，句践又大封子弟、功臣，仅封在吴地的就有宋王、摇王、荆王、干王、烈王、襄王、越王史、余复君、上舍君等。[①] 句践通过扩大分封以完备宗法制，在较长时期内加强了对吴地的控制，但这也给统治阶层埋下了内乱的隐患。

第四件事，迁葬先祖，增进宗法血亲意识。周贞定王元年（前 468），句践迁都琅琊后，即把父亲允常的坟墓安置在离会稽 15 里的地方，称为木客大冢；又把祖父夫谭的坟墓迁葬到离会稽 25 里的地方，称为若耶大冢。[②]

第五件事，为延续宗族，鼓励结婚并多生子女。为解决战时的兵源问题，句践推出鼓励结婚生育的政策。严令壮年男子不准娶年老的妻子，老年男子不准娶年轻的妇女。女子十七岁还未出嫁，她的父母就有罪。男子二十岁还未娶妻，他们的父母也有罪。生两个男孩，就赐给一壶酒，一条狗。生两个女孩，就赐一壶酒，一头小猪。生三个孩子，就给配备奶娘。生两个孩子，提供一个孩子的抚养费用。长子死了，可以免除三年赋役。小儿子死了，可以免除三个月赋役。

---

① 袁康、吴平：《越绝书》卷二《越绝外传记吴地传》，张仲清译注，中华书局 2020 年版，第 30—39 页。

② 袁康、吴平：《越绝书》卷八《越绝外传记地传》，张仲清译注，中华书局 2020 年版，第 163、168 页。

(三)“三代弑君”与越国后期崩坏的宗法社会范型

越国后期,宗法制度面临一系列危难,“礼崩乐坏”导致越国走向衰落。周安王十六年(前 386),为加强对吴越之地的控制,越王翳决定从琅琊迁都吴地(今苏州)。在此前后越国内部发生了血腥的内斗,为抢夺王位,先有翳之父朱勾杀死不寿;后有翳之弟豫挑唆越王杀太子诸咎。诸咎率兵发动政变,将越王翳杀害。此为弑君,乃大逆不道,为宗法所不齿。越国民众在豫的操纵下,又将诸咎杀死,按嫡长世袭的原则,拥立诸咎的儿子错枝当越王。周烈王三年(前 373),在卿大夫寺区的率领下,杀死了豫,削去了吴国旧势力,废黜错枝,拥立了越王翳的儿子之侯为越王。十年之后,寺区的弟弟思又将之侯杀死,拥立其弟无颛为越王。这段越国悲剧,史称“诸咎之乱”。

这一悲剧标志着越国自句践以后蹒跚而进的宗法制度的崩溃。周显王三十六年(前 333),楚国打败越王无彊,越国由此衰落。由于无彊生前未指定王位的继承人,其死后,越王室四分五裂,纷纷割地自据。越国王系不久就走向终结。

第二节　阶级结构与社会矛盾

一、阶级的塔式构造

(一)“十等”人分与四民分业

越国立国 1810 年,经历了青铜和铁器文明下的农耕、手工业与商业时代,其所处的年代正好是夏商周奴隶制社会时期,故而其社会分工、职业定位以及阶级阶层结构与中原社会有着本质上的类同性。

《左传·昭公七年》引《诗经》言："天有十日，人有十等，下所以事上，上所以共神也。故王臣公，公臣大夫，大夫臣士，士臣皂，皂臣舆，舆臣隶，隶臣僚，僚臣仆，仆臣台。马有圉，牛有牧，以待百事。"此处的"臣"，似为统管或统治之意。诚然，这段话并非专指商周时期的社会结构，但反映了那个时代国家管理层面的社会等级序列的一个侧面。"十等"人分，代表着两个层面，王至士，是权贵与官吏层面；皂以下，包括"十等"以外的圉和牧，则是贵族、官吏府第里的家奴层面。

至于广域的社会层面，《管子》有"四民分业"论。《国语·齐语·管仲对恒公以霸术》所指，"四民者，勿使杂处，杂处则其言咙，其事易"。处士、农、工、商，"昔圣王之处士也，使就闲燕；处工，就官府；处商，就市井；处农，就田野"。管仲关于四民分工、分业的论述，反映了当时社会层面的职业结构和人们对分工、分业的总体观念，很大程度上体现了"民"之层面的阶级结构。对应"人分十等"，管仲所分农、工、商应排在士之下、皂之上的等级序列之中，他们属于被统治者，但比奴隶地位要高。

（二）权贵的崛起与塔式阶层

越国初建至无壬之子夫谭阶段，最高统治者称"君"，至允常时称"王"。至越王句践时期，王具有处理军政事务的一切权力，拥有国之财富和土地，过着骄奢的生活。越王宫极宏伟，"周六百二十步，柱长三丈五尺三寸，霤高丈六尺，宫有百尺，高丈二尺五寸"，并建有美人宫、鼓钟宫、冰室、驾台、离台、游台、姑胥台、中指台、石室等，[①]越王还驱使民众为自己和王室建筑庙宇和陵

① 《越绝书》卷八《越绝外传记吴地传》，张仲清译注，中华书局2020年版，第156—157页。

墓，耗资巨大。越王是越国社会阶级之顶峰。

越国王室贵族阶层较为庞大，既有王室贵族，又有子弟功臣。他们依附于国王而享有特权，从王位的世袭，到分封地的土地使用权、管理权和财产权以及地方武装权等。同时分封的还有相国大夫、士的等级，以至形成诸侯有封国，相国大夫有采邑和邑兵的格局。尽管封地大小不同，但通常都是城-国建制，城外为野，合称为邦。邦与邦之间垒土为界，谓之封，其领主皆称诸侯。

士是贵族阶层中地位较低的一级，也有小块土地，能奴役少量奴隶，必要时还是车兵的基层指挥官。作为征服者的他们并不都是贵族阶层，但都有贵族血统。贵族主要是王室及其军事联盟首领的后裔，占绝大多数的兵士通常是没有继承权的庶出后裔。

据一些古籍记载，越国的封邑有范蠡的阴城、文种的北阳里城、越宋王城、余复君的复城、越干王的干地、范蠡之子的苦竹城、越王的鸿城等。近年来，江浙地区发掘出不少具有丰富的越文化内涵的吴越称城的遗址，如邱城、下菰城、管城、圩城、彭城、诸城、洪城、越城、淹城、梅里城等。这些古城当为吴、越两国的封邑，足见当时王室贵族和功臣新贵阶层的规模之众和势力之大。

越国还设立专门的官吏以管理矿业冶炼、水利工程、官营盐业及其他手工业生产等。这些官吏相当于“士”，按周朝的等级制度，“士有食田”，能受到贵族教育，占有小块土地，并奴役少量奴隶。

越国的巫觋是职业宗教活动家，是一个有权势的阶层。与良渚文化时期的巫觋阶层相比，越国的巫觋更为直接地介入军事政策的制订和军事胜负的预卜，形成有巫觋活动中心和“神巫之官”。专门管理巫觋的官吏，死后埋于丞山。神巫死后，句践亲自操办他的江葬，其地位之特殊可见一斑。

（三）介于贵族与奴隶之间的庶民阶层

庶民，也称庶人、平民。战国之前，庶民与奴隶都是没有姓氏的阶层，不属于任何宗族集团，社会地位低于有姓氏的居民。庶民在越国是一个广泛的阶层，在无壬之前，曾有王族因犯错“转从众庶为编户之民”。按西周的徭役制度，庶民要到“公田”上劳动，所获全部上缴国家，除此之外还要服各种杂役。他们甚至有可能连同土地一起被各级贵族分封赏赐。他们中有一部分是被征服的族群，所以受奴役、受压迫的程度犹如奴隶。

至春秋时期，旧有的贵族、庶民、奴隶的界限开始趋向崩溃。自战国始，庶民和奴隶获得姓氏的现象日益普遍。

（四）商人阶层的形成

越国商人阶层的出现历史久远。良渚文化时期已有商贩行迹。至商代，古越族与汉族商业往来频繁，越人以象牙、玳瑁、翠毛、犀角、玉桂和香木等奢侈品，交换北方的丝帛和手工业产品。殷商覆亡之后，遗留下来的殷商遗民即“商人”，构成了古代商人的雏形，其地位在四业之末。越国句践号称“以商贾兴国”[①]。其谋士计倪提出“贵贱论”“农末俱利”“平粜齐物”以及“息币则无利”等商业思想，推动了越国商业的发展，从而促进了商人阶层的形成。

越国的商人阶层拥有较充裕的财富。如范蠡在功成名就后隐退经商，“十几年之中三致千金”，积资巨万，广买田地，成为巨

① 方杰：《越国的商业》，《浙江社会科学》1995年第1期。

贾。《国语·越语上》论越国商人经商,“夏则资皮,冬则资絺,旱则资舟,水则资车,以待乏也”,按今天的话,即为“备货”或“期货”,这需要大量的资金作后备。由于富裕商人的出现,社会上也形成商业伦理律条,《史记·货殖列传》言“君子富,好行其德;小人富,以道其力”。

越国时期,商业活动得到了统治者的支持和认可。但在社会层面,由于农业始终是社会经济最主要的产业,商业的发展导致了农业劳动力的流失,因而统治者仍然维持重农抑商的政策。

(五)奴隶阶层的产生与壮大

浙江衢州衢江西周高等级土墩墓群的发掘中,发现有人殉现象。该遗址属西周早中期,疑为古姑蔑国(今龙游县)的王陵墓群,很有可能是早于越国的浙江另一文化遗址。从良渚遗址中发现的大量墓葬的形制、规格和陪葬物品与殉葬现象分析,良渚文化时期已局部存在着奴隶制。

夏朝为中国奴隶社会的发端。至允常和句践时期,越国的奴隶数量骤增。这主要是因为扩疆、灭吴和北伐的胜利,产生了吴地诸多分封领地和江淮流域的归附小国,数量庞大的战俘成了越国的奴隶。其中相当一部分成为王公贵族服杂役的家内奴隶,如皂、舆、隶、僚、仆、台等。他们世代为奴,地位极其低下。据青铜器铭文记载,当时五个奴隶才顶一匹马、一束丝。奴隶从事艰苦又危险的工作,主人可以任意生杀予夺。除家内奴隶外,还有牧奴,养马奴叫圉,牧牛奴叫牧,从事工商杂役者叫工商。越国的奴隶还来自犯罪之人。《越绝书》记载了越国利用战俘来修筑吴塘的情况。

二、阶级差别与社会矛盾

关于越国社会的阶级差别和矛盾，可以借助马桥文化和高祭台类型的考古发现作出一些判断。马桥文化处于中原商代前期；高祭台处于良渚文化之后至春秋战国之际。越国大体产生于后良渚文化时期并历经春秋战国，也即夏商周的奴隶制社会时期。在经过尧舜禹时期之后，夏朝阶级社会有所发展，各部族之间争战不断，前期是为了食物和土地，而后期则演变为掠夺财物和奴隶，阶级分化和矛盾极为激烈。至商周，尤其是春秋战国时期的群雄争霸，本质上是为争夺区域统治权的贵族战争。商人、平民和奴隶都被卷入这场战争。这时，华夏社会的阶级处于分化后的蒙昧阶段，整体的阶级意识还不成熟，阶级的凝聚力量还不强大，还不足以形成如陈胜吴广起义时那样的阶级意识。但是，阶级的差异、矛盾甚至冲突已极为突出。这从考古发现中体现的越国争霸前后的墓葬、奴隶杀戮等可见一斑。

以丽水遂昌好川文化墓地遗址为例。该遗址是浙南地区首次发现的大规模新石器时代晚期遗址，距今大约4300—3700年。该遗址发掘的80座墓葬，墓口多见于表土层下，年代接近商代初期。按墓坑规模和随葬品的多寡判断，一般平民的小型墓坑长仅1米多，宽不足1米，深1米上下；而大型墓坑长4.2米，宽4米，最深的达3米左右。其大型墓葬出土有玉钺、石钺、玉管、石锛和石镞，随葬品中“枕柄饰”和“神象”上有装饰玉片，在地面采集到的一件残石钺，刻有植物图案，中以细刻线和小琢点构成一昂首站立的“天狗”形象。好川墓地共发掘随葬品1062件，而在好川墓地附近的岭头岗遗址发现的20座小型墓葬，随葬品仅60件，为平民墓地。好川墓地遗址反映了商代前期浙南社会的贫富等级差距。

浙江北部出土的诸多青铜兵器和石兵器也反映出了这一时期的社会矛盾和冲突。学术界有一种观点，认为高祭台类型的一个特点是武器已经作为单独的器种分化出来。据文献考证，青铜剑起源于吴越地区。1984年，曾有报道称长兴县出土32件青铜剑，年代为西周。在吴兴、长兴等地均发现铜钺、铜戈以及石矛、铜矛，可从中窥见商周时期越国战事之激烈，这在一定程度上也反映了当时浙江社会深层次的阶级矛盾。

据昆山赵陵山遗址墓葬发掘和上海福泉山遗址墓葬发掘，早在良渚文化时期，江浙沪一带就存在奴隶被杀戮或者殉葬的现象。越国贵族墓的发掘并未发现有人殉现象。后至西汉初南越文王赵眛陵墓发掘时发现有15具殉葬尸骨，其中有仆役7人。这是不是延续了越国遗俗，无从考证。1990年在昆山赵陵山遗址发现的尸骨，集中分布于土台西北隅坡下的19座墓葬，呈南北三列，无墓坑、墓具，随葬品极少。此处的人骨方向不一，大多身首异处，肢体残缺，有的手脚被捆绑。经鉴定，尸骨以青少年为主，尤以男性居多，显然是被杀殉的牺牲品，其身份很有可能属于奴隶阶层。如此集中、大规模、形式多样的杀殉现象在良渚文化中尚属首次发现。

第三节　荒政、户籍与福利政策

一、计倪的荒政思想与越国的政策

荒政是古代救济饥荒的法令、制度、政策与措施以及救荒的实践活动、思想见解和具体办法。其形成，经历了从巫术救荒到荒政改革的历史过程。

荒政乃一国兴亡之所系，夏商周三代皆甚为重视，且有具体对策。夏代建立前有大禹治水、积谷备荒。殷商甲骨文有我国最早的灾荒文字资料。西周时，《竹书纪年》和《春秋》已有规范的灾荒记录，《周礼・地官・大司徒》更是提出散利、薄征、缓刑、弛力、舍禁、去几、眚礼、杀哀、蕃乐、多昏、索鬼神、除盗贼等十二荒政要务，赈灾救助之制大备。至春秋战国，各诸侯国基本仿效西周荒政制度和举措，以推动“国与国之间的赈济和国内赈济”等救荒活动。①

越国仿效周王朝的荒政制度，并推崇大夫计倪的预荒思想，施行“平粜”“平粜”的备荒、赈荒举措。即在熟年收购粮食，荒年抛出，收购或抛售粮食的数量，视熟、荒程度而有等差，以此作为荒政之资，以备不时之需。

计倪的荒政思想重在预荒。他认为：“太阴三岁处金则穰，三岁处水则毁，三岁处木则康，三岁处火则旱。故散有时积，粜有时领。则决万物不过三岁而发矣。”这是计倪以天文周期推测的自然灾祸与粮食收成的关系。怎样解决自然规律造成的粮荒呢？他又以历史上帝王的做法为例，“故圣人早知天地之反，为之预备。故汤之时，比七年旱而民不饥；禹之时，比九年水而民不流”。“其主能通习源流，以任贤使能，则转谷乎千里外，货可来也；不习，则百里之内，不可致也。”这是先王们能事先预备的。“断长续短，一岁再倍，其次一倍，其次而反。水则资车，旱则资舟，物之理也。天下六岁一穰，六岁一康，凡十二岁一饥，是以民

① 杨为星、郭政凯：《春秋时代的赈济》，《云南教育学院学报（社会科学版）》1990年第1期。

相离也”。计倪还提出“先忧积蓄，以备妖祥”的备荒思想，认为“不早备生，不能相葬”。[①]

公元前 24 世纪至公元前 20 世纪，为中国洪水泛滥的洪荒时期。今浙江境域中部和北部涉在其中，故而为传说中大禹治水的重点区域之一。又因地处亚热带季风性湿润气候，四季都有明显的极端气候现象，如寒潮、台风、干旱、洪涝、冰雹等恶劣天气以及特殊的梅雨气候，其中又以洪涝、干旱为最。先秦周敬王时就已记载有越国水旱灾害的情况。因此，治水成了越国的第一要务。《越绝书》卷八《越绝外传记地传》记载：“禹始也，忧民救水，到大越，上茅山，大会计，爵有所，封有功，更名茅山曰会稽。”

浙江还盛传太湖流域土著部落酋邦首领防风氏治水的传说。防风氏是“南蛮鴃舌”的土著部落首领，他用息壤造大盆，然后开渠疏导，将洪水泻到东海，利用长江、钱塘江、苕溪等河流所挟泥沙的沉积补偿作用，最后渐之形成太湖及太湖平原。防风氏酋邦故国的所在地位于今德清县三合乡，为良渚文化故地。大禹第三次到会稽会盟时，防风氏因忙于治水而迟到，被误杀，现存有古防风祠、庙，每年前来祭拜的乡民众多。

浙地治水，历经舜禹。至越国，杭嘉湖平原、宁绍平原、温黄平原等沿海湖沼平原已基本形成，但仍有海水直浸。其地湖沼连网，一旦山洪暴发或太湖上溯钱塘江、灵江等河流，平原湖泊溃溢，骤成一片汪洋泽国。故而，防洪治水，转水害为水利，成为越国奋发自强的要务。

---

① 《越绝书》卷四《越绝计倪内经》，张仲清译注，中华书局 2020 年版，第 82、84 页。

越国由山地逐渐迁向平原、湖泊地带生活始于夫谭、允常时期，而大规模地规划和筑建抗洪防灾的水利工程则是在句践时代。句践采用计倪伐吴之策，“省赋敛，劝农桑。饥馑在问，或水或塘，因熟识以备四方”[①]。从祈福禳灾的意识观念、围堤筑塘的治水规划与抵御吴军的水战预谋等三方面入手，“祀水泽于江州”，“以垦草创邑，辟地殖谷”，民用与军用并举，疏排与灌溉同功，堤塘、河沟、防洪城墙配套，在山地、平原、沿海依次建成防洪、防涝、防台风的系统水利工程。规模较大的水利工程有山麓水利工程吴塘、苦竹塘、秦望塘、塘城塘；平原水利工程富中大塘、练塘、蠡塘；沿海水利工程有石塘以及我国最早的人工运河之一的山阴故水道。

二、户籍与福利制度

越国的建立标志着一种新的社会体制和形态的产生，是一种社会的进步。以基层社会的编户制度为例，无论母系氏族社会或父系氏族社会采取的都是以性别认同为主的人口计算管理方式；氏族人口繁殖后，可以分化为多个氏族；氏族人口减少后，也可能并入、依附其他氏族。夏王朝的建立，虽仍以部族联盟为基础，但在人口管理方面已形成一套较完整的统计、调配与“编户制度”。至殷商，人口管理已“有典有礼”了。周朝设有更趋完备的户籍管理和人口统计制度，中央专门设管理人口的“司民官”，定期向周王禀报人口，地方官负责日常人口的管理和统计上报事务。越国前朝就已实行了“编户制度”，以有效掌控人口，稳定社会秩序。周朝的“编户制度”是指以户为单位来管理民

① 《越绝书》卷四《越绝计倪内经》，张仲清译注，中华书局 2020 年版，第81 页。

众，同时废除过去部落体制下原有的贵族、长老、族长等地方领袖，所有人皆为国君的臣民。这一户籍制度规定，凡政府控制的户口都必须按姓名、年龄、身份、相貌、财富等情况一一载入户籍。旧宗法制度下森严的阶级制度被重新解构，贵族没落后“采邑归公”，原有贵族权利被打散。越国作为周朝的诸侯国也实行了这一编户制度，按户登记人口，强调基层民众通过户籍接受国家的统治和管理。《吴越春秋》曾记载有无壬之前的越王因顽劣“转从众庶为编户之民”。这表明越国前期即已建立较严格的户籍编户制，而且编户对象的身份也需据实记录。

至句践时期，越国已初步提出一套社会福利制度。一是国家免费抚养孤儿、寡妇以及生病、贫困人家的孩子。二是免费护理临近分娩的孕妇，建立孕妇报告制度。三是巡游式救济饥饿的小孩。四是免收税收，藏富于民。

第四节　从部落走来的社会生活

一、多元的生活方式

（一）“吃”的东西南北

“吃”，乃饮食，也即饮与食。餐桌之饮，在于茶酒；餐桌之食，在于饭菜。先秦时期，越地先民已逐步从简单的“饭稻羹鱼”“火耕水耨”的原始饮食生活方式中脱离出来，实现了饭菜分离、饮食两用、器皿专设的餐桌文化的变革。春秋战国时期，越国的饮食文化已相当丰富。农业、牧业、渔业、盐业、冶炼业已形成一定的规模。据传越国大夫范蠡著有《养鱼经》，其中记载：“鸡山养鸡，樵湖养鸭，南池养鱼。”可见鸡鸭鱼入菜在越国已较为普遍。

河姆渡文化遗址陶甑的发现，更是坐实了越国鲜、腊“同蒸同炖”的传统烹饪技法。此外，“十年生聚、十年教训”的艰苦奋斗，食物腌制以备战事，食“臭”之物已较为普遍，霉鲜风味也渐具雏形。宁绍之地又占尽湖、海之利，加之越国“塘”水利工程的建设，促进了宁绍、萧绍及杭嘉湖平原地带渔业的规模性发展。淡水鱼鲈、鲤、鲫、鳢、鲇、鳝、鳙、鲢、鲩、青、银、鳜、白、鲥、鳗、鳅等应有尽有，蟹、鳖、蚌、螺也为越人常用食材。海水鱼等各式奇珍，数“黄鱼汤”最为越人所爱，鲨鱼也早为河姆渡人喜食。丰富的鱼类食材又养成了越人腌腊之习俗和鲜咸之口味。

东海之滨的温州，海、淡水鱼类资源也极为丰富，商周时期就有食生鱼的习惯。至东瓯国时期，越国败退，大批越人迁移瓯越、闽越，大越地饮食与当地饮食融为一体，更丰富了瓯、闽越地的饮食。曾到过浙江的司马迁在《史记·货殖列传》中记载楚越之人“饭稻羹鱼”，“果隋嬴蛤”，鱼、蛤皆泛指水产。西晋《博物志》记载：“东南之地食水产，……龟、鳖、螺蚌以为珍味，不觉其腥臊也。”流传数千年的温州美食，浓缩在鱼饼、鱼丸和敲鱼这三大美食形制之中。传说在舜帝南下巡狩时，潇湘二妃茶饭不思，舜寻遍名方而不得，渔夫伯奉送精致的鱼饼，二妃食之后盛赞。舜下令将鱼饼的制作方法传于众人。此为温州鱼饼起源的传说之一。

八婺（即金华府管八县，属越国）之食，可追溯到先秦时期。《逸周书·王会篇》记载了西周初，成王在成周会盟，四方国族献纳，其中提到：“故於越纳，曰姑妹珍，且瓯文蜃，共人玄贝，海阳大蟹，自深桂，会稽以鼍。”此处姑妹乃国（姑蔑），后属越；文蜃乃大蛤，玄贝乃贻贝，熟后制干品淡菜；大蟹乃蟹类一种，鼍即扬子鳄。又有金华酒，出现于商周时期，疑早于绍兴酒。春秋时期，金华地区出现用糯米白蓼曲酿造的白醪酒，首创了泼青、沉滤等工艺，提高了酒汁纯度，延长了贮存期。婺州窖新石器时代晚期出土酒器种类已囊括了盛酒、温酒、注酒、饮酒四大类。

至此，结合其他一些历史资料，可以大体整理出浙江餐食在先秦时期的一些面貌：第一，作为浙菜系重要组成的杭、甬、绍、温、婺五个支系，其发展皆可追溯到越国强盛时期。可以这样认为，古代浙江餐食在延续原始部族创制的饮食习俗的基础上，至越国强盛时实现了最初的飞跃。第二，越国农牧渔业的发展，推动了主食、菜肴和饮品的多品种化、烹饪技艺的多样式化和消费取向的多角度化。第三，用食方式由原始的分餐制转变为共桌分餐制或共堂分餐制（宴席列鼎）。第四，已出现驿站形式的最初的商业化供膳形式。第五，形成了一整套以酒文化为核心的餐食礼仪。

（二）“穿”的形制与等级

商周时期，上衣、下裳的分别制作和穿戴，奠定了中国服饰的基本形制和风格。西周服饰形制的变革，则确立了服饰的保温护体作用、身份等级符号和尊卑有别三大基本功能，以及上衣、下裳分而合一的深衣和衣长齐膝、腰束带钩、穿靴的胡服两种基本形制。深衣既作为士大夫家中的便服，又作为百姓的礼服，具有较高的普及性。春秋战国时期，诸侯争霸，礼崩乐坏，服饰礼制受到极大冲击。然而，思想潮流上的百花齐放，纺织技术的极大进步，缝制技艺的不断创新，推动了服饰款式的丰富及其多样化发展。

越国的服饰风格，曾被中原人士认为是“断发文身、裸以为饰”的蛮夷形态。直至吴越交战，尤其是在越灭吴北征之后，越人与中原诸国交往日频，中原人士对越人的形象认知才渐趋改观。

事实上当时吴越地区的服饰已然丰富且有其特点。吴越地处东南一隅，服饰拙而有式，守成而内具机变，长期保持着因地制宜的风格。越国的服饰，质料为绮罗纱葛，冬着毛裘，夏披絺绤，品种甚多。越人善织葛布，因此，句践鼓励百姓开辟葛山，广种葛藤，动员国中男女入山采葛，“以作黄丝之布”。是时，葛布的质地已可比绮罗。越国的纺织技术水平已有很大提高，印染工艺也有明显进步，织品的品种有棉布、丝绸、绢、罗、縠、葛、絺、纱、广幅布、束子布、绤布等十多种。这为越国国人服饰形制的多样性选择提供了物质条件。传统越族的衣着形制为紧身缺衣，衣襟多向左开，称“左衽”；袖口窄小，腰间常系有丝带或短裙，上有各式图案。当时，越国还流行贯头服。还有一种被称为“襦”的短衣，施左关，各阶层人士都可穿。大概是比较大众化，所以一直到六朝仍为男子主流外套。越国礼服从周制，朝服另有合礼之定制。

越人的发型也有特点，以剪短发为主且善梳理，一般是将额头与两鬓剪短，其余保持原样，经梳理盘束脑后成椎髻状。

(三)“住”的宫邸制式与干栏式形制

浙江先民的居住形制经历了从穴居到半穴居再到地面建筑的发展过程。越国中后期的建筑与初期相比有着天壤之别。春秋时期的越国，筑有大小城池、宫殿、楼阁、台榭、苑囿和皇陵、庙堂等，甚为宏伟。据《越绝书》和《吴越春秋》记载，山阴卧龙山越王殿，有飞翼之楼，以象天门；其南麓有宫台，城东北有美人宫，城南龟山上有怪游台，并“立增楼冠其山巅，以为灵台”。另有起离宫、中宿台、驾台、立苑、燕台、斋台等，足见工程之大，功能之全。

越国时期，平民阶层住宅大多延续了良渚文化时期的地面干栏式建筑形制。在建筑结构、质量、功能使用等方面有所改进，较普遍地采用了两层干栏式建筑形制，其最大的优势在于冬暖夏凉、防潮泄雨。这种形制在如今的一些少数民族地区仍可见到。

越国的公共建筑比较讲究和精致，如庙堂、亭台、排水系统等。绍兴坡塘306号墓出土的铜质房屋模型，经专家初步分析，认为是古代越族专门作祭祀的庙堂建筑的模型。根据这一铜模型所设计的房屋结构为三开间，南北朝向，明间较侧次间宽，深度均等。南面一律敞开，无墙、门、窗，立圆形明柱两根。东西两侧墙为长方格透空落地式立壁，适合温暖而湿润的南方住宅的通风需要；北墙仅在中心部拉开一小窗，为的是抵挡冬天寒冷的西北风。屋顶作四角攒尖顶，顶心立一柱，截面八角形，柱身中空，但不与屋顶相通。柱顶塑一大尾鸠。屋下有四阶，屋顶、后墙及四阶均饰方形结构的勾连回纹，顶柱各面饰S形勾云纹。还有台阶式的基础和面坡式攒尖屋顶，分别起到阻隔南方潮湿的地气和分散檐口的泄水量等作用。①

越国先后在诸暨埤中、大部、句乘三地建立过都城。陈桥驿在《绍兴史话》中分析道：埤中“曾经是部族酋长的驻地”。无余建都城于埤中，其地大约在诸暨北部次坞、店口到阮市一带，现遗址诸地可见到当时都城几大功能区的状况。尤其是在以制陶业为主的手工业区，20世纪末还遍地可见破碎的陶片、陶豆等遗存物，从中可以想象当时阮市下檀村一带烟囱林立、窑场遍布、作坊满地的情景。在次坞、店口到阮市一带还发现有商周时越人的祭祀坑遗址、句践藏放兵械的遗址与舟楫码头遗址等；而不远处天子山发现有越国民居群遗址，出土了春秋战国时期带榫

① 徐建春：《浙江通史》先秦卷，浙江人民出版社2005年版，第243页。

卯结构的建筑遗址物。据此分析，越国时期城镇居民的居住形制已经逐步从原来的半地穴建筑、地面干栏式建筑过渡到土木建筑。随着建筑技术的不断进步和土、石、瓦的使用，越国开始流行“一厅两内”的建筑形制结构。这从绍兴坡塘 306 号墓出土的铜质房屋模型中可以见得，该房为三开间，明间较侧次间宽。这一结构在贵族居住的宫室更为普遍，堂室有分，堂正室侧。城镇富裕家庭的房屋也会如此，只不过奢华程度不及而已。周朝已经有一套完备而实用的建筑制式体系，各类建筑以上下、亲疏、内外为区分。城市布局大体相同，单体和群落建筑一般都以中轴线对称进行建设和布置，左宗右社或前朝后寝。越国句践时期，形成山阴小城和大城的格局，小城为政治行政中心，大城担负经济和社会生活职能。

（四）“行”的路、车、马、舟

说起越国的道路交通，不得不先说浙江中南部越国属地的越王古道和日铸岭古道。越王古道地处缙云与仙居交界的括苍山中段，起于缙云塘孔村，止于仙居湖头村，蜿蜒长达 17 公里。相传是句践兵败后的逃遁之路，沿途各村名称大多与这个故事有关，留下了诸多越王遗迹。日铸岭古道是绍兴上青古道中的一段，仅 2.6 公里，相传是春秋时著名工匠欧冶子为越王句践之父允常铸剑之处。此为传说不足信，但可以确定的一点是，浙江自古多山，越国若要生存发展不首先修路是不行的。

浙江古代道路的修建，始于春秋战国。如杭州的“吴越大路”和“越国间道”，是两条重要的军事通道。战国时期，吴越之间的道路交通，主要由今江苏苏州而下，经王江泾（今浙江嘉兴市北）、槜李（今浙江嘉兴洪合乡九里港）、石门（今浙江桐乡境内）、钱塘至会稽。

春秋时期，绍兴作为越都城所在地，已形成北通中原，西达江西，东至滨海的三条陆路交通干道。据《绍兴市志》第六卷《交通·陆路交通》记载，一条是连接越吴两国都城的西北干道。此道由大越城达固陵，越钱塘江，经御儿（今桐乡）、石门、槜李（今嘉兴），过吴江至姑苏（今苏州），北通中原。第二条是大越至甬东的东干道。即由东郭门，过阳春亭，沿山阴故水道达曹娥江，过江后经余姚抵甬东（今舟山）。第三条为西南干线，即由大越经诸暨、乌伤（今义乌）、长山（今金华）、太蔑（今龙游）、姑蔑（今衢州范围）、定阳（今常山）至穹干（今鄱阳湖东），通连楚国大道。干道贯通，古道盘山，有利于山地丘陵地带的越人使用马车、牛车及马匹等长途出行。

越国国人习水便舟，造船业极发达。所造之船，按功能有余皇、须虑、楼船、戈船、突冒、桥船、大翼、中翼、小翼等。按制式，大翼一艘广一丈六尺，长十二丈；中翼一艘广一丈三尺五寸，长九丈六尺；小翼一艘广一丈二尺，长五丈六。是时，越国水师船队有多达数百艘船，能在江海上连续航行作战。越国商人也使用舟船运载货物，贩运于千里之外；也有越人远涉万里重洋，足迹遍及太平洋诸岛，①是为“外越”。春秋战国时期，我国有五大港口，即碣石（今河北秦皇岛）、转附（今山东烟台）、琅琊（今山东东南沿海，曾为越国占有）、会稽（今浙江绍兴）、句章（今浙江宁波）。

二、宗教信仰的萌生

（一）玉琮、玉璧为周王室礼祭重器

早在两周之际，玉琮已是周王室祭祀用的大礼器之一，与玉

① 徐建春：《浙江通史》先秦卷，浙江人民出版社 2005 年版，第 248 页。

璧、玉圭、玉璋、玉璜、玉琥一起被称为“六器”，为古代重要的礼器。玉琮是中国古代玉器中重要而带有神秘色彩的礼器，它既用于祭祀大地，又是权威的象征。《周礼》称，以玉作为六器，以礼天地四方，以苍璧礼天，其中以黄琮礼地，以青圭礼东方，以赤璋礼南方，以白琥礼西方，以玄璜礼北方。从良渚黄琮的色彩和造型来看，周代以璧琮祭祀天地的用玉礼制可能起源于良渚文化时期。神人纹玉琮王，纹饰是人面与兽面的复合形象，是良渚文化玉器的典型图案。完整的神人兽面图像，时下仅在良渚反山十二号墓的琮王、钺王、柱形器与权杖冠饰四件玉器上发现，可见越国之前古越地高度发达的宗教信仰底蕴。

（二）玉琮、玉钺、青铜鸠杖与鸟神崇拜

氏族社会时期，图腾是氏族的象征与标志。古越人崇拜鸟、蛇、蛙并尊其为神。良渚文化晚期，已出现国家的雏形，鸟神崇拜更为明显。汉代韩婴《韩诗外传》记载周成王时，有越裳氏重九泽而至，献白雉于周公。白雉为古越人的象征或族徽，献白雉之举，乃臣服之意。越国将鸟神崇拜视作国礼，在余杭反山良渚文化墓地或鄞州甲村石秃头出土的玉琮、玉钺上，或在鄞州甲村石秃头出土的春秋战国的青铜钺等古代象征权力的瑞器上，均刻有鸟形图案或独立鸟雕或“羽人划船”图；在绍兴漓渚中庄坝头出土的青铜鸠杖这一象征权力和地位的礼器上饰有大尾鸠。凡此种种，皆可体现古越人鸟神崇拜意识对越国宗教信仰的影响。绍兴坡塘出土的战国铜质房屋建筑模型上的鸠鸟，同样反映了鸟神崇拜贯穿于越国庙堂祭祀的场所与过程。

（三）蛇图腾、蛙图腾与犬崇敬

越地曾相传，蛇“为蛟龙之状以入水”，能避蛟龙之害和水神之法。故而，越人断发文身，刺刻龙蛇花纹，示以龙蛇子孙，以求龙蛇保护。这种原始的宗教意识,有时也延及于吴越战争。据《吴越春秋》卷四载,伍子胥受命筑城,在南大门上立木蛇北向首内,示越属吴。

越国有"越王礼轼怒蛙"之说。《尹文子·大道上》载,越王句践谋报吴,欲人之勇,路逢怒蛙而轼之;比及数年,民无长幼,临敌虽汤火不避。青蛙是农业上的益虫,它吞食害虫,故与人类"结缘"。越王句践礼轼怒蛙,除表明奖罚分明外,也体现出越人崇拜蛙的一种情感。犬崇敬也是如此,在句践施行的人口繁衍的奖励措施中,狗被作为上等奖品,凡生男二,贶之以壶酒,一犬,也可见得当时越国的犬崇敬意识。

(四)水神崇拜与祖先崇拜

水神崇拜是古越族重要的群体宗教意识之一,也是国家宗教信仰中的重要内容。越人崇拜水神,"春祭三江,秋祭五湖"[①],数千年而不绝。古越人大多生活在山地、水网地带,"陆事寡而水事众",多有湖泊漫溢、山洪海浸发生,在生产力低下的情势下很难改造自然、制服江河,只能"祀水泽于江洲"以"祈福禳灾",祭祀水神自然成了越国宗教的重要内容。越王句践还大兴山麓、平原、沿海三大水利工程,修筑之时必有祭祀。

古越族人的祖先崇拜氛围浓厚,各宗族皆建有社稷宗庙以供奉和祭祀祖先。据《水经》卷四《渐江水注》可知,句践所立宗庙,在城东明里中甘滂南。不仅君王死后立宗庙,出征殉难的大夫也要建庙以资纪念。当时国人视社稷宗庙为国家的象征,庙在国在,庙毁国亡。上至君王至尊,下到平民布衣,都十分崇拜

① 袁康、吴平:《越绝书》卷十四《越绝德序外传记》,张仲清译注,中华书局2020年版,第261页。

祖先，迷信鬼神，四季祭祀，虔诚恭笃，膜拜顶礼，以求得祖先的保佑；①且将"尊天事鬼以求其福"作为复兴之国策。

（五）巫觋职业化与国家重大活动的宗教化

越国时期，巫觋是一个特殊的群体，他们一方面参与各层面的祭祀活动，操持巫术礼仪，另一方面借助自然力量以预测国家的兴亡、年成的丰歉、个人命运的顺逆等。与吴国进行夫椒之战前，越王句践就曾请巫预卜胜负。《韩非子·饰邪》中记述，越王句践恃大朋之龟，却与吴战而不胜。越王句践还专门在都城不远处建立巫觋行术中心。据《越绝书》卷八《越绝外传记地传》记载，巫里，句践所徙巫为一里，去县二十五里。其亭祠今为和公群社稷墟，旨在将巫觋集中在一个地方居住，在越国形成一个巫觋活动中心，以便咨询。越国还曾设专门管理巫觋的官吏，称越魑。巫觋亡故后，句践于中江葬之。

越人习水便舟，遂有舟楫文化，每逢时令节庆，以赛舟作祭仪或娱乐。

三、古越族的源起、流布与衰落

（一）古越族的源起与百越族群的流布

古越族是远古至秦汉时期繁衍生息在长江以南的一个古老的族群。越在古代称于（於）越，是当时生活在今浙江及其周边的土著民族。

古越族是一个分支极为复杂的原始部族，是越地先民原始聚落规模扩大、部族变迁频繁的结果。先秦时期，按其分布，先后有于越、吴越、东瓯、闽越、南越、西瓯、骆越等部族。《逸周

① 徐建春：《浙江通史》先秦卷，浙江人民出版社2005年版，第290—291页。

书·王会解》列有东越、瓯人、于越、姑妹、且瓯、共人、海阳、苍悟、越区、损子、产里、九菌等名。《吕氏春秋》统称这些分布广泛的越族诸部为“百越”。“百越”是先秦时期中国南方沿海一带古越族人的分布地区和人口的称呼。据《汉书·地理志》记载,“自交趾至会稽七八千里,百越杂处,各有种姓”。也就是今江苏南部沿着东南沿海的上海、浙江、福建、广东、海南、广西及越南北部这一长达七八千里的半月形圈区域,是古越族人分布最集中的地域。岭南地区的南越、西瓯、骆越等部落演变为后来的壮族、侗族、黎族、布依族、畲族等少数民族。浙江境域的于越部族,至周族首领古公亶父子泰伯建立句吴时,在长江以南及太湖流域、浙江北境渐与句吴部族融合,是为吴越。至句践灭吴北征,越国境域北达山东琅琊,部分越族随之迁移,吴越文化散布于江浙及山东南部地区。越王翳之后,越国国都迁回吴地,诸王纷争;后因越王无彊败于楚而退守会稽故地。因无彊生前没有确定王位继承人,越国分崩离析,长子玉、次子蹄各以正统自居,分别占据浙南、闽北,建立东瓯国和闽越国,越族势力复兴,至汉武帝元鼎六年(前111)完全归汉。①

对于于越族的源流,学术界有多种说法。一是越为禹后说,认为越族源出于中原诸夏族,为其后裔。也有相反的说法,即禹为越后说。二是楚越同祖同族说,即越宗室可能是楚宗室“芈”姓的分支。其依据为《国语·郑语》篇有“芈姓夔越”和《世本》有

---

① 秦时设郡,时闽越王无诸与越东海王摇自去王号,成为郡长;秦末率越部族反叛秦朝,辅助汉王,无诸重新被立为闽越王,摇复为东海王,建都东瓯。汉武帝建元三年(前138),东瓯请求迁徙中原,率全体民众迁居江淮一带。汉武帝元鼎六年(前111),闽越余部完全归汉,也迁居江淮生活。

“越，芈姓”等的说法。三是越为苗裔说，即越族是三苗的一支后裔。[①] 四是越为外来人种说。吕思勉《中国民族史》认为越族最早属于中亚族系，“粤者，至今所谓马来人”。而翦伯赞《中国史纲》则称之为“南太平洋系人种”，认为这是后来“百越”之族的祖先。五是越为江淮后裔说。针对此类说法，《浙江文化史》认为：“于越民族的来源及构成主要是本地区的土著民，于越民族的文化是在这块土地上独立生长起来的文化。”[②]理由是，于越文化与夏、楚、苗、徐、南太平洋马来人在源流上缺乏一致性，在经济形态上没有完整的共同性，在社会发展进程上也没有先后继承延续的关系。而在浙江境域，已发现有旧石器时代的先民足迹。新石器时代，浦江上山遗址、嵊州小黄山遗址、萧山跨湖桥遗址、余姚河姆渡遗址、嘉兴马家浜遗址、松江崧泽遗址、余杭良渚遗址，已成为公认的浙江史前文化的主要源头。到了几何形印纹陶的高祭台类型文化时代，便逐步融合成为越文化的主流。叶岗《论于越的族源》也认为：“于越族是由环太湖和钱塘江流域的先住民发展而来。”并且一直绵延至三千多年前。[③]

若以杭嘉湖、宁绍平原及江苏南部广泛分布的良渚文化的部族化为标志，于越民族的整体形成时期则可定在新石器时代晚期。于越民族整体的逐渐消失，大体是在秦汉时期，当时越地与中原经历了人口大迁徙，尤其是在东汉第三次人口大迁徙之后，于越民族被迅速汉化。春秋战国时，越族的吃、穿、住形制已成熟。其原始精神生活的特征为：蛇鸟图腾、多神崇拜的宗教信

① 叶文宪：《“越为苗裔”考》，《浙江学刊》1994 年第 2 期。

② 滕复、徐吉军、徐建春、卢敦基、叶建华、杨建华编著：《浙江文化史》，浙江人民出版社 1992 年版，第 40 页。

③ 叶岗：《论于越的族源》，《浙江社会科学》2008 年第 10 期。

仰;断发文身、雕题黑齿的人体装饰;率真浪漫、雄俊耿介的个性情感;扬袖曼舞、引吭而歌的艺术追求;天道皇皇、顺天地之常的宇宙憧憬。

于越民族的语言是一种复音的黏着语,一字多音,有别于一字一音的中原"雅"语,也不同于荆楚之语,现代语言学家称为古越语。根据对《越人歌》《维甲令》的研究,有的语言学家还认为,古越语具备壮侗族系的某种特征,在逐步与中原文化融合的过程中,呈现出吴语的主要特征。

(二)古越族的民族化过程

古越族的形成和发展是一个漫长的部落化、部族化与族群化的历史过程。若顺着考古学成果推测,大体上经历了从母系社会向父系社会及父系家庭公社、农村公社(部落)、部落联盟,再到部族或民族这样的演进路径。由于生产力的提高,生产规模的扩大,居住人口的增加以及婚姻、财产占有方式和阶级结构的变化,良渚文化时期原母系家庭公社逐步完成了向父系家庭公社的过渡,并在最后完全被父系家庭公社所替代。随着私有制萌发与财富掠夺战争的加剧,以血缘关系为基础的家庭公社逐渐为地缘性组织的农村公社(部落)所替代。部落间为了自卫防御和扩大对外掠夺,相继结成部落联盟,设立由部落首领、军事领袖和宗教祭司组成的管理机构,负责处理日常共同事务。① 部落联盟已有邦国的雏形。正如联合国教科文组织《世界遗产名录·良渚古城遗址》的遴选依据标准中所认定的:"良渚古城遗址是中国长江下游环太湖地区一个区域性早期国家的权力与

① 林华东:《浙江通史》史前卷,浙江人民出版社2005年版,第386页。

信仰中心所在。”[①]从世界各民族的发展过程看，正是早期邦国的形成，加快了区域的部族化和民族化过程。良渚文化时期邦国的形成倚仗部落联盟，而国家权力和信仰中心的存在促进了其部族化和民族化的过程——人口的增长、区域的集中、文化语言和心理素质的发展。这从良渚时期在聚落规模、经济水平、文明程度、体质人格等方面的进步中可见一斑。

古越族的民族化过程，离不开与句吴族的融合发展。远古吴越族主要分布在今江苏省南部和浙江北部，它是今江浙地区土著民在先秦时期的统称，具体指于越族与句吴族。在春秋时期两地分别建立了越国和吴国，加速了两地的部族化或民族化及融合扩张的历史进程。句吴是“泰伯奔吴”后占领的地区，“泰伯奔吴”无疑是中原文化与东南文化的一次深层次融合与交流，对长江中下游地区的开发和吴越文化的形成有着重大意义。而越灭吴，拓疆齐鲁，促使句吴与于越不仅在国土上实现了一统，而且在吴越文化层面上实现了更深层次的融合。吴越文化为江浙地域文化，是汉文明的重要组成部分。其以太湖流域为中心，具体包括江苏南部、上海、浙江、安徽南部、江西东北部。从具体方位上说，又可分为吴文化与越文化。吴越族的语言与中原诸国不同，与楚国也不同，而是源于同一个语系、相通的两种地域性方言。于越族使用古越语，属侗台语，句吴族偏重早期吴语。早期吴语既具有侗台语系的特色，又较早受到汉语影响，因此后来流行浙江全境。现今浙南吴语仍保留了许多古吴语特征。而古越语在两汉时期基本上被汉化了。

---

① 联合国教科文组织:《世界遗产名录·良渚古城遗址》遴选依据标准，遗产编号 1592，入选时间:2017 年。

（三）瓯越：活动于东部沿海的古越族人

瓯越是夏朝时期活动于中国东部沿海一带的古民族，史称东瓯、瓯越，因越王分封东瓯王于瓯余山而得名；公元前 1888 年建国，定都瓯余望南。汉朝曾两度将瓯越土著内徙至会稽、丹阳、庐江等地，瓯地逐虚。至东晋衣冠南渡，东瓯地区人口回升，始置永嘉郡。东瓯地望包括今浙南的温州、台州、丽水等地，东临大海、北与于越相连，西同姑蔑相接，南和闽江流域的闽越相望。其地为三面高山阻隔，难以通行，顺瓯江通往外界，上古时一度被认为是一个岛屿，《山海经》有“瓯居海中”之说。其实此地处于“岐海”，即浅海包围中的岛屿或半岛。“瓯越人”是这片土地最早的原住民，属于百越中的一支，存在时间甚早。瓯越之地所处的灵江、瓯江、飞云江、鳌江流域，山地、半岛居多，无法支撑起整个农耕文明。但沿海的环境使瓯越人生成了海洋部族的性格特质，并秉承了于越族“断发文身、错臂左衽”的习俗。

瓯越族所说的瓯语，一般泛指通行温州各地的温州话。温州话是吴语的一种，属于吴语瓯江片，是南吴语的代表。民间一般又公认温州鹿城通行的方言为温州话。温州方言除瓯语外，还有闽南话、蛮话、畲客话、金乡话、罗阳话等。

（四）山越：隐于孙吴诸县山区的越、汉山民的统称

山越是汉末三国时期分布于孙吴诸县山区的山民群体的统称，这一群体有自己的武装力量。其大部分分布于今长江以南的皖、苏、浙、赣、闽等山区交界地带。山越的来源与族属，有“秦汉时期南方越人的后裔”与“普通汉人后裔”及“汉族与越人兼而有之”三种说法。经孙吴数十年的残酷征讨，江南的绝大部分山越人被迫出山，一部分被孙吴政权用于补充兵源，一部分成为编户，调其租赋，或为私家佃客。

第三章　秦汉六朝：迁徙、融合与士族宗族制

秦汉六朝，浙江社会发生巨变。秦始皇东巡至浙，推动越人北迁，并在越地立碑教化。汉魏晋时华夏人屡屡南渡，越人三迁江淮，越地逐步汉化。土地私有与官府所有并存，兼并日渐严重。六朝时期，门阀世族在浙江势力蔓延，寒族势力也相继上升，形成士族宗族制社会范型。贵族阶层结构调整，农民阶级分化严重，手工业工匠阶层崛起。日常社会生活南北进一步融合；户政、荒政皆有新制新法；宗教进入重要发展时期，佛教传播兴盛，道家呈宗教化趋势，宗教介入社会福利救助事业。

第一节　大迁徙时代的社会范型

一、土地与赋税制度

春秋战国时期，诸侯争霸，礼崩乐坏，作为周朝经济基础的“井田制”遭到严重破坏，逐渐被各国废止。秦国经过商鞅变法，推行按军功授田、封爵赐田的方法，其土地买卖转让被限定在这

一权益范围内。皇帝不直接管理土地,而是通过对土地赋有的纳税、服役义务的管理来维护皇权对全国土地的支配。这一制度使新兴地主和自耕农成了土地的实际拥有者。汉魏六朝承继了这一土地制度,但为治理严重的土地兼并问题,曾先后推出过"王田制"和"占田课田制"等"限田"政策,效果甚微。土地兼并加重了自耕农的负担,农民额外承担了贵族地主转嫁的税赋,不堪重负,最终沦为大豪强、贵族地主的荫附户和家奴或颠沛流离的流民。

东汉至六朝,浙江的土地兼并尤为严重。六朝世族在大量占有土地的基础上建立了数量众多的庄园,而且规模越来越大,形成了庞大的豪强地主势力控制下的庄园经济。《后汉书·仲长统传》称当时的豪强地主"馆舍布于州郡,田亩连于方国。身无半通青纶之命,而窃三辰龙章之服,不为编户一伍之长,而有千室名邑之役"。

在秦朝时,浙江的赋役主要包括:田租,又称户赋,即土地税,按亩征收,以户收缴;口赋,即人头税;力役,即徭役和戍役,成年男子每年要完成一个月的徭役和一年的兵役。当时在会稽郡,无论是南下的华夏人还是越人,承担的徭役都十分繁重,男子疾耕不足于粮饷,女子纺绩不足于帷幕。

西汉时期,实行公田制,朝廷将大量公田赏赐给贵族、官僚,以及分配给少地或无地的平民和被迁徙之民,允许土地在一定限制内买卖。在税赋方面,推行"轻徭薄赋"的政策,采取"什伍税一"制(1/15 税率)。至汉文帝时,在税赋政策方面,改为"三十税一"(1/30 税率),曾"除田之租税"。汉景帝时复"三十税一"。恒帝、灵帝曾增加亩税十钱。东汉时,刘秀先行"什一税一"(1/11 税率),后又行"三十税一"。两汉还征收"口赋"和"算赋",皆为人头税,前者是7—14岁的未成年人所缴的赋税,后者是15—56岁成年人所缴的赋税,缴纳标准为男女均为一算,约120钱,商人与奴婢加倍纳算。浙江在两汉时期已设汉郡,其税赋总体上较秦朝有所减轻,促进了经济的发展和社会的稳定。但是也在一定程度推动了豪强地主对土地的兼并,造成了破产自耕农的附着现象和流民现象。

东汉、三国时期,鉴于江南大量土地尚未开发,而北方战乱致使大批农民南迁,孙吴政权推出屯田制,以备军粮及战时经济发展之需要。东吴赋税制度总体承继汉制,但有所改变,设租、赋、算、税四类。租,即田租,以实物缴纳为主;赋,包括算赋、更赋,以钱币计口征收;算,主要有算缗、算赀、户赋,主要是对商人、手工业者、居民等所征收的财产税,按财产数量以钱币缴纳;税,主要有关税、盐铁、酒等的专卖税、市税等杂税,按货物的数量以钱币征收。浙江的赋税缴纳,较之汉代时期要重。

南朝时期,浙江在相当一段时间内采取息兵简政的政策,赋税相对减轻,推动了经济和文化的发展。

二、大迁徙与大融合的人口形态

(一)秦朝:越民的北迁与华夏人的南迁

秦统一越国故地后,为削弱越人的地方势力,秦始皇于三十七年东巡至会稽,并通过“会稽刻石”的教化和南北人口的对迁,对大越地的社会人口结构进行了大幅度的改造。

秦始皇对越人进行了思想意识和风尚习俗的改造。秦始皇东巡会稽时,祭祀大禹,并令李斯为文颂秦德,罪六国,明法度,正风俗,刻石立碑于秦望山。该碑文的“宣省习俗”中,重书“男女”内外的“防隔”问题,并从女子弃子再嫁的惩戒、男女犯奸的禁止、已婚男子犯淫的制约、妻子逃婚的教育与教化正风等方面，教化越地百姓。在秦始皇看来，越族是蛮夷，越俗炽盛是一种威胁。“会稽刻石是一种整饬意识规范理论的最高表现，是大一统社会形态的凝集。”

秦始皇东巡所定的越族人北迁计划，主要是将钱塘江以南原越国故地的越人北迁至钱塘江以北故吴地西部。他亲自将大越更名为山阴并大规模地迁移越人。《越绝书》卷八、卷二分别记载这段历史：“徙大越民置余杭、伊攻、□故鄣。”时“乌程（今浙江湖州）、余杭、黝（今安徽黟县）、歙（今安徽歙县）、无湖（今安徽芜湖市）、石城县（今安徽马鞍山市东南）以南，皆故大越徙民也。秦始皇刻石徙之”。同时，秦朝在浙地设会稽郡和鄣郡，并由北方人担任郡县官员。这些人士由北方迁入，分布于山阴、上虞、余姚、句章（今宁波、舟山）、鄮（今浙江鄞州东）、鄞（今浙江鄞州）、诸暨、乌伤（今浙江义乌）、太末（今浙江龙游）等县。秦朝廷还有组织地从华夏移民，有意识地因功分封北方人士到越地，并“徙天下有罪谪吏民，置海南故大越处，以备东海外越”[①]，试图改变越地的人口结构。

（二）两汉时期：人口流动与融合

建元三年（前138）至元封元年（前110），汉武帝曾亲自主持两次大规模的越族人口北迁。其目的，一是治越，二是补充江淮地区人口。北迁的东瓯人与江淮地区的汉人融合，较快地适应了新居住区的生产、生活环境，稳定了江淮的局势。

汉武帝时又是中原汉人南下会稽的一个重要时期，其中规模最大的要数黄河流域灾民的迁入。汉武帝元狩四年（前119）

① 袁康、吴平：《越绝书》卷八，张仲清译注，中华书局2020年版，第179页。

冬，朝廷有组织地将黄河流域灾民约14.5万人南迁会稽郡，对越地人口结构产生了很大影响。两汉时期，还有因强宗大姓不聚族而居、封侯与任职等原因迁入会稽定居的中原汉人。

东汉末年，因战乱和少数民族内迁等原因，北方人口大量南迁，“揭开了中国历史上第一次大规模人口南迁的序幕，越国故地才成为江南接纳北方移民的主要地域之一”①。流寓会稽的著名人物有沛郡龙亢人桓晔、汝南汝阳人袁忠、广陵江都人华融的祖父、皇象等；有一些迁入今浙江境域者，如东海（今属山东）人王远流寓到椒江流域隐居，吴郡人高岱隐于余姚；还有一部分上层人物定居下来，加盟孙吴军事集团，成为其鼎立江东的中坚力量。南迁的下层民众大多得以安顿下来，长期留居于此，如丹阳郡三年时间吸纳流民达5万余人。

两汉时会稽还存在人口非强制性因素流出的情况。如谋求在汉都城发展的士人和儒生，西汉时有在朝廷任职和游学太学的庄助、朱买臣、包咸等；东汉时有黄昌、王充、韩说、张武、赵晔等。也有重案犯以及征发到北方的吏民、刑徒、戍边人员等。

（三）魏晋南北朝：北人南迁的巅峰

东汉末年和三国时期是中国历史上一个罕见的社会大动荡时期，军阀混战，生灵涂炭，促成了大规模的人口迁移。东汉末中原战乱，北方人口南迁；三国时东吴开发，北人迁移入吴；西晋末“五胡入华”，北人纷纷南迁；南北朝时，北人涌入江南，新增大批劳动力，带来先进农业技术，促进了江南的开发。可以这么说，魏晋南北朝是中国人口大迁徙的时代，也是北方人口大量南迁的巅峰。

---

① 王志邦：《浙江通史》秦汉六朝卷，浙江人民出版社2005年版，第57页。

其一，东汉末至三国吴时，相当一部分湖北、湖南军人与江淮民众随孙策渡江进据江东，有的进入浙江境域。建安十八年(213)，“自庐江、九江、蕲春、广陵户十余万皆东渡江”，流入江东的吴会地区；另一部分进入会稽郡乌伤境域。这些北方人的流入，伴随而来的有他们的部曲和佃客，人数众多，涉及地域广阔。

其二，西晋永嘉之乱后，北方部分世族和民众纷纷渡江南下，浙江境域也以不同方式吸纳了大量的北方移民，主要分布在会稽、吴兴和吴郡的余杭、钱塘、海盐、由拳(今嘉兴南)等地。两晋时期，流入会稽郡的士人有20多个姓氏，大多是因任官、调职等迁移到会稽。同期，流入吴郡的人口以江淮人居多，不少人出身低微，故而被招募为军者多。

其三，当时北来的上层社会阶级虽在建安都城从事政治活动，但殖产兴利，进行经济开发，则活跃在会稽与临海之间的区域。他们来到吴人势力较弱的会稽郡，转而东进，以求经济发展。下层阶级大抵分散杂居于吴人势力较大的地区，逐渐被土著的吴人同化，与吴人通婚，说吴语，至南齐以后他们的势力开始抬头。

三国时期，长年隐居深山的山越族被孙吴统治者强行转移到山区之外的丘陵、平原地带。

三、姓族制度与士族宗族制的社会范型

(一)士族门阀制度的建立

根据学术界的相关研究，中国封建社会的宗族制大抵经历了商周时期的宗法宗族制、魏晋隋唐时期的士族宗族制、宋明的祠堂族长宗族制，清代的平民宗族制。而士族宗族制是我国封建社会宗族制度的重要转折点。

为维护士族的政治地位、经济利益和社会身份等级，曹魏政权推行九品中正制，重视和依靠士族的力量，通过家族世系的选官任职和对世族外通婚的限制，扩大了士族-豪族的世袭权势及门阀制度的影响。

门阀制度是以宗族为中心，讲求家庭出身并与“九品中正制”相结合的一种社会制度，是继先秦宗法制度后贵族姓氏现象的延续和发展。当时，独重嫡长的宗子制逐渐被多子均分的继承制所替代。秦汉以后，宗法制的残留与宗法观念在新的历史条件下，与小农生产关系相结合而演变为士族宗族制。

魏晋南北朝时期士族门阀制度的源头是封建宗族制度及姓族谱牒的传统。汉末，北方强宗大族势力活跃，但因汉衰及战乱纷纷南下定居，东南地区顿时出现姓族攀附现象，名宗大族皆有部曲。这些强宗势力的进一步发展，助推了魏晋南北朝时期士族宗族制的萌发。

北方姓族制度逐渐影响江浙地区。西汉时期，首任西域都护并安远侯郑吉即为齐国临淄移居山阴者；王充祖先因封会稽阳亭侯而入居会稽。东汉初，为避战祸，中原士族范氏、姚氏、丘氏、钱氏、吴氏、徐氏等迁入钱唐、乌程、太末、长兴等地。两晋时期，从北方流入会稽郡的名宗士族更多，有北地泥阳傅氏、颍川鄢陵庾氏、高阳许氏、陈郡阳夏谢氏、陈留阮氏、太原王氏、陈郡阳夏袁氏、乐安高氏、太原中都孙氏、江夏李氏、琅琊王氏、谯国戴氏、高平金乡郗氏、庐江何氏、平昌安丘伏氏等。

这些士族之所以显赫，在于其姓氏郡望。姓是一种族号，用来明“贵贱”；氏是姓的分支，用于“别婚姻”。秦汉时期，宗法制影响日衰，姓与氏合为一体。这些士族迁入越地，对魏晋南北朝时期浙江的经济、文化发展和社会进步作出了一定的贡献。

北方宗族势力迁移越地，在很大程度上增强了浙江地方的宗族势力。据王志邦《浙江通史》先秦卷记载，东汉以前，浙江的姓氏主要分布在钱塘江北岸的太湖流域和钱塘江南岸的山阴县。东汉以来，特别是吴会分治后，会稽郡山阴-上虞-余姚-句章一线是姓氏分布最多的区域。六朝著名的会稽四姓即孔、魏、虞、贺与山阴郑氏、上虞王氏皆为东汉时迁居于此。金衢盆地、会稽南部地区、吴郡辖内、丹阳郡境等地，六朝时经济也趋活跃，姓氏分布增加明显，其中不乏名宗大族，如徐偃王之后的太末徐氏、孙武之后的富阳孙氏。

姓氏分布的扩大亦推动了部族聚集点的增加。从文献记载和考古发掘的汉朝墓葬群和陶瓷窑址等分布来看，秦至东汉末年，随着北方汉人由北向南迁徙并与越人逐渐融合，在南北水路交通与气候条件较好的地方，以族亲相聚的习惯聚集生活并共同开发，自然形成以吴、越两国原有城池为中心点的周边块状发展以及太湖流域南部、杭州湾南岸及金衢盆地、东南滨海地带的“人”字形聚落发展。至东汉末，沿途著闻于《史记》的名宗大族（豪族），乌程有姚氏、沈氏、严氏、钱氏、邹氏等大族；余杭有郎氏、许氏等大族；由拳（今嘉兴）有庄（助）氏、朱（买臣）氏等望族；钱唐有全氏、彭氏等大族；余姚有虞氏、董氏等望族；句章有任氏等大族；上虞有孟（尝）氏等望族；慈溪有严（光）氏等望族；剡县（今嵊州）有斯氏等大族；浦江有杨氏等大族；乌伤（今义乌）有楼氏、骆氏、刘氏、留氏等大族；余暨有朱（儁）氏等望族；太末有徐（元洎）氏等大族；三门有马氏、黎氏等大族；瑞安有蔡（敬则）氏等望族。至六朝时期，从两汉迁居越地的北方名宗大族已历数代，成为越地数郡的豪门世族，他们凭借政治上的特权与经济上的优势，役使佃客、部曲、奴隶以及吏和门生等，凿山浚湖，开垦土地，大肆发展庄园经济。

庄园是经营性的经济组织，也是宗族发展的基础。晋室南渡之前，吴会的世族，如吴郡四姓（顾、陆、朱、张）和会稽四姓（孔、魏、虞、贺）等皆建有庄园。永嘉之乱之后，南渡的北方世族带着大量财富和佃客、部曲、奴僮，大规模占山固泽，建立大批庄园。东晋至南朝，陈郡谢氏、琅琊王氏、太原王氏、高平郗氏、陈留阮氏、太原孙氏、高阳许氏等都在会稽郡域建立庄园，从事农业、园林业、养鱼业、禽牧业等，备置族产，其经济实力和宗族势力已远大于故土规模。

六朝时期，浙江境域的土著与侨居豪门世族皆重家产观念，庄园即为宗族最主要的家产，是谓“赡护六亲”“贵戚豪家”。

（二）士族宗族制的祭祀、家教与谱牒

魏晋南北朝是浙江士族发展的顶峰时期，为了凝聚宗族势力，强化宗族内部关系，逐渐衍生出符合士族利益的谱牒传统和祭祀、家教等文化形式。

六朝时期，记录宗族世系的谱牒或士族功绩的记传日益兴盛。是时，谱牒作为鉴别士族和庶族的信息凭证，大体分为三种类型，即家传或合传（列出家族中的优秀人才合编成传）、族谱、家谱。其中家传与合传是家族的记传；族谱是把族人按宗族的世系连结成谱；家谱是士家的家谱。如会稽（余姚）虞氏从东汉虞光开始扬名，逐渐成为汉末、三国时期的大家族，晋时其族人虞预曾作《诸虞传》，就是一部记录虞氏家族从东汉到晋朝比较出名的人物的传记。祭祀祖先是士族最为重要的宗族活动，是士族血缘关系与精神凝聚的力量源泉。祭祀分为常祭、专祭、大祭和特祭，在宗庙（祠堂或家庙）里举行。

浙江的家学教育在六朝亦异常兴盛。家学是家族的学术文化传统，将家学传统不断传承光大，鼓励一代又一代族人勤勉学习，使族人才德出众，是家教的最重要的任务。在九品中正制下，浙江的士族从宗族利益出发，重视族中子弟的家庭教育，通过对儒家经典的学习，提升他们的学识和道德素养，以实现代有学统，光宗耀祖。

第二节　阶级的新构成

一、地主阶级的成分

秦时，商人地主取得了与旧贵族平等的法律地位。秦汉六朝时期，地主阶级的主要成分是世家（豪族）、豪强、高赀，这三个等级的地主阶层构成了秦汉封建统治的阶级基础。

世家是封建贵族阶级，有着较高的政治地位，享受着较多政治上、经济上的特权，他们受的封田是官田。两汉时期，中原人口大批迁徙浙江，南下的世家大族聚居杭嘉湖地区、宁绍地区和金衢地区，通过其家族地位大量兼并土地，建立庄园经济，影响一方。如最初迁居浙江的王、谢、郗、庾四大家中的谢家，至谢安时已建有大型的山水庄园；至谢灵运辈，除接收、修缮老庄园外，又另辟基地建立新庄园，其经营性产业分设会稽多处；谢玄之孙所建庄园，有奴婢千余人。

豪强，就是通过经商、务农等各种经营方式致富，有的甚至通过不正当手段掠取大量财富，依赖于各种关系取得一定社会地位的地方势力，并以此大肆野蛮地兼并土地。

高赀亦即富商，以己之财力兼并土地而进入地主阶级行列。

世家（豪族）地主和豪强地主、高赀地主的不同之处在于：第一，豪强地主、高赀地主虽然也有相当的社会经济地位，但他们的田亩多是民田，也没有更多的政治背景和地位。第二，世家原本就有一大批部曲、奴婢以及靠强大的政治背景所吸纳的依附民和流民，劳动力成本低，可利用资源丰富，有的甚至还有自己的护卫力量，可很快实现更大土地规模的多产业发展。豪强地主、高赀地主，一般在土地、劳动力等经济社会资源方面没有更多的优势，很难在短时间内实现野蛮式的发展。浙江境域的中小地主的发展就是如此。

就浙江社会的阶级关系而言，无论是世家大族地主，还是中小地主，其转移赋税、剥削农民的立场都是一样的；土地兼并造成的自耕农破产的后果也都是极其悲惨的。

二、此消彼长的士族与庶族

士族，是东汉、魏晋以来的门阀阶层，乃世代为官的名门望族，又称世家、世族、门阀、势族等。作为两汉至六朝的特权阶层，士族在选官系统中占据最为核心的位置，至东汉末，出身士族的官员占比一直上升，自建安时的29%上升至东晋时的80%以上。东晋灭亡后，在军功家族势力的支持推动下，先后建立起宋、齐、梁、陈四朝，士族在国家政权中的占比有较大幅度下降，但仍在半数以上。在这一制度下，个人的出身背景比专业才干和能力更为重要，国家政府的重要官职往往被少数姓氏望族所垄断。东晋后期，谢安、谢玄叔侄组建了由北方骁勇善战的流民为骨干力量的北府兵，在淝水之战大败号称百万的前秦军队，奠定了陈郡谢氏在东晋及南朝当轴士族的地位，列南朝四大盛门“王谢袁萧”的第二位；至南朝陈时仍有人出任高官，但影响日衰。南朝时，曾经不入流的军功家族势力崛起，先后在建立宋、齐、梁、陈四朝的过程中因功受封而跻身上层。这给当时浙江的寒门庶族打开了入仕之途。

寒门，指门第较低的世家，也叫庶族，大体上属社会的中产阶层；魏晋时不属于士族的家族。士族子弟通过中正品第入仕，而寒门庶族几乎失去了入仕的机会。南北朝时期，战火纷飞，而士族以文趣自居，鄙薄武事。这给了庶族寒士通过军功跻身政坛，担任各级军职，执掌军事兵权的机会。而此时的世家大族日益奢华腐败，更增进了靠拼搏进取的寒门士族的气势。至宋、齐、梁、陈时期，寒门势力与皇权结合，世族地位开始动摇，寒门作为相对独立的社会阶层最终崛起。

浙江的中小地主与世家地主的矛盾历来尖锐，士族与庶族势力一直处于对立形势。东晋末年，发生了孙恩领导的农民起义，义军横扫吴会（吴、会稽二郡合称），当时好几个拥有田园别墅的名门贵族皆被起义军所杀，有会稽内史王凝之，吴兴太守谢邈、黄门郎谢冲一门，中书郎孔道、太子洗马孔福兄弟，南康公谢明慧、嘉兴公顾胤、陈郡谢琰等。时东晋高门士族中将才凋零，统兵领将绝大多数为寒门担当，后中书舍人之职也由皇帝亲信的寒门担任，连地方官也以任用寒门为多。吴兴沈氏是江南数一数二的大姓豪强，但其门第远不能和处于衰落中的王、沈、谢等高门相比，为比肩望门而走军功之路。从刘宋早期的沈田之、沈林子兄弟，到中后期的沈庆之、沈攸之，皆为刘宋王朝有名望的武将。其中尤以沈庆之为最，官至侍中、司空、太尉等高职，被封为郡公。整个沈氏家族才俊辈出，除武将外，文儒沈约也为六朝之文坛翘楚，形成一股颇大的政治势力。军功群体是六朝寒门崛起的主力，但也潜伏着文化底蕴不足的危机。

南朝刘宋时，监、令、侍郎由权重职务变为清贵职务，中书省权力落到中书通事舍人身上，史称“寒门掌机要”。会稽、吴兴、临海等郡寒人出掌朝廷机要，形成权重一时的政治格局。这些人出身低微，如山阴人戴法兴出身商人，诸暨人阮佃夫出身台小吏，乌程人王道隆为主书，武康人茹法亮出身小吏，会稽人吕文度出身细作金银库吏、竹局匠。但他们一朝成为中书通事舍人，往往权倾天下。

三、分化中的农民阶级

秦汉六朝时期，农民阶级的结构和数量，常常随着国家的战乱和朝廷的更迭而有所变化。就结构来讲，浙江境域内成分较为复杂，有官府授田制下劳动的农民，有租佃官田的农民，有在官田劳动的佃户与雇工，还有其他形式的依附农民以及有较多人身自由的自耕农。从阶级的成分上，可分为自耕农、佃农、雇工和依附农四类。

由于北方动乱导致的人口南迁，以及浙江未开垦土地较多等，浙江境域内农民数量总体呈现上升趋势。据《汉书・地理志》上、《后汉书・郡国志》四记载，西汉时期，会稽郡 26 县，共有家庭 22.3 万户，人口 103.2 万人。至东汉时期，会稽郡析分为吴、会两郡，合计家庭 28.7 万户，人口 118.1 万人，较西汉时的户数和人口数均有增加。其中农民和手工业者占了大部分。至刘宋大明八年(464)，浙江境域内人口比西晋太康元年(280)增加了 77616 户，而山阴县已发展至“民户三万”，人口居全国诸县之首。由于“土境褊狭，民多田少”，时任尚书吏部郎孔灵符徙无资之家在余姚、鄞、鄮三县界垦起湖田，以满足人口增长后对土地的需求。

佃户，魏晋时是指世家豪族荫护下的依附农民，其身份低于自耕农。孙吴时期，推行屯田制，被征服的山越人是屯田的主要劳动力，屯田客受政府管辖。浙江境域内的农民包括郡县管辖的编户齐民和上虞、盐官等地的屯田部民。前者向国家缴纳赋税且服徭役；后者由佃农都尉和典农校尉管辖。孙吴政权通过复客形式将屯田客及编户农民赏赐给世族豪强，使其成为世族豪强的佃户。当时，浙江的一些寺院也荫有佃户。吴亡后，原屯田客大多转为编户农民。

自耕农，是指以小块土地私有制为基础，以单个家庭为经济单位，从事耕织相结合的个体农业劳动的农户。他们是封建社会赋税和徭役的主要承担者。由于他们是个体小生产者，经济地位极不稳定，阶级分化十分严重。秦汉时期，自耕农阶段性地受到政府一定程度的保护，阶层人数渐有壮大。新朝王莽推出王田制，促进了自耕农规模的壮大。西晋推出户调式和占田制、课田制，通过法律形式限制自耕农占有田亩的上限。至东晋南朝，浙江的豪门世族大规模开发山泽庄园，大量的土地又集中于少数豪门世族阶层，挤压了自耕农的土地，使之破产而陷入窘迫，成为世族庄园的依附农，有的甚至因失去土地而背井离乡成为流民。

雇农，是指受雇从事农业劳动的雇工。秦汉魏晋时期，雇工称谓较多，有市佣、卖佣、隶佣、流佣等。市佣、卖佣是自愿的雇佣，是拥有自由的雇农，其地位相当于自耕农。隶佣、流佣是带有依附性的雇佣劳动者，其成分主要是一些逃避赋役或者逃荒逃债逃罪的贫苦农民。在赋税繁重的荒年，“民匮于食”，这类远走他乡、颠沛流离的流佣当不在少数。

四、工匠与手工业者阶层

工匠，秦汉时期指具有一定技艺和自由身份的工匠，是官营手工业、私营手工业和家庭手工业的主要技术力量。工匠之身份地位，随时代而变化。商周时，称工匠、奴隶为“百工”，事官服役，缺少自由。秦时，工匠相对独立，也较自由，常征发于官营手工业和受雇于私营手工业，其地位相当于小吏。两汉时期，雇佣工匠普遍存在于大中型手工业中，他们与雇主之间没有任何人身依附关系，以技艺获取必要的劳动报酬，且在社会上有一定地位。东汉至魏晋时期，浙江在铜镜制造业、陶瓷烧造业、造船业、煮盐业、纺织业等方面有很大发展。是时，“民工于市”，大批南北工匠涌入浙江。据史籍记载，受雇于官府手工作坊的工匠，由于专业技术水平较高，其报酬往往高于“卒践更”者；在私营手工业作坊中，被雇佣的工匠也有固定的报酬，大概月一千钱。因此，从东汉至南朝，手工业工匠通过自己劳动赚的钱买土地而成为中小地主，不是妄说。

东汉至南朝浙江的手工业者阶层已形成区域规模。这一时期，浙江境域内的纺织、煮盐、冶铸、制瓷各业都有大的发展，形成了以海盐为基地的产盐中心，以临海为基地的造船中心，以会稽为基地的铜镜制造和越瓷烧造中心。这些自然形成的手工业中心，不仅集聚了从北方引入的先进生产技术，而且还吸引了越来越多的劳动力，凝聚成一支庞大的手工业者队伍。不同的手工业者，其身份地位、报酬待遇、工作特点等都会有很大的区别。但他们都是从事具体分工的劳动者，缺少社会身份和家庭门第背景，因此不免受到官府衙吏、世家大族和地方豪强势力的欺凌和排挤。每当碰到战争动乱或重大自然灾害，他们往往如同自耕农一样，抵御不了突如其来的灾难，或息业、或破产、或流亡他乡去另谋职业。

浙江境域内还遍布着成千上万的小手工业者，包括家庭手工业劳动者和小作坊手工业劳动者。在战火纷飞的魏晋南北朝，他们的日子过得始终是艰难的。

五、渗入肌体的奴隶阶层

秦汉六朝时期的奴隶阶层，包括手工作坊的奴仆、庄园内的农奴、随从主人的僮仆、家府、官府内的奴婢等，渗透于社会肌体，实为一个数量庞大的社会阶层。两汉奴隶阶层的主流是生产性的奴仆，也可说是有产阶级的私属徒，既无自由，也无报酬，绝大多数终身为奴。《汉书·王莽传》描述了当时的奴隶买卖市场："又置奴婢之市，与牛马同兰"，"奸虐之人……至略卖人妻子。"如前述浙江几大手工业中心的大型作坊、吴会地区的世家豪族庄园，"众其奴仆"，从事手工业与农业生产，为大地主、大手工业主、庄园主创造了无数的财富。

家僮或僮仆是家内奴隶。汉以后，许多僮仆也被迫成为从事生产劳动的奴仆；与私属徒相比，童仆地位更低。因为私属徒有些是以半自由身份依附于庄园主的。东晋南朝，吴会地区的世家豪族庄园一般拥僮仆数百。如谢玄之孙谢灵运的庄园、尚书孔灵符的庄园皆僮仆上千，其中不少从事生产性劳动，也为主子创造"剩余价值"。这些僮仆终身为奴，而且僮仆间婚后所生子女也为奴隶，代代相继。

东汉以降这一佣奴状况受到抑制。光武帝刘秀先后几次下诏释放奴隶或提高奴隶的法律地位，免为庶人，但不能根治这一佣奴现象。至东汉末年，吴郡、吴兴郡、会稽郡庄园经济发展迅速,世家大族又大量占有奴婢以资府第和庄园的劳作使用。

六、末业的“魔咒”与商人阶层

秦汉的商人阶层不是一个单纯的群体,据司马迁《史记·货殖列传》记载,其至少包括四类:一是专司商品交易的商人。以积著之理,以物相贸,贱买贵卖。二是既从事商品生产,又从事商品交易的商人。三是从事服务性行业致富的商人。四是经营借贷而获利的商人。《史记》还专门提出“千乘之家”的富商概念和标准:或谷一千钟,或轺车一百乘,或牛车一千辆,或上漆木器一千件,或铜器一千钧等。西汉时,一般一个商人的家产相当于一个小诸侯国封户一年的租税,足见当时商人逐利之巨。而社会舆论也倾向于商业,如民间流传着“夫用贫求富,农不如工,工不如商”的谚语。这无形中刺激了社会各界弃业从商,尤其是弃农从商,引起了统治者的恐慌和警惕,常常对商业实施抑制政策,重农抑商仍是主基调。春秋战国时期管仲所提“士农工商”的社会分工序列,似乎成了封建社会时期笼罩在商人阶层之上的“魔咒”。

两汉对商业、商人的态度和策略则是前紧后松。西汉初,为恢复战后经济,采取重农抑商政策,并收盐铁为官营,以压制商人的经营范围和利润空间。至文景之时,放宽对商人经营活动的限制,江南商业大为发展。东汉时期取消了西汉确立的盐铁官营制度,盐铁生产和经营重新回归私人,民间煮、铸之业也很快地发展起来,促进了此后东汉商业市场的繁荣和商人阶层的活跃。

东汉至南朝时期浙江商人阶层的发展动力,源于盐的私营、大小地主对商业投资的兴致以及区域集群的纺织、造船、冶炼、铜器等业态的繁荣。浙江有蜿蜒长达数千里的海岸线，海盐资源丰富，煮盐业遍布沿海诸县，盐业商人群体开始形成。历经秦汉两晋的人口大迁徙后，浙江的中原世家大族聚居者甚多，其中的庄园地主大多涉足商业，而本土地主见商业利丰也加入这一行列。许多富商巨贾同时也是拥有广阔田地的大地主。浙江业已形成的煮盐业、造船业、铜镜制造业和陶瓷烧制业的区域集群，也给相应的商人群体提供了发展空间。由此，促成了继陶朱公范蠡“三致千金”之后又一波以庄园经济为背景的商人阶层的崛起，以及以城邑产业为支撑的工商地主阶层的复兴。然而，东汉末，商业渐衰。六朝时，浙江经济因战乱破坏甚重，商人利益也相应受到损失。

当时社会普遍认为，商人天生具有逐利性，唯利是图是商人的本性。无论行商还是坐贾，都行贱买贵卖，操纵物价，从中牟取暴利而不顾其他。这种获利手段不但会引起商人与其他阶层的利益纷争，而且往往造成商人阶层与国家的对立、冲突。

第三节　户籍、荒政与丧葬制度

一、大一统下的户籍制度

秦制一统，户籍制度是其中之要。汉朝时，编户制度已然完善。但在汉武帝平定东越之前，户籍制度在浙江并没有完全推行。东汉之后，才从会稽逐渐向南推行。

秦朝的户籍制度包括登记与迁徙的相关规定。户籍登记的内容包含家庭成员、男子身高以及土地等在内的财产登记。迁徙方面，规定凡迁徙必须办理更籍手续，违者要受到相应惩罚。

汉朝的编户齐民是一种严格的户籍管理制度，包括案比、上计、检核和傅籍登注。案比，即对户口进行调查登记，编造户口簿籍，登记项为各户的家长、家庭成员、姓名、年龄、性别、籍贯及其职业、爵位、身高、肤色、健康状况等。官府以此户口簿籍，编制什伍乡里，征调赋役。上计，即户口的上报，由县在秋冬集课上报于郡，郡在岁尽前派上计吏等将计簿及贡物送达朝廷。检核，即由主管户籍的司徒、司空、大鸿胪等负责对上计户籍进行检验和核实。傅籍，即对起役年龄的登注，也是当时人成年的标志。

六朝时期，浙江所涉地域为丹阳郡、吴郡、吴兴郡、会稽郡及东阳郡、临海郡等，户籍管理从吴制，即民、吏、兵分列编籍，民作户籍，兵及家属作士籍，吏及家属作吏籍。东晋时期，土著居民户口簿籍用黄纸制成，称为黄籍，登记内容包括民户成员的姓名、性别、年龄及在家庭中的地位，死者、逃亡者、在役者、患病者的情况，及民户的婚宦情况、门第等级、荫客。之后各朝在此基础上有所调整。如北方侨民户口簿籍用白纸制成，称为白籍，为临时性质的户籍。持这类户籍的人不编入侨居地的闾伍中，不需要向国家缴纳赋税和服徭役。兵籍、吏籍不编入民籍之内，僧尼及寺院的依附人口由僧官管理。奴隶作为其主人的财产载入资簿，不算正式编户。东晋南朝，政府为杜绝籍注不实和脱离户籍之人而将其重新纳入正常户籍，多次实行旨在整理户籍的土断、检籍和括户。

二、荒政与备荒

中国社会的荒政，“秦汉至魏晋南北朝逐渐形成并得到初步发展”。汉代，在以经治国思想的主导下，荒政政策的制定已逐步走向制度化、法律化，设有专门的管理机构和职官，在勘查灾情、灾民安置、灾害预警、监督救灾等方面都有相应对策。

浙江境域各郡县在秦汉六朝时期总体上实施朝廷的荒政制度和政策，并着重从备荒和赈济救灾两大方面做出安排。

兴修水利、以备涝旱是备荒的基础。秦朝，“陵水道的开凿，初步奠定了江南运河的走向”。汉朝浙江境域的水利工程主要集中于太湖流域、宁绍平原、金衢盆地、新安江流域。东汉时，由地方郡县长官主持建设的水利工程，大多兼有通渠、蓄水、防洪、排水之功能，如山阴的镜湖、余杭的南湖都是当时重要的防洪、灌溉工程。“它们分别使会稽的山阴平原、吴郡东苕溪流域的水利系统得到根本性的改良。”[①]钱塘防海大塘的修筑始于北魏，筑于钱塘江北岸，是防止海水溢漫的重要工程。汉朝，民间自发兴修小型灌溉工程的风气甚为兴盛。六朝时期，最主要的水利工程为南太湖的堤塘修筑及太湖洪水东泄入海工程，它涉及吴兴郡乌程、嘉兴、海盐、钱唐等县。永嘉郡瓯江、飞云江下游平原地区的水利建设，早期主要为埭和塘河的兴建，西晋时开始进行大规模治水。六朝时，东阳郡、新安郡、临海郡的水利兴修，大多为私人修筑的小型水利工程。但创建于东汉的东阳郡白沙三十六堰，是东汉至六朝的重要水利工程。据赵崇善《白沙水利碑记》载，是时，凡三县六郡，“水分六带，匝围二百里，田不知几千万亩”。而建于南朝萧梁天监四年(505)，位于丽水莲都区碧湖镇堰头村的通济堰，大坝呈孤拱形，长 275 米，宽 25 米，高 2.5 米；初为木条结构，南宋时改为石坝，是一项以引灌为主、蓄泄兼备的水利工程，也是迄今为止所知的世界上最早的拱坝。2014 年

① 王志邦：《浙江通史》秦汉六朝卷，浙江人民出版社 2005 年版，第 104 页。

成功入选世界灌溉工程遗产名录。

建立仓库以储备粮食是备荒的要务。钱塘仓是南朝宋时朝廷在都城建康之外用以储备粮食的三大粮仓之一。钱塘仓所贮粮食，除浙江西吴郡所属钱塘、富阳、桐庐、建德、新城等县的粮食外，主要是浙江东五郡运来的粮食。吴兴仓粮食储备也很丰富。

开仓赈恤、赋民饘粥是最常见且有效的赈济方式。秦汉六朝时期，浙江境域凡遇天灾人祸、灾民蜂拥的凶年，必以开仓放粮、赋民饘粥最为紧要。东汉中期，会稽郡已有能力外调粮食赈济其他地区的灾民。永初元年（107）九月和七年（113）九月，朝廷两次从会稽调拨粮食赈济黄淮地区，并将饥民分散到包括会稽在内的江南地区。汉至六朝，浙江境域的"亭"，既是基层社会治理组织，又是临时救济饥民的场所。《后汉书》卷八一记东汉会稽吴县人陆续为郡户曹吏，"时岁荒民饥，太守尹兴使续于都亭赋民饘粥"，陆续按人口实名登记，发放饘粥给六百余人。

灾民迁移是朝廷解决区域性灾荒的重要人口政策。汉武帝元狩四年（前119）冬，武帝有组织地将黄河流域灾民南迁。会稽郡第一次在政府组织下吸纳了来自中原的14.5万名灾民。[①] 是年，朝廷迁向陇西、北地、西河、上郡、会稽的灾民人数共有72.5万，朝廷专拨银锡造白金及皮币，以解决灾民赈济款之不足。两汉时期，浙江是接纳赈济灾民最多的地区之一。

三、从个体到佛教组织的慈善事业

古代慈善事业大体经历了先秦时期的个体与宗族阶段、秦

① 王鸣盛《十七史商榷》卷九"徙民会稽"条云："会稽生齿之繁，当始于此。约增十四万五千口也。"

汉时期的国家救助阶段、魏晋南北朝时期的宗教组织阶段、唐宋时期的家族组织阶段、明清时期的民间组织阶段。

魏晋南北朝时期，是慈善行为从国家行为走向宗教组织行为的一个重要阶段。这一转变为唐宋明清慈善事业的家族化、民间化奠定了思想基础和组织基础。

魏晋南北朝时期，浙江是佛教传播的重地，也是佛教慈善思想和组织的“福地”。浙江的佛寺、僧侣和信徒遵循佛教慈悲精神、因果报应学说和福田思想，开展范围广泛的慈善活动，包括济贫、赈灾、医治、行善等，推动了佛教慈善活动的社会化、组织化和机构化。

济贫赈灾是浙江佛寺慈善活动的最大特点。魏晋佛教慈善活动以寺院为基地，以政府赠赐与信徒捐助为资金来源，以贫民大众为主要对象。“南朝四百八十寺”，浙江占270余座。这些佛寺分布于浙地各郡，且都有一定的规模，成为当时佛教慈善活动的发起和组织基地，不遗余力地开展济贫赈灾的救助活动。据浙江高僧释道宣的《续高僧传》记载，北天竺乌场国人、高僧那连提黎耶舍，于北齐天保七年(556)到中国，北周武帝灭齐后至梁，避居东南，一边讲经，一路施舍，凡有“俭饿沟壑者，减食施之”，“老病扶力者，随缘济益”，百姓颂之。南朝梁武帝依托佛教创办孤独园，以收养无家可归的孤儿、无人赡养的老人，并负责料理收养老人的后事。是时，佛教还创建了“无尽藏”，专门用来救治贫穷之人，被视为最早的慈善基金组织。

医术救助是佛教重要的慈善事业之一。佛教“八福田”，医助为其中之一。魏晋南朝，江浙一带寺院高僧多有施医开药的医术或心理治疗的神术，平日游走时常带有施诊用药的器具，以随遇而救助；如遇瘟疫流行则赶赴现场救助病人，不论贫富。其中著名者有寓居吴兴的高僧竺法旷，兼善神咒，破东土瘟疫；东晋高僧、医家、剡县人于法开精于医术与佛释之道，“明六度以除四魔之病，调九候以疗风寒之疾”，在江浙影响很大。南齐时佛教创设“六疾馆”，以养贫民。

慈善宣教是佛教推进“以慈行善”的重要路径。西晋法立、法炬共译《诸德福田经》，宣说僧俗只要多做好事，即可得到福报。南朝梁代高僧、上虞人、佛教史学家释慧皎著《高僧传》，以传记形式宣传佛教名僧名事，其中慈惠授人、贡献福业为重要的内容。受此影响，后浙地高僧释道宣、赞宁、释如惺先后撰有《续高僧传》《宋高僧传》《明高僧传》，合称“四朝高僧传”，其中对“以慈行善”者倍加赞赏。

第四节　大融合的社会生活

一、生活方式的变迁

（一）衣冠服饰的合礼制与多样化

与身份地位相匹配的服饰礼制。自崧泽、良渚文化时期起，服饰就已经有标示人们身份地位的功能。至春秋战国，越国服饰的制度化功能日益体现，王公贵族、庶民依身份地位各有定制。秦汉六朝，服饰的这种制度化功能更是悉数彰显，不得有丝毫差池。衣冠服饰的式样、质地、图案、颜色等，必须与个人的官品、地位相称。对各阶层人士的衣冠服饰甚至脚上的履、屐、芒屣等，政府都有相应的规定。南朝宋时的法令规定：三品以下官员均不得使用珍珠翡翠校饰缨佩，穿着杂彩衣；六品以下官员均不得穿绫、锦等衣物，以及佩戴金校饰器物；八品以下官员均不得服用罗、纨、绮、縠等；骑士、百工则不得服用越叠、乘坐犊车，以及用银装饰器物，履的颜色只能是绿、青、白；奴婢、衣食客不得服白帻，履的颜色只能是纯青等。[①]

以纺织材料为基础的服饰形制。秦汉时期，浙江的纺织业已有相当发展。至东晋南朝，麻布、葛布的使用已极为普遍。南朝梁时，越布在市场上已然紧俏，“比纳方绡，既轻且丽”。这一时期，浙江手工业的发达突出表现在蚕丝业。吴郡、吴兴郡为水乡平原，桑树成林。金华等郡的低山丘陵，也盛产蚕丝。永嘉一年内饲养八批蚕，称为“八辈蚕”。永安、诸暨等县产出的丝质量最优。东晋南朝，已能生产丝、锦、绫、罗、纨、绮、縠等多个品种。绢、丝、绵成为政府调税的主要课目。会稽郡已成为区域纺织品交易中心。由于纺织机的改进，无论麻布还是丝织品门幅已阔，便于设计制作比较宽大的袍装。又由于丝织品品种的繁多及色染技术的高超，才能设计制作豪华鲜丽、潇洒飘逸风格的美服。

由社会风尚导引的服饰潮流。汉末魏晋南北朝是中国历史上政治最混乱、社会最苦痛的时代，然而却是“精神史上极自由、极解放、最富于智慧、最浓于热情的一个时代”[②]。精神上的自由、解放也带来服饰艺术上的变革。东晋葛洪《抱朴子·讥惑篇》曾描述：“丧乱以来，事物屡变，冠履衣服，袖袂财制，日月改易，无复一定，乍长乍短，一广一狭，忽高忽卑，或粗或细，所饰无常，以同为快，其好事者，朝夕放效。”六朝推崇玄学，士人流行穿窄衣大袖长衫，扬潇洒飘逸之风。豪门世族的衣着则追求豪华鲜丽；而名士往往成为时尚的倡导者和设计者。着装宽窄长短

① 王志邦：《浙江通史》秦汉六朝卷，浙江人民出版社 2005 年版，第 435—436 页。

② 宗白华：《美学散步》，上海人民出版社 1981 年版，第 208 页。

的选择随社会上的流行品味而变化，秀骨清像之下褒衣博带的装束总是受人仿效和追捧；世家豪族的宽袍大带是和享乐之风紧密相联系的，在质地、色彩、花纹、图案等的选择上极尽奢靡和华丽。文人的褒衣博带则是和不拘礼法相辅相成的，以展示自己放荡不羁、我行我素的一面。会稽名士谢灵运性情豪侈，车服鲜丽，乃时尚的倡导者。[①]《宋书》卷十言其衣物多改旧形制，世共宗之。由于玄学兴起，经学的独尊地位受到冲击，儒家的冠服制度也被动摇了，这一时期不仅在服装式样、颜色上突破了汉代规矩，而且穿法、打扮也常常标新立异，科头跣足、袒胸露背有之，袍裙襦褥、奇装异服也有之，皆突破旧时的礼仪。六朝服饰的时代特色与时尚潮流，也影响到地方官吏、土著豪族与下层庶民的服饰习俗。

诚然，当服饰时尚影响到社会礼俗的根本性问题时，统治者为强化地域文化的认同感和民族归属感，也会做出某些干预。梁武帝时期，为促进世居江南的土著汉人和未曾迁徙的北方汉人之间的文化认同，其“专事衣冠礼乐，使中原士大夫望之以为正朔所在”。

（二）餐饮与餐具的更变

以稻、麦、粟等为主粮，以蔬菜和肉类为主菜的饮食结构已定型。东晋南朝，从杭嘉湖平原、宁绍平原到金衢盆地、浙南山地开始向稻麦兼作的种植格局过渡。麦、粟、菽等作物的引进和推广，增加了浙江的粮食作物品种；而区田法的传入和推广又提高了农田复种指数和单位面积，主粮结构由秦汉时期的以稻为主发展为稻杂复合。稻米的制作有饭粥之分，饭又有稻米饭、麦

---

① 王志邦：《浙江通志》秦汉六朝卷，浙江人民出版社 2005 年版，第 436 页。

饭、粟饭、豆饭、雕胡饭之别，且还有蒸饭、炙饭的区分。麦粟更多单独制作为片状和条状的“汤饼（即面条）”“水引”“馎饦”和馍（即馒头）等多种主食熟品，由此奠定了浙江境域之后二千年的主粮结构。

两汉时期，无论是家养、畜牧业、渔业还是蔬菜种植业都有长足发展，长年可供的畜养肉食有猪肉、鸡肉、鸭肉、狗肉、羊肉和野生肉食等。蔬菜品种大类有葑类蔬菜、水生蔬菜及山笋等；细分四季蔬菜有蓼、蕺、菱、荠、葑菲、苏、姜、菰、莼、绿葵、白薤、寒葱、春藿、白苋、紫茄等。这为浙江菜、肉结构的丰富性奠定了基础。豆腐的发明，为汉之后餐食的多样性锦上添花。

融汇北、南餐食习俗和做法，基本奠定了浙江餐食的烹饪技艺和食制、食俗。至秦汉六朝，由于南北文化的融汇，浙地餐食文化的食制、食俗和烹饪技艺诸方面发生了很多变化，基本形成了以蒸、煮、烤、煎、炸、烹、炒等为基本手法，以脍、鲊、鲑、炙、羹、脯、菹等为基本形制的菜肴制作方式，以色、香、味、形为烹饪格调，以饭、菜、饮三位一体和早中晚三餐分别为特征的食制食俗。以主粮系麦类的加工制作为例，当时面食总称为“饼”，制饼时常将麦与葱、牛肉、羊肉、橘皮、花椒、精盐、鸡肉等揉和，其细如华山之玉屑，白如梁甫之银泥。饮酒、饮茶则讲究品名品牌、酒令茶道，是名士抒发心志、聊寄情怀的一种方式。

随餐食水平、结构、习俗等改变而更新的饮食器具。孙吴时期，浙地主要饮食器具有各式碗、鬲、盘、钵、耳杯、盏、罐、壶、钟、盒等。晋朝，饮食器具的口、颈、肩、腹往往装饰有各种花饰，并施上一层青釉，既美观又便于洗刷。南朝，饮食器具颇受佛教影响，器物常饰以莲花纹饰。茶酒具装饰很有特色，如盘口壶、鸡首壶、羊首壶、扁壶等。饮具也有发展，如灶已由土灶逐渐转向砖火土铁釜，甑具备了蒸制米饮面食和菜肴的双重功能。

（三）住宅营造与园林建筑

东晋之后，豪门大族的财产积累表现于大规模豪宅的营造和私家园林的兴起，侨姓世族甚至定居会稽等地，营造园林别墅。一些到都城建康为官的会稽、吴兴等地士人，纷纷在都城造或买宅院。一些寒士为官者如会稽吕文度、阮佃夫等在建康营造住宅园林，其华丽奢侈，王侯不能及。为方便住宅买卖，东晋南朝江浙一带兴起专门从事房屋买卖和中介业务的产业。然而，寒士新晋为官者并非都能如吕、阮那样在都城找地营建墅林。他们往往渡过钱塘江，到吴人士族力量较弱的会稽郡，转而东进寻找营造之地。当时，作为建康腹地，会稽自然成为永嘉南渡后诸多侨姓名族的置业居住之地。琅琊王氏、陈郡谢氏、太原王氏、高平郗氏、太原孙氏、陈留阮氏、高阳许氏、谯田戴氏、鲁国孔氏等，皆在会稽置有田业，甚至建有集作业、种植及园林于一体的庄园。王、谢二家既聚居于乌衣巷（建康）一带，其族在会稽的庄园田产，仍由本房或别房长幼长居。是时，庄园宅居不仅在侨居世族中盛行，土著豪族也有仿效。南宋《嘉泰会稽志》卷十三《古宅第》记载了东汉以来的名宅巧所，其中有东晋南朝名士住宅 14 所，占总数的 60.91%。不过，那个时期一般居民的住宅，乃至一些士族及较为清廉的官员的住宅还是比较简陋的，居住在草屋茅舍的家庭还相当多。

魏晋之风与风景园林的发展。魏晋南北朝时中国园林美学的理念初步形成，为风景式园林思想的发展奠定了基础。园林的狩猎、通神、求仙功能逐渐消失，游赏与居业成为主导功能。名士寄情山水，玄谈玩世，风雅自居；贵族斗富，占田占山置业。但不管哪种倾向，在园林建筑风格和审美情趣上，已经由单纯模仿自然山水建筑转向经典概括和抽象提炼的超自然审美创造，追求“源于自然、高于自然”的境界，并形成了皇家、私家、寺观、寝陵四大园林体系。

浙江园林以私家园林为主。如永嘉谢灵运的始宁墅，是一座大型山水园林，其顺应山水的博大宏深，吸纳山水的精华，以成墅林主体并辅以楼台亭阁的构建，使景致与意境浑然一体，符合天、地、人和谐合一的哲学理念。南朝齐时吴兴武康人茹法亮所居园林，宅后为鱼池、钓台、土山、楼馆，长廊达一里，既有辉煌殿阁的富贵气息，又有山池花药的休闲之情。东晋咸和元年(326)建造的灵隐寺，占地 87 万平方米，依飞来峰“仙灵所隐”之地，面山而建，故名“灵隐”；梁武帝天监三年(504)，下诏“舍道归佛”，随即赐田扩建，建寺立塔，使灵隐寺初具规模。其融山水自然景观为园林背景，为当时规模最为宏伟的园林式寺院。

（四）“行”的大时代

秦汉六朝，始皇东巡至越，徐福东渡至东瀛，张骞通西域遂成丝绸之路，赤壁之战千船竞流，陵水道与浙东运河连通，凡此举国之为，都见证着一个“行”的大时代的来临。浙江的“行”，是这个大时代的一个重要节点，也是见证这个大时代道路行制和运载工具重大变革的一条线索。

秦一统六国，废除分封，代以郡县制，实行书同文、车同轨、统一度量衡。为适应郡县之间的往来和“车千乘、骑万匹”的出巡或征战需要，秦始皇规划修建了全国的道路网络，包括历时 10 年修建的遍布全国的主干道——驰道、直道与栈道，以通达九州。其中驰道是秦始皇为出巡而专门修建的，道宽五十步，隔三丈栽一棵树；道路中间三丈是皇帝的御道，两边开辟了人行旁道；每隔 10 里建一亭，作为区段的治安管理所、行人招呼站和邮传交接处。秦始皇统治期间,6 次巡游全国,第六次东巡至会稽郡。其从咸阳出发,经武关,出云梦(今湖北省),上安陆,至丹阳东南下钱唐,过钱塘江而达会稽。然后又北上至吴,经江乘一路向东北,绕胶东半岛至之罘山(今山东烟台),向西直达平原津、沙丘等地,终因身体劳顿而逝。可见,当时会稽通行各地的道路已经通达。

是时,浙江境域已有多条运河开凿疏通,形成水陆交通齐驱并驾的局面。据陈桥驿、邹逸麟等先生的研究,江南运河与浙东运河从春秋末吴越争霸时已有若干段雏形。至秦始皇南巡时,开凿疏通了从长江岸边的丹徒(今江苏镇江)至曲阿(今江苏丹阳)的丹徒道,以及从由拳至钱唐的陵水道。孙吴凿破岗渎(今江苏镇江西南)。萧梁时开上容渎(今江苏句容东南 5 公里)以解决建康至丹阳的水路贯通问题。六朝各时期,又陆续作堰设、修陂堤,改善了由丹阳向南至杭嘉湖及宁绍平原运河的航运条件,维护了从西兴渡东至余姚江流域的浙东运河。经过各朝对江南运河、浙东运河的整治,至梁朝时,浙东、浙北、浙西已与全国水陆交通干线衔接,向外交通已然便利。境域内交通亦不断完善,越州、婺州、台州等连接浙西南和浙东南的水陆交通节点初步构成,浙江境内各郡县皆可互相通达。

魏晋南朝制车造船技术的革新,已极大地优化了出行的计划性、舒适性和时空维度。是时,交通动力有了新的开发,运载工具的制造技术也有了新的提高,特别是车的制造技术有重大突破,使车更适合于人的乘坐和操作。方向指示和计程方面的技术有重大创新,发明了司南车和记里鼓车。在车的功能上将载重车和乘人车相区分。载重车有格兽车与猎车,其中格兽车有三级行楼两层,最轻的车为追锋车,可日行 400 里。两晋南朝时，对上至皇帝宫室、公卿大族，下至庶民百姓所乘车辆的式样及数量有严格的规定。据《隋书》卷十记，“二千石四品以上及列侯，皆给轺车，驾牛”。牛车的普遍使用是东晋南朝的一大特色。造船技术也有很大进步。孙吴时期，江南已能批量造出远航台湾岛、海南岛以及南洋的海船。《晋书·卢循传》记载，孙恩、卢循起义后曾组织水军，其“舟舰皆重楼，百里不绝”。可见当时造船业之发达。

官櫞、客舍等成为分布在交通沿线的“服务区”。晋朝，交通沿线的私家旅舍办得很多且四季各有特色。据《晋书·潘岳传》记载，当时旅舍“冬有温庐，夏有凉荫；刍秣成行，器用取给”。也有官营客栈，称为官櫞，有“十里一官櫞”之说。南朝时浙江等地还出现“寺僧停客”的情形，旅者寓居僧舍，不与商旅混住。此时，朝廷重视专为公务设立的传驿，传驿主要承担文书传递任务，为使节提供交通工具，接待过往官员，供应食宿和牛马草料。

二、佛教的广布与道家的宗教化

（一）佛寺、佛理与佛教的弘扬

1.佛教的传入与传播

佛教于东汉初年传入中国。永嘉之乱后，不少僧侣亦南渡江东，向清谈玄学的士人传播佛教。玄学融合佛学，是东晋佛学的特点；讲究义理的般若学传播较广。

江南佛教最初的传播者为安息国高僧安世高，他在汉桓帝初年只身东来，弘法译经。汉灵帝末年，其驻锡江南，游化会稽，宣说教义，终卒于会稽。安世高共译经35种41卷，影响最大的是《安般守意经》，其信徒会稽人陈慧作有注释，详解教、随、止、观、还、净六种法门，为后来天台宗教授的止观法门所用。三国时在浙江传播佛教的主要有支谦和康僧会。支谦乃月氏人,为避乱南下,先后隐居余杭、剡县等地行道并研习佛理。支谦30余年译出佛经30余部,对江南佛教的弘扬起了很大的作用。康僧会是西域康居人,于吴赤乌年间到江南传教,他曾来浙江向安世高弟子、会稽陈慧学习佛理,是中国佛教史上最早融合佛、道、儒三家思想的僧人。康僧会曾创立海盐金粟寺,为浙江历史上最早的佛寺。

佛教在浙江境域的传播主要通过两个渠道。一是通过与君主结交,探讨佛理。三国时,支谦与孙权究经论佛,被评为博士,与韦昭等共辅东宫。孙权又建建初寺,带动江南一带佛教的兴盛。孙吴末代君主孙皓信服康僧会宣讲的佛法并受“五戒”,让宗室皆奉佛教。二是通过与名士交游,在社会上层传播。东晋以后,“佛教在士大夫圈内活动的中心已经转移到会稽地区”[①]。会稽郡,尤其是剡县东部,高僧云集,名士接踵而来,已成江东的佛教中心。高僧竺法潜、支循、竺法友、竺法蕴、竺法抑、于法兰、于法开、于道邃、竺法崇、竺法义、道宝、竺法旷、竺道壹、慧虔等都聚集剡县,阐发佛教义理。同时,又有浙籍慧静、净度、僧瑜、僧翼、法宗、昙光、道慧、慧荃、法匮、弘明、僧护、法镜、慧集、昙斐、道琳等高僧的助力,形成一股强大的佛学宣教力量。据《世说新语》《高僧传》等记载,来会稽郡的名士有郗超、殷浩、谢安、王羲之、许询、孙绰、何充、王坦之、王脩、戴逵、谢灵运、谢敷等,他们对佛理领悟高深,或译或注或著以阐发对佛教的理解。当时佛教界由于对《般若经》中“空”的理解不同而形成“六家七律”,其中五家的代表人物都在浙江。三是引导民众对佛教的自

① 许理和:《佛教征服中国》,江苏人民出版社1998年版,第172页。

我理解和解释。东汉末年，佛教在浙地的传播开始深入民间，进入“民众的生活世界”，致力于“普度众生”的世俗化宣传。这就使得“为着家庭、家族、社会、国家的宗教行为成了公众宗教活动的主流”，形成一种依赖社会认同的道德救赎思想。[①]

2. 佛寺、僧尼与寺田

佛教的发展促进了寺院、佛塔、经幢、造像的修建。东晋南朝，是浙江境域佛教初兴时期，佛寺、佛塔营建之风初盛。据张弓《汉唐佛寺文化史》中所列数据，在这一时期浙江营建佛寺 267 座，占东晋南朝全境营建数 733 座的 36.42%，其中在东晋时建 64 座、南朝宋时建 16 座、南朝齐时建 22 座、南朝梁时建 153 座、南朝陈时建 12 座。

浙江境域的佛寺营造分为朝廷诏建、地方请建、僧人自建、民间营建等诸种，故而有等级之分。其供养方式也不尽相同，大体有三种，即国家供养、奉佛者供养与自给自足。自给自足，即主要依靠自营经济供养。自营经济，主要是寺田耕作经济。寺田的来源为国家赐田、乞田、寺院开垦、信徒施舍、买卖等。南朝后期，寺田经济发展较快。

东晋南朝，随着佛寺的大规模营建和寺田经济的扩张，出现了一个庞大的僧尼阶层。南朝还在地方行政职官体系外，另设僧司，任僧为官，管理佛教。

(二)道家宗教化及其教派发展

1. 黄老之学的传播与道家宗教化

道教是根植于中国本土的古代宗教。其信仰内容具有中华

---

① 葛兆光：《七世纪前中国的知识、思想与信仰世界》，载《中国思想史》第一卷，复旦大学出版社 1998 年版，第 523—524 页。

民族古代宗教意识的特点，其形态包含了原始宗教的自然崇拜与巫术巫教。然而道教的形成并非对原始宗教的直接传继和演进，而是根源于传说中的黄帝言行、老子和庄子的学说，汉初称为“黄老之学”，为当时的一种哲学思想体系。至汉武帝后逐渐形成具有宗教色彩的“黄老道”，融合神秘的神仙思想和神仙方术体系，有道家之称。东汉时形成儒、释、道三家鼎立的局面。东汉前期，黄老道学的传播出现明显的宗教化倾向，延及东汉后期，由道学思想转向宗教教义，完成了道家宗教化。

浙江是道教思想的发源地之一，在道家及道教教义的形成进程中曾起到过重要作用。有关道教的传说在浙江可追溯到上古时期。《东阳记》有“黄帝于缙云仙都山鼎湖飞升”之传说。仙都山上的黄帝祠宇与陕西黄帝陵遥相呼应，构成了“北陵南祠”的格局，成为我国南部祭祀、朝拜中华民族人文始祖黄帝之圣地。黄老道家思想于春秋末年在越国十分流行，文种、范蠡及其老师计倪这些越国著名人物崇尚黄老思想；托名文种所作的《文子》一书，是秦汉时期流行的黄老道家著作，在西汉年间颇为统治者所重视，作为统治社会的指导思想之一。东汉初年上虞人王充应属道家，其《论衡·自然篇》称自己的哲学是“依道家”立论的，虽违儒家之说，却含黄老之义。这与其深受浙江地方浓厚的道家思想影响有密切关系。他在《论衡》中提出了“天地，含气之自然”的自然发生论观点，以反对当时流行的以董仲舒“天人感应论”为代表的神学目的论观点；在形神关系问题上，王充也力图贯彻元气自然论的观点。

在东汉六朝道家宗教化的进程中，浙江境域内名重一时的道士作出了理论和实践上的贡献。东汉上虞人魏伯阳为炼丹术士，著有《黄帝九鼎神丹经》《太清金液神丹经》《五相类》《魏伯阳内经》等丹经作品。尤其是其《周易参同契》，假借爻象以论作丹之意，以黄老融会周易、丹火之功于一体，以《易》的阴阳变化之理，阐述“大易”“黄老”“炼丹”“内功”之道，这是道教早期最系统、权威的丹经著作，也是世界炼丹史上最早的一部理论著作，为道家的宗教化提供了一定的理论基础。南朝刘宋时期吴兴士族陆修静，为著名道士和道教思想理论家，明帝泰始三年(467)奉诏至建康崇虚馆讲经，广为搜集道经教本，并加以整理甄别，鉴定了经戒、方药、符图等1228卷，将其分为洞真、洞玄、洞神三部，并撰《三洞经书目录》，奠定了此后修撰《道藏》的初步基础和分类标准。他是南天师道的创立者，上清派的第七代宗师。浙江著名道教人物还有钱唐褚伯玉，会稽孔道徽、杜京产，东阳孙游岳，盐官顾欢等。

六朝时，在浙江境域活动并对浙江道教传播和发展产生很大影响的道教人物有葛玄、葛洪、许迈、陶弘景等。相传葛玄曾修炼于吴郡桐庐县龙王洞，曾隐居会稽郡山阴县若耶溪，并修炼于今宁海、玉环等地。葛洪曾在吴、吴兴、会稽、永嘉等郡结庐炼丹、修真，著名修炼处有杭州葛岭抱朴道院等，为后人瞻仰。陶弘景乃道教茅山宗创始人，曾从陆修静的门人孙游岳学道，足迹遍及会稽、临海、永嘉等郡名山，修炼、炼丹、谒神，摩崖题记，刻石树碑，著《真诰》等。

道教在浙江的传播十分广泛，渗透到社会各个阶层。两晋南朝时期，道教在上层士族和知识分子中间有许多忠实信徒，有名望者为王羲之、王凝之父子、谢灵运等。在民间也有广泛的信仰者，著名者为东晋时浙东沿海的孙恩、卢循。他们先后打着五斗米道的旗号，以道教号召民众起义。

2.道教派别及其影响

浙江最早的道教派别为五斗米道，创立者为张道陵天师，因入道须出五斗米而得名，其创立标志着中国道教的正式形成。东汉末年至孙吴时传入浙江，并很快在浙江境域传播。东晋时，该道在吴、吴兴、会稽等郡流传尤广，士族阶层信奉者甚多。钱唐杜子恭乃三吴地区五斗米道的精神领袖，在世族上层有广泛的影响。至东晋南朝，道教在组织形式上发生了重大变革，主要表现为祭酒旧制的衰落和道官制度的兴起。这时，五斗米道正面临着非整顿改革不可的困境。陆修静力挽危局并从三个方面进行整顿改革：一是禁止道官自行署职，实行按级晋升的制度；二是重视道教斋仪的作用，在总结前代斋仪的基础上，制定了“九斋十二法”的斋醮体系。三是对道教经典进行整理分类，创立了三洞四辅十二类的道教典籍分类体系。经陆修静改革后的道教成为南朝天师道正宗，名南天师道，与北方寇谦之创立的北天师道并立。

上清派(后又称茅山宗)是东晋时形成的一个道教派别。它以《上清经》《上清大洞真经》《黄庭经》为主要经典，奉魏华存为开派祖师，以元始天尊、道德天尊为最高神，强调人体内精气神的修炼，重登斋入靖，存思诸神形象，不重炼外丹。上清派的兴起与发展，使民间道教转向士族道教，道教理论更趋成熟。

帛家道亦是魏晋时的一个道派，是由北方中原和江浙一带道士以帛和之名在民间俗祷的基础上发展起来的，活动于北方和江浙地区。帛和被该道派尊为祖师，并被葛洪列入《神仙传》，称为“地仙”，曾治愈名道于吉之病，而传授于吉《太平经》。该道派又托称帛和曾得《三皇天文大宗》《三皇内文》《五岳真形图》《神丹方》等典籍。东晋时，帛家道为江浙不少士族所信奉，如郑隐、鲍靓、葛洪等，后与天师道和上清派合流。

灵宝派是东晋末年葛玄、葛洪祖孙创立的一个道派，活跃于江南一带。葛洪曾孙葛巢甫以古《灵宝经》为基础，编修了大批"灵宝"类经书。南朝刘宋时，陆修静对《灵宝经》进行系统整理，立成仪轨，于是灵宝之教大行于世。

第四章　隋唐吴越：社会中兴与社会生活变革

隋唐结束了自汉末以来战火纷飞的局面，实现了国家的再度统一。浙江社会中兴，重新推行土地国有并进行一系列重大的土地赋税制度改革；由聚族而居推进家长宗族制，世族与寒门并存。阶级等级呈现金字塔式结构，且各阶级内部亦有多个层次，地主便有贵族地主、庶族地主、寺院地主之分。隋唐时期浙江的医学事业高度发展，养生理论多派纷呈。社会生活开放、多元；宗教信仰政治化倾向严重，佛道皆为国家所重。吴越国以保境安民为国策；水利建设技术先进、规模巨大，为后代所不及。

第一节　隋唐吴越的社会范型

一、土地赋税制度：均田制、租庸调制与户籍三长制

（一）“计口授田”的均田制

汉晋以来形成的土地兼并、土地占有不公、自耕农赋役混乱、对豪强大户的依附等，造成了大批自耕农破产，社会冲突加

剧，社会经济也时常遭受严重的破坏。隋朝建立初期，竭力克服了秦汉授田制后期形成的弊端，推行北魏“计口授田”（即均田制）的土地制度，有效地解决了前朝留下的经济社会难题。

均田制是按人口分配土地的一种制度。它规定了土地在耕种一定年限后归耕种者所有，部分土地在其死后还给官府。这一政策在隋统一后实施于全国，唐初继续推进这一土地制度。唐中叶以后，人口增加，土地兼并复现，均田制的土地国有基础又遭破坏，朝廷无法实行土地还授。唐德宗建中元年（780），均田制被废止。

自两汉后江浙地区农业、手工业和商业发展迅速，为隋唐政权所倚重。按隋制，浙江地区的均田制推行，成年男丁每人受露田 80 亩，种植五谷，再受永业田 20 亩；妇人每人受露田 40 亩，不给永业田，奴婢受田与常人同；永业田不须归还，露田在耕作者死后要归还国家。至唐初，浙江随唐制，均田制的数量标准有些调整。丁男与中男受田百亩，其中 20 亩为永业田，传给子孙，80 亩为口分田，死后还官。老男、残疾受口分田 40 亩，寡妻妾受口分田 30 亩；这些人如果是户主，受口分田 30 亩，永业田 20 亩。杂户受田如百姓。工商业者、官户受田减百姓之半。道士、和尚给田 30 亩，尼姑、女冠给田 20 亩。一般妇女、部曲都不受田。有爵位的贵族、官僚和官府受田另有标准，除永业田外，还有职分田和公廨田。土地买卖在有些阶层或具体情况下有些松动，这给唐中期之后的土地兼并乃至均田制的最后废止埋下了隐患。

均田制很大程度上促进了浙江农业经济的扩大与发展，调整了国家的土地关系和社会的阶级结构。它肯定了国家和百姓的土地所有权和占有权的关系，减少了田产纠纷，有利于无主荒地的进一步开垦，对浙江农业生产发展起到了积极作用。均田制与田亩租庸制及户籍三长制相结合，使大批依附农民摆脱了豪强的控制，从而调整了社会的阶级结构和矛盾。

吴越国时期，钱镠受封吴越王，承前制，土地仍以旧籍为数，赋役沿袭唐中后期的两税法。

（二）从租庸调到两税法

隋至唐初期，两朝在推行均田制度的基础上，以三长制的编户为依据，推行了以人丁为本的租庸调制。

租庸调制是以均田制推行为基础、按人丁缴纳赋税并服一定徭役的赋税制度。按唐中期浙江籍名相陆贽的话解释：国朝著令赋役之法有三：一曰租，二曰调，三曰庸。有田则有租，有家则有调，有身则有庸。租即田租，每年纳粟二石；庸即力役，每年为政府服役二十日；调是户调，男丁随乡土所产为纳。

浙江自隋至唐中期实行租庸调制。具体而言，每丁每年向国家缴纳粟二石，为租；缴纳绢二丈、绵三两或布二丈五尺、麻三斤，为调；服徭役二十日，闰年加二日，是为正役，若国家不需要其服役，则每丁每服日缴纳绢三尺或布三尺七寸五分，缴足二十日数额以代役，为庸。庸较灵活，在国家需要时，若加役十五日即免其调，加役三十日则租调全免。若遇水旱等严重自然灾害，农作物损失十分之四以上免租，损失十分之六以上免调，损失十分之七以上赋役全免。两朝均以轻徭薄赋的财税思想改革赋税徭役制度，具体实施层面略有不同。租庸调制的实施，使浙江农民的赋税负担相对减轻，较好地保证了务农时间，荒地进一步开垦，扩大了农业生产规模，同时也保证了政府的赋税收入。

唐中期以后，由于均田制的废止，租庸调制失去了存在的根基，国家无法再用它来维持越来越庞大的费用开支和促进经济发展,便推出了更为灵活的两税制。两税法是以按垦地面积征收的地税和按贫富等级征收的户税为主,统一各项税收而制定的新税法,分夏、秋两季征收。

对浙江农民而言,无论是租庸调制还是两税法,较之隋之前的赋役负担相对要轻,但总体而言仍然还是繁重的,而且浙江地区在全国赋税总额中的比重还逐步增加。如唐德宗时期,以太湖五州即苏州、杭州、润州、常州、湖州为主体的浙西,每年要向朝廷送75万石大米,在唐初这个数字仅为20万石。这还不包括朝廷遇到灾年需要浙西急调的粮食,以及上缴朝廷的各种税收。太湖五州从唐朝初年就是朝廷牢牢掌控的重要粮食基地。据李志庭《浙江通史》隋唐五代卷,天宝元年(742),浙江754601户共纳租谷3670379.2石。除此之外,浙江还是朝廷庸、调绢、布的重要供给地,以及商业和矿冶、盐、茶、酒等工商税的重要来源,在运输方面的劳役征发负担尤重。

吴越国辖杭、越、湖、苏、秀、婺、睦、衢、台、温、处、明、福13州,共历5主,前后共84年,几乎与五代同始终。出于奉事中原王朝,保境安民,独立支撑江南一隅的目的,在缺乏其他资源的情况下,钱镠加重了赋税徭役以丰裕国库,使吴越有资财奉事中原王朝以避战祸、处理内务以保境安民、兴修水利以备荒。此举曾受到欧阳修的批评。

二、家庭与宗族制度

(一)以"一夫一妻多妾"为核心的婚姻家庭制度

浙江的婚姻家庭制度虽继承与保持了秦汉六朝时的制度框架,但受到唐朝两性关系相对自由与开放思想的影响,表现出许多新潮的特征。

其一,“一夫一妻多妾”的婚姻制度。隋唐时期,浙江实行“一夫一妻多妾”的婚姻制度。隋朝《开皇律》中专门设有《户婚律》,唐朝《唐律疏议》中也有《户婚律》。内容主要包括:家长主婚,即“父母之命、媒妁之言”;婚约具有法律效力;禁止近亲结婚;禁止重婚;肯定纳妾等。

由于纳妾被允许,在唐代上层社会中,实际上推行着一夫一妻多妾制度。嫡妻地位高于庶母,可以作为丈夫的配偶参加祖先祭祀,死后与丈夫合葬,享受子孙后代的祭祀;嫡妻还持家管钥,践行“男主外女主内”的传统。这种一夫一妻多妾制造成了诸多社会问题,如贵族家庭中怨女日多、平民百姓则因娶不到老婆而成旷夫。《唐律疏议》还对离婚、再婚作出了具体规定,如七出休妻,凡妻子存在无子、淫佚、不事舅姑、口舌、盗窃、妒忌、恶疾等七种情况的任何一种时,丈夫都可以休妻或离婚;同时,也规定妻子可以“三不去”,即“持舅姑之丧事、娶时贫贱尔后富贵者、有所受而无所归”三种情况之一者,丈夫不得出妻。与前朝相比,唐代在家庭婚恋风俗上具有较大的自由度和开放度,离婚与再婚也成为常事。

其二,家庭规模偏大且崇尚同居共财。隋朝每户平均5.16口;唐朝贞观十三年(639)、天宝元年(742)每户平均分别为5.55口、6口,较隋高些;吴越国时,每户平均5口。在财产支配权方面,唐律规定“凡是同居之内,必有尊长;尊长既在,子孙无所自专。若卑幼不由尊长,私辄用当家财物者,十匹笞十,十匹加一等,罪止杖一百”[①]。尊长在家庭中有绝对的权威,具有打骂教训

① 刘俊文:《唐律疏议笺解》卷十二《户婚律》,中华书局1996年版,上册,第960页。

子女、无故殴杀子弟而轻判的律法权力等。其居住方式为“共居共爨”，即共同居住、共同饮食。子女不得任意分家，祖父母、父母也不得任意令子孙分家或将子孙过继他人。前者“徒三年”，后者“徒二年”。如无祖父母、无父等长辈的情形下，唐律允许兄弟分家。

其三，重门第、重聘财、重妇德的择偶标准。重门第是魏晋时期最为重要的择偶标准，而这一时期浙江的门阀士族尤盛。至隋唐攀附世家贵族之习仍存，而追逐权贵之风更盛，至吴越国择偶标准以后者为主。重聘财在唐初门阀士族中流行，以至于将婚姻视作买卖。为此，太宗贞观十六年(642)六月下诏：“自今年六月禁卖婚。”[①]然禁而不止。至唐高宗显庆四年(659)又下诏：“定天下嫁女受财之数，毋得受陪门财。”[②]重妇德就是以妇女的“三从四德”为最要，“这是封建礼教针对妇女的道德规范”[③]。以吴越王钱镠庄穆夫人吴氏为例，吴氏死后，墓志铭有“闺门整肃，孝敬尽礼”“抚爱诸子，有如一体”之句，以示对其品德的赞赏。

其四，讲究仪式的礼规与婚俗的诗性浪漫。隋唐五代时期，浙江境域的择偶程序仍承继《礼记·昏义》中纳采、问名、纳吉、纳征、请期、亲迎这六礼；而婚礼，大致包括从亲迎到婚礼完毕的全过程，主要有催妆、障车、打婿、转席、坐鞍、青庐拜堂、蹦新妇迹、弄新妇、却扇、拜舅姑等内容。但不同地区的习俗会有些许不同。如浙江台州的婚嫁习俗，从说媒到结婚直至“望三日”的

① 王溥：《唐会要》卷八三《始娶》，中华书局1960年版，下册，第1528页。

② 司马光：《资治通鉴》卷二〇〇《唐纪十六》，中华书局1956年版，第14册，第6318页。

③ 李志庭：《浙江通史》隋唐五代卷，浙江人民出版社2005年版，第427页。

一系列礼仪与程序都有独特的一面，反映在 16 个过程之中：说媒、合八字、定吉日、送嫁、暖房、发嫁妆、开颜、看嫁妆、迎新娘、望新娘、拜堂、送洞房、闹洞房、念傧相、下楼梯、望三日。流传于台州地区的诗性婚俗文化——“洞房经”，大约形成于唐朝中期，其作为汉民族仅存的对歌婚礼仪式，歌词对仗工整，韵脚相押，平仄谐调，亦诗亦谣，被列入第四批浙江省非物质文化遗产名录。

（二）从聚族而居到家长宗族制

东汉两晋，浙江的中原南迁世家宗族最大的特点是“世”与“大”，即世代承籍与聚族而居。到刘宋后，浙江豪强世族与以刘裕父子为代表的寒人政权的矛盾渐显。如会稽谢家自谢灵运辈始，就屡与宋政权产生矛盾。其子谢凤及曾孙谢几卿虽官至黄门侍郎，但尽失浙江地望。其后人谢叔方在唐贞观年间曾任高官，但已与曾经的世族之望无涉。至隋唐，在科举制的冲击下，世族门阀制度趋于衰落，但其势力仍强。宗族势力处于宗法与户法、世族与寒门、宗主与家主相交相切的历时胶着状态。

宗族观念与宗法制有很强的地域概念，隋唐时期亦莫能外，是士族宗族制承先启后的重要转折时期。其承魏晋地域宗族势力分享国家权力之先例，先后达成关陇杨氏与李氏对中央政府的掌控。至吴越国，地方宗族摆脱中央政权，而后启宋代家国同构的体系，并通过庙堂谱系来加强宗族势力。但就其本质，仍处于士族宗族制形态，维系着族性层面的世族与寒族的并存、管理层面的宗法与户法的并存、制度层面的宗族与家族的并存、权力层面的宗室与家室的并存，规模层面的聚居与析居的并存。这从浙江社会的宗族制状态中可见一斑。

世族与寒门的并存是隋唐浙江宗族制度的重要特点。秦汉以降，贵族宗法制逐渐被士族宗族制所替代，但旧贵族势力和观念犹存。隋唐推行科举制，世族子弟与寒门子弟似乎在同一个起跑线上，形成旧贵族势力、新世家士族权贵（关陇集团）、寒门新贵势力此消彼长的局面，但实际上豪门世族仍然占据主流地位。统治者不能根除士族宗法所产生的土壤，时有分封制的复燃，因此往往利用内廷官宦势力，以制约外朝世族与寒门士族的势力。而一旦内廷权重，统治者又会利用外戚血亲制约官宦势力；当外戚强大不能控制时又引强宗豪族来压制外戚。几股势力之间的这种互为制约、不断平衡延续着隋唐士族宗族制度。为防止士族势力强大以超越皇权，唐太宗命高士廉刊正姓氏，修订的《氏族志》尤重“当朝冠冕”。此举压制了山东和江南士族，巩固和提高了以李唐皇族为代表的关陇集团的社会地位。即使在五代十国，士族的社会优势在战乱中逐步瓦解，但王朝宗室还是存在，社会重构于家长宗族制形态。

据《浙江人物志》，浙江在唐朝为相者 9 位，其中 5 位家世显赫。如陈叔达，吴兴长城人，陈朝皇族，唐高祖、唐太宗两朝为相；褚遂良，杭州钱唐人，名门望族，唐太宗、唐高宗两朝为相；陆扆，吴郡嘉兴人，士族；许敬宗，杭州富阳人，高阳许氏后人，名门望族，唐太宗、唐高宗两朝为相；姚璹，吴兴德清人，名门望族，史学家姚思濂之孙，武周朝为相。另 4 位入朝时家道中衰。如名相陆贽，苏州嘉兴人，祖上为江南望族，至陆贽辈家道中衰，唐德宗朝为相；沈君谅，湖州武康人，出身吴兴沈氏，既不是中原南渡高官大族，也不是江南土著甲等豪门，但家族中却涌现出许多名重一时、才智超群乃至能左右时局的杰出人物，为东晋南朝江南的重要家族；舒元舆，婺州东阳（今浙江兰溪）人，唐文宗朝为相；姚崇，吴兴郡人，唐中宗、睿宗、玄宗三朝为相。

从浙江的宗族制度演变状况看，隋唐宗族社会的特殊性在于它的宗法精神。这种宗法精神包括孝、悌、贞、顺以及同居共财、尊嫡定祠、男女名分、家长权威与家族仪式。家族仪式又包括冠、婚、丧、祭等。在以儒家忠孝观为核心的社会观念和家族经济关系影响下，各阶层都在寻求自身的族群依着，贵族组织转向以家长为本位的家族制度，农民组织分解为"八口之家""五口之家"的农户家长家族制度；新兴地主、商人亦取家长本位的家族制。豪强地主的家族人口包容性大而累世同居；士族的家族包容较多人口但仍承袭于古代的小宗并着力挣扎。政府依照族群的地方规模探索基层治理的编户模式，即"五家为代，五代为闾，四闾为族，五族为党，五党为州，五州为乡"的编户制度及与之相配合的一套严密的记录程序。

自东汉至唐代，浙江的世族大姓既有衰落，也有中兴。早期南渡之王、谢、庾、桓四大姓至梁末先后衰落；吴郡顾、陆、朱、张四姓衰于孙吴党争，陆姓至唐代因两度有族人出任宰相而中兴。吴兴五姓沈、龙、施、水、姚在唐代发迹，尤其是沈、姚两家。沈姓起源于河南、安徽，东汉由沈戎带领族人南迁于会稽、吴兴一带，魏晋南朝时浙江沈姓人口增长且名人辈出，至唐代更广泛地迁入苏浙、赣蜀、湘鄂、闽粤等地。其中浙江武康沈氏女珍珠嫁唐代宗李豫为后，被其子唐德宗李适追谥为"睿真皇后"。吴兴姚氏为大唐文学世家，据统计，唐代吴兴姚氏有诗人、散文家 19 人，创作诗歌 538 首，散文 48 篇，而姚合辈更是独领风骚。山阴贺氏亦为世胄高门，历代出文臣武将，贺齐为东吴名将，贺循为"五俊"之一并成为东晋江南士族领袖；至唐代著名诗人贺知章，为浙江有史料记载的第一位状元，自号"四明狂客"，列"吴中四士""饮中八仙"之首，又有"仙宗十友"之名，历代为其修祠，谓

“唐秘书监贺公祠”。

另有“唐初四杰”之一的婺州义乌人骆宾王，从寒门入仕，官至侍御史，后助徐敬业作《讨武曌檄》，加入反武则天同盟，徐敬业兵败被杀，骆宾王不知所终。

三、人口政策与人口增长

隋唐吴越国时期浙江人口数量呈骤增的形态，促成这种上升态势的人口政策，主要体现在以人为本、增殖人口、安置移民、还俗僧民以及新人口划分和统计方法改进等方面。

（一）隋朝大一统后的人口增长

隋朝统治时期，是中国人口的大增长时期，浙江亦然。隋灭陈时，民户数约700万户，其中收陈朝户60万，口200万。至炀帝大业二年(606)户890.75万，口4601.1万，可以说是自魏晋以来王朝控制户口数的最高点。隋灭陈时，浙江收的户数约有6.85万户，占全部所收陈朝60万户数的11.4%。隋炀帝大业二年(606)，浙江境内大约有8.4万户，人口43.4万人。[①] 隋朝为增加人口采取了一系列举措，并系统地进行了户口的检查，有效地控制了民户的隐匿逃亡。

唐代，浙江人口高速增长。唐朝初期，朝廷采取一系列激励措施以增加人口数量，在不到100年的时间，将人口从2500万发展到8000万—9000万。[②] 浙江在唐代人口增长迅速，比较贞观与天宝年间，苏、湖两州人口从10000余户增至70000余户，净增6倍；杭、越两州在天宝年间均在90000户上下，净增2—3

① 李志庭：《浙江通史》隋唐五代卷，浙江人民出版社2005年版，第91页。

② 葛剑雄：《中国人口发展史》，四川人民出版社2020年版，第171—172页。

倍；婺州从37891户增至144086户，再加复置衢州的68472户，合计212558户，净增近5倍；处、台两州从19482户增至169618户，净增近8倍。浙江骤增的人口户数，得益于唐初的人口政策。其一，是生育奖励政策。从物质上和精神上奖励多生家庭与子女，同时减少入宫任职的男性数量，鼓励他们生育。其二，降低整体生育年龄。唐太宗贞观年间下达《令有司劝勉民间婚聘诏》，规定"男二十，女十五"为男女婚嫁的最低年龄。至唐玄宗开元年间敕令"男十五，女十三以上，听婚嫁"。[①] 政府还专门设立官媒，以督促政策的执行。其三，降低人口死亡率。政府建立救助机构，帮助落后地区治理疾病，救助被遗弃的幼儿。其四，增加外来人口和外族人口。

吴越国人口和人口政策。据李志庭《浙江通史》隋唐五代卷统计对比，唐元和年间，相当于后来吴越国杭州、苏州、秀州、湖州、睦州、越州、明州、台州、温州、处州、婺州、衢州、福州十三州及安国衣锦军之地，其籍户为370940户，至北宋太平兴国三年(978)钱俶"纳土归宋"时，已增长到550680户，增长了179740户，以元和八年(813)籍户数为基准的年平均增长率为2.88%。吴越国在五代十国战争不断的形势下，仍能保持人口的正增长，主要是采取了积极的人口政策，尤其是继续推行唐代低龄婚嫁的制度改革。据《唐代墓志汇编》记载的3200余人(不包含女尼、女官和宫人)统计，女子婚龄最小者为11岁，14岁至19岁出嫁居多，15岁尤多。[②] 同时，一夫一妻多妾制度在五代时仍为普遍现象，这也在一定程度上提升了人口生育率。当然，从宏观的

---

① 王溥：《唐会要》卷八三《嫁娶》，中华书局1960年版，下册，第529页。

② 李斌城等：《隋唐五代社会生活史》，中国社会科学出版社1998年版，第249页。

角度看，更应归因于钱镠“保境安民”“休兵息战”的政策。经济的较快发展，社会的相对稳定，家庭的相对安乐，这当然有利于生育率的提高和外部迁入人口的增加。

第二节　社会等级与社会阶层

一、地主阶级：贵族与庶族的结构变迁

（一）贵族地主阶层的显赫

隋唐时期，士族贵族阶层居于统治阶级的主导地位，至唐高宗时期，庶族地主的地位逐渐上升，士族贵族集团的主导地位受到影响，形成复杂的地主阶级结构形态。

权贵地主阶级。这一阶层，从权职上可分为皇帝、外戚、勋贵、旧士族、衣冠户、品官、使职差遣、宦官、寺观地主等九类，他们是“地主阶级当权派”，[①]大多数可列入贵族成分。大多数贵族都可以按等级享受相对应的政治和经济特权，并合法传袭给他们的子孙。在贵族地主阶级当权者中，皇帝、宗室和外戚地位最尊，拥有大量的官田和荒地，是最有权势的贵族地主阶层。如吴越国钱氏宗室地位特殊，大多被委以重任，见之记载的有 44 位，有赐田和封地。钱氏母族、妻族等外戚在吴越国地位亦特殊，并多授官职，也授封地和赐田。皇后或妃子是后宫重要人物，围绕他们，形成了一个个大小不一的外戚贵族地主集团。隋朝湖州吴兴人陈氏乃陈朝宣帝之女，被隋文帝封为宣华夫人；唐朝湖州

① 李斌城等：《隋唐五代社会生活史》，中国社会科学出版社 1998 年版，第 13 页。

长城人徐惠被封为太宗贤妃；湖州吴兴人沈氏被封为代宗睿真皇后；越州人王氏为穆宗皇后，母仪天下，地位身份尊贵，都形成了一定的外戚势力。

勋贵、士族、衣冠户也属重要的贵族地主阶级。勋贵是帮皇帝夺取天下和管理朝政有功绩的权贵。武德九年(626)八月，唐太宗李世民即位，将秦王府十八学士一并列为功臣，浙江籍有吴兴姚察之子姚思廉、杭州钱塘人褚亮、越州余姚人虞世南、杭州新城人许敬宗等，他们可按官职授田。浙江人士在隋朝担任朝廷和地方主要官职的有 14 人；在唐朝担任朝廷和地方主要官职的有 85 人，其中担任宰相的有 9 位。他们由旧世族和新寒族组成，拥有家族的积累和新赐的土地、俸禄。至吴越国由非钱姓人氏担任的官职也有百人。这一时期浙江官僚人数虽不算多，但作为特权等级，对社会还是产生了不小影响。

衣冠户，泛指封建官僚士大夫，魏晋南北朝时为士族门阀的别名，中唐后指科举及第者，是进士、明经及第者组成的特殊人户。他们不仅“免一门差徭”，而且“输税全轻”。晚唐，有些衣冠户利用自己的特权地位，广置田产，包庇其他富户，逃避赋役，成为新的一方士族豪强。

（二）庶族阶层的地位上升

庶族地主是封建社会里社会地位较低且没有政治特权的地主，由有一定积蓄、购置土地的商人、平民构成。这一阶层以中小地主为主，他们剥削佃户，广聚财富，勾结官府，欺压乡民，但自己也受贵族地主的欺凌和官府的抑制。隋唐实行科举制度，庶族地主应考入仕者增多，还有些人因军功和科举上升为贵族地主。浙江社会历来经商者多，手工业又发达，隋唐时土地买卖放开，形成较庞大的中小地主阶层。在南朝，世族豪强阶层因受到寒门当权者打击而衰落，这些中小地主便成为浙江主要的地主阶级。

吴越国时，吴越王钱镠本质上代表了中小地主阶层。其出身"田渔"之家，后以贩私盐起势，以军功崛起，建立吴越国后推行"保境安民"之策。其"保境安民"的大政方针，稳国土、兴水利、重农桑等一系列政策和举措，有利于保护中小地主和农民的利益以及农业生产的发展。

（三）寺观地主的权势

寺观地主也属于地主阶级当权派。隋唐时期，是本土宗派天台宗在浙江创立的重要阶段。佛教的发展促进了寺院、佛塔、经幢、造像的修建。至吴越国，诸王皆崇佛，境内大兴寺院。据《咸淳临安志》记载，仅杭州一地就有400座之多，形成拥有大量佛寺财产的寺观地主阶层。佛教高僧和道教高道的政治和社会地位极高。天台宗创始人智顗三受帝王礼遇，南朝陈后主至德三年(585)，在太极殿为陈后主讲经，并为太子受戒；隋初受隋文帝礼遇，开皇十一年(591)，晋王杨广设千僧会请智顗受菩萨戒，授其"智者"之称，号"智者大师"。道教也不逊色。唐司马承祯96岁羽化，朝廷追赠银青光禄大夫，按唐制为从三品。其生前也权势显赫，武则天亲降手敕，赞其道行高超；唐玄宗开元九年(721)，遣使者迎入宫，亲受法箓。唐末五代处州缙云人、著名高道杜光庭更是道誉与俗职均为显赫，论道誉，时人赞其为"扶宗立教，海内一人"，被朝廷目为"道门领袖"；论俗职，历唐僖宗、前蜀高祖王建和后主王衍三朝赏赐与信任。杜光庭一生的俗职极高，其食邑相当于郡王级别，封户远高于郡王。唐代，在浙江担任俗职，获赠紫衣、封爵的僧道不在少数。

二、“士农工商兵”与贱民阶层

（一）庶民阶层：“士农工商兵”

待遇优厚的士人阶层。《旧唐书》卷四三《职官志》认为“凡习学文武者为士”。隋唐时期士人入仕的主要途径是应科举。科举作为一种选官制度始于隋，完善于唐，分为秀才、进士、明经、明法、明字、明算、一史、三史、礼、道举、童子等学科，以进士科为主。中唐以后进士家庭被称为“衣冠户”，受到政府的优待和社会的尊重。隋唐五代进士及第须经过吏部部试合格后，才可授官入仕，进入官僚阶层。据清朝雍正《浙江通志·选举一》统计，唐一代浙江进士及第者有 72 人。前述唐代浙江籍名相，基本上是先取得进士身份并授官进入仕途后迁升的。

朝不保夕的农民阶层。这一阶层是封建社会物质财富的主要创造者，人数最众。隋唐时期自耕农和佃农的发展与均田制的推行有直接关系。前期农民受田较足，生活相对充裕。天宝年间会稽郡从唐初领 5 县、人口 12.4 万，发展到领 6 县、人口 52.9 万，这一时期自耕农数量不会少于 10 万人。安史之乱以后，均田制名存实亡，国家控制的土地锐减，大量均田农民沦为地主的佃户，自耕农数量有所下降，而佃户的数量增加。江淮以南地区，由于政局相对稳定，多有可种荒地，自耕农数量有所上升。佃农和雇工是乡村农民阶级中最贫困的阶层。其人口来源主要是破产农民，以租种官府、私人土地或替人帮佣为生，“率是编户”。隋唐五代时期，乡村雇佣劳动形式广为流行，雇工往往失去了土地，通过雇佣契约，从事农作以及粮食加工、采摘茶叶、饲养牲畜、土木作业等，为“贫下百姓”。

手工业翘楚的工匠阶层。又作手工业者，为“巧作器用者”。

隋唐吴越，浙江丝绸业、瓷器业、造船业、制茶业、制盐业、矿冶业等均有长足发展。尤其是中唐以后，全国丝绸业重心从黄河流域向长江流域转移，杭州成为唐代丝绸业的中心；而越窑青瓷已代表当时南方青瓷的最高水平。手工业的发展造就了一批又一批脱离了农业而走进手工业者队伍的工匠。他们有高超的劳动技能和经验，具有“敬业乐群”“术业有专攻”的工匠精神，是手工业者中的中坚力量。但是，由于隋唐政府大多时候秉承前代贱视工商的政策，大量的手工者仍处于法律地位较低的等级。当然，在手工业者队伍不断增长的过程中，也成就了不少有资财、较富足的手工业主，他们“其得甚博”，社会地位类似庶民地主阶层。

活跃而被轻视的商人阶层。唐代浙江是全国工商业发达的地区之一，杭州、宁波、温州等均为繁荣的商业城市。嘉兴与日本、高丽等发生贸易关系。吴越国钱镠重视海外贸易，设“沿海博易务”，管南北货物交易。商人阶层极其活跃。当时，商人可分成投资土地经营的工商地主，纯经营致富的富裕商人，以一定资本经商、规模较小的商贩三类，社会地位各有不同。但总的来说，隋唐社会对商人仍有所轻视。《旧唐书》卷四三《职官志》言：“工商之家不得预于士。”“止可厚给财物，必不可超授官秩，与朝贤君子比肩而立，同坐而食。”①

职业取向的兵士阶层。隋唐时兵士已成为一种专门职业，具有相对的阶层稳定性。隋唐时期的军制沿袭了西魏、北周的府兵制度。府兵为职业军人，专门设有军籍，免除赋役，家属可随军居住。隋开皇十年(590)，文帝改革府兵制，“凡是军人，可

① 《旧唐书》卷一七七《曹确传》，中华书局 1975 年版，第 4607 页。

悉属州县，垦田籍帐，一与民同”。唐代府兵不但沿袭按均田令请授田地的制度，而且立功者还可获得勋级。唐后期实行募兵制度，兵士成了完全脱离生产的职业军人。隋唐时期政府给予士兵种种优惠政策，其社会地位亦比较高。这一时期，浙江较少受到北方战乱的影响，但唐末由于地方豪强势力的割据，战事亦繁，军队扩募数量渐大。如唐末居于杭州的钱镠与先后占据浙东的刘汉宏及董昌的两次杭越之战中，刘汉宏据浙东七州，除婺州外纠合的军队有 10 余万之众，而钱镠旗鼓相当，可见当时浙江境域虽不大，但军事力量还是较强大的。吴越国建立之后，钱镠推行军政合一的王国体制，兵士阶层的地位越发稳固。

（二）窘迫的流民、贱民阶层

隋唐时期，贱民阶层有官贱民与私贱民之分，皆为社会最底层的等级。其中，官贱民包括官奴婢、官户、杂户、乐户及太常音声人；私贱民包括私奴婢、部曲、客女、娼妓等。其中奴婢是贱民阶层中人数最众、地位最低的，分为官属、私属、寺院属和少数民族部属。奴婢在官属机构、寺院中从事手工业和农业。私家奴婢主要从事家庭服侍和杂务。乐户、太常音声人在贱民中地位相对较高。太常音声人为太常寺奏乐之人，多因家人犯罪而缘坐配没官府，这些人可以在州县附籍，但仍属于太常寺。至五代吴越国时仍有奴婢买卖。唐代江浙一带，娼妓阶层较为庞大，有宫妓、官妓、家妓及私妓。宫妓禁于深宫，官妓陪酒侍宴，家妓狎于达官、巨贾、文人骚客，私妓多由鸨母蓄养。唐代奴婢制度有所改变，法律在强调良贱有别的同时，也对奴婢的生命作出一定程度的保护，允许放免奴婢并予以安置。如李大亮、罗让等都曾放免过皇上所赐的奴婢，“反映了人们对于奴婢作为人的认识的提高"[①]。

隋唐时期,土地兼并日益激烈,导致了大批农民的破产流亡,出现了流民与客户群体。这是从自耕农中分化出的一个社会群体。当时,浙江僧侣、道士阶层人数也有所上升,据有关专家推断,江、淮以南将近有60万僧尼,且内部皆等级森严。

第三节　荒政、医事、户籍与丧葬

一、灾害与荒政

(一)旱涝灾害及其治理

浙江是旱涝灾害频发地区,主要有太湖水患、钱塘江潮侵、东部沿海海溢以及西部山区、丘陵的山洪和旱灾。浙江水旱严重之程度,史有描述。《读史方舆纪要》卷九记,唐大历八年(773),"杭州海溢,漂溺无算";大历十年(775),"海水翻潮,飘荡州郭五千余家"。《新唐书》卷三五《五行志》记,贞元六年(790)夏,"淮南、浙西、福建等道大旱,井泉竭,人暍且疫,死者甚众"。万历《湖州府志》卷一记,长庆二年(822),"大雨,太湖溢,平地乘舟"。《舆地纪胜》卷二《临安府景物下》记,咸通二年(861),"钱塘江潮水冲击入城,奔逸势莫能御"。吴越国时期,钱塘江潮浸尤为严重。

大运河解决了沿途千余里的运输与灌溉问题。隋唐五代时期浙江地方政府实施了一系列立足于防灾减灾的建设工程,分门别类地修建大型水利和防洪设施,建有大中型水利工程73

① 李志庭:《浙江通史》隋唐五代卷,浙江人民出版社2005年版,第413页

项，唐代为 72 项，其中宁绍、杭嘉湖地区分别为 35 项和 31 项，温丽与金衢等地区为 6 项。以杭嘉湖地区为例，一是在平原地区展开以治理水患为主、防旱灌溉为辅的海塘、湖堤两大系统工程，主要是修筑捍海石塘和太湖南堤。《三吴水考》卷二《水利大纲》记捍海石塘西南起杭州盐官，东北抵松江老鹳嘴，长四百余里，基本上形成了完整的杭嘉湖平原东北部沿海地带的海塘系统。同时，还先后沟通完成了一条自苏州城至湖州顾渚茶山、环太湖南缘的完整堤岸，加强了这一带对太湖水患的防御能力。二是大规模地进行农田基本建设和西部丘陵山地蓄水灌溉设施的改造。在杭嘉湖平原的低洼腹地进行大规模的塘埔、圩田建设，形成了百亩为沟、万亩为洫的沟洫系统，将甽、遂、沟、洫、浍五级水沟与亩、夫、井、成、同相配套，历时二十年，将水患沼泽之地变为万亩良田。[①] 在西部丘陵山地采取湖池堰坝、河江塘堤的方法，着重兴建和整修了一批以防旱灌溉为主、防洪为辅的蓄水灌溉设施，较好地改善了浙江西部发展农业生产的基本设施条件。

（二）荒政措施

隋唐五代，天命主义的禳弭思想已不再是制定荒政的唯一选择，但依然是政府应急救灾的首务。不管是旱天求雨、水患禳灾，还是捍海筑塘、围土修堤，皆须祭祀天地、祖先。唐代还制定了一套祭祀制度。白居易任杭州刺史期间，曾多次为禳灾祭祀神灵，《白居易集》卷四〇中有《祈皋亭神文》云“祷伍相神，祈城隍祠”，《祭浙江文》云“谨以清酌少牢之奠，敢昭告于浙江神”。

① 周祝伟：《唐五代时期杭嘉湖地区旱涝灾荒及其治理》，载项义华主编《浙江历代灾荒治理与社会救济》，浙江人民出版社 2014 年版，第 9 页。

杭州民间还盛传武肃王射潮筑塘之事。隋唐五代，浙江的赈灾行动常采用多种方式方法。

赈济救助与安抚。其形式有赈济、赈粜、赈贷三种，名既不同，用各有体。一般措施是极贫民赈米，次贫民赈钱，稍贫民赈贷。《旧唐书》卷一七《文宗纪》记，唐大和六年(832)二月，“戊寅，苏湖二州水，赈米二十二万石，以本州常平、义仓斛米给充”。同年五月，浙西观察使丁公著奏杭州八县灾疫，诏赐米七万石以赈之。唐代将义仓定为一种公共的救济设施，以储粮备荒。灾荒发生后，政府还派遣使臣前往灾区安抚百姓情绪，避免发生社会动荡。

灾后养恤与补救。浙江救荒十分强调及时养恤和灾后补救。养恤包括施粥、居养、施药、赎子等。补救措施包括安辑、蠲缓、放贷、节约、问政、虑囚等。[①] 同时，还积极收埋因灾死亡者的尸骸，以安抚生者及防止疫情；采取“贷给种食”的方法，帮助灾后自救。

二、医政与保健

(一)医政的发展

隋唐五代是我国古代医学事业高度发展的一个时期。朝廷与地方设立了一系列医疗机构，医学教育相当普及，药物学、制药学与临证医学有很大的提高。中外医学交流的加强以及释道两教的影响也一定程度上助推了医疗卫生事业的发展。[②]

浙江遵循了隋唐的医事和医疗体制，设立了州府的医学博

---

① 邓云特:《中国救灾史》，商务印书馆 2011 年版，第 185—197 页。

② 李斌城等:《隋唐五代社会生活史》，中国社会科学出版社 1998 年版，第 354 页。

士、助教、学生。其中医学博士“以百药救民疾病”，医学生“掌州境巡疗”，助教负责州府的医疗。同时，设功曹、司功、参军负责诸州府的采药、制药之事，地方上设福利院疠人坊及悲田养病坊，专门收留、治疗各类顽固性传染病患者和乞儿患者等。

在医学教育方面，中央太常寺太医署为最高教育机构，太仆寺教授培养兽医。浙江作为地方机构，诸州设州医学，人员配备按中央定编。《旧唐书》卷四四《职官志》记载，大都督府置医学博士一人，助教一人，学生十五人；中都督府置博士一人，学生十五人；下都督府置博士、助教各一人，学生十二人。上州博士、助教各一人，学生十五人；中州博士、助教各一人，学生十二人；下州博士一人，学生十人。医学博士兼教授诸医生，普及医学教育的职能。诸州医生员数，据《唐会要》卷八二《医术门》记载，“十万户已上州，置医生二十人；十万户以下，置十二人”。州县不但重视公派的博士、助教、医生，而且重视鼓励私学，并鼓励僧尼、道士教授医术。

(二)养生之道与民间体育

隋唐五代时期，养生保健之道渗入社会风俗、饮食卫生习惯以及宗教生活之中。陆羽隐居湖州苕溪，作《茶经》三卷，是世界上第一部论茶专著，茶也成为在贵族和平民中都颇为流行的健康饮品。

佛教、道教养生理论对浙地古代民间养生健身运动的推广起到了一定的作用。隋代，佛教天台宗创始人智顗倡导“止观法”调身、调息、调心的养生之道。至唐代浙江道家养生健身理论和实践都有重大突破。桐庐道学家施肩吾的《养生辨疑诀》精研气功养生法；隐居天台山的高道司马承祯撰《形神坐忘论》《服气精义论》等养生健身著作，深化了传统养生理论和内丹术；隐居剡中(今浙江嵊州)的高道吴筠撰《玄纲论》对道教养生形神论提出新的见解;晚唐道门领袖、缙云人杜光庭一生致力养生,提出了“自贵而保爱”“啬神以安体,积气以全和”的长生之道。

浙江是中国民间体育比较发达的地区之一。汉唐以降,浙地民间体育活动有相扑、蹴鞠、投壶、弄潮、放风筝、踢毽子、象棋、围棋、舞龙舞狮、赛龙舟、垂钓等,包含传统武术、水上运动、棋类赛事、时令活动等多种类型。[①] 这些多姿多彩的民间体育活动一直被后世所传承与发扬。

三、循儒家之礼的丧葬制度

隋唐五代,受孔子《论语·为政》中“生,事之以礼;死,葬之以礼”思想的影响,无论是皇室贵族还是平民百姓对丧葬之礼皆甚为重视。丧葬形式主要有厚葬、薄葬、归葬先茔、夫妇合葬、招魂葬等,且随时代变迁而有所侧重。厚葬盛于唐代,虽经朝廷下诏限制,但效果并不明显。至吴越国时,厚葬更为流行。据临安钱镠生母水丘氏墓的发掘,其殉葬器物相当丰富,葬制已按王制。[②] 浙江地方官也有反对厚葬者。唐代长庆三年(823),浙西观察史李德裕上奏反对厚葬,穆宗表示“宜依”。地方官员中也有归葬先茔和夫妻合葬之例。

隋唐五代,浙江社会各阶层的葬礼规制有天壤之别。君王及王公贵族崇尚厚葬之风。吴越国虽为小国,但王陵颇有气势。钱镠墓有大型封土堆,长宽各 50 米,高 9 米,地表遗存华表、石马、石羊、石虎等石刻雕像以及石翁仲、石将军等。钱元瓘王后

① 《浙江省体育志》,方志出版社 2003 年版,第 59—80 页。

② 秦浩:《隋唐考古》,南京大学出版社 1992 年版,第 246 页。

马氏墓为砖廊石室，分前中后三室，前室有壁画，后室刻天文图，四壁有石刻浮雕和彩绘的牡丹图案。随葬品众多，但因陵墓曾被盗而无法统计，从追回的二百多件随葬品看，皆为精品。隋唐五代，贵族官僚的殡葬也依照传统丧礼等程序和规格办理。贵族官僚去世，朝廷按其职位高低，赐予等级不一的财物，名"赗赙"，并享有一定期限的服丧与守孝期。一般庶人与工商百姓诸色人吏无官者、诸军人无职者的丧葬礼规，如车的种类、装饰、明器的数量等，朝廷都给予明确规定。

四、户籍制度的改革

隋朝改革户籍制度，推出"大索貌阅"与"输籍定样"，以杜绝民户的隐匿逃亡。"大索貌阅"，即针对国家存在着大量隐匿的户口或户口所记录的年龄、体态与实际不符的逃避赋税状态，专门进行系统的户口检查。最终得户数万，并对"大索貌阅"中发现的一些无家可归和没田耕种的户口进行必要安置，登记在册成为国家的编户。"输籍定样"，即命令州县官吏每年按照朝廷所定样式来检查户口，并形成民众所需缴纳的赋税，按不同户等定缴纳标准，写成定簿。这些标准往往低于依附世家大族的流民或浮客所缴纳的标准。随着输籍定样制度的大力实行，大量隐匿逃亡的民户主动成为国家的编户。[①]

隋时，浙江 7 郡 24 县，计 84067 户，434290 口，占全国户、口总数的 0.943％，比灭陈时的 68500 户增加了 15567 户，如果以 68500 为 100％，则 20 年间户增长 22.6％。

唐代初年，浙江建立了以民户申报的"手实"为基础，编制计

① 田慧文：《关于隋朝人口问题探析》，《报刊荟萃（上）》2018 年第 4 期。

帐和户籍的制度，并形成严格的户籍监察制度，控制了户籍的漏失，稳定了户、口的增长。至天宝元年(742)，户增至754611户，口增至4530244人(含苏州吴郡部分县户、口)。

第四节　诗性的社会生活

一、多元且开放的生活方式

(一)吃：多元的方式与两极的品质

隋唐五代，耕作业与畜牧业的发展及制陶制瓷手工业的进步，使饮食比前代更为丰富多彩。各种河海鱼产、畜禽肉类、谷粟麦杂主食，各式调味，可谓异彩纷呈。烹饪工艺复杂、制法繁多，各种烹饪技术准则得到总结。

主食南北相参，副食东西相宜。经越国扩疆和秦汉魏晋南朝的人口南渡后，浙江境域人口结构变化很大，有些区域土著已与移民混居，饮食“五味杂陈”。浙地原本地处山海之间，至唐五代已食品纷繁、口味多样，主食饼、饭、面、粥、糕数种俱备。除一般的白米煮(蒸)饭外，还有蔬菜与米混蒸的蔬饭，用竹筒蒸制的竹筒饭，用干姜同煮的姜米泡饭，用糯米饭、龙精粉、龙脑米(樟脑类香料)、中酪浆拌匀冰镇的清精饭。饼有蒸饼、煎饼、环饼、汤饼、薄饼、畜饼、烧饼、笼饼等，一饼一味，一形一法。糕点更为精细，有麦点与米点，面、包子、饺子等为麦点，粽子、汤圆、米糕等为米点。唐代人已学会制作红糖与白砂糖，使糕点有咸甜之分。浙地糕点对粉的要求很高，既有籼米粉、粳米粉、糯米粉、杂粮粉之分，又有干磨粉、湿磨粉、水磨粉、年糕粉、粉干粉、淀粉之别。淀粉类别还可细分为藕粉、荸荠粉、番茄粉、葛粉等。如此之多的粉料，各有所用，以丰富餐桌之辅食。

隋唐吴越国时期，浙江烹饪因地方小宗菜肴众多而形成山海江湖诸多特色。烹饪技法也多有讲究，基本以蒸、煮、烙、烧、煎、炸、烤为主，肴馔有炙品、脍品、脯鲊品、羹臛、菹齑等多种。糖的使用进一步改变了饮食结构，形成咸甜酸辣的分类。唐之前，多用饴糖、蜂蜜作调味品；唐代蔗糖因甜度较高、入味较浓而成为烹饪调味之必备。以长江以南论，江浙菜肴偏甜，苏州、无锡更重。就浙江区域论，杭嘉湖、宁绍地区较杭金衢、温台、舟山海岛口味偏甜。绍兴是浙菜的发祥地之一，虽偏清咸，但在烹调过程中仍将糖作为入味之必需。宁波人的口味相当独特，强调一个"咸"，突出一个"臭"，咸齑、咸蟹、臭冬瓜、臭芋艿，不过最出名的却是"甜"的汤圆。隋唐五代，"菹"，即梅干菜已成为宁绍、杭嘉湖最有特色的腌制食品。其用途较多，既可作为菜肴的主料，又可作为辅料。如其在干菜扣肉中为主料之一，与肉入味后主食之；而在干菜河虾中则为添料，助河虾别味而择食之。干菜品种亦多，《越中便览》记载梅干菜有芥菜干、油菜干、白菜干之别，芥菜味鲜，油菜性平，白菜质嫩，用以烹鸭、烧肉别有风味。

饮茶、喝酒是浙江饮食生活的两大特色，在饮食文化中占有重要位置。浙江是全国重要的产茶地区，是中国茶道的发源地。唐德宗时，陆羽撰写《茶经》，列举了十数个省三十多个产茶州，认为以峡州茶、光州茶、湖州茶、彭州茶、越州茶为上，其中湖州茶、越州茶皆出自浙江。李肇在《唐国史补》中列举了十五种名茶，浙江占三，即"湖州有顾渚之紫笋""婺州有东白""睦州有鸠坑"，足见浙江茶在全国的地位。当时，饮茶于民众生活之重要，已"无异于米盐"。士大夫饮茶的方式极为讲究。陆羽总结有二：一为"痷茶"，即将茶末放在瓶缶用开水冲灌后直接饮用；二为“煎茶”，分五步完成，步步讲究，仅煎水一步就有七个等级的水可取，又有三沸之分，而第三沸已被认为“水老”而不可食了。到晚唐五代，又出现了点茶法，即不直接将茶放入釜中熟煮，而是先将茶碾碎，置碗中待用，以釜烧水至微沸初漾时即冲点碗中的茶，这种点茶法常在斗茶时使用。饮茶过程充满浓浓的“茶艺”氛围，浙籍诗僧皎然称之为“茶道”，其被后人称为“茶道之父”。隋唐五代，浙江的酒也负盛誉。李肇《唐国史补》中所列的十三种名酒，浙江乌程之“若下”榜上有名。浙江的酒最出名的是黄酒，为世界三大古酒之一。隋唐时中原士人也推崇黄酒。李贺有“玻璃钟，琥珀浓，小槽酒滴真珠红”的诗句，形容的就是上等黄酒的颜色。隋唐五代，杭州已颇为繁华，酒肆、酒店列满街巷，喝酒时又常以酒令助兴，甚是热闹。

隋唐吴越国时期，社会各阶层的饮食生活等次不一，富者奢靡，贫者饥寒。富者每一宴会，南之蝉蜡，北之红羊，东之蚌鱼，西之枣栗，无不毕备。贫者食不果腹，尤其是处于社会最底层的奴婢，不仅饮食品质低劣，还要受到种种非人待遇。

（二）穿：等级与时尚

隋唐五代的服饰，前承魏晋南北朝，后启两宋大明。其服饰按功能可分为礼服与便服。礼服也称冠服，包括朝服、公服、祭服等。便服即为常服，分讌服与亵服。讌服为职官、命妇家居的常服，形制较朝、祭之服要简便。《旧唐书》卷四五《舆服志》言：“江南则对以巾褐裙襦，北朝则杂以戎夷之制。”六朝隋唐时裙襦已在江浙一带盛行，直至清代。亵服为家居时穿的便服，一般以白色为多。作为一种整体的搭配，冠服主要是高冠革履、褒衣博带；而常服由幞头、袍衫、靴带组成。冠服制度构成衣冠礼制的主要规制，常服制度次之。

浙江的服饰礼仪遵循隋唐时期颁布的《衣服令》，冠服严格按朝廷规定的规制和形制，而常服由于便于行事，朝野皆普及。隋时，上至皇帝，下到庶民都穿黄袍，只是束带有别。贵臣束九环带，帝王束十三环带。大业六年(610)，隋炀帝初次将常服划分等级，常服被正式纳入律令格式体系并分六级予以等级化，规定官员五品以上穿紫袍，六品以下穿绯袍或绿袍，胥吏穿青袍，庶民穿青袍，屠夫、商人穿黑袍，士卒穿黄袍。唐武德四年(621)、贞观四年(630)、上元元年(674)，三易常服律令。至五代，则依职事官品定制。

据隋唐服制，浙江女子礼服简于男子，但便服形制往往丰于男服，主要分为衫(襦)、裙、帔以及半袖，且贵贱无别。唐代社会较为自由，女性喜好穿男装。女性的鞋帽也较为多样，其中女鞋有履、鞋、靴、屐等；女帽的流行经历了羃䍠(由顶帽与皂纱帽裙组成)到中斗帽再到胡帽至不戴帽子的“露髻”出行。而发髻较繁缛，有十数种之多。钗簪插艺繁复而奢华，有“枉插金钗十二行”之说。女子面饰有额套、画眉、花子、面靥、点唇等，甚为艳丽。正如日本学者气贺泽保规在评论唐代女性时尚时所言：“这些时尚都是当时的女性们自强自立的成果。而且这些都并非中国的固有传统，而是来自外部世界的影响。在这里我们看到，决心改变自己命运和地位的女性们又遇上了外来的文化，二者交相辉映。通过这一现象我们在看到唐代的开放性的同时，还了解到了超越时代的不变的女性生态。”①

浙江的服饰具有一定的地方性和民族性，受气候、地理、环

① ［日］气贺泽保规：《绚烂的世界帝国·隋唐时代》，石晓军译，讲谈社《中国的历史》第6册，广西师范大学出版社2014年版，第209页。

境、文化等因素的影响,形制有别于北方和中原地区。论袍衫,喜宽袖;论帽饰,喜戴毡帽;论鞋履,喜着草鞋木屐。《全唐诗》卷一〇五《韦坚传》记载,驾船人皆大笠子、宽袖衫,芒屦,如吴越之制。总体上说,隋唐浙江的服饰穿戴仍以轻便柔巧为显。唐代,有畲族家庭始迁浙江景宁,其服饰与闽浙粤赣略同,男女服饰无寒暑,皆衣麻;通无鞋履;男子不巾帽,短衫阔袖,推髻跣足;女子阔领小袖,高髻垂缨或裹髻以布;不论男子、女子皆喜镶金牙;喜绣图案,一般有花草、鸟雀、走兽、鱼虫、云朵、彩虹等,具有朴素的艺术情感和民族特色。

(三)住:城市与乡村变革

从封闭到开放的"坊"。隋唐时期推行里坊制,出现了许多大中城市,家数以万计。一个城邑划分为若干区乃称坊,如隋时越州的清道坊,唐时杭州的清河坊。里坊制把全城分割为若干封闭的"里"作为居住区,商业与手工业则限制在一些定时开放的"市"中;又依各功能设有坊隅(街坊)、坊厢(近城)、坊市(街市)、坊郭(城郭)、坊局(詹事府署、司经局)、坊肆(商店)、坊店(店铺)、坊贾(书商)、别屋、坊曲(妓女居处)以及各手工业作坊。也有临时应急设的坊,如《曾巩集·越州赵公救灾记》记载:"明年春,大疫。为病坊,处疾病之无归者。"此文为曾巩出任浙地越州通判时的见闻,表明当地在进行灾后救助时曾临时设置病坊。"里"与"市"都环以高墙,设里门与市门,由吏卒和市令管理。越州的里坊制一直延续至吴越国时期,据《越州图经》记载,吴越国钱俶纳土归宋后,越州会稽县有二十坊,山阴县有十二坊,共三十二坊。

吴越国王钱镠对传统城邑结构模式进行了大胆改革,取消了官市制和坊市隔离制,打破了传统城市的封闭格局,实现了

“关键性的制度变革”，推行了开放的坊巷体系。[①] 钱镠拓建的杭州罗城中，官府、民居、市集及酒楼、茶肆、娱乐场所相杂处；城中有坊，坊中有巷；主干是坊，细支为巷。城中沿河建街，沿街设市，河上架桥，水中行舟，水陆畅通无阻，街坊与市集有机结合，极便于百姓的居住与生活。

浙江的乡村建筑多用竹木修筑，称为竹屋、草屋、茅屋。其中竹屋屋架为竹结构，顶用半竹支叠为瓦或用稻草、茅草铺盖。草屋、茅屋有木屋架、竹屋架或竹木结构屋架，上铺盖稻草谓之草屋，上铺盖茅草谓之茅屋，一般为农人的住宅。地主阶层，尤其是工商地主阶层则盖有深宅大院。

浙江地处南北文化交汇处，历史上曾有吴越文化与闽越文化之别。依此两种文化形态，古代民居建筑形制也有较大区别。浙地古厝建筑外墙取“马头墙”样式，多白色、灰白色；大门外有石狮子拱卫，门上匾额书府名，匾额上皆有砖雕，图案笔法细腻，栩栩如生；大门内为戏台，歇山屋顶，内做藻井，天井两侧为看台。闽地古厝建筑外墙取“马鞍墙”形式，多红色；大门内外处理则相对简练，但内部结构较浙江复杂且更具功能性，有戏台、酒楼、天井、厅堂、廊庑、耳房、后楼等，涵盖家居、教育、祭祀三大功能。据传这种建筑形式源于唐昭宗光化年间。

浙江始建于唐五代的村镇建筑较多，很有地方特色。以2017年1月经浙江省民政厅、住建厅、文化厅、旅游局、文物局五部门联合认定并公示的全省第一批“千年古镇”“千年古村落”为例，隋唐五代始建的古镇有杭州市余杭区余杭街道（原余杭镇）、

① 屠树勋：《五代吴越的城市化》，《今日临安》2000年11月25日《钱王文化专版》。

杭州市临安区昌化镇、绍兴市诸暨市枫桥镇、嘉兴市海盐县澉浦镇、湖州市德清县新市镇等;隋唐五代始建的古村落有杭州市西湖区龙井村、丽水市缙云县河阳村、温州市永嘉县芙蓉村、衢州市衢江区盈山村、台州市仙居县皤滩村、丽水市庆元县大洛村、宁波市鄞州区天童村等。以丽水市缙云县河阳村为例,该村始建于吴越宝正年间(926—931),至宋时村落格局初步形成。据中国传统村落数字博物馆“环境格局”一栏记载,村中有古刹福昌寺、八士门、多座古祠堂、多座古庙宇、百栋旧第等,此外,还有古桥、墓葬、古井、石碑、店铺等多处。整个村落选址于“五龙抢珠”“金鸡玉兔翠”的风水宝地,形成前低后高、依山面水、“四灵”俱全的山水形态格局,是中国堪舆学中罕见的范例。其聚落形态呈“蝴蝶”形,表现出以宗族为纽带的村落格局。据金小柒《大型村寨芙蓉古村》记载,永嘉县芙蓉村背靠“芙蓉之冠”,即三座白里透红的高崖,按“七星八斗”的方舆思想进行规划设计,意为天上星与地上人相对应,星筑台、斗凿池为其象征。

(四)行:路桥形制,车船轿驿,水陆交通

隋唐五代,浙江多丘陵山谷,平原地带又湖河成网,道路状况复杂。古代浙江人盘山越岭,过河搭桥,平洼填路,经历代累积,至隋唐时道路交通已为发达。按照规制、形态和功能的不同,道路有各类叫法,如官道、官街(天街、禁街)、国路、驿路、县道、林路、饷道、贡道、运路、大路、次路、便道(便路)、私路、马道、堤路、盘道、栈道、甬道、夹道、复道、山路等。[①] 按隋唐道路规制,除去宫中专用砖道外,其他多为土路或“沙堤”(土路铺沙石);主

① 李斌城等:《隋唐五代社会生活史》,中国社会科学出版社 1998 年版,第 112 页。

要道路宽度以35—65步为多，次路宽度一般为20—25步，小道一般宽15步。浙江多山路，依山势，路宽不等，一般都较狭且多有石阶。

浙江境域多古道，以山林古道为主。隋唐五代时已有杭州至安徽的杭徽古道、余杭的径山古道、绍兴的日铸岭古道、衢州的仙霞古道、天台的霞客古道、金华浦江的马岭古道、温州平阳的穹岭古道、杭州至安徽宣城的杭宣古道、台州的公孟古道、丽水的括苍古道、永康的铜山岭古道等著名古道。其中杭徽古道为中国继“丝绸之路”“茶马古道”之后的第三条著名古道，天台的霞客古道则被誉为“唐诗之路”。除古道外，浙江还有一些专用道，如建于唐代的浙东运河纤道，分为萧山段、绍兴渔后桥段、绍兴皋埠段、上虞段，为运河边细长的石板小道，曾在交通运输中起过重要作用。

隋唐五代，浙江最大的水路工程是京杭大运河的开凿及其境内漕河的开通。京杭大运河开凿于隋炀帝时期，起于余杭，北至涿郡（今河北涿州），全长1792公里，是贯穿南北的交通大动脉。京杭大运河打通了浙江与全国的水路交通运输线，带动了沿岸诸多商业城镇建设，是历史上著名的商运之河、民运之河。隋唐五代的筑桥技术，在浙江河道的建设中起到了很大的作用。据清光绪年间绘制的《绍兴府衢路图》所示，当时绍兴城市面积为7.4平方公里，有桥梁229座，平均每0.0231平方公里就有一座桥；如今在绍兴全市现存的604座古桥中，宋代以前古桥13座，明代以前古桥41座，清代重修、重建、新建的古桥550座，绍兴也被人称为“东方威尼斯”。

隋唐五代浙江人出行的交通工具可分为车具、船具和轿具。车具主要有人力车、马骡驴牛车或直接骑乘。五代时，钱镠喜骑马，国人骑马较为普遍。吴越国畜马三万余匹，号曰“海马”，后人名其地为“西马塍”。船具分为四类，即军用舟船、捕鱼渔船、运输货船、载人座船，有官船、私船之分。唐人李肇《唐国史补》记载东南船行之盛，“东南郡邑无不通水，故天下货利，舟楫居多”。李肇还记载了唐代舟人的水上生活，“然则大历、贞元间，有俞大娘航船最大，居者养生、送死、嫁娶，悉在其间”。

隋唐政府在主要干道上设有驿、馆，并形成制度。驿主要职能为传递公文；馆主要招待过往宾客。驿、馆为出行者、官员提供交通工具和食宿场所。出行使者、官员持有政府颁发的“传簿”即可“乘驿”或住宿。官员私自出行或庶民百姓出行，则投宿私人开设的旅店或沿途寺观及民家。

二、佛教的本土创建与道教的政治进阶

隋唐吴越国时期，佛、道两教兴盛。其间，佛、道两教既争斗又融合，并与传统儒家互相渗透，触及社会各个角落，在人们的精神生活中占有重要地位。这一时期，浙江佛道的发展节奏更快、程度更深，涌现了诸多著名人物和教派。

（一）大乘诸宗的兴起与天台宗的本土创建

1. 大乘诸宗相继兴起

隋唐时期，国力日趋强盛，佛教也同步进入黄金期。浙江大乘诸宗相继兴起。智顗依妙法莲华，建天台宗；吉藏承关河旧义，开三论宗；清凉澄观遥接先贤法脉，集华严之大成；玄觉亲承慧能之教，传曹溪之南宗。这些佛教大师的生平事迹，都与浙江有着极密切的渊源。唐后期至五代，浙江佛学发展的一个显著特点是各种思想的会通与融合，包括佛教内部各宗派的融合及佛教与儒学的融合，最具这种会通思想的代表人物是延寿。延

寿，唐末五代高僧，为净土宗六祖，法眼宗三祖，临安府余杭人，出家后往天台山德昭禅师处修学禅法而成为禅门法眼宗第三代传人，其一生常驻杭州永明寺，其间受吴越国忠懿王之请主持复兴灵隐寺，晚年奉诏在钱塘江边月轮峰督建九层六和塔；延寿主张禅净相合，会综各家之说，开启佛门诸宗并修的端绪，以融解禅门与净土之间固有的争执。正是由于隋唐五代时对佛教宗派的宽容和援儒入佛的立场，浙江佛教独盛于江南。

2.“东南佛国”的盛况

浙江佛教的发展促进了佛教寺院、佛塔、经幢的大规模修建与佛像的塑造。据李志庭《浙江通史》隋唐五代卷统计，唐朝所建佛寺见于地方志记载的有 3901 所，自东汉至唐朝共有佛寺 5335 所，其中以江南东道为最多，计 1912 所。当时浙江境内共计 937 所，占江南东道的 49%，占全国佛寺总数的 17.6%，为全国佛寺分布最密集、数量最多的地区。[①] 浙江境内佛塔建筑初建于六朝，至唐兴盛。现存的隋唐佛塔有湖州飞云塔、宁波咸通塔、温州江心寺塔与松台山净光塔、天台智者塔院、苍南护法寺单檐塔等。现存的唐代经幢有杭州龙兴寺经幢、临平安隐寺经幢、海宁安国寺经幢、德清永宁寺经幢、长兴大云寺经幢、金华法隆寺经幢等。在此期间，随着佛教势力的扩张和佛寺规模的扩大，浙江寺僧数量增长也很快。按浙江占全国寺院总数比例折算，隋朝浙江僧尼约 38737 人，唐朝玄宗时僧尼约 126100 人。《宋高僧传》本传及附传记有俗籍和国籍者 355 人，其中浙籍高僧 69 人，属天台宗、禅宗、净土宗的著名者 20 人。吴越国王室笃信佛教，优待高僧，“吴越禅学自此而兴”。是时，浙江兴建佛

① 李志庭：《浙江通史》隋唐五代卷，浙江人民出版社 2005 年版，第 486 页。

寺，广招僧徒，大印佛经，活跃教事，被称为“东南佛国”。

3. 天台宗：中国本土佛教中最早创立的宗派

隋唐五代，浙江佛教各宗派均有长足发展，并呈融合之势。天台宗又名法华宗，创立于陈隋之际，是中国本土佛教中最早创立的一个宗派，始于河南净居寺，盛于天台山，并在中唐时由日本僧人最澄传入日本。智顗为天台宗创始人并被尊为四祖，天台国清讲寺、宁波观宗讲寺均是天台祖庭，涌现了智顗、灌顶、湛然等著名高僧与佛学大师。在中国佛教史上，天台宗最早将大、小乘佛教所传的各类重要教义教理整摄成一个次序严谨、博大精深的佛教教义系统，把佛陀的全部教法归结为“五时八教”，成为中国传统佛教中最具代表性的一种判教理论。天台宗还将佛教的义学理论与禅修实践融为一体，教观并行，止观双运，倡导了以“圆融三谛”“法界互具”“一念三千”“一心三观”等思想为主要内容的大乘圆教，从而促成了印度大乘佛教中观与唯识这两大分支的完美结合。至晚唐“会昌法难”时，兴盛的天台宗也惨遭打击，其经论、注疏被销毁殆尽，陷入了长久的衰退之中。禅宗又名佛心宗，是最具中国特色的大乘宗派。其以“不立文字，教外别传”为宗旨，发扬了佛教重视修持实践的传统，是佛教精神与中国文化完美结合的产物。禅宗分南北两支，南禅兴起于中唐，晚唐五代时遍于中国。浙江是历史上南禅流传最早、最活跃的地区之一，代表人物有玄觉（中唐温州永嘉人）、慧忠（中唐越州诸暨人）、良价（中唐越州诸暨人）、文偃（晚唐苏州嘉兴人）、延寿（晚唐杭州余杭人）等。净土宗又称“莲宗”，为中国佛教宗派，其根源于大乘佛教净土专修往生阿弥陀佛净土之法门，是在民间影响最大的佛教宗派。浙江是净土宗流传最为兴盛的地区之一，历史上公认的13位净土宗祖师中，少康、延寿、省常、袾宏都是浙籍高僧,而智旭、行策、实贤、印光皆主要活动于浙江。

(二)道教的政治进阶

隋唐五代时期,道教得到了进一步发展,浙江是道教的重要传播和活动区域。唐朝司马承祯在天台山修道著述,使天台山成为茅山派重要的传道之地;唐末五代著名道人杜光庭评定洞天福地,其中十大洞天浙江有三,三十六小洞天浙江有七,七十二福地浙江有十六。这一时期,许多著名高道皆出自浙江,除司马承祯、施肩吾、杜光庭外,还有叶法善、吴筠、冯惟良、应夷节、徐灵府、叶藏质、马湘等。

隋唐时期,浙江境内各方人士兴建道教宫观的风气甚盛。清雍正《浙江通志・寺观门》记载,是时浙江境内兴建的道教宫、观有 20 所,加上原有宫观共有 50 所,分布于 38 个县。即使在晚唐道教开始衰落的情况下,浙江境内多数宫观依然香火鼎盛,"花散金地,香通元极,真侣好道,是游斯息",成为道士盛集之地。天台等地的道教活动更盛于茅山祖庭。

隋唐时期,浙籍道士与非浙籍道士驻浙访道者,数量众多,又受朝廷重视,屡有被朝廷征召、授职、追赠者,影响很大。据《浙江通史》隋唐五代卷统计,在浙境的主要道教人物有 42 人之多。其中司马承祯,居天台山修炼,建天台桐柏观,使天台山成为茅山派重要的传道之地,曾四次应诏入京,著作甚丰,卒后追赠银青光禄大夫。叶法善,盛唐括州括苍人,少传符箓,历五十年,"往来名山,数召入禁中,尽礼问道",拜鸿胪卿、封越国公。施肩吾,中晚唐睦州分水人,进士及第、钦点状元,又是道学家、台湾澎湖的第一位民间开拓者,所撰道学著作有《养生辨疑诀》《黄帝阴符经解》《太白经符颂》等传世。马湘,中晚唐杭州盐官人,专习烧炼金丹,以神符白雪丹闻名。吴筠,盛唐华州华阴(今属陕西)人,入嵩山受正一之法,玄宗多次征召,应对名教世务,后东游会稽,卒于剡中,著作甚丰,其服气理论流行于唐代。杜光庭,晚唐处州缙云人,高道及著名道教理论家,在天台山修道,遂成道家气候,曾受唐僖宗、前蜀高祖王建、后主王衍等三朝十数种俗职。

吴越国王室信奉佛教,但也崇尚道教。自钱镠起,历代皆尊道、崇道,将道教定为国教。钱镠在立国前着手修复余杭大涤山天柱观,并为之撰写《天柱观记》,言及"洎大唐创业,以元元皇帝为祖宗,崇尚元风,恢张道本"。[①] 还邀集道士闾邱方远、郑茂等30余人"为国焚修"。至末代王钱弘俶,曾为道士朱霄外修天台山白云观,在当时经籍散佚之际,尽量保存境内道书,使道教得以承继发展。是时,浙江有道观50多座,以重修为多;道士人众,著名者有钱朗、闾邱方远、韩必、吴崧、张契真、暨齐物、朱霄外、厉归真等。吴越国道教著述有罗隐的《太平两同书》,对后世有较大影响。

---

① 钱镠:《天柱观记》,《全唐文》卷一三〇,第一册,中华书局1983年版,第1303页。

第五章　宋朝：皇城根基的社会辉煌

宋朝被称为中国近世的开端，是浙江社会史的重要转折点，是经济、文化极辉煌的一个时期。儒学的经世致用，促进宗法的家国同构，谱牒修编初兴；重文精神鼓舞下的社会改革涤荡，尤重土地的制度性放松及其私有，赋税制度改革深入。宋朝阶级矛盾与民族矛盾叠加，社会冲突一度白热化。南宋偏隅临安，重心南移，权贵云集，等级严明，奢侈之风盛行；驿路通达，城市建筑精美。皇城之内，户政、医政、市政与荒政及社会保障皆有很大发展，其中荒政之粮仓建设，独具匠心。宋朝浙江社会生活，民族间互有融合，餐食品种异常丰富，服饰形制各异。浙江佛教独盛于江南；道教钟于汉代魏伯阳《周易参同契》注疏，内丹说脱颖而出。

第一节　大视野的社会范型

一、"田制不立"的土地制度与"五赋两役"的赋税改革

（一）"田制不立""不抑兼并"的宋代土地制度

宋朝建立以后，其土地制度主要是私有制，实行"田制不立"

与“不抑兼并”的土地政策，国家承认土地私有，允许土地买卖。由于土地私有制的推广，两浙地区土地买卖普遍，土地兼并加剧，私田规模超过了官田。据沈冬梅、范立舟著《浙江通史》宋代卷的资料，北宋神宗熙宁时期两浙路共有民田（私田）36247756亩，官田（公田）96442亩，官田只占两浙全部田地的0.2654%。两浙路的私、官田亩的比例，很大程度上反映了北宋土地兼并的严重程度。宋神宗时期，地主数量不到总户数的10%，却占了70%—80%的土地。《宋史》卷一七《食货志》揭露了宋代中期土地兼并的严重状况：“势官富姓，占田无限，兼并伪冒，习已成俗。”当时主持变法的王安石作《兼并》一诗，揭露了北宋王朝纵容兼并的弊政，怒斥了那些反对抑制兼并的俗儒、俗吏。南宋初期，土地兼并越发激烈，至理宗年间达到高潮。一方面，南宋朝廷大肆扩大官田规模，除一部分长期留作学田、职田、营田等外，大部分官田“朝籍于官，暮入势家”；另一方面，南宋“武人嗜利”，宋廷以赐田的方式把大批官田变成他们的私田；还有一些商人转变为土地经营者、豪强地主，经营有方且合法扩大土地规模，以及寺院地主也控制有数目可观的土地。

两宋时期，对于“田制不立”“不抑兼并”的土地政策，浙江的士大夫有不同的看法。南宋刘克庄、谢方叔等斥责“豪强兼并之患，至今日而极”[①]。浙东永康学派创立者陈亮虽批判宋代的“田制已坏”，反对官僚地主霸占大量良田的兼并行为，但又主张要区别看待和妥善解决日趋严重的土地兼并问题，反对一概而论、不分具体情况的“抑制兼并”和“打击豪强”，反对朝廷“折困天下

---

① 刘克庄：《后村先生大全集》卷五一《备对札子》，四部丛刊本，第18册，第6页。

之富商巨室"[①]的行为;他对王安石变法之功给予肯定,但对青苗法和均输法之限制富商大贾又提出批评,认为损害富民商贾的利益将削弱立国之势。实际上,陈亮并非提出此类观点的第一人,而是前有李觏(1009—1059)为富民的社会作用做辩护,后有浙东水心学派创立者叶适(1150—1223)深究"井田之制不可复"之理。叶适认为,"富人者,州县之本","今俗吏欲抑兼并,破富人,以扶贫弱者,意则善矣……此非善为治者也"。而"井田之制不可复",应观世主法,因时建制。当时,浙籍学问大家吕祖谦、王应麟、董煟(时知瑞安)等都批评过宋代"田制不立"与"不抑兼并"的问题。

从土地管理角度而言,宋代不仅有"田制"且条款明确。杨际平《唐宋土地制度的传承与变化》一文所列宋代抑制土地兼并政策有五:规定客户与下等户才可以请射荒田;规定官吏不得租种官田;规定寺观不得市民田;规定品官限外之田也要派差科;规定不得由出举而买田。[②] 李华瑞则强调,这五个方面虽具有抑制兼并势力的某些性质,但应归入宋代的土地管理制度或赋税制度。[③] 严格地说,宋朝没有统一的针对土地买卖的抑制政策。

两宋浙江的土地制度以土地私有制为核心,并以土地管理为主体内容,紧密绑定户籍等级制度与五赋两役制度。宋代,土地私有制进一步发展,征收赋税渐以田亩为主,户籍遂按有无土地分为主户、客户,并按土地多少分别为五个户等。一等户一般占有几十顷、上百顷的土地;二、三等户是占田较少的中小地主;四等户仅有少量田地;五等户则只有更少的土地甚至完全没有

① 陈亮:《上孝宗皇帝第一书》,《宋史》卷四三六《儒林》六。

② 杨际平:《唐宋土地制度的传承与变化》,《文史哲》2005年第1期。

③ 李华瑞:《宋代的土地制度与抑制兼并》,《中国社会科学》2020年第1期。

土地。同时设置各种单行的田亩帐册图簿，地籍逐渐从户籍中分离出去。

（二）五赋两役的宋之岁赋

宋代的赋税制度是在日益强化的产权私有背景下制定和实施的。国家的各项赋税以拥有的私有产权数量来确定相应税额，以与私有产权者共同分割产权收益。宋代虽然承继了唐代"两税法"，即国家正税仍为夏秋两税，但在赋税结构上已有不少变化。据《宋史·食货志》记载，"宋之岁赋"，有公田之赋、民田之赋、城郭之赋、杂变之赋与丁口之赋；又有两役，即差役（指职役）与夫役（指徭役）。其中公田之赋主要是耕种官田的地租收入，由于官田在田亩总数中占比极小，其赋税不占主要地位。民田之赋为百姓耕种自有田地向国家交的地租，为夏秋两税的主要组成部分。城郭之赋是城郭户的房屋与土地税，其中的土地税按照统一的两税标准征收。杂变之赋为针对牛革、蚕盐之类土产货物所征的各种杂税，其与两税一同起征或直接纳入两税征收，为宋朝财政收入的主要来源。至南宋时杂税总额已超过正税，如建德府正税为20%左右，杂税为77%。丁口之赋是按照丁口征收的钱米，原是唐末五代时新增苛捐杂税中按身丁征收的部分，是一种在东南地区和湖广局部地区征收的赋税。各地的税额及征收的钱物不一，如两浙路温州、台州每丁纳钱250文，睦州每丁纳钱695文，处州每丁纳钱594文；咸平三年（1000）起许折绢缴纳；大中祥符四年（1011），宋廷蠲免两浙等路诸州的身丁钱。至南宋开禧年间（1205—1207），两浙地区的身丁钱也被全部除放。

两宋时期，力役分为差役和夫役。其中差役是主户为国家所服的职役，有乡役和州县役两大类，分差五等户按等级服不同的职役。力役以差役为主，凡里正、耆长、户长、壮丁、乡书手、保正、保长、承贴人、催税甲头等，以乡户等第差充。凡衙前、承符、散从、步奏官、弓手、手力、院虞候等以及杂职、斗子、拣子、掏子、秤子、仓子、解子、拦头、医人、所由等，各使差第。职役按差、雇两法推行，各朝各有侧重，各地亦创有差法。南宋高宗绍兴年间(1131—1162)，婺州金华县长仙乡一些大姓以共同捐出的土地收入作为保正应役之资，以为义役。宋孝宗以后，义役逐步扩展到两浙全路及江东、江西、福建等路。夫役则是徭役，以人丁户科差服劳役，不分主户、客户，两浙路夫役的项目较少。[①]

作为近世的开端，宋朝在赋税制度变化方面出现了新趋势。宋朝将地税、户税、丁税合并一体，提高了商税的比重，土地税占国家全部税收比例不到二分之一，商税成了国家税收的主要来源。

二、“靖康之难”又掀北人南下

宋代历经300年，留下许多待解之谜，其中之一就是人口问题，户、口统计有百万之数，也有千万之数，争议颇多。据《浙江通史》宋代卷，北宋中后期，两浙路人口曲线呈前高中缓后趋低。元丰三年(1080)时官方统计有户1778963，口3223669。至崇宁元年(1102)，进入相对平缓发展，两浙路有户1975041，口3767441，20年内人户增加近20万，人口增加约54万。宣和年间(1119—1125)，因发生方腊等农民起义，两浙人口有所减少。

南宋初年，浙江的户数约2000000。绍兴二年(1132)，赵构

① 沈冬梅、范立舟：《浙江通史》宋代卷，浙江人民出版社2005年版，第29—30页。

迁都杭州，两浙有户2122072，口3567800。至绍兴末年(1162)，两浙有户2243548，口4327322，户、口均超北宋最高点。至嘉定十四年(1221)，据刘克庄记载两浙有户2898782，口5839787，为两浙户口数的高点。南宋临安人口，据《武林旧事》记录，户数约300000，口数约1500000，户均人口约为5。其中城外两厢有120000户，约600000人；城内有180000户，约900000人。

浙江历史上曾经历过三次中原(北方)南下大迁徙浪潮。“永嘉南渡”时北方平均8人之中，有1人迁徙南土，使浙江人口大量增加。“安史之乱”时南迁人口高达百万，移民江浙的人口占当地人口比重高达20%—30%。“靖康之难”导致北方人口锐减1500万，有700多万人逃往南方。其中以江浙为中心的东部地区接纳人口数量为最多，很大程度上改变了江浙的人口结构。绍兴议和之后，由于江浙一带地狭人众，有相当数量的移民又回流两淮地区。宋金、宋蒙开战时期，临安等两浙地区的北方移民又远离两浙腹地。开禧北伐时，有一些淮民徙入浙、闽。端平元年(1234)，宋蒙再次开战，“淮民避兵，扶老携幼渡江而南，无虑数十百万”[①]。宋蒙间的战争持续了30多年，其间移民始终不断。

南宋北方移民南迁，大致可分为靖康之乱、南宋与金对峙、南宋与蒙古对峙这三个时期。每次移民浪潮中，都有一定数量的人口迁入两浙，其中又以高宗南奔至绍兴和议这一移民高峰期迁入两浙的人口最多。[②] 靖康之乱时，“四方之民，云集两浙，

① 杜范：《清献集》卷八《便民五事奏札》，文渊阁《四库全书》，第1175册，第675页。

② 沈冬梅、范立舟：《浙江通史》宋代卷，浙江人民出版社2005年版，第222页。

百倍常时”[①]。在两浙路中，又以流入临安的人口最多，“大驾初驻跸临安，故都及四方士民商贾辐辏”[②]。

三、门阀宗族的衰落与宗祠宗族制的兴盛

（一）门阀宗族的衰落与宗法制度的改变

宋仁宗前后时期，是中国宗族社会发展的一个重要历史时期。其时，宋代早期形成的士大夫群体尤其是封爵宗室到达权力和财富的鼎盛时期，但官爵、田产不能世袭的潜在宗族危机，使这些新形成的权贵与官僚阶层对于重新组织宗族制度表现出了浓厚的兴趣和责任感。他们的政治与社会地位往往决定了他们在新宗族制度中的宗主地位。面对宗族组织的复兴，宋代理学家顺应了时代的发展，提出了一套由等级森严的宗法制度改造而来并普遍适用于社会各阶层的行为规范，并通过祠堂、族田、族长等宗族体系将小农整合起来，使之扎根于封建的小农经济社会。为了巩固新的宗族制度，理学家们还提出了一套宗法伦理体系，倡导编修家谱来增强宗族的凝聚力。浙江是理学的重地，在宋代新宗族体系的建立过程中发挥了极重要的作用。宋朝廷在政策上积极鼓励乡村社会的累世聚居，废除了对乡村社会建祠与祭祖的诸多限制，使这种与理学糅合的新宗族制度得到正统意识形态的认同，以复兴自西周后逐渐淡化的“家国同构”的社会范型。

宋代浙江宗法思想的开创具有学派思想的基础和特点。在宋朝建立后，张载、程颐、程颢为明统系、收宗族，主张建设与宋

---

① 《建炎以来系年要录》卷一五八，“绍兴十八年十月己巳”条，中华书局1988年版，第2573页。

② 陆游：《老学庵笔记》卷八，中华书局1979年版，第104页。

朝社会条件相适应的宗法制度。当时，金华婺学的鼻祖吕祖谦在宋型宗法和家族传统背景下，潜心学问，编撰《阃范》《少仪外传》和《家范》等。其《家范》包含了《宗法》《昏礼》《葬仪》《祭礼》《学规》《官箴》六卷，其中《宗法》选收了《礼记·大传》、张载《礼记解》和《程氏遗书》等有关宗法制度的论述，以及说明宗法关系的图表；其《宗法条目》是他为家族制订的有关祭祀、婚嫁、生子、租赋、家塾、合族、宾客、庆吊、送终和会计等家族事务的族规。史学家陈剩勇在一篇题为《吕氏家规皆可为后世法》的短文中认为"吕祖谦有关宗法和家族制的思想，全面继承了孔子及其后学的思想，主张尊祖、敬祖、收族"的制度原则和宗族精神，他以学术理论和学术实践倡导家族重建运动，推动各地祭祀祖宗，编修族谱，兴办义学，救济贫穷族众。可以这么认为，吕祖谦的宗族思想是婺学的重要组成部分，是对理学的宋型宗族制度创建的积极响应。

（二）宗祠宗族制的兴起

宋代浙江的宗族制度复兴，本质上是在血缘关系融合的基础上，以置族产、立宗法、修宗谱、建宗祠、订族规、定族长、申义举（义学、义庄）等创新为特点的制度变革。

其一，作为新宗族制度物质基础的田产与房产。田产分为祭田、义田、学田等；房产分为祠堂、义宅、学舍等。宗族的田产与房产主要用于祭祀、赡族与办义学。族产受到朝廷法律的保障。如宋廷将祭田定为永业田，不许子孙分割典卖。

其二，因势利导的小宗之法。宋代，"大宗之法不可以复立"，可以用来收合亲族的"小宗之法"也因"不重族"的时俗，存而不行。故而，宋代浙江的宗族制度虽实行小宗之法，但多有因势而变，使新宗族制度符合官僚地主家庭世代传承的需要。

其三,宗谱、祠堂、族规等族事管理。宋代族谱编修最大的特点是从官修转向私修,走进了普通家族中。两浙的许多普通家族皆编修族谱。宋代是吕氏发展的鼎盛时期,吕姓在百家姓中位列第22位,确立了在全国的大姓地位。其中入闽、粤、台的吕氏在族谱中认姜伯夷为受姓祖,吕祖谦为始祖。陈亮曾为家族家谱刻石写后记。淳安《桂林方氏宗谱》也在北宋末年和咸淳十年两次编修。新型祠堂的建立及其功能的转变,促进了宋代祠堂式宗族制度的形成。在朱熹等士大夫推动下,祠堂逐渐成为家族祭祀的场所,承担起家族祭祀的任务;加强了对族田的经营管理,增加收入以供祭祖、赡济族人、兴办义学之用;扩大了族事的管理功能,以实施族规、传承宗族精神以及举办各类宗亲活动等,祠堂成了地方宗族祭祀和处理公共事务的中心。传统的墓祭在江浙一些家族仍有存在,但偏重守墓。如遂安和新安两地的詹氏宗族,"惧两原子弟世远日疏,乃立二老祠,每岁季春,悉合其少长奉祀。……又为之立墓祭之式,使后人世守之"①。宋代江浙族谱编修已十分规范,一般要求有序文、谱例、目录、家训族规、族墓、祠堂、族田、画像(祖先)以及自始迁祖以下全族已故和现存所有成员的谱系世表等。

其四,义庄和义学的流行。自北宋范仲淹置田千亩办义庄之后,江浙仕宦和庶民地主纷纷效仿。据《浙江通史》宋代卷,宋代浙江境域出现了家族举办义庄的情况,先后有龙泉县人何执中"斥缗钱万置义庄,以赡宗族";明州人楼玮置腴田500亩以为义庄,以"睦姻族厚风教";东阳布衣陈德高以田700亩置义庄;

① 张栻:《南轩集》卷三九《直秘阁詹公墓志》,文渊阁《四库全书》,第1167册,第743页。

会稽石允德与族人“同作义庄，以给族之贫者”；会稽沈焕“果于集事……乐助者甚众，未几，得田数百亩”举义庄；以及吴芾、石子重、刘亶、刘珏、孙椿年、谢子畅、赵希滯、祝禹圭、余晦、全汝梅、陈雷、吕皓、郑兴裔等十数人，都在浙地各州县建有义庄，以补助族中贫困者口粮、衣料、结婚费、丧葬费、科考费以及借住、贷款甚至存放棺材等。宋代两浙义学的影响较为普遍，弥补了科举制下启蒙教育之不足。义学一般分设在上述义庄中，不但本族子弟可入学受教，而且也接纳附近前来的求学者，富有成效。

其五，“必先齐家”的家训族规。宋代家法族规在前代宗法伦理基础上，增加了大量关于日常生活、民事关系、财产关系与族产管理方面的内容。两宋之际，曾知绍兴府并两度拜相的赵鼎治家甚严，于绍兴十四年(1144)九月初七日订《家训笔录》三十条。笔录中除孝友原则、做官的品质、主事的确定、败坏家风的惩戒、祭祀等条款外，还重点关注了家庭财产的分配管理。他对收入的收取和管理、收入的分配与支出、各项费用支出的标准、方法和管理等作了相应制度规定，提出了一整套量入为出、有计划地安排收入支出的家族经济管理体系。

第二节　阶级结构与社会矛盾

一、两宋的阶级与阶层

(一)南宋宫廷内室阶层

南宋建都临安，承北宋宫廷制度，时有国太夫人、国夫人、郡太夫人、郡夫人、郡太君、郡君、县太君、县君、孺人等以及徽宗时改封的淑人、恭人等，以内外“命妇”的等级体系，形成庞大的宫室上层阶层。其中“内命妇”，为皇后、皇太后、太皇太后与未出嫁的公主、长公主、大长公主；还有宗室之母及其正妻、经过君主正式册封的嫔妃等。“外命妇”，为已婚的公主、长公主、大长公主；经过君主敕封爵位的官员之母或正室。宫廷内室阶层，其实是一个由皇后、内外命妇及服侍这一阶层的宫女、内侍、诸班直等组成的庞大“家庭”。皇帝、皇后、妃子、皇子、公主是宋朝皇室阶层的上层，宫女、内侍、诸班直等无疑也是皇室中的一个特殊阶层，处于下层。在专制主义中央集权体制下，宋皇室高踞全国臣民之上，以至高无上的权力维持着源源不断的、享用不尽的财富。两宋的皇宫都是耗费了巨大人力、物力和财力营建的，是这个时代最富丽堂皇的建筑。同中国历代王朝一样，宋朝皇室在金字塔式社会阶级结构中居于顶点，皇室上层不但主宰着下层宫女、内侍等的命运，而且主宰着国家和社会各阶层的命运。

（二）庞大的官僚士人阶层

士，一般指官僚士大夫，即古代社会的统治、管理阶层；也指学习文武技能准备科考做官的文化人。宋政权中的各级官僚，不像唐代那样官僚与士族同为一体，而主要是通过两个渠道入仕。一是通过科举考试入仕，二是通过恩荫、卖官等吸收中高级官员子弟、胥吏、富民等进入官僚行列。除皇帝以外，官户作为一个法定阶层，属于社会高层。美国的中国社会史学者柏文莉专门研究宋代宰相后人的权力维系问题，认为“宋代政治地位和社会地位盘根错节，而且两者也极具流动性”。许多宰相家庭非常成功地使子孙数代成为高官。南宋时史弥远（明州鄞县人）既是宰相史浩之子，同时又是宰相史嵩之的叔父；宰相钱象祖（台州临海人）是参知政事钱端礼的孙子；宰相赵葵则是一位从二品高官之子。柏文莉从一个特殊的高度得出了一个结论:“对于一些长盛不衰最有力的证明,是他们能够平稳度过宋朝痛入骨髓的政治创伤——残酷的党争和北宋灭亡的能力。”①

南宋是两浙地区官僚、士人和皇族最多的历史时期。京城临安更是官僚、士人集聚之地,吏部“四选”的全国文武官员最多时达 42000 人,其中在临安中央官署任职的官员达 10000 人左右;科考年往往有 1 万—10 万士人参加礼部举行的考试。与官员相比,吏的队伍更为庞大,官、吏比例当为 1 比 12,以此类推,则都城临安中在中央官署工作的官吏,总计人数在 10 万以上。官员们的家口往往多于一般百姓,以一家六口计算,官员及其家眷的总人数即已超过 40 万人。② 大批未及第者往往仍滞留京城等待下一次考试。宋朝世袭制度已渐趋消亡,官僚阶层无更多的政治、经济特权,但朝廷允许用俸禄置土地,寒士出身的官僚与地方势力勾结,大量侵占农人的土地,构成新的兼并势力。城市里的官宦、地主、商人兼具屋主、货主的身份,成为市民阶层中的最上层。

(三)广占田地的地主阶级

宋代,土地私有制高度发展,土地实行自由买卖,形成了以封建大地主为主导、庶族地主为主体,上至皇室、官户、吏户,下至乡村上户、僧道户、幹人、坊廓上户阶层皆占田亩的地主阶级结构。

封建大地主在地主阶级结构中占有主导地位。在南宋两浙地区,封建大地主土地所有制盛行,皇室、官户等上层阶级占有

① [美]柏文莉:《权力关系——宋代中国的家族、地位与国家》,刘云军译,江苏人民出版社 2023 年版,第 76 页。

② 徐吉军:《南宋都城临安》,杭州出版社 2008 年版,第 315 页。

大量的土地,并主宰着土地制度和政策的基本走向。

庶族地主是出身卑微的非身份性的地主阶层。从两浙地区地主成分看,庶族地主人数最广、经济地位相对独立,他们的利益受到宋朝政府日益严厉的法律条文的保护。宋代门第观念淡薄,士大夫"家不尚谱牒,身不重乡贯",已不存在"士庶之别"。他们中的相当一部分人成长空间很大,如约占乡村户 1/10 的乡村上户,有能力通过子弟读书应举,由科举入仕而成为官户;还可以通过买官、与宗室和官户联姻等方式转化为官户,提高自己的政治、经济与社会地位。

(四)五等户制与农民的相对解放

农民阶级是宋代两浙社会数量最大的并处于社会底层的一个阶级。宋代以有无田地等重要生产资料,有无房产等重要生活资料为标准,将城镇乡村居民分为主户和客户两种。主户是应纳税服役的人户;客户一般没有田产及相关生产资料,主要是佃农。以北宋元丰时期为例,两浙路的主户为 1418682 户,客户为 360271 户,客户占总户数的 20.25%。乡村主户按田地等财产折算家业钱的数量分成五个等级,称五等户制。按田亩数计,一、二等户是地主,三等户中有些地区既有小地主也有自耕农和富农,四、五等户是少地或无地的自耕农、半自耕农或无产税户。据《浙江通史》宋代卷,两浙地区的阶级结构中,乡村下户在户口总数中占相当大的比重。神宗熙宁时,两浙路主户有 140 多万,其中"第五等户约百万",占主户总数的 70%多,这中间绝大多数是自耕农和半自耕农。与此同时,还须关注到作为客户主要成分的佃农。

总体上说,两宋时期两浙路的农民阶级已经从原先较强的依附关系里得到一定程度的解放,他们在社会生产关系中的处境变得相对宽松。但他们备受地租、高利贷和苛捐杂税的压榨，大部分耕地被地主兼并，许多农民得兼雇工和他业以维持生计。

（五）市民阶层的兴起

自唐代始，国家户口统计中出现了指称商人和手工业者的坊郭户。两宋时，两浙社会的户口统计中，将坊郭户的统计扩大到城市所有居民，包括官户、吏户、住在城市里的地主、幹人、商人、房主、贷主、手工业主、揽户、小商贩、手工业者、出卖劳力的人力、女使等，以及户籍不在本地却较长时间在一地居住的外来流动人口。作为一种阶级、阶层概念，市民阶层是一个以商人、百工、城市平民为主体的阶层。他们在经济地位和政治地位上有相对的独立性。虽然他们的社会地位仍然不高，但宋代以降其经济实力有所增强，在很大程度上影响到社会的意识形态，并导致了明清时期启蒙思想的产生和发展。

宋代两浙城市社会市民阶层，实际上隐藏着上、中、下的阶层区别。官户被称为坊郭品官之家，包括在职官员以及寄居官、致仕官、闲官之类，有免除部分科配的特权，南宋临安城聚居着大量的各类官户。吏户，一般称形势户，相当多的吏户住在城市中为坊郭户。城市中的官宦、地主、商人、屋主、贷主等，是市民阶层中的上层。① 手工业主、幹户、揽户处于城市市民阶层中的中间层次。其中手工业主是经营某些手工业的工场主。幹人是替官宦、地主常年管理财务、经营质库和商业的一个职业阶层，如“湖州司户幹仆陶忠掌收掠僦债之直”②。揽户是专以承揽他人税赋输纳而从中牟利的职业阶层；或指宋代解州解县、安邑两

① 王曾瑜：《宋朝阶级结构》，中国人民大学出版社2010年版。

② 洪迈：《夷坚志》支景卷第四《清塘石佛》，中华书局1981年版，第911页。

盐池为朝廷制盐的民户，朝廷每年向揽户供给一定数量的钱、粮，而揽户则向国家交一定数量的盐。明代何景明《赠胡君宗器序》中记载："听役之者：有仓吏，有场吏、有吏胥、有兵隶、有车人、有揽户。"手工业者、小商贩、出卖劳力的人力与女使、无业游民等，是市民阶层中的下层，他们占城市人口的绝大部分。① 这一下层中的人力、女使，在宋代大部分雇佣化，社会地位略有提高。但官奴婢一般不称为人力、女使，其范围比人力、女使要宽泛一些。

二、方腊农民起义与浙江的社会矛盾

宋朝是我国历史上唯一一个在建国初就存在严重阶级对立，并发生农民起义的朝代。宋朝开国皇帝赵匡胤较重视缓和统治阶级内部矛盾，而忽略与平民阶级间的矛盾，推出了以分散权力、削弱武将在朝势力为目的的文官制度。文官制度虽然在一定程度上遏制了武将势力，但也造成了冗官的难堪局面。其在土地制度上推行"田制不立""不抑兼并"政策，进一步加剧了土地兼并所造成的阶级矛盾和冗官现象所带来的百姓负担，出现了民不聊生的局面。

北宋末年浙江的方腊起义，正是在这样的背景下爆发的。当时宋徽宗及蔡京、童贯一伙贪得无厌地压榨人民，赋役繁重，"人不堪命，遂皆去而为盗"。方腊起义的直接动因是朝廷在江浙设立的造作局经常残酷地榨取漆园的公产，又遇上朝廷搜刮奇花异石，百姓不堪其扰。方腊抓住机会，秘密吸收贫穷而无正

① 沈冬梅、范立舟：《浙江通史》宋代卷，浙江人民出版社 2005 年版，第 239—240 页。

当职业的人，揭竿而起，威震东南，很快攻占了六州五十二县，动摇了大宋王朝的统治。有史家认为方腊起义是唐代浙江陈硕真起义的延续。

民族矛盾在浙江也表现得非常突出。这不仅表现于宋金之战给浙江百姓造成的苦难，而且还表现于南宋朝廷内部主战派、求和派的激烈冲突。

第三节 荒政、医疗、福利与其他

一、荒政：赈灾、粮备与劝分

两宋时期浙江灾害频发。地方政府继承了隋唐以来的荒政制度并推行了赈灾、劝分、灾年募兵等救荒政策和措施，创新了以朝廷为主、民间为辅的赈灾体系。赈灾之策有赈粜、赈贷和赈给三类。赈给是无偿救济；赈贷是贷给货币或者实物；赈粜是政府把粮食平价卖给灾民，起到平抑物价、加大粮食供给的效果。① 赈粜是宋代江浙救荒的一种创造性方法。其做法是由官府出面张榜告示，招引各地商人贩运粮食到灾区出售，以缓解粮荒和降低粮价。范仲淹主政杭州时，以招商隆市平衡粮价，缓解了荒年粮食供应的矛盾。赵抃知越州时，以招商扩供稳定粮价。劝分，是官府劝谕富户无偿捐献财物或者以低价出售粮食，是江浙富裕之地一种富有实效的赈灾方法。灾年募兵是宋代荒政的一大特色，为宋初太祖所制定，在江浙一带有深入贯彻。其方法是在

---

① 王一胜：《宋代浙江的荒政与备荒仓储》，载项义华主编《浙江历代灾荒治理与社会救济》，浙江人民出版社2014年版，第23页。

发生灾荒的年份由政府募饥民为兵，使饥民多一条活路，以消弭饥民在荒灾时发动社会叛乱的可能。灾年募兵在宋代成为一项科目定制被长期实施。[①]

两宋朝廷皆重视荒年粮备问题，先后进行了多次仓储救荒制度的改革，然皆得失参半，且大多因失大于得而被废止。第一次是在淳化三年(992)至天禧四年(1020)，建立了平籴平粜与赈贷功能融合、常平仓和义仓模式相兼的仓储备荒体系。但由于这一体系在管理上较为复杂且常常导致储粮不足，于熙宁年间趋于消亡。第二次是在神宗时期，结合王安石知浙江鄞县时改革常平仓的经验和李彦在陕西推行青苗法的经验，推行“贷谷与民，立息以偿”的常平新政，[②]也即后来的青苗法。可由于所贷出之钱实难每年如数归还而累积成弊，这一政策在哲宗即位后中断。两宋对粮食仓储的改进及创设，还有用于社会救济、实施经常性慈善给粮的广惠仓，用于备军储及灾荒的丰储仓，用于平抑粮价的平籴仓，用于乡社敛散救济的社仓等。

二、医疗保健与公共卫生系统

宋朝廷设有各类医疗机构，分级管理上至朝廷、内宫，下至州县及官吏军民的医疗保健服务。包括掌供皇帝医药及承诏视疗众疾的翰林医官院、掌疗官吏军民疾病的太医局、供医学生徒习读的校所、专管诸道州县的医学博士、助教，以及各类病囚院、养病院、熟药所等管理机构。其中熟药所相当于国家药店，掌修合(制造)良药，并出售以供民间之用。南宋基本承接北宋所设

① 张德宗：《北宋的养兵政策》，《河南大学学报(社会科学版)》1982年第4期。

② 王一胜：《宋代浙江的荒政与备荒仓储》，载项义华主编《浙江历代灾荒治理与社会救济》，浙江人民出版社2014年版，第30—33页。

医疗机构。钱塘人吴自牧的《梦粱录》对皇城临安的医疗服务有所记载:“太平惠民局置五局,以藏熟药,价货以惠民也。”同时还记载道:“民有疾病,州府置施药局于戒子桥西,委官监督。”两宋期间,还建立了“驻泊医官制度”,即把翰林院中的医官剩员派往地方行政单位服务。同时,每当疫情流行,宋廷常常投入较大的人力和物力,令太医局选良医,到疫情最严重的地方“诊视之”。在朝廷的推动下,这种临时性的施药措施逐渐成为一种固定的制度。南宋都城临安的民间药铺很多,据《梦粱录》所记,有名的老字号药铺就有十数家,有名医坐堂诊治,州县亦多有之。宋代,浙江有两位著名的中药学家,即精于儿科的钱乙与系统研究伤寒理论的朱肱,均有医案与直诀类专著,分别发展了汉唐以降的儿科医学和张仲景之后的伤寒理论体系。

宋朝对城市公共卫生事业十分重视,采取了许多建设和管理方面的举措。以南宋都城临安为例:一是整治城内街道的公共卫生。临安城内大街都以石板铺就,每天都有专门人员打扫清理,垃圾由官府负责差人清运。粪便属肥料,由私人经营,官府行监管之职。二是清理城内河道。绍兴四年(1134),临安府运河开撩,渐见深浚,并严禁沿河两岸居民将粪土瓦砾掷于河内。九年(1139),朝廷专设撩湖军兵,由临安府兼管,专门负责开撩西湖。三是复浚城内六井,保障城内饮用水。唐代李泌引西湖水而成城内六井,即相国井、西井、金牛井、方井、白龟井、小方井。唐白居易为杭州刺史时,始筑堤捍钱塘湖,钟泄其水,复浚李泌六井。宋代苏轼造堰闸,以为湖水畜泄之限,江潮不复入城;并以余力复六井,又取葑田积湖中,南北长三十里,为通行长堤。四是疏浚西湖。唐代,白居易疏浚西湖以作白堤。北宋杭州知州苏轼对西湖进行了大规模治理,并将淤泥堆积成苏堤。

白、苏两堤见证了唐宋两朝疏浚西湖的功业。

养生活动在宋代已从医家与佛道普及到社会各个阶层。浙江的养生活动体现在保健与体育两个方面。两宋时期，上至皇帝大臣，下至平民百姓大都笃信后天保养的理念，注重从平时生活起居入手，把饮食养生作为长寿之道，把情绪调节作为防病疗疾之术，这符合现代人的营养和保健原理。北宋，传统的道教导引术经陈抟创编为新的导引套路“十二月坐功”，成为一种完整而易行的健身方法，在宋代出家人和士大夫中流行。南宋洪迈在其《夷坚乙志》卷九专设《八段锦》，八段锦后成为宋人中较为流行的一种养生术。

宋代浙江的体育活动众多，包括蹴鞠、骑射、马球、马戏、相扑、投壶、龙舟竞渡、泅泳踏浪、围棋、象棋等，在宫廷、官府及民间多有流行。

三、社会救济与社会福利体制的转型

宋代已出现“社会救济”与“社会福利”制度的雏形。两宋时期，在朝廷的推动下，各基层行政单位、府州县普遍设立安济坊、养济院、福田院、漏泽园、慈幼院等救助与福利机构，形成了以基层收养、医养、助养为特点的社会救助体系。其中，设立福田院，用以养京师老病穷丐者。设立养济院，诏鳏寡孤独贫乏不能自存者，官为养之。设立安济坊(前身为安乐坊)以养民之贫病者。设立漏泽园，专门收葬死而无殓者。

浙江特别是杭州在社会救助及服务方面，有许多创举。北宋杭州首创安乐坊，是我国最早的民间救济医院。崇宁二年(1103)安乐坊改为安济坊。慈幼局也是临安最早开设的，淳祐七年(1247)十二月，“有旨令临安府置慈幼局，支给钱米，收养遗弃小儿，仍雇倩贫妇乳养”。漏泽园也是浙江首先重新建置的，淳熙八年(1181)四月十八日，由于多次发生疾疫，宋廷诏令“临安府于府城四门外相视隙地，作大冢各一所。每处委僧十人，童行三十人，凡遗弃骸骨，不问新旧，并行收拾丛葬”。南宋临安府建有两处养济院，一处在钱塘县界西石头之北，一处在艮山门外。据《嘉泰会稽志》卷一三《漏泽园》记载，绍兴府也有“居养院以惠养鳏寡孤独，安济坊以济病”，又“于会稽镇坞、山阴洄涌塘旁各置义冢”以收埋尸体。湖州等地也皆有养济院、安济坊、漏泽园等。

四、都城的火灾与消防

南宋临安火灾频发，每每焚毁民房，并屡屡危及皇宫、官衙、府第及军垒。明田汝成《西湖游览志》记载，南宋建都临安后，“城中大火二十一度，甚尤烈者五度”。《宋史》等书记载的火灾次数更多，达44起。据项义华主编的《浙江历代灾荒治理与社会救济》一书统计，当时延烧上千家的重大火灾达62起，其中延烧万家以上的有10起，最严重的一起延烧民房53万间，震惊朝野。嘉泰元年(1201)三月二十八日，宝莲山下御史台吏杨浩家失火，延烧御史台、司农寺、将作监、军器监、进奏院、文思院、御辇院、太史局、皇城司、法物库、御厨班及军民58000多家，灼死59人。火灾成了南宋临安城面临的最严重的灾难，引起了宋廷和各级官吏的高度重视，制定了相关制度、法规以及防火救灾措施，甚为系统和专业。[①]

① 徐吉军：《南宋都城临安的火灾及其消防》，载项义华主编《浙江历代灾荒治理与社会救济》，浙江人民出版社2014年版，第75页。

“崇奉火正”成为一种国家行为。绍兴十三年(1143),高宗封火神阏伯为商丘宣明王,并诏令每逢岁辰戌日设坛祭祀。民间将灶神视为主要的火神,每逢腊月二十日有祭灶的习俗,时称“畏世命”。

从法律法规上对防火救火加以严格规定和管理。在行政方面,将“修火攻”列为《训臣十二条》中的内容,对官员明确提出了职务上的要求。在法律方面,有失察惩处的法规、灾后验实灾情的规定、官吏为救火队伍让道的法令、对放火及破坏者的重处等,以保障防火救火的依法管理。

加强防火的基础设施建设。火禁是宋代预防火灾的最重要举措,据宋代士人魏泰《东轩笔录》卷一〇记载,当时“行在榷货务火禁,并行在省仓、草料场火禁,并依皇城法”执行。皇城一些重要机构也执行严格的火禁制度,如秘书省“依皇城法,遇有合用火烛去处,守门亲事官一名专掌押火洒熄”[①]。同时,加强了防火的基础设施建设。如在城内各处设立望楼以日夜观察火情,以便及时扑救;开火巷,以延缓火灾的蔓延与扩大;改良建筑材料,增强房屋的防火性能;在城市紧要处设立防火水池和灭火器具,以便及时灭火等。

五、理学的敬老礼仪和养老之道

浙江是朱熹传布理学的重镇,而敬老的礼仪和养老的孝道则是其中之要务。朱熹曾在浙江任官多年,通过乡约形式提出了“尊幼辈行凡五等”,即“尊者、长者、敌者、少者、幼者”,在造请拜揖、请召送迎、庆吊赠遗等方面订立有十一条规则。宋代的尊

① 陈骙:《南宋馆阁录》卷六《故实》,中华书局1998年版,第70页。

老敬老，往往通过礼请、祭祀、庭训等仪式加以实现。婺学创始人吕祖谦订立的家族《宗法条目》，其宗旨在于“敬祖收族”，强调宗法尊祖程序，把祭祖分为日祭、朔祭、忌日、时祭、省坟五种，要求严格遵循按辈分行礼、不急礼、不乱伦的宗法思想。南宋学者陆九韶家族累世义居，以最长者为家长，以训戒之辞编为韵语，以家长率众谒先祠。北宋大臣、钱塘人钱惟演家族祭祀“长幼毕集，不得懈慢”，“宜尊礼法，教以孝、弟、忠、信、礼、义、廉耻”等。浦阳《郑氏规范》、山阴陆游《放翁家训》、东阳《陈氏义庄记》、乐清县令袁采《袁氏世范》等，皆在宗法礼仪中突出尊长敬老的条文，以弘扬儒家孝道文化。

两宋朝廷通过表彰敬老者，惩处虐老行为，建立养老救济机构，来缓解养老的社会压力。《宋史·孝义传》有记，黄岩郭琮“凡母之所欲，必亲奉之”，以致其母百岁而耳目不衰，饮食不减。太宗至道元年(995)，下诏“旌表门闾，除其徭役”。对于虐老者，朝廷施以惩处，重者甚至就市斩首。宋徽宗年间，朝廷将福田院改为居养院，各地奉诏建立养老机构。南宋时期，居养院设置更普遍，且乡间也有养老院。[①]

第四节　社会生活的奔流

一、宋朝的生活方式

(一)服饰的等级与风雅

“因时王而为之损益”的服饰之制。宋朝，朝廷对官民之服

---

① 朱瑞熙、刘复生、张邦炜、蔡崇榜、王曾瑜：《宋辽西夏金社会生活史》，中国社会科学出版社1998年版，第167—168页。

饰等级及规制、色彩设以制度。然三百年间多有变数，一因时尚流变，二因王“好”。北宋初期，君臣服饰较为简朴；北宋末，日趋奢靡，“市井闾里以华靡相胜”。宋室南渡杭州之初，又复回简省的传统。作为一种制度，宋代诸臣服饰分祭服、朝服、公服、时服。各品服装颜色，三品以上服紫，五品以上服朱，九品以上服青。元丰后，改为四品以上服紫，至六品服绯，九品以上服绿，去青不用。形制为圆领、大袖、大裾加一横襕，腰束以不同草带，头戴幞头，脚穿乌皮靴或履。宋代士大夫讲求衣冠之饰，朱熹《训学斋规》提出：“男子有三紧，谓头紧、腰紧、脚紧。”淳熙年间(1174—1189)，朝廷认可朱熹制定的祭祀、冠婚用服规制，对士大夫衣冠等级重新加以规定。两宋服制有“舄履制度”，朝中又有靴、履之争。其实，在实际生活里，士大夫常着深衣、紫衫、凉衫、道服、帐衫等，士庶家祭祀、冠婚等场合多用民间礼服。

南宋浙江服饰，不仅形制丰富且趋于多变。理宗淳祐年间(1241—1252)秘书监史绳祖撰文称“饮食、衣服今皆变古”，指出等级严格的古代服制已不再被恪守，越僭之事已成常态。绍兴四年(1134)五月，朝中大臣对衣服“贵贱几无差等”提出疑议，但各据己见，不了了之。服饰的行业区分也日趋淡化。《梦粱录》卷一八《民俗》记都城临安服饰风俗之变：“自淳祐年来，衣冠更易，有一等晚年后生，不体旧规，裹奇巾异服，二五成群，斗美夸丽，殊令人厌见，非复旧时淳朴矣。”

宋代浙江服饰的纹样多姿与刺绣之美为衣冠服饰增添了艺术色彩。宋朝服饰纹样题材比唐朝等其他朝代更为丰富，花鸟鱼虫都能适如其分地展现于衣冠之上。宋朝的服饰纹样流行“一年景”，春之牡丹、兰花，夏之萱草、莲荷，秋之芙蓉、菊花，冬之梅花、茶花。对宋代士大夫而言，诗有“言外之境”，乐有“弦外之音”，服饰形制与纹样讲求“形外之象”，以物象形态来再现意境，以纹样意境来通感诗画意境，在造型纹样上赋予隐喻的情与志。与此同时，上流社会与下层民间的人员流动促进了社会上层审美情趣的世俗化倾向，宋代江南发达的民间刺绣被引入服饰制作，更添服饰的精妙光彩。

宋代浙江服饰审美受理学影响，意尚重雅、简省，与重文之风相依。浙江为理学兴盛之地，学派众多，多言天地万物之名，儒表佛里，有性理与心性之别，但本质上都在于本心之教化，强调以道德实践完善自身之德行。理学的这一特点，不仅关注人的内省，而且还统摄人的外形，即在服饰审美方面突出俭德尚雅，不好张扬。宋代服饰风格简省，《宋史・舆服志三》谓之“白罗方心曲领”，形重天圆地方。天圆地方是我国古代最典型、最核心的宇宙观，也是理学对世界本原的一种注解。宋代服饰上方心曲领的美学意义，在于形简意赅的隐喻之美与外圆（柔）内方（刚）的品质之美。《周礼・考工记》有言：“天有时，地有气，材有美，工有巧，合此四者，然后可以为良。”这可以理解为中国早期工艺美术的天人合一之道与和谐为美之意。至两宋，诗韵和美，理学深耕，天降祥云，鹤舞九霄，时有“鹤氅”“貉袖”“鹅黄腰”之说，呈现了以天地为意境、融自然为一体的服饰设计手法，其内涵深涉人天同构、人天同类、人天同象、人天互泰等和谐关系。

宋代浙江服饰形制的丰富，是以桑麻耕作技术与丝绸纺织行业的高度发展为基础的。南宋时，两浙各州桑蚕业在北宋的基础上获得更大发展，临安、严州、湖州等浙西山区丘陵地带呈现“隔篱处处雪成窝”①“呕轧缫车杂橹声”②的盛况。水乡地区广种苎麻及黄草，纺织为布，甚为精致。故而绍兴年间，於潜县令楼琦作《耕织图》，对农务之事“曲尽情状”，对耕织之技竭力劝导与传播。楼琦将《耕织图》进献给宋高宗后，高宗即宣示后宫，吴皇后让宫廷画师作以长卷，描述从浴蚕到下茧入箱的养蚕织帛过程。其中又以踏缫车、大型提花机、印架过糊工序等先进纺织机械和提花工序的展示为详。据沈冬梅、范立舟《浙江通史》宋代卷，先进纺织机械与技术的使用和推广促进了两浙丝织业的规模性发展，出产的丝织品数量巨大、名品众多，还出现了专门的丝织手工业作坊和丝织专业户以及专业市场。两浙耕织业的发展为服饰的丰富多彩提供了先决条件。

（二）饮食与餐桌文化

浙江地区自一万年前的上山文化时期已食用稻米，至两宋时稻种已有十数，这给两宋主食品种的丰富奠定了基础。据《梦粱录》记载，时都城临安“谷之品”有“粳：早占城、红莲、礌泥乌、雪里盆、赤稻、黄籼米、杜糯、光头糯、蛮糯”，“粟：狗尾、金罂”等稻粟品种。临安城一带的粥品有七宝素粥、五味肉粥、糖豆粥、糖粥、糕粥等。腊八粥、人口粥（即祀食神的赤豆粥）均始于宋朝。而反映临安城市井饮食风貌的大麦小麦面、饼和粟面已入寻常人家。南宋时，糯米已成为江南米糕的最主要食材，有粽、团、糕、饭四大类及数十种细类。粽子上贡宫廷、官府，下为百姓常食，也为端午必用祭品。当时，面点糕饼品种已有上百种，南北口味皆有。而高档月饼，不仅食之美味，而且故事多多。豆人

① 范成大：《石湖诗集》卷七《晒茧》，文渊阁《四库全书》，第1159册，第645页。

② 李光：《庄简集》卷六《赴金陵舟过霅川偶作其二》，文渊阁《四库全书》，第1128册，第488页。

食材，更添副食之精彩。

南宋时，都城临安融南北菜肴烹饪之技法，汇本邦杭、绍、甬、温、婺各等特色美味佳肴，集庭、楼、铺、店风格各异之酒肆茶寮，餐饮业之繁盛，餐桌文化之张扬，称得上“史无前例”。其成因有三：

一是南北食材的大集汇。两宋时期，天下一家，“累累盘中蛤，来自海之涯。……南产错交广，西珍富邛巴。水载每连舳，陆输动盈车”①。至南宋，南北方牛、羊、猪、驴皆为食材。临安“城内外，肉铺不知其几”。家禽除鸡、鸭、鹅三类外，还有兔、野鸭、鹑、鸠、鸽及水产螃蟹、蛤蜊之类。浙闽海水与淡水鱼类有好几十种。浙人又好腌制，这些肉类和水产经腌、腊、糟等加工后，又另有一番滋味。临安就有不少“下饭鱼肉、鲞腊等铺”。南北果品则更为丰富，汇于市场的各季果品多达百二十余种。果品的冷藏技术已经成熟，人们可吃到错季的水果。

二是南北烹饪技术的大融汇。南宋时，东京的传统烹饪技术、风味制作以及食物冷藏等方法，也随宋室的南迁而传入临安。杭菜融合了南下“京师人”所带来的烹饪方法，“南料北烹”，结合临安西湖胜迹风貌，形成了具有鲜明特色的菜系，把中国古代菜肴发展到了一个新的高峰。② 杭邦名菜东坡肉、宋嫂鱼羹、西湖醋鱼、叫化童鸡等原为北人所创制。东坡肉相传为北宋词人苏轼创制，发源地是四川眉山，原型是徐州回赠肉，为徐州“东坡四珍”之一。宋嫂鱼羹原为东京人宋嫂所制，相传高宗赵构乘龙舟游西湖，尝宋嫂鱼羹，赞美不已，宋嫂亦被奉为脍鱼之“师

① 欧阳修：《欧阳修全集》卷六《居士集》卷六《古诗二十五首 · 初食车螯》，中华书局 2001 年版，第 98 页。

② 徐吉军：《南宋都城临安》，杭州出版社 2008 年版，第 15 页。

祖”。叫化童鸡也为外省传入，原为常熟民间的黄泥煨鸡。据《梦粱录》卷十六《分茶酒店》记载，当时杭州诸色菜肴有 280 多种，烹饪技法达 15 种以上，烹调风味南北皆具。除都城临安外，绍兴、宁波、湖州、温州、金华等地也有地方名菜，为浙菜在南宋的发展奠定了基础。浙菜在南宋成为一大菜系。

三是南北酒肆茶寮大交汇。南宋时，都城临安店铺甚多，以食店居先。东京人开设的酒楼茶寮和食店，把中原传统的烹饪技术、东京风味以及食店的经营管理方式带到了临安，带动了南宋都城的餐饮市场和餐桌文化。

两宋时期，饮食生活的阶级差别明显。南宋都城临安供权贵、富商消费的高级酒店，内有厅院廊庑，花木林茂，酒座雅洁，垂帘遮隔，供应四时鲜品、羊羔美酒、山珍海味，夜夜笙歌。豪华宴会的排场，有“四司六局”掌控。平民以下阶层，只能求得粗饱。当时临安城中，尽有卖菜羹饭店，兼卖煎豆腐、煎鱼、煎鲞、烧菜、煎茄子，乃下等人食之。另有生产团子、馒头、灌肺之类的作坊，供贫者购买，或以货物盘架易换。沿街叫卖的摊贩更多。

（三）建筑与居室用具革新

中国汉族建筑总体上说，至唐宋有三次大的变革。第一，结构性变革。即从西周始，以砖瓦取代以往的茅茨土阶，宋代是瓦屋推广的重要阶段。第二，居卧性变革。即唐宋之际，由席地而坐改为垂足而坐，从而引起家具、礼仪等方面的变化。第三，制度性变革。有“宫城制度”“臣庶室居制度”“里巷制度”“居室器用禁令”等。

南宋临安皇宫不仅规模和北宋东京皇宫相仿，而且宫殿的格局也和东京相同。两宋在城市布局上有很大的变化，原先的里坊制度逐渐废弛，改为管制较为宽松的街巷制度。

宋代对各类治事之所或居室的规模、式样甚至称呼都有等级限制。“私居，执政、亲王曰府，余官曰宅，庶民曰家。”公室，“宰相以下治事之所曰省、曰台、曰部、曰寺、曰监、曰院，在外监司、州郡曰衙”。“凡民庶家，不得施重栱、藻井及五色文采为饰，仍不得四铺飞檐。庶人舍屋，许五架，门一间两厦而已。”对居室乃至器用也常常颁布禁令，如诏士庶僧道无得以朱漆饰床榻，民间不得打造朱红器皿等。浙东名匠喻皓擅长建造多层宝塔和楼阁，著有《木经》，被欧阳修誉为“国朝以来木工一人而已”。

宋朝的建筑和园林有别于大唐的雄浑一体、雍容华贵，偏重结构精美、细腻纤巧的风格，建筑构造和造型技术都达到了很高的水平。南宋临安皇宫、六和塔、西湖苏堤、灵隐寺塔与德清云岫寺、绍兴八字桥、宁波保国寺以及韩侂胄的南园、贾似道的园池、五峰书院、瀛山书院等，皆为宋代宫城、寺院及公共建筑之典范。这些建筑不但展现了成熟的审美风格和专业的技法，而且追求自然山水美和人工艺术美结合的园林设计意境，体现了宋型审美趣味和宋代士大夫风骨。南宋，乡村豪族宅院不亚于城市宅第。南宋赵伯驹《江山秋色图》所绘江南村落和住宅，有苑庭、围墙、竹木环绕，或依山构廓，或临水筑台，自然景观与人工雕琢浑然一体。

居室用具的革新是宋代浙江居室进步的重要内容。起坐方式由席地而坐改为垂足而坐，引起了家具器用的一系列变革。其中变革最大的是椅、桌、床等家具。陆游在《老学庵笔记》卷四中记载：“今犹有高镜台，盖施床则与人面适平也，或云禁中尚用之，特外间不复用也。”宋代家具极具文人之气，背靠交椅，几案为桌，箱型壶门结构的架子床，简洁、清瘦的形式蕴含了“雅致”风格。

宋代战事较多,浙江相对偏安,乡村发展较快,各地均有一些建筑规模较大、规整考究、功能齐全、人口聚集的村落。至今,仍有一些保留较好的古村落,如泰顺徐岙古村落、永嘉苍坡古村落等。宋代浙江贫苦农人的住宅与豪富、官吏、士人的住宅差别还是很大的。

(四)交通与驿路通信

宋代浙江,修建了抵达各州县的官道,沿官道两边种上了适合当地生长的树木,两旁挖堑"以池水潦"。宋代道路两旁有堠,分里堠和界堠。里堠一般五里或十里一设。南宋名贤朱继芳诗《严衢道中》云严州、衢州道中的里堠"草白三丫路,苔青五里牌"。里堠上插木牌或石刻类标志,在官道的堠子上还刻有"贱避贵,少避长,轻避重,去避来"等交通规则。宋代驿站的设置已很规范,客家行旅往往投宿驿舍。宋代以都城临安为中心,新建或修建且保存较好、仍在使用的有临安通往安徽的吴越古道,浙闽赣的仙霞古道,连接温、处的括苍古道,连接鄞、婺、衢、赣的苍岭古道,临海黄南古道,四明山芝林古道,浙中曳岭古道等二十余条古道。

两浙地区于南宋时已形成以浙西运河与浙东运河为主的河道运输系统。浙西运河又称江南运河,指临安府北部至镇江口闸的一段,计六百四十一里,是临安府通往江淮、两湖地区以及四川等地最重要的水上交通线。浙东运河是钱塘江与姚江之间几段互相连接的运河,途设五坎、六堰、十三闸。浙东运河在北宋时就占有重要交通地位,到南宋时运输更为繁忙。

临安都城内河道成网,桥梁众多。据沙海昂校注《马可波罗行纪》记载,临安"城中有大小桥梁一万二千座"。其中可查到的有名的桥有上千座,在中国历代都城中首屈一指。时有浙江、龙山、渔山三大渡口以及周家渡、马司渡、萧家渡、边家渡、睦家渡等诸多小渡口，沿途有船、车等交通工具出租及相关雇佣行业。都城之外的河道桥梁也多，如绍兴境内水道纵横，石桥连街接巷，有“垂虹玉带门前来，万古名桥出越州”之说。

宋代浙江运输用交通工具与前朝相比变化不大，但载人工具改进较大，出行方式有骑马、骑驴、坐车、坐轿等。轿又分肩舆（有轿厢的轿子）、檐子（帐围便轿）、兜子（无轿厢便轿）等。北宋时，百官皆骑马，元老大臣有疾病的可以乘轿。这种轿较简易，上面凸盖无梁，轿身围以篾席，轿长竿二。宋太宗时，限定工商、庶人家只能乘兜子。宋徽宗时，禁富民、娼优、下贱等坐暖轿。南宋时，百官不问大小都乘轿。水路行舟，数商人和士人乘坐最多。

宋初，实行了多项邮递改革措施，主要是以军卒替代百姓成为递夫、建立以快慢分类的邮递模式。其中规定金字牌件日行五百里，专门传递皇帝御前发下的急件；急脚件即急递，为日行四百里；马递和步递，分别为日行三百里和二百里。南宋时又有雌黄青字牌和黑漆青字牌，规定日行三百五十里。同时，采取一系列保障邮递速度的措施，以减少误时；军队中出现鸽子传递信件和公文的方式。在信件方面也有一些改进措施，如推广散文和启用两种体例的书信格式；允许中外臣僚以家书附递。[①]

二、宗教本土化的精进[②]

（一）独盛于江南的浙江佛教

两宋时期，浙江佛教独盛于江南。杭州不仅是宋代华严宗

---

① 朱瑞熙、刘复生、张邦炜、蔡崇榜、王曾瑜：《宋辽西夏金社会生活史》，中国社会科学出版社 1998 年版，第 102—103 页。

② ［日］小岛毅：《中国思想与宗教的奔流·宋朝》，何晓毅译，讲谈社《中国的历史》第 7 册，广西师范大学出版社 2014 年版，第 153 页。

中兴的重镇，也是当时佛教律学研究的中心。以法眼宗为代表，南禅的传播在浙江境内尤胜前代，山家、山外之争标志着天台义学在宋代的复兴；净土宗的信仰不仅渐为人瞩目，且广为融入民众的日常生活。禅宗与净土合流的倾向便萌发自当时的浙江。

1. 禅宗五大流派各有发展

宋代，禅宗成为势力最大、影响最深的佛门流派，其在晚唐五代时分离出的沩仰、临济、曹洞、云门、法眼五个派系，在宋代浙江均有流行和发展。

法眼宗兴盛一时。宋初，天台德韶禅师，处州龙泉人，人称其“智者再来”，对宋代天台宗的恢复有所贡献，后投入文益门下，成为法眼宗传人。其嗣法弟子永明延寿，浙江余杭人，宋太祖开宝七年（974）入天台修习，戒度万余人，一生诵《法华经》12000 遍，精通经典，其理论“禅、教并重”，归心净土，社会影响很大，为宋初名僧。其所著《宗镜录》100 卷是反映宋代佛教“禅、教合一”的代表作。法眼宗虽在宋初兴盛一时，但不久便衰落了。

云门禅宗流行颇广。北宋时期，云门禅宗名僧在浙江传法者甚多，如重显禅师，北宋遂州（今四川遂宁）人，住持明州雪窦山资圣寺，大开法座，以写《颂古百则》《拈古百知》闻名于世。又如契嵩，北宋广西镡津（今广西藤县）人，早年入云门宗人洞山聪公门下，庆历年间定居浙江，仁宗皇帝赐“明教大师”号，著有《传法正宗记》《传法定祖图》等，考订禅宗“西土二十八祖”传承谱系，遂成禅门定论，力促三教融合。

临济宗流播甚广。两宋时期，临济宗在浙江传播甚广，在宗室南迁后，以“主战派”宗师宗杲为宗教领袖的临济宗势力移至江浙等地并“在临安郊外设教团本部，极速扩大了在士大夫中的影响”[①]。宗杲，宣州宁国（今安徽宁国）人，先后主持杭州径山能仁寺和明州阿育王寺，孝宗赐号“大慧禅师”，享誉禅门，有《正法眼藏》传世。

2.走向中兴的天台宗理论

宋代浙江天台宗流播之盛，不亚于禅宗。自五代从海外寻回大量天台宗文献后，引发了佛学界对天台宗理论的兴趣。宋初，天台宗的重要理论著作已收集得比较完备，在一大批具有较高理论造诣的高僧推动下，天台宗走向中兴。其中有以中兴天台宗为己任的湛然，被誉为天台一代宗师的义通，“真如缘起”论者遵式，引发“山家”与“山外”之争的辩难公案的悟恩、知礼等。如果说湛然是中兴天台宗之祖，那么知礼则以“山家”理论维护了天台宗的正统。知礼，北宋浙江四明人，其继承并发挥了宗智、湛然的学说，提出了“理具随缘”以捍卫天台宗的学说，主张观心法门“妄心观”，与悟恩引发“山家”“山外”之争，先后撰《十不二门指要抄》《别理随缘二十问》《观心二百问》等，使天台宗蔚然中兴。

3.“净行社”与江南净土信仰的发展

浙江的净土宗在“会昌法难”后迅速恢复，并以“天下其宗”的佛学信仰，引导了中国佛教的世俗化趋势。在宋代，不仅下层民众热衷于净土信仰，也有一批文化修养较高的高僧、居士深涉其中。浙籍高僧省常，北宋钱塘人，为净土宗七祖，其在西湖与僧俗千余人结“净行社”于昭庆寺，以宰相王旦为社首，推动了江南净土信仰的发展。

---

① ［日］小岛毅：《中国思想与宗教的奔流·宋朝》，何晓毅译，讲谈社《中国的历史》第7册，广西师范大学出版社2014年版，第182页。

4. 重振宗风与华严宗、律宗的广弘

华严宗在宋代势力虽已衰微，但仍有长水子璿和晋水净源二人试图重振宗风，接续香火。子璿法师，杭州钱塘人，北宋华严宗高僧，广弘华严教典，以疏《楞严经》名世。净源大师，北宋泉州晋水（今福建晋江）人，游学于江浙一带，弘传华严教义，后得高丽僧义天从高丽带来的一批华严宗章疏和金书《华严》三个译本共 180 卷，极大地推动了华严宗的中兴。浙江律宗在上层也有一定影响力。其中著名者赞宁，吴兴德清人，五代时吴越王钱俶赐号"明义宗文大师"，署为两浙僧统；宋太宗太平兴国三年（978），被赐"通慧大师"号，奉诏撰《大宋高僧传》30 卷，成书后宋太宗亲自批答嘉奖，先后在朝担任左右街僧录（时为最高僧官）并充史馆编修，"在佛教史上极为罕见"[①]。

5. 两宋浙江寺院

两宋是中国佛教转折的重要时期，僧官制、度牒制、敕额制等日渐完备，佛教被纳入国家政权控制之下，呈现世俗化、平民化的特点。[②] 作为佛教发展的主要载体，寺院在宋代浙江境内修、建甚多，著名的有杭州灵隐寺，明州阿育王寺、保国寺、天童寺，天台国清寺，普陀宝陀观音寺等。

（二）道教：张伯端的"明性"境界与林灵素的神霄派

道教与佛教的趋势一样，"也出现了分权化和本地化的趋势。丧失了唐代老子崇拜那样的国家庇护后，道教内部出现了脱离政权追求自立的倾向"[③]。两宋浙江的道教发展以张伯端所

① 沈冬梅、范立舟：《浙江通史》宋代卷，浙江人民出版社 2005 年版，第 310 页。

② 孙旭：《宋代杭州寺院研究》，上海师范大学博士学位论文，2010 年。

③ ［日］小岛毅：《中国思想与宗教的奔流 · 宋朝》，何晓毅译，讲谈社《中国的历史》第 7 册，广西师范大学出版社 2014 年版，第 182 页。

系道教南宗和林灵素所系道教神霄派为著。

浙江东汉上虞人魏伯阳所著《周易参同契》的注疏流行，成为以内丹成仙说拯救道教的重要契机和合理的突破口。北宋神宗朝时，内丹派空前盛行。至南宋形成道教的金丹派南宗，与金朝的全真道派相对。道教南宗紫阳派尊天台张伯端为鼻祖。张伯端，台州天台人，其早期著《悟真篇》，出儒入道，初创以道教内丹为中心的三教合一思想；中期著《禅宗诗偈》，出道入禅，以彻了禅宗性学为归宿；晚期著述以弟子王叔邦辑《玉清金笥青华秘文金宝内炼丹诀》(简称《青华秘文》)为代表，其思想转向禅道双融而形成一种独具特色的内丹学说，宣扬内丹修炼及道、禅、儒三教一理思想，推崇佛教禅宗的"明性"境界。

北宋末著名道士、温州永嘉人林灵素，于北宋政和五年(1115)提出了神霄说，引导宋徽宗成为教主，以掌握北宋教权，并通过教主在全国建立了庞大的神霄派组织，在京师开设神霄法坛，传箓散符；编写大量的道书，确定了神霄派的宗教意识和斋仪科范体系，承接了神霄派创始人王文卿的道学，促使神霄派走向兴盛，为道教神霄派的宗师之一；著有《释经诋诬道教议》《归正议》等。神霄派经张如晦、陈道一、薛洞真、卢养浩、徐必大、刘玉等高道代继，传至南宋理宗、度宗年间。

第六章　元朝:社会等级与社会变局

元朝是中国第一个由少数民族统治的封建大一统王朝。元廷将全国居民分成四个等级,浙江汉人处在最低的南人等级,备受歧视,此时,民族矛盾和阶级矛盾交织混合。在土地所有制结构中,大地主所有制居于主导地位,在生产关系中,租佃关系居于主要地位。浙地恢复和延续了宋代"敬宗收族"的宗族体制,逐步完善了由祠堂、族谱、族田等组成的收族体系,完成了从家祠向宗祠的转型。元时浙江综合运用荒政之法,战胜了百年不遇的大饥荒。其医政机构庞大,义乌人朱丹溪医学成就显赫,为金元四大医家之一。其时孝道文化广为传播践行。社会生活中,饮食与服饰呈现出民族间互为融合的特色。杭州城采用开放式的坊巷设计,交通驿路的民间投资力度较大。元代密宗盛行于宫廷,道教东华派在浙江兴盛。

第一节　超地域的社会范型

一、土地与田赋制度

元初期,浙江地区仍保持了原来的经济结构和生产关系,在土地所有制结构中，大地主所有制居于主导地位，在生产关系中，租佃关系居于主要地位。

元代土地分为屯田、官田、寺观田、民田四大类，屯田和官田都是国有土地，统称“系官田”；寺观田、民田属于私田；[①]“系官田”不断增加是元代土地制度的一个特点。

元代官田包括一般官田、赐田、职田、学田等多种，官田在浙江地区土地总额中占比很大。据《延祐四明志》卷十二《赋役考》记载，庆元路（鄞县、奉化州、昌国州、慈溪县、定海县、象山县）共有田地总数2242958亩，官田数270004亩，占总数的12%，其中象山县官田所占比重约为33%。元代赐田数目巨大，其中就有一部分在浙江地区。职田即官员的俸禄田，在浙江也普遍存在。浙江学田规模较大，占田千亩以上的学校很多。如庆元路儒学占有田土27519亩，绍兴路儒学占有田土4300亩。浙江的许多寺观在前代就已占有相当数量的土地，至元代这些土地仍归寺观所有，且不少寺观还通过豪夺、购买、政府拨赐、私人捐舍等途径扩大其土地占有。[②] 元代地主阶级的土地兼并活动愈演愈烈，土地大规模集中于地主阶级。由于土地兼并的剧烈和元政府赋役的繁重，浙江的自耕农和半自耕农所占土地数量日益减少。

元代，浙江承袭了南宋时期发达的租佃关系，无论官田、学田、寺观田和民田均以租佃制为基本生产方式，且有进一步深化的趋势。如官田兑佃已完全合法化，定租制成为占支配地位的地租形式。是时，浙江的地租以定额租制的实物地租为主要形

---

① 桂栖鹏、楼毅生等：《浙江通史》元代卷，浙江人民出版社2005年版，第91页。

② 桂栖鹏、楼毅生等：《浙江通史》元代卷，浙江人民出版社2005年版，第94页。

态，也有一定数量的货币地租，劳役地租比较少见。元代浙江官田、寺观田、民田租额比较沉重，学田租额略低于一般官田和民田，但情况比较复杂，甚至同一地区的租额轻重也有较大差别。浙江境内的赋税主要是夏、秋两税，以秋税为主，其征收主要以南宋原有田赋为基准。

二、人口数量与分层

元朝政府的户口统计，经过太宗窝阔台汗五年（1233）的“括中州户”和多次“白籍户”及“验户”制度的推行，至世祖至元二十七年（1290），南方及四川 11840800 户；二十八年（1291），户部上天下户数，内郡 9999444 户。其中江浙行省有 5882112 户，28736947 人，约占元朝内郡总户数的 0.59%。

至元十三年（1276）元军占领临安，平定了两浙地区。《元史·世祖纪》称“两浙路得府八、州六、军一、县八十一”，有户 2983672，口 5693650。这一统计，分民户、儒户、灶户、匠户、军户、打捕户、僧户、尼户、道户、急递铺户，民户为基本的户计。由于时处动荡，与实际情况颇有出入，人口大部分分布于浙江境内 11 路区域。据《浙江通史》元代卷提供的至元二十七年（1290）《元史·地理志》统计数，杭州路有户 360850，口 1834710；湖州路南北人户 236577；嘉兴路有户 426656，口 2245742（含已分出去的松江府）；建德路有户 103841、口 504264；庆元路有户 241457、口 511113；衢州路有户 108567、口 543660；婺州路有户 221118、口 1077540；绍兴路有户 151234、口 521588；温州路有户 187403、口 497848；台州路有户 196415、口 1003833；处州路有户 132754、口 493692。

从至元后期开始，浙江人口逐渐回升，相当一部分城市的人口有较大增长。其中有一部分为蒙古人、色目人等，称为“北人户”。至元二十七年(1290)，湖州路人口统计中，就有“北人户”1493户。万历《黄岩县志》卷二记载，至大四年(1311)，黄岩有49291户，其中北人户有63户，占0.13%。《大德昌国州图志》卷三《户口》记载，民户26636户中就有北人43户。这一时期江浙地区前所未有地接纳了众多的各民族人口，他们在文化传播和民族融合等方面产生了重要的影响。①

三、宗族制度的恢复与延续

元代恢复和延续了宋代“敬宗收族”的各类宗族体制，逐步完善了以祠堂、族谱、族田为收族手段的宗族形态，但大多规模较小。

元代族谱有世谱、家传、家乘、族谱图、谱牒、谱系、传家录、世系表、本支图、叙族小录等形式。是时，浙江庆元袁氏(元学官袁桷家族)、富春孙氏(孙权后裔家族)等家族的族谱皆为典范。元代有名的义门家族浦江郑氏，搜集了先世家训文字及墓志等内容，其六世孙郑太和撰《前录》58则，七世孙郑钦、郑铉补《后录》70则、《续录》92则，以及流行至今的《郑氏规范》168则，都曾单独刻板印行。②

元代浙江的族田，仍沿袭范仲淹所创的义庄模式。处州龙泉汤氏族田“大略仿范文正公之成规而微有所损益”。庆元鄞县黄氏义田也“仿范文正公义庄之制而稍损益之”。婺州东阳胡氏

---

① 桂栖鹏、楼毅生等:《浙江通史》元代卷，浙江人民出版社2005年版，第47—49页。

② 刘晓:《元代家族发展略论——以族谱、族田与祠堂为中心》,《中央民族大学学报(哲学社会科学版)》2018年第3期。

族田“乃增损范文正公规约件为条目”[①]。族田管理与经营，多由族长主持，并指定本族或派员一人专管或由本族诸房子弟、房长等轮流掌管。至于族田用途与具体收支，事先大都有严格的约定。如四明黄氏，“斟酌时宜，定为规约，凡所以赡宗族、时祭祀、给庐墓之营葺、婚丧出入助各有差”[②]。

作为家祠向宗祠发展的重要阶段，元代许多地方的家族祭祀都参照朱熹《家礼》中的设计，并多集中于江南地区，浙江较为盛行。中国传统社会的家族祭祀主要有寝祭、墓祭、祠祭等形式，以祠祭为主。元代祠祭一般由族长、宗子或族中辈分高的长者主持，如金华张氏由“一宗之主”张荣主之；且祭祀时间也有差别，“世远属疏，祭不敢用四仲，唯据朱徽公所定祀先祖之仪，陈器具馔而行三献礼”[③]。

第二节　民族等级与阶级结构

一、民族等级

为了建立一种适合统治多民族的模式，元朝将全国居民分为四个等级。第一等级是蒙古国姓诸部。这一等级享有许多政治与经济特权，可以担任最重要的官吏；在法律上，犯罪后所受刑罚均较其他等级轻；在经济上，可以拥有大量土地。第二等级

① 常建华：《元人文集族谱序跋数量及反映的谱名与地区分布》，《史学集刊》2008年第6期。

② 胡助：《纯白斋类稿》卷二〇《吴氏谱牒序》，丛书集成初编本。

③ 常建华：《元人文集族谱序跋数量及反映的谱名与地区分布》，《史学集刊》2008年第6期。

为色目人,可以任较低一级官职;在法律上,比下二级待遇优厚,并有专设机构处理他们的案件。第三等级为汉人,主要指女真人、契丹人以及原金朝的北方汉人与四川人、云南人、高丽人,他们中的一部分人经济上很富有,拥有大量的奴隶和土地;法律上受到限制较多;有一些人可以任较高职位,并可募兵。第四等级为南人,主要指曾在南宋治下的各族,他们中的个别人在经济上也拥有大量土地、奴隶及较高地位;法律上,严禁携带和私藏武器、习武与集会。元代的等级制度与诸色户计等方法结合起来,形成系统的组织与控制社会的网络。不过,阶级是一个多层面的系统,在同一阶级内部也存在着不同的层面。如蒙古人虽贵为一等,但仍有很多贫困者,只能享受法律名义上的保护,有部分竟然也被掠夺为奴。色目人的情况也一样。汉人和南人虽分列三、四等,也有地位较高的。但总体上说,这种等级划分民族色彩较浓,民族歧视现象明显,是元朝民族分化政策的具体体现。

浙江境内的主要人口为汉族,属于元代民族等级中的南人,在四等人中地位最低。但由于元代全国经济中心已经南移,浙江成了元朝的经济富庶地区,大批北方汉人为逃避徭役迁移到这里,蒙古人、色目人基于各种原因迁入,也在这里定居。因此,在汉人任官职方面略有放宽。至元二年(1265),元廷规定"以蒙古人充各路达鲁花赤,汉人充总管,回回人充同知,永为定制"。

从浙江的社会状态看,元代实际上存在着两种阶级系统的冲突与混合。著名史学家蒙思明在《元代社会阶级制度》一书中认为,元代存在着原有之阶级和元代法定的种族四级制之间的冲突与混合,而最终因民族矛盾上升,这种混合的阶级制度走向崩溃。与别的朝代一样,元代社会的主要阶级是地主阶级和农民阶级,这两种对立阶级的矛盾是社会的主要矛盾。同时,元朝社会形态中还掺杂了游牧民族带来的氏族制、奴隶制成分,各种社会阶级构成极为复杂。除了地主和农民的阶级对立,还有奴隶、驱口、投下户等与统治阶级的矛盾。

二、阶级结构

(一)地主阶级

元代浙江的地主阶级主要有官僚地主、一般地主和寺观地主等。官僚地主是由蒙古国时期和元初受封的贵族转化而来的。元朝皇族和贵族、官僚除分封外,还垄断了其他土地和山林的使用权,并不时地把自己应负担的赋役转嫁到劳动人民头上,他们是地主阶级中权势最大的。一般地主人数最多,尤其在江南,入元后一般地主继续沿南宋时的势头发展,通过政治上结交权贵、挟持官府、贿赂买官等途径,来稳固自己的经济和社会地位。许多南宋时的江浙大地主,在元时不仅没有丧失土地,反而兼并了更多土地。僧侣地主势力在元朝有较大的拓展。元灭宋后,余杭径山临济宗禅师云峰妙高曾去元大都,为禅宗争得继续传教的权利,故而天台、华严、律宗等在南方各地仍流传较盛。忽必烈以僧人杨琏真伽为江南释教都总统,旗下占有田地 23000 亩,私庇平民 23000 户。各级僧官也都占有数量不等的地产,荫庇平民,不输租赋,形成特殊势力。一般寺院也占有田地。元《大德昌国州图志》记载,全州(舟山)共有田地 2900 余顷,其中 1000 余顷为佛寺道观所占有。江浙行省所管寺院佃户有 50 多万户,可见当时寺院所占田地之多。寺院的田地山林,为各级僧官所支配,大寺院的僧官富足堪比王侯。

（二）商业阶层

随着土地租佃制的确立，元代的工商业得到迅速发展，商人们聚集了大量财富，形成富商阶层。他们中不乏地主、官僚和兼营商业的寺院僧官，色目人也大多经商。南宋时，浙江沿海本来就居住有大批“蕃商”，累有财力，至元代也被划为色目人，继续经商。盐商自宋代以来即称豪富，元明宗、元文宗即位时，曾得到江淮盐商的支持，他们对盐商赏发奖赐，倍加重视。

（三）农民阶级

元代农民阶级主要为自耕农户和佃户，且以江南地区居多。当时，北方战事频仍，大批战俘被掠为驱奴，幸存的自耕农户和地主被划入民户，不堪重赋而流入江南地区。元世祖时期，御史中丞崔彧曾奏报，自北方内陆流移江南逃避赋役的农民已有15万户。此后农业人口南流的趋势一直不曾停止。随着土地兼并加剧和租佃关系的发展，大批自耕农沦为佃户，其数量甚至超过自耕农。据《元典章·圣政二》，有杭州官员奏报说，富户有田地，百姓无田地，皆种富户田地。自耕农户越来越少，处于不被重视的地位。元代，佃农主要分布于江南，一些大地主拥佃多达数千上万户。大寺院也有拥佃户数万家者。佃户以对半制田租受地主盘剥，又受多种名目的额外勒索。是时，据江浙省臣奏报，秋后佃户需将收得粮米尽数偿还本利，如不够，便只有抵当人口。官府出租官田、职田，倚仗权势，对佃户肆意敲剥。有史家认为，在驱奴制盛行的元代，拥有良民身份的佃户，社会地位和法律地位都近于驱奴。

（四）手工业者阶层

元代，江南地区的手工业者阶层主要包括工匠和佣工。工匠以官工匠为主。元朝建立后，多次在江南签发匠户。至元十六年(1279)籍工匠42万，立局院72所，每岁定制币缟、弓矢、甲胄等。至元十八年(1281)又在江南拨签的30万匠户中汰选10.9万余户，其余纵令为民户。官工匠由官府直接管理，按每户四口计发给口粮，子女世袭其业，可免一些赋役；应役之暇可在家工作，有较高手艺者可因此致富，但仍在很大程度上受到官府的克扣和盘剥。江南地方匠局的工匠处境较差，生活常无着落。元代杭州等地的纺织业等行业中还存在佣工情况，每坊雇佣数人或十数人不等，其社会、法律地位大致与佃户相等。佣工阶层中的雇身人、雇佣奴婢，其身份和地位要低下些。

（五）奴隶制现象的泛化

中国自从脱离奴隶制社会而进入封建社会以后，奴隶制现象依然延续了很长时间，几乎与封建社会相始终。尽管有数个朝代的帝王制定过奴隶赐姓、编户或禁止奴隶买卖的法令，但收效甚微。元朝约一百年时间里，奴隶使用和买卖极为普遍。

元代江浙虽早已为开化、开明区域，但奴隶买卖现象仍较严重。元代文论家、婺州兰溪人吴师道在《吴礼部文集》中曾描述过当时人口买卖的情形："老翁首插标，泣售官道边。自云八口家，货易支凶年。妇人二斗粟，儿子一饷钱。"《元典章》载："厘勒江南司县，应卖人口，依例于本处官司陈告来历根因，勘会是实，明白给据，方许成交。"元末明初文史学家、台州黄岩人陶宗仪的《辍耕录》记录了官奴买卖契本的重要性，"又有红契买到者，则其元主转卖于人，立券投税者是也"。这里的红契即契本，无契本的人口买卖被视作匿税，要受法律制裁。同时，他又指出了私奴可被随意陪嫁或赠人。元代的法律规定，当主人犯死罪时，可以奴偿死，奴隶可为主人抵供军需，甚至作主人入殉的牺牲品。元朝奴隶可分为官奴和私奴两大类。官奴绝大部分源于战争中的俘虏或犯罪入没的家属。私奴的来源很多,但主要的还是掳掠俘虏或被官府逼迫为奴,佃户沦落为奴、自卖为奴等。元代两浙奴隶以宋、金遗留下的奴隶及其家生奴隶者居多。

江南一带大量的奴隶主要从事农业生产或用作家庭内服役。《元典章》载:“地客生男,便供奴役;若有女子,便为婢使。”陶宗仪《辍耕录》记载:“国初平定诸国,俘到男女,匹为夫妇,所生子女,永为婢奴。”《元典章》也记载,元贞元年(1295)二月,“两浙良民因值缺食,将亲生男女得价,虽称过房乞养,实与货卖无异,将来腹里转卖为驱”。至元二十九年(1292),江南有为偿债而卖子女者,“维扬、钱塘受害最惨,无故而殒其生五百余人”。

有研究者认为,元代驱使奴婢风气之盛,原因在于蒙古人输入了其固有的蛮风,及色目人虐待汉人使社会秩序大乱。此种见解过于直白。从社会经济史的角度看,更重要的原因可能在于两点,一是元朝统治者起于游牧民族,走出氏族社会后便一直处于奴隶制时代。灭南宋后,这种游牧民族的奴隶制意识对江南等新统治区的政策制定难免有一定影响。二是南宋晚期大地主的兼并造就了超级大地主,他们占有数万亩土地,需要大量的农业劳动力。元初,不少蒙古、色目的富裕阶层不再游牧而从事农业,亦大肆兼并土地,掳掠或买入奴隶,以供驱使。

第三节　荒政、医学与养老

一、荒政之法的综合运用

元代,灾荒情况十分严重,约百年间发生水灾、旱灾、雹灾、蝗灾及饥荒等五百余次,给经济、社会造成了极大危害与损失。

江浙行省是重灾区之一。如大德十年(1306)江浙行省首先爆发大饥荒，而后蔓延，饿死的尸骨，仅杭州善人收拾的就有万余具。文宗至顺元年(1330)闰七月，杭州、常州、松江、平江等十路诸县水灾，漂民庐，没田五万余顷(合计数)。[①] 至顺二年(1331)，湖州安吉县大水暴涨，漂百九十人；八月，江浙诸路水潦害稼，计十八万八千余顷；九月，湖州安吉久雨，太湖溢，漂民居二千八百余户，溺死百五十七人。足见元代江浙灾害之重。面对严重的灾害，地方政府通过常规的和临时的救灾措施以减少灾荒的危害。包括以义仓、常平为“积蓄之本”，以赈济、赈贷、赈粜为临灾救助的主要措施，以劝分为民间承担赈济的方法，遣官增强救荒组织的执行力，以及采取弛禁、禁退粜、不抑价、兴工、减租、贷种、恤流离、祷祀等措施，以有效救助荒年，减少社会不稳定因素。

其中的劝分之法，在元代为实施的典范。元成宗大德末年，发生了以江浙行省为中心并迅速蔓延至江南乃至全国的特大饥荒，被称为“丁未大饥”。当时，百姓卖妻鬻子犹不能避灾，道馑相望、死者相枕，仅江浙就有流民 133 万多户。元廷先后五次拨赈，地方政府动员富户参与赈济活动，救灾使者随处可见，富阳潘生的赈济事迹还被载入史册。由于政府与民间的奋力救灾，最终战胜了元代建立以来最大的饥荒。有史学家认为，灾荒是元代最终走向灭亡的重要原因之一。

二、医政与医学

元朝是我国古代医政机构最为庞大的一个朝代，设有太医

---

① 于文善、吴海涛：《元代的灾荒及灾荒赈济——以〈救荒活民类要〉为中心》，《阜阳师范学院学报(社会科学版)》2012 年第 1 期。

院、官医担举司、广济担举司、广惠司、回回药物院、御药局、行御药局、御香局、惠民药局等14个医药机构。元朝时期，撤销太平惠民局，开设惠民药局，“官给钞本，月营子钱，以备药物，仍择良医主之，以疗贫民”。至元年间（1274年左右），杭州改施药局为医学提举司，掌考察诸路医生、课艺、试验太医教官、校勘名医撰述、辨验药材。杭州正式设立惠民药局，设提领一员管理局务。至元二十五年（1288），江浙行省置官医提举司。此后，杭州、温州、宁波、衢州及富阳、於潜、新城（今富阳新登）、余杭、昌化、海宁、诸暨、新昌、武义、浦江、鄞县、平阳、瑞安、乐清、泰顺等相继设惠民药局。有些州县还设有公立、私立医院。又有国外商人行医，如埃及富商在杭州开办阿拉伯医院，直接把阿拉伯医药学传入杭州，推动了国内外医药学交流。[①]

元代，浙江的医药学尤其是临床医疗技术水平在国内有一定影响。这一时期著名医学家、婺州义乌人朱丹溪是中国医学史上具有开创性的“金元四大家”之一，为我国古代医家学派“滋阴派”鼻祖，著有《本草衍义补遗》《金匮钩玄》《格致余论》等医学名著。

元代，杭州药材市场繁荣，每星期有三天为集市日，交易往来客商过万。杭城中药店中较著名的有蒋正斋药室、寿安堂药室、中和堂等，城内有专卖杖丹膏和胎骨丸的药铺。这些店铺还从国外进口名贵的中药材。是时，浙江各地都建有育婴堂、养济院等慈善医药卫生机构。

浙江医药卫生事业发展较为完善，增强了医疗防疫能力，因此在元代疫疠流行次数和频率相对较低，有元一代，流行次数为16次，流行频率为3.44，仅次于处末位的清朝。

---

① 朱德明：《浙江医药史》，人民军医出版社1999年版，第15—16页

三、敬老、养老的措施与风气

元代，浙江社会的敬老、养老等孝道文化的传播与践行亦盛。武宗至大二年（1309）九月，议行封赠之制，以表“课忠责孝之意”。至元中期，表彰“义夫、节妇、孝子、顺孙”行为，“孝事父母、友于兄弟、勤谨、廉洁、谦让、循良、笃实、慎默、不犯赃滥”的行为规范，逐步成为国家的道德行为标准。[①] 元朝廷承袭了以往“礼高年”的做法，对老年人加以照顾，按规定，80 多岁以上的老人可以“存侍丁一名”，即免除一名子孙的杂役，让其侍养老人；90 岁以上的老人“存侍丁二人”。皇帝继位时，往往还要特别赐给 80 岁以上老人绢帛等，以示关怀。宋末元初，庆元府鄞县人王应麟学宗朱熹，著述宏富，所撰《三字经》涉尊老敬老，如“乃九族，人之伦”，意即自高祖起至玄曾乃九族，代表了人的长幼尊卑秩序和家族血统的承续关系；“首孝悌，次见闻”，意即一个人首先要学的是孝敬父母和友爱兄弟的道理；“父子恩，夫妇从”，意即父亲和儿子要注重相互的恩情；“长幼序，友与朋”，意即年长者与年幼者的交往要注意长幼尊卑的次序等。

第四节　互为嵌入的社会生活

一、多民族的生活方式

（一）服饰的民族融合与阶级区别

元朝是中国历史上民族融合的时代，在衣冠服饰上也充分

① 史卫民：《元代社会生活史》，中国社会科学出版社 2005 年版，第 284 页。

体现了这一特点。

元代民族成分以汉族、蒙古族为主。宫中服制长期沿用宋朝规制。至元英宗时期参照古制，制定了天子和百官的上衣连下裳且上紧下短并在腰间加襞积，肩背挂大珠的“质孙服”制，汉语称“一色服”。这种服制既承袭汉族风尚又兼有蒙古族特点。蒙古人进入汉地后，除保留本民族的服制外，也采用汉、唐、金、宋的宫廷服装。如天子的通天冠和绛纱袍，百官的戴梁冠和青罗衣加膝的朝服及冕服等形制，汉族的公服也为通用服饰。男子公服从汉族习俗，“平以罗，大袖，盘以罗，名衽”。公服之冠，皆用幞头，制以漆纱，展其双脚。元代贵族妇女服饰采用民族形制，但平民妇女不少仍服用汉族的襦裙式，半臂也颇受妇女喜爱。唐代的窄袖衫和帽式也有保存。元代蒙古族服饰在一定程度上保留了传统特色，呈现出与北方草原游牧民族相匹配的形制和色彩。日常服饰都镶以宝石，刺以金缕，显得雍容华贵。蒙古人喜用蓝、白、灰褐、翠绿等色。作为草原游牧民族，绿色是草原的主色，在蒙古人心中有着特殊的地位。

元朝的官服具有等级的区分。首先是官方与民间的区分。丝料是元朝政府向民间征收的重要“科差”之一。丝料上缴后，由政府设工局加工成各色织品送往都城，严禁民间私造和买卖。同时，元朝廷对龙形图案、佛像、西天字图案作了严格规定，并禁止民间使用柳芳绿、鸡冠紫、迎霜合、红白闪色、胭脂红等颜色及滥用珠宝饰品。在朝廷明文规定下，一般庶人只准用暗花纻丝、丝绸绫罗、毛毳制作服装；不得用赭黄色及各种鲜明色彩；帽、笠等不许用金、玉装饰；妇女首饰准许用翠花和金钗锦各一件，耳环可用金珠碧甸等。[①] 其次是官服的品级区分。至元八年(1271)十一月，忽必烈下诏颁布了“文资官定例三等服色”，按照品级分为紫罗服、绯罗服、绿罗服三大等级。至元二十四年(1287)闰三月，朝廷批准枢密院关于军官服装“拟合依随朝官员一体制造”的建议。各品官的公服“上得兼下，下不得僭上”，官员带的幞头以漆纱制成，偏带“并八胯，鞓用朱草”。官员一般服装的用料也有品级规定。再次是服饰的阶层区分。元朝社会的士农工商阶层，也有与其身份相配的服饰。儒士阶层的常服，规定为茶褐罗穿衫，系黑角束带，戴舒脚幞头。但中书省又特别规定，凡参加祭祀孔庙的儒士要自带鞋带、唐巾。浙江等地的儒士习惯穿“深衣”参加祭祀大典等活动。对此，中书省又特别宣布“南北士服，各从其便，于礼为宜”。大德十年(1306)，规定学正、学录、教谕等儒官亦穿公服，形制与吏同。仁宗延祐三年(1316)，朝廷批准按儒生公服式样制造医官公服。农民阶层，一般为短衣戴斗笠或披蓑衣。浙江等产水稻地区农人更多的是赤足或裹腿，绍兴地区农人四季皆戴毡帽；渔人则裹巾，着短衣褥，穿草鞋或赤脚为多。工匠服装按木、铁、陶瓷等行业不同而有所区别。浙江一带木工一般着布鞋且绑小腿，以避刀锯滑手破脚；铁匠除着一般服装外，前胸腹或膝披一粗布或皮襜(即围裙)；制陶制瓷工匠亦然。商人服饰较为多样，如捐官者可着公服，而一般小商贩则与工匠无异。元代大书画家、湖州人赵孟頫作《斗浆图》描绘了裹巾子、穿齐膝短衣卖菜汤的小商贩形象。僧人、艺人以及娼妓阶层也各有其衣着。总之，元代各阶层男女服饰呈多样化趋势。

---

① 史卫民：《元代社会生活史》，中国社会科学出版社2005年版，第95页。

（二）元代的饮食生活

在元朝统治时期，浙江的主要人口为汉族，主食以米面为主，副食包括以羊、猪为主的家畜肉、养殖鱼、野生淡水鱼与海鱼，以及人工栽培的各种蔬菜、水果等。此外还有少量的野生动物肉和野菜、野果子。浙菜在南宋形成菜系。至元代，烹饪仍以浙菜系技法为本。茶仍为主要饮料。酒，宋代除黄酒外，已逐渐推广蒸馏白酒，至元代仍依汉族人的饮酒习惯。

和前代相比，元代浙江汉族饮食有三个特点，一是受到其他民族饮食习惯不同程度的影响。例如粥，受放牧民族的影响，增加了许多以肉类和药材同煮的品种。元朝宫廷中有以羊肉同熬的乞马粥、汤粥、河西米汤等，“食疗”用的羊骨粥、猪肾粥、枸杞羊肾粥等十数种粥品，有不少同时在民间流行；宫廷的秃秃马食在民间流行颇广。二是由朝、铺两食制为主改为早、中、晚三餐制为主。[①] 三是制作和推广使用白砂糖，并开始饮用葡萄酒。元代诗人、处州人周权作《葡萄酒》诗：“累累千斛昼夜春，列瓮满浸秋泉红。”可见浙江人在元代已饮葡萄酒。

元代，浙江的蒙古人、色目人主要分布于杭州地区、庆元地区（今宁波、舟山）以及温州地区，人口并不多。他们的饮食以家禽羊、牛、马等肉类和奶制品为主，以打猎所得的野生动物作为补充。饮料有马奶酒和各种家畜奶等。内迁到浙江等农业区的蒙古人，生活方式发生了不同程度的变化，其中“多数逐渐以粮食为食物的主要消费”。蒙古族和其他民族也流行饮用浙江盛产的粮食酒。绍兴的日铸茶、庆元慈溪的范殿帅茶、湖州长城的

---

① 史卫民：《元代社会生活史》，中国社会科学出版社2005年版，第105—106页。

顾渚茶是元代的名茶、贡茶,蒙古贵族多有品赏。

(三)元代的居室生活

元代的城市实行开放式坊巷设计。居民的住宅、市场以及官衙等安置在街道与街道之间的街区。意大利旅行家马可·波罗曾这样描绘当时杭州城的厢坊和御街:城中有许多方形街区,市民在那里开设市场。城中有十大露天市场,其形方正,每边长为半里。这些市场沿线,有一条宽达 40 步的大街,横贯全城南北。街上有许多平坦的桥梁横卧,以利往来。沿着大街,两侧楼房耸立,民居稠密,鳞次栉比。居民在店坊里劳作经营,上下奔波,里外忙碌。

元代城市居民的住房,因居住者所在地区和贵贱贫富的不同,有着很大的差别。元朝政府对贵戚、功臣及各地豪富人家的住宅条件有不同的限制,甚至特别颁旨,严禁城市造房侵占官街。城市居住的手工业者、小商贩、小官吏以及各衙门的仆役、儒士和闲汉等,其住房与达官贵人相差甚远,一般仅住一室,房内仅一灶和简单的桌椅。

宋元时期,浙江乡村建设相对发展较快,各地均有一些建筑规模较大、规整考究、功能齐全、人口聚集庞大的村落。至今,仍有一些保留较好的古村落,如泰顺徐岙古村落、永嘉苍坡古村落等。与宋代一样,元代浙江贫苦农人的住宅与豪富、官吏、士人的住宅差别还是很大的。

(四)元代的交通

元代,通往江浙行省的驿道大多是利用原有交通路线,并根据需要增加了一些道路以改建或新设驿站。据官方统计,元朝廷在中书省直辖的地区和河南、辽阳、江浙、江西、湖广、陕西、四川、云南、甘肃等行省共设立了 1400 多处驿站。驿站为官方来往人员提供交通工具、休息场地和饮食服务。元廷鼓励民间对客栈馆舍的投资,从而为民众的交通往来提供了一定的保障。

元代最大的水陆交通工程要数京杭大运河的全线开通。元廷在至元二十六年(1289)和至元二十八年(1291)先后开通了会通河和通惠河,贯通了南起杭州、北至大都的纵横南北的大运河,总里程比隋代的运河缩短了900公里。新运河开通以后,江淮、湖广、四川、海外诸蕃土贡、粮运、商旅,毕达京师。

元代浙江境内道路、桥梁和港口建设均有大的发展。据现存的浙江古道可知,当时境内道路已可通达温州、丽水、台州、金衢严、宁绍及杭嘉湖的广大地区,道路、桥梁建设遍布浙江各水乡地带。港口建设在浙江亦备受重视,重点港口数量在沿海诸省中名列前茅,包括庆元(今宁波)烈港、澉浦港等。为方便往来旅客,官府还在较大的河流设置渡口和摆渡船只。

二、佛教的实参实悟与道教东华派的兴盛

(一)实参实悟的佛教

元代,密教盛行于宫廷,汉传佛教诸宗均受到严重抑制。禅宗因其传法方便、自由而法脉不断,成为佛教主流,著名禅师高峰原妙与中峰明本等活跃于浙江境内。元代禅宗倡导实参实悟,使实参重于顿悟,将顿性禅法导向平实修习。

浙江是高峰原妙及其弟子中峰明本的主要活动区域。原妙(1233—1295),十五岁于嘉兴密印寺出家,十八岁精进修学于天台教观,后一直在杭州净慈寺、天目山狮子岩诸地精进学禅、闭关清修数十年,至去世的十五年内足不出关,被世人尊为"高峰古佛"。其间,他创立狮子院和大觉禅寺,学徒云集,参请不绝,僧众随其受戒数万。其禅法深潜厚重,有古德之风,行世著作有

《高峰原妙禅师语录》《高峰和尚禅要》等,皆载入《万续藏》。

原妙弟子中峰明本(1263—1323),浙江钱塘人,元代高僧,二十四岁赴天目山,受道于禅宗寺,禅法继承大慧宗杲、高峰原妙的"话头禅"而兼有禅净融合的特点,被誉为"江南古佛"。其不仅有众多汉族信徒,而且指导其他民族僧人习禅,远至西域北庭、东夷南诏,为元代禅学向边远地区和周边国家的传播作出了贡献。元惠宗曾赐"普应国师"号。著作有《天目中峰和尚广录》《天目明本禅师杂录》以及《一华五叶》等禅诗,流传甚广。

(二)道教东华派的兴盛

元代道教东华派在浙江的兴盛,得益于高道、浙江平阳人林灵真(1239—1300)的传播。其早年便洞彻经纬史传、诸子百家,曾被授登仕郎;后投拜道士戴煟为师,舍家宅为道观;后三十七代天师张与棣表荐其为温州路玄学讲师,继升本路道录。此后,其闭门著述,撰成《济度之书》《符章奥旨》等,广为传播,被称为"开东华之教,蔚为一代真师"。《正宗道藏》有收署宁全真授、林灵真编《灵宝领教济度金书》320卷,由明代道士据《济度之书》增补扩充而成。

第七章　明朝：专业市镇群与农商社会

明代浙江可谓农商并进，专业市镇密布，商品交易蔚为大观，显现出农商社会的区域特征。土地制度，民田多于官田，数量占到九成以上；浙江先行"一条鞭法"改革；宗法制走向民众化、普及化；婚制"先时""过时"区分明显，赓续朱熹之纲常。浙江社会权贵林立，缙绅群体余威未减；绍兴师爷独占幕僚地位，商贾聚集，海商违禁，商帮行于天下；奴婢虽有解放，贱民群体却扩大。时浙江荒政之制、技、法皆有改进，赈济之新法施行；孝道意识强化，养老被定为国策；义庄普设，郑氏义门独大。社会生活品味雅致、等级严明；建筑、用具精美绝伦。佛教再兴，诸宗均有发展，遂成寺院丛林；道教得势，趋向人格化发展。

第一节　农商社会范型

一、土地与赋役制度

明朝时，江南地区的土地制度仍基于官田与民田的土地性质。据《浙江通志·贡赋志》记载，当时浙江全境的田及山、滩、塘、池荡、河、溪等，总计有官田、地等 29591 顷，有民田、地等 417168 顷。官田的税粮由地方官府征收后全部上缴国库。江南官田的税额特别重，每亩官田的税额达二至三石，按由重到轻程度排列分别为苏松、嘉湖、常杭。明宣宗时期，税额有所减轻，但仍“比民田一般都要高出几倍甚至十几倍以上”。①

明代在土地赋役制度上实行一条鞭法，即由政府丈量全国土地，按照人丁和田亩的多寡收取赋税，将田赋和各类名目的徭役合并在一起征收，同时将部分丁役摊入田亩；又将过去按户、丁出办的徭役，改为按丁数和田粮摊派。在一条鞭法实行前，浙江各地赋税制度不太统一，如湖州实行将官田、民田分为两则的分离制，而嘉兴采取将官民田两则合并的“扒平法”。万历年间推行一条鞭法后，浙江各地官田与民田的赋粮得以统一。明朝中叶以后，江南官田开始了私有化进程，其中大部分官田、地被官僚豪绅逐渐通过各种途径占为私有。除了自耕农拥有的一部分土地之外，官僚豪绅、富商巨贾、庶民地主及其他各人等的土地，大多出租给无地的农民耕种，收取租谷。可以说，“租佃制是明代江南最盛行的土地经营方式”。② 土地租赁分为定额租制和分成租制。从浙江北部的情形看，土地出租率还是比较高的。

明朝，朝廷征收的赋税和徭役有田赋、商税、里甲正役、均徭以及岁贡、岁办和杂赋等名目。“一条鞭法”率先在浙江的余姚、平湖推行，并最终在全国推行。“一条鞭法”的实施，一定程度上减轻了农民的赋役压力，提高了农民垦荒的积极性，但并没能根治土地兼并的顽疾。

---

① 陈剩勇：《浙江通史》明代卷，浙江人民出版社 2005 年版，第 47 页。

② 陈剩勇：《浙江通史》明代卷，浙江人民出版社 2005 年版，第 48 页。

明代与前朝赋役制度实施的最大不同，在于除政府需要征收的米麦外，一律折成银两。但苏、杭的赋役基于历史原因，仍以麦米为主；农民及各种负担力役户也可出钱代役，由官府雇人承应。明代，浙江的赋役征收废除了原由基层粮长、里长负责征收的“民收民解”制，改为“官收官解制”，由地方官吏直接办理。

二、人口制度

（一）迁徙与游寓

明初，明太祖效仿汉高祖徙民实关中之制，进行大规模的人口迁徙，尤其是针对富户的迁徙。明太祖迁苏、松、杭、嘉、湖之无田者，往耕临濠，官给牛种，免赋三年；徙江南富民 14000 户到中都，又命户部籍浙江等九省及应天等十八府富民 14300 户，以次召见，悉数迁到南京。[①] 成祖即位后，也屡有移民之举，曾徙北方无田之家以实北平；又迁直隶、浙江之民 20000 户到京师，充仓脚夫；又徙应天、浙江富民 3600 户充当北京宛平、大兴二县的厢长，附籍京师，仍应本籍徭役。[②]

明时，浙江民间迁徙至云南等边关的人数骤增。据《皇明条法事类纂》记载，成化元年（1465），有浙江、江西等布政司龙游、安福等县商人等不下三五万人在卫府坐理，偏处城市乡村屯堡安歇，坐放钱债，利上生利，收债米谷，贱买贵卖，娶妻生子，置买奴仆，游食无度，二三十年不回原籍。浙江与江西的经商、垦殖人员大致在天顺年间被分批迁到楚雄姚安地区，并于成化年间

---

① 龙文彬：《明会要》卷五〇《民政》一《移徙》，中华书局 1956 年版，第 944—945 页。

② 赵翼著，王树民校证：《廿二史札记校证》卷三二《明初徙民之令》，中华书局 2001 年版，第 746 页。

被迫迁回原籍。

浙江还有一个人口现象值得注意，即人口流动频繁。据劳乃强、黄国平《无远弗届——龙游商帮》一书研究，当时徽商、晋商、江右商人迁入龙游者约有31姓209族，长期扎根于龙游城乡。反之，浙江籍士人、农人、商人、工匠、僧道等游寓与寄籍他乡者也多。晚明北京城中的居住人口，有十分之六七是外地移民，或寄寓，或客籍，而在这些外地移民中，来自绍兴府的占十分之四五。

(二)人口变化趋势与性别比例

明代浙江人口总数总体呈下降趋势。洪武十四年(1381)、二十四年(1391)、二十六年(1393)，人口数分别为10550238人、8661640人、10487567人；户口数分别为2150412户、2282404户、2138225户。至弘治四年(1491)、嘉靖八年(1529)、万历六年(1578)，人口数分别降到5305843人、4525471人、5153005人，户口数分别降到1503124户、1242135户、1542403户。[①] 从这几组数字对比可以看出，从洪武十四年的最高数到嘉靖八年的最低数，浙江的人口数降低了60%多。不过史学界对这组数字存在着一些疑问。

男多于女的比例失调是明代与前朝男女性别比例的相似之处。从明代地方志记载的台州、绍兴、严州、宁波等地人口登记数据来看，当时男女性别比例以绍兴府为最高，为100∶248；嘉兴府最低，为100∶129。男女性别比在200以上的有8个地区，分别为山阴县的248，余姚县的246，台州府6县的235，嵊县的235，绍兴府的221，严州府淳安县的217，萧山县的214，太平县

---

① 陈剩勇：《浙江通史》明代卷，浙江人民出版社2005年版，第65—66页。

的202。浙江人口密度为全国之最，从洪武二十六年的统计数据看，是年全国的人口密度为19.07人/每平方公里，浙江的人口密度为114.38人/每平方公里。人口密度最高的嘉兴府为337人/每平方公里，最低的处州府为14人/每平方公里。显然，浙江南部山区人口密度相对较小，尤其是像处州府这样处于待开发的地区。

三、婚姻、家庭与宗族制度形态

（一）婚姻制度与风俗

《大明律》对传统婚姻制度与继承制度有所突破。根据《大明律·户律三·婚姻门》的规定，浙江的婚姻制度在婚姻缔结前的订婚、婚姻缔结的条件、婚姻缔结的限制和婚姻的解除等方面作了很大的改变。尤其是在婚姻的解除方面，提出了单方面解除、和离、强制离婚等多种形式。在继承制度方面，放宽了“兼祧继承”“奸生子继承”和“赘婚继承”的限制。这在保障人性最基本的需求、保护女性的权利和非婚子女利益以及夫妻忠诚义务等方面都是一种历史的进步。

结婚年龄的规定。明代依照宋代理学家朱熹《家礼》中对男女结婚年龄所定的标准，讲究实际存在的婚龄“先时”与“过时”问题。所谓的“先时”，指低于男16岁、女14岁婚龄标准下限而成婚的。所谓的“过时”，指高于男25岁、女20岁婚龄标准上限而成婚的。然而，在浙江很多地方都存在着早婚的习俗，或幼男娶长妻，或幼女嫁长夫。幼女嫁长夫，吴兴一带尤多。[①]

---

① 怀效锋点校：《大明律·令·户令》，载《大明律》附录，辽沈书社1990年版，第241页。

婚姻合法性的规定。婚姻必须订立婚书；必须依礼婚娶；双方的“私约”有时也具法律效力；女方接受男方聘礼，视为婚姻的存在；卑幼之人的婚姻必须接受“父母之命”等。《大明律》也规定了“出妻”的男子“七出”的权利与女子不被丈夫休弃的“三不去”权利。

婚娶的程序与习俗。明代婚娶讲究合乎程序，涉及程序包括媒合、庚帖、纳采、纳征、请期、聘礼、妆奁、择日、催妆、迎妆等。浙江地区的民间婚礼，各地区别较大，婚娶之习俗也多。周作人在《初夜权·序言》中记载道：“浙中有闹房之俗，新婚的前两夜，夫属的亲族男子群集新房，对于新妇得尽情调笑，无所禁忌，虽云在赚新人一笔，盖系后来饰词，实为蛮风之遗留，即初夜权之一变相。”[①]明廷对民间的一些特殊婚俗以法律加以限制或禁止，其中有专门针对浙江流行的一些风俗，如温州乐清丐户中流行的“借婚”等。

（二）宗族制度的民众化与普及化

明代，宗族在很大程度上趋于重建与复兴，宗族形态也发生了一系列重大变化。浙江是宗族复兴最为活跃的热土，民众化和自治化为其突出特点。这一过程中，不仅有如宋濂、方孝孺等这样的名臣名士注重并直接参与宗族活动，而且还奇迹般地萌生了如浦江郑氏义门这样的合族共居的“超级”家族。

明代宗族的发展，是宋代“家国同构”意识形态主导下宗族重建运动的延续。至嘉靖年间，经过“继统不继嗣”的“大礼议”，朝廷正式废除了对建嗣与追祭世代的限制，庶民得以建祠庙以追祭祖先。这推动了民间宗祠置建的普及，对地方宗族势力的

① 周作人：《初夜权·序言》，载《知堂序跋》，岳麓书社1987年版，第273页。

发展起到重要作用。

浙江是地方宗族重建的思想高地和推广普及宗族重建的热土。明初,浙江籍名臣、名士如宋濂、方孝孺等鉴于古代宗法制度的陈迹和乡村社会血缘伦理观念的弱化,竭力倡导乡村社会重建宗法制度。宋濂为其所在的浦江宋氏宗族修撰了《宋氏世谱》。其弟子方孝孺提出了修撰家谱、建立宗祠家庙、设置族田三条重建宗族的措施,以明本、祭祖、睦族、敬宗、收族、联族等程序重建宗族,稳定社会秩序。明中期,名臣、大儒王阳明又重构宗族伦理思想,在王阳明的文集中存留有大量的地方族谱的序文,“他在这些序文中无一例外地推崇了一种睦睦亲亲的和谐思想”[1]。这种睦睦亲亲的表述与其“明德亲民合一论”是相互支撑的,宗族领域的亲亲与社会领域的亲民是一种同质的关系。阳明学在江右地区的传播过程,也是阳明学者不断进行宗族伦理重构的过程。正是因为浙江士人、学者对宗族理论和实践的孜孜不倦的开拓,推动了明代浙江宗族的重建,宗族形态也出现了诸多变化。至明代晚期,在浙江一些地区,宗族已经初步具备了其作为近世中国地方基层组织的政治功能和社会功能。

浙东、浙南地区的一些宗族,管理功能已较完备,一般均设有宗长或族长,制定有严格的族规宗约,调处宗族成员在土地、婚姻和财产等方面的纠纷和矛盾,惩处违背伦常、有伤风化和妄作横行之事;一般都置有祭田、义田、族田或学田,从百亩到千余亩不等,以收入供祭祀、义举和助学。明代浙江,族谱的修撰已相当规范,并常由名人作序。如明初方孝孺主张族谱需有十个

---

① 牛磊:《试论江右王门的宗族伦理建构——以王阳明、罗洪先、聂豹、邹守益为例》,《中共宁波市委党校学报》2021 年第 1 期。

方面的内容，包括序姓之根源、数世族远近、明爵禄高卑、序官阶大小、标坟基所在、迁妻妾外氏、载适女出处、彰忠孝进士、扬道德遁逸、表节义乡闾。至明中晚期，又增族规家仪、家族迁徙、族祠田产等内容。

（三）“江南第一家”郑义门

郑义门，又称“江南第一家”，位于金华市浦江县郑宅镇。自北宋重和元年（1118）到明朝天顺三年（1459），郑氏家族在此合族同居 340 余年，绵延十五世，鼎盛时人口达 3300 多人。宋、元、明三代正史都将其列入孝义传，屡受三朝旌表。

郑氏义门以孝义治家，以朱熹《家礼》为旨归，凡祖宗祭祀、婚姻嫁娶、家族管理、宗长职权、人员分工、财产分配、妇规、社交和睦邻关系等皆按族规行事。每日黎明即起；钟鸣四下，盥洗；八下，全体到祠堂聆听祖训，然后分男女集体进膳。饭后各就所业，种桑绩麻，耕读传家，井然有序，生生不息。

郑义门有着严厉的治家制度，即《郑氏规范》和《郑氏家仪》，其多达 168 条的传世家训，被认为是传统家训的里程碑。《郑氏规范》是一部以孝为核心的宗族管理规范。《郑氏家仪》是用来指导郑氏家族日常生活和冠、婚、丧、祭等重大活动的礼仪规范。郑氏义门建立有族内的义塾教育体系、慈善帮扶体系、遵规奖褒与违规惩罚的族规体系以及训导为官的廉政体系。礼法相依，德治礼序，家规族约，凡此种种，皆保证了浙江宗法形式和宗族传统的长久延续。

四、市场化城镇推动的农商社会过渡形态

“农商社会”，专指处在自然经济之上的古代农业文明和现代工商业文明之间的一个历史阶段。就区域而言，农商社会的

形成与近世中国商业、工业的发展区域有着很大的关联。就进程而言，它“形成于宋元，成熟于明清，自晚清之后发生调整和分化”。[①] 其从浙江等江南地区商业性农业的成长、市镇网络的形成、早期工业化的进步、经济开发度的提升以及交易手段、商业信用、包买商和雇佣劳动等诸多层面，显现出了江南等广大地区一种新的社会形态特征。

宋明时期，浙江率先表现出由商业性农业和市场化城镇推动的农商社会的过渡形态。这一历史时期，浙江农村的蚕桑业和棉纺织业绵延到杭嘉湖平原、宁绍平原、温台沿海平原、金衢盆地等地区，促进了丝绸、棉纺织业及其他手工业的发展。而农业、手工业的劳作工具、工艺技术及生产工序的改进，织造业花机与腰机的革新，制盐的晒煎法与榨油的竖榨法、酿油的红曲技术的发明，采矿、造船、制瓷新技术的推广，刺激了农业、手工业的商品化生产，形成杭、嘉、湖三府交易量巨大的丝业市镇、绸业市镇、布业市镇、粮食市镇、盐业市镇等 20 多类专业市镇网络，三府各类功能性市镇累计有 121 个，较宋元时期的 67 个增加了约 1.77 倍。[②] 在社会领域，传统“四户制度”的衰落促成了社会身份的重塑与阶级、阶层结构的重组；宗族功能的平民化普及促成了家族间某种同化的倾向；劳动力市场的兴盛悄然改变着劳动者与雇主的关系，推进了生产关系的转变。在政治领域，形成了一种帝王的专制、地方的吏治与基层的自治、宗法的内治、会社的群治相结合的新格局，在一定程度上显现出了民间社会力

---

① 葛金芳：《农商社会的过去、现在与未来》，中国社会科学网，发布于 2021 年 11 月 16 日，引用于 2022 年 10 月 6 日。

② 陈剩勇：《浙江通史》明代卷，浙江人民出版社 2005 年版，第 247 页。见《宋元明三代杭嘉湖三府境内市镇沿革表》。

量的崛起。

浙江乃至江南地区的这一切变化，预示着中国社会正处于传统农耕社会的裂变期，并开始向新型工商业文明的社会形态迈进。

第二节　阶级新势力的崛起

一、宦海浮沉的官僚与缙绅

（一）位高权重的上层官僚

明朝的官僚阶层，包括朝官和地方官。无论是开国定都南京时还是迁都北京后，在两京中央各部任职的浙江籍官员人数甚多。这些在朝廷任职的官员，其家族成员除少数移京寓居外，大多仍在浙江，为地方显族。

开国元勋刘基、宋濂位高权重，封有勋位。刘基，元末明初处州青田县（今文成县）人，祖上七世为官。至正十九年（1359），受朱元璋礼聘，上时务十八策，参与谋划平定张士诚、陈友谅与北伐中原等军国大计，又进《戊申大统历》，奏请立法定制，奏立军卫法，修《大明律》。洪武三年（1370），授弘文馆学士、开国翊运守正文臣等，封诚意伯，允许世袭；并追赠其祖父、父亲为永嘉郡公。后因受左丞相胡惟庸诬陷而逝世。明武宗正德八年（1513）赠太师，谥号“文成”。明世宗嘉靖十年（1531），定刘基为开国功臣，配享太庙；是年，封其九世孙处州卫指挥刘瑜为伯爵。宋濂，元末明初金华浦江人，为朱元璋礼聘，被誉为“开国文臣之首”。至正二十年（1360），奉命为皇子朱标教授“五经”，参与撰写起居注。洪武元年（1368），诏任《元史》总裁官，命为翰林侍讲学士、中大夫、知制诰。洪武六年至九年(1373—1376),为修国史兼太子赞善大夫,任中顺大夫参中书大政。洪武十三年(1380),因受胡惟庸案牵连而被徙置四川茂州,翌年逝世。明武宗正德年间,被追谥为"文宪"。祖父宋守高赠亚中大夫、少常少卿;祖母金妙园赠淑人;父亲宋文昭赐号"蓉峰处士",后赠嘉议大夫、礼部尚书,母亲陈贤时赠淑人。

明朝时有十数位浙籍官员任职内阁首辅,为朝中文臣之首。内阁是明朝廷行政中枢,至明世宗中叶,其权力可压制六部。洪武三十五年(1402)八月,浙江籍官员黄淮出任首任首辅。此后至南明永历共有近百名首辅,其中浙江籍首辅有 13 位,包括明成祖即位后出任首辅的温州府永嘉县人黄淮;成化三年(1467)二度入阁后升任首辅的严州府淳安县人商辂;明世宗初年三度位居首辅的温州府永嘉县人张璁;嘉靖八年(1529)九月出任首辅的温州府永嘉县人张孚敬;万历十九年(1591)、二十二年(1594)二度位居首辅的金华府兰溪县人赵志皋;万历二十二年升任首辅的宁波府鄞县人沈一贯;万历三十四年(1606)升任首辅的绍兴府山阴县人朱庚;万历末年出任首辅的湖州府德清县人方从哲;天启七年(1627)出任首辅的嘉兴府平湖县人施来凤;崇祯元年(1628)出任首辅的杭州府萧山县人来宗道;崇祯六年(1633)出任首辅的湖州府乌程县人温体仁;天启四年(1624)出任首辅的湖州府乌程县人朱国桢;永历四年(1650)出任首辅的绍兴府山阴县人严起恒。

由于浙江人出任首辅官员甚多,故而多有结党成派之嫌。浙江人赵志皋、沈一贯、朱庚、方以哲任首辅的万历二十一年至四十二年(1593—1614)及至泰昌初年(1620)的二十余年,朝中形成浙江人官僚势力,即以沈一贯、方从哲和给事中姚宗文为首的“浙党”。

浙江朝官和地方官同处于一个高居于民众之上的特权阶层，享有法律所赋予的一系列特权和待遇。按朝廷规定，现职官员可免除其一家的徭役。明中期以后，朝廷又制定“任品免耘”或“任品免田”的政策，现职官员按所处的品位，享有不同的优免权。

明朝官员名义上实行低薪制，除寒门外，相当一部分官僚出自世族大户，或为功臣之后沿袭爵位，或捐官授衔，大多在任上聚敛财富。一些浙江籍大官僚往往在家乡投资地产，买田置地，成为有身份、有地位的官僚地主。他们开当铺放债、经营高利贷牟取暴利。浙江的官僚阶层中虽不乏清廉之士，但也有不少仗势强占百姓田地，横行霸道，成为地方一霸的。

（二）缙绅群体的“余威”

明代浙江存在一个特殊阶层，即年老致仕（退休）的官僚或临时离职回乡养老和守制（守丧）的官员，是谓缙绅。他们仍然保留着官僚身份，享受着官僚阶层的政治特权和社会特权，故而成了控制和影响乡村社会的头面人物。另一部分是有功名的读书人，如秀才、监生、贡生、举人以及没有任官的进士，为各级政府官员的预备人员。从普通“民户”跨入“儒户”，可享受朝廷规定的种种特权，但这一阶层中的下层绅士，其生活依然清苦。

二、胥吏与幕僚

（一）胥吏群体及其身份地位

明代，在衙门（县衙、府衙）做事的人可分为官、僚、吏三个层次。官是正职，即长官；僚为副职、佐贰，即僚属；吏是在官府中处理各类具体事务的办事员，即胥吏。官和僚都是官员，有品级，称“品官”，又叫“朝廷命官”；吏则由长官“群召”，身份为民。因此，胥吏的地位和待遇都极低。

明代浙江，地方上的胥吏形成为一个庞大的阶层。据陈剩勇《浙江通史》明代卷罗列，如省一级衙门有布政使司、都指挥使司、按察使司以及盐运司，每司所设吏目有十数项。其中布政使司衙门设有通吏、令史、典吏、承发、架阁库典吏、库攒典、经历司典吏、理问所司吏与典吏等。按察使司衙门设有书吏、典吏、承发、经历司典吏、司狱司典吏、架阁库典吏等。都指挥使衙门设有令史、典吏、承发、经历司典吏、架阁库典吏、断司使司吏等。以上三司每吏目配吏员数人到十数人不等。府衙一般配吏员 30 余名。县衙吏目设置更细，除知县、县丞、主簿、典吏、巡检外，有司吏、承发、架阁、铺长、儒学、巡检司吏、场吏、广盈仓吏等。府、县衙门吏员编制数一般满员。

胥吏的身份和地位低下，但待遇比皂隶要优越。其穿戴参照士儒，享有一定俸禄和一部分优免特权，官府为其提供简陋的住宿，供职多年并经考试合格者有机会升任七品以下的杂职官。但是，随着科举制度的发展，吏员升转入官的机会逐渐减少；再加上经济待遇的低下，胥吏利用在衙门办事的机会贪赃枉法、中饱私囊、侵占田地、欺男霸女者不在少数。

（二）绍兴师爷与幕僚群体

在明清时期浙江还形成了师爷这一职业阶层，是地方官署中主管官吏聘请的，帮助自己处理刑名、钱谷、文牍等事务的无官职的佐理人员。明代称师爷为佐幕或幕僚，因其中绍兴籍人士较多而常被称为“绍兴师爷”。嘉靖年间，文学家、书画家、戏曲家、军事家徐渭即为绍兴师爷的早期代表人物。其被浙直总督胡宗宪招致幕府任掌书记，出谋献策，屡屡重创倭寇。胡宗宪擒海盗头目徐海、王直，皆采用徐渭计谋，就幕五年，政绩卓著。明中晚期，绍兴师爷已进入中央各部担任书吏。万历三十年(1602)，山阴人朱庚出任内阁首辅，他利用职权引用了很多绍兴籍书吏，形成了“绍兴籍胥帮”。自明至清，这一地域性、专业性极强的幕僚群体，在我国封建统治机构中活跃了三四百年，成为中国封建官衙幕僚阶层的重要组成部分。

三、缙绅地主与庶民地主

（一）享受特权的缙绅地主

地主阶级是明代农村封建统治的基础。其中的贵族地主和缙绅地主在政治上拥有“功名官爵”，在经济上占有大量或较多的财富和田地，享有优免赋役的权利。明代浙江，旧贵族势力日衰，新藩曾封于钱塘，因浙江为朝廷粮税重地，不敢多涉田地，后迁汴梁。浙江籍京官尤多，缙绅地主势力很大。世称“范学院”的明人范守己在《曲洧新闻》卷二记载有曾担任礼部尚书的湖州籍官僚董份的家境状况：“董尚书富冠三吴，田连苏、湖诸邑，殆千百顷。有质舍百余处，各以大商主之，岁得子钱数百万。家畜僮仆不下千人，大航三百余艘，各以号次听差遣。其青童都雅者五十余人，分为三班，各攻鼓吹戏剧诸技。”①如此富有的缙绅地主在浙江不在少数。明初，朱元璋力削大地主势力，并以铁腕遏制贪官污吏。但随着时间的推移，新生代大小官僚与乡绅结合，通过不平等手段鲸吞田地，土地兼并复如前朝卷土重来，大批农民失地后又陷颠沛流离。如前所述，缙绅地主在政治、经济、法

---

① 范守己：《曲洧新闻》卷二，载谢国桢《明代社会经济史料选编》下册，福建人民出版社1981年版，第349页。

律等方面享有种种特权，当时江南许多州县，如杭州、苏州、湖州、嘉定等及其所属，官绅户与民户分别绘制里图，田地被分编列入儒宦图的，既不用应差徭，也不纳钱粮。

（二）钻营的庶民地主

庶民地主是指没有功名官爵、属民户身份的大地主和中小地主，是明代地主阶层的主体。庶民地主的户籍身份是“民户”，在政治、经济、法律等方面不享受特权。他们须向官府缴纳税粮，服里甲正役，承担粮长和其他杂泛差役，并受到官僚缙绅地主的欺压。

浙江的庶民地主拥有较多田产，大多出租土地收取地租。嘉兴、湖州一带，有的地主以庄田的形式经营土地，也就是由地主置备房屋、谷种、农具、肥料、耕牛等，招募佃农耕种。明代浙江的大部分地区流行定额租制，在这种制度下，佃农与地主之间是一种租佃关系。

明代，庶民地主的地位远低于贵族地主和官僚缙绅地主群体。在朝廷“抑富右贫”政策的重压之下，庶民地主备受官府和各级官僚的掠夺和盘剥，需应付官府加派的一系列名目纷繁的赋税和差徭。为此，庶民地主中的富户、大户疲于奔命，穷于应付。明中后期，朝廷的赋税越来越重，江南地区尤甚。江南庶民地主中的大户、富户往往凭借其优越的经济条件，供子弟读书受教，通过科考而入仕，且代代相袭，以长守家业。明中后期，朝廷开创了纳粟捐资为官的做法，通过卖官鬻爵来增加财政收入，这给庶民地主提供了改变身份的入仕渠道。一些庶民地主通过买官捐监以冠带闲住乡间。至成化年间，捐资、纳粟拜官的，也可得实授官衔，从而跻身于官僚特权阶层。

四、农民阶层的流变

（一）重农与限“流”下的农民阶层

明代，农民一直是为帝王所倚重的人数最为庞大的社会阶层。明初期至中期，以农立国是最重要的国策。开国皇帝朱元璋曾下令，凡有田五亩至十亩者，栽桑、麻、木棉各半亩，十亩以上者倍之。其田多者率以是为差。有司亲督勤惰，不如令者有罚。不种桑，使出绢一匹；不种麻及木棉，使出麻布、棉布各一匹。如此政令，旨在重农。朱元璋深知“人有恒产，斯有恒心”的道理，在位期间不时打击豪强、起用中小庶民地主，并使民获田地而复归于农耕，自耕农、佃农人数骤增。浙江的农民尤其是山区农民，以家庭为中心，男耕女织，安土重迁，“俗鲜工商，一意农务”①。

为扶农固本，明廷实行严格的户籍管理制度，乡民出远门时需要官府发放的“文引”，每过交通要道都要接受巡检司的检查，以限制农民的流动。明廷在广大农村地区推行里甲制度和保甲制度，也在客观上限制了农业人口的外流。

（二）“佝偻”的自耕农

明代实行“均其田赋”的赋税政策，赋税总体上比宋元时期要轻。但实际上，农民的赋税负担仍然较为沉重，其原因在很大程度上源自赋税的不公平。浙江等江南地区特别明显，既有重租官田或前代旧亩造成的赋税不公，又有“摊税之苦、负累里甲”所引发的赋税不公，还有因地域不同而导致的税额不公。据顾

---

① 万历《括苍汇纪》卷一《风土》，《四库全书存目丛书·史部》第19册，齐鲁书社1996年版，第460页。

炎武《天下郡国利病书》中记，洪武年间，天下夏税秋粮以石计者总 2943 万余，而浙江布政司 275.2 万余，苏州府 280.9 万余，松江府 120.9 万余，常州府 55.2 万余，是此一藩三府之地，其民税比天下为重，其粮额比天下为多，足见浙江农民赋税之殊之重。浙江徭役的摊派主要有正役和杂役，正役即里甲供应。明中期之后，仅里甲供应一节已使农民不堪应付，再加上轮流的摊派更是雪上加霜。明中期后徭役越发沉重。江浙一带的自耕农还要受尽地主官租和私租之间的折算和"租秤"与"发秤"之差的盘剥，以及承受高利贷的沉重压力。

经过洪武、建文、永乐、洪熙、宣德等 70 多年的发展，土地兼并所引发的矛盾又尖锐了起来。到了正统年间，土地兼并更加严重。特别是江浙、福建、江西等地，一些农民的土地被掠夺殆尽，沦落为佃户或流民。这些农民失去土地，一方面是因为豪强地主的掠夺，另一方面是因为赋税的加重。宣德年间，甚至对农民新开垦出来的土地都开始征收赋税。大批自耕农失去土地，又受不了赋役盘剥，纷纷流落他乡成为流民。据《明英宗实录》记载，浙江金华府 7 县洪武年间统计的户口有 25 万多户，到正统六年仅剩下 15 万户。这一历史时段，全国多个地区发生流民运动。

（三）无田可卖的佃户

明中期，浙江佃农的地位因摆脱了与地主的人身依附关系而有所改变，不再受官僚地主的随意役使、欺凌，依法享有相对自由的租佃权利，形成了一种新型租佃关系。咸丰《南浔镇志》中曾描述湖州南浔一户庶民地主的《家训》中处理与佃户关系的原则，"待佃户自宜宽容，我见上乡人，呼租亲，盖田主、佃户相须为功，原无尊卑之分，我待之以礼，彼亦不甚欺我”。[①] 但一些霸道的官僚缙绅和豪强地主仍有欺凌佃户之举。

佃农或耕种国家官田，或耕种地主私田，分别向官府和地主交纳一定数量的地租。在杭、嘉、湖三地皆有数量较多的耕种官田的国家佃农，他们耕种朝廷直接占有的土地，赋税比一般田亩要重。明中朝以前，主要实行实物分成租或实物实额租；此后，实行货币地租，佃农对土地的依附性相对来说更小一些。

五、商人阶层的裂变

（一）商人阶层的新成分：弃田从商、亦儒亦商、士商相混

弃田从商，匠转商人。明中期以后，随着农村赋税徭役的加重以及商业化的加速，江浙农村中出现了一股“弃农”之风，相当一部分自耕农、佃农或以伙计身份从事商职，或以小本生意去跑“码头”做单帮，或从植桑养蚕扩大而从事蚕丝买卖，这一现象在杭嘉湖地区更为明显。王士性《广志绎》卷四《江南诸省》中记载明代杭州城南北两个商业区，“延袤十里、烟火数十万家”；田汝成《西湖游览志余》卷一二中也有“北城晚集市如林”的诗句来描述当时商人集市的繁盛。随着匠役的松懈，工匠有了流动的自由，有更多的时间从事产品开发，从而从纯手工业生产转向前店后坊的工商经营并登记为“铺户”，成为城镇中货源直接、买卖稳定的中小商人群体。

明中期，由市场推动的商品经济迅猛发展，在较大层面上改变着士人阶层对商人及经商的态度，出现了弃儒就贾或者士商

① 咸丰《南浔镇志》卷三四《志余二》，载《中国地方志集成・乡镇志专辑》第 22 册下，上海书店出版社 1992 年版，第 403 页。

相混的现象,这无疑成了明代中期以后商业大潮的"风向标",代表了"士、商互动及儒学新的动向",[①]形成了"商而儒,儒而商,出商入儒或由儒入商"的新商人群体,江浙尤胜。钱塘徐国宁原为博士弟子员,"后累事为商"。[②] 民国《龙游县志》卷一八《人物》记载,明藏书家、衢州府龙游县人童珮为亦儒亦商的著名书商,所交游的归有光、王世贞、胡应麟皆为名儒大家。

(二)商人阶层的新结构:巨贾、铺商与商贩

明代以降,商品经济的发展,催生了一批"富甲天下"的巨贾。湖州府乌程县南浔人沈万三,资产巨万,田产遍于天下,助筑都城三分有一,又请犒军,为朱元璋所不容,怒而将其发配远疆。明中期著名戏曲家、文学家、抗倭名将汪道昆,其祖辈"以盐策贾浙江",往来于杭州、温州、处州之间,致富至巨,定居杭州后成为有名富商家族。[③] 时浙籍或外籍在浙江致富者,往往交结官府,从事贩盐、茶、珠宝等高利润买卖,积累起万贯家产,富埒王侯,奴仆无数,妻妾多房,穷奢极欲。明代的中等商人和小商人在官府的户籍册上被登记为"铺户",多数在城镇开设和经营茶坊、酒肆、杂货铺、米行、肉铺、当铺等,雇佣掌柜,收受学徒,苦心经营,经营有方者传至百年。明代浙江商人多有从事高利贷经营者。

(三)商人阶层的新势力:亦盗亦商的海商集团

明嘉靖年间,一些出洋从事海上走私贸易的小股海商团伙

---

① 陈宝良:《明代社会生活史》,中国社会科学出版社 2000 年版,第 116 页。

② 郎瑛:《七修类稿》卷四四《事物类·徐国宁》,上海书店出版社 2001 年版,第 468 页。

③ 汪道昆:《世叔十一府君传》,载《太函集》卷三九,《四库全书存目丛书·集部》第 117 册,齐鲁书社 1997 年版,第 495 页。

在弱肉强食、互相掠夺的过程中，形成为势力强大的海商武装走私集团。这种海商集团规模已达 50—100 艘船舶，又有地方官僚和乡绅势力的支持，以私人武装为后盾，很快就控制和垄断了国内外的海上贸易。宁波府定海六横双屿岛成了当时东南沿海海商集团最大、最繁盛的走私贸易港口，日本学者藤田丰八称之为“16 世纪的上海”，也是“16 世纪亚洲最大的国际自由贸易港”，被中外海商割据 20 余年。据《宁波日报》记者童小谦采访宁波市文物考古研究所所长林士民获知，1524 年至 1548 年间，是双屿岛市场最繁荣的时期。当时参与海上走私贸易的有徽商许氏兄弟、闽广李光头两大海商集团，后来皖南人王直也加入许氏集团，并在双屿的走私贸易被明廷铲除后收拢海商、海盗势力，逐步掌握了东亚海域走私贸易的霸权，制约了日本、葡萄牙、暹罗、婆罗洲和琉球等海外海商势力。嘉靖二十一年(1542)前后，葡萄牙人在双屿岛上建有千余幢房屋，一所慈幼院，两所医院，三十七所教堂，以及市政厅所属的一套口岸管理机构。① 明代著名史学家王世贞称：“舶客许栋、王直辈挟万众双屿诸港。”其贸易额，仅葡商就每年超过 300 万克鲁查多，这在当时是个惊人的巨额。②

隆庆元年(1567)，解除了自朱元璋时代起实行了近 200 年的海禁，原先是“非法武装”的海商获得了合法的身份，中国沿海经济得到较快恢复和发展。据西方经济学家统计，自解除海禁至明灭亡的 70 多年里，世界上有三分之一的白银流入了中国。

---

① 张天泽：《中葡通商研究》，华文出版社 2000 年版，第 77 页。

② 童小谦：《借得东风济沧海——写在梅山港区口岸开放成功获批之际》，载《宁波日报》2012 年 3 月 20 日。

(四)商人阶层的新商帮:浙地徽帮、龙游帮与早期的宁波帮

随着明代手工业和商业的发展,形成了诸多区域性商业群体,后世称为商帮。当时,浙江界面,不仅有外来徽、晋等早期商帮的驻足,更有本土龙游商帮的崛起和早期宁波商帮的萌发。明崇祯年间,歙县盐商汪文俊携资到龙游经商,很快加入龙游帮,后陆续有徽商驻足龙游经商。[①]

龙游商帮是指浙西地区的商人资本集团,包括了衢州府西安、常山、开化、江山、龙游五县和金华府兰溪、绍兴府会稽、山阴等地的商人。因其中以龙游商人居多,经商手段最为高明,活动范围最广,积累资金最多,故而冠以龙游商人之名。[②] 龙游商帮萌发于南宋,鼎盛于明代,衰落于清光绪以后;其主要经营范围为纸业、木业、书业、布业、矿业、珠宝业、钱庄业以及海外贸易等。其最大壮举为明中前期与江西人共约五万人赴云南楚雄地区屯垦,龙游商人提供钱庄借贷。其得势时,有"遍地龙游"之誉。

宁波人外出经商古已有之,形成商帮则在晚明。天启、崇祯年间,宁波药材商人在北京设立"鄞县会馆","这可以看作宁波商帮初始形成的标志"。[③]

六、工匠及匠制改革

明代,由于官营手工业的空前发展,形成了数量庞大、技术精湛的手工业工匠阶层。除元代遗留下的几十万工匠外,明代还新增了江浙地区选拔的 11 万之多的户编人员以及部分罪臣

① 劳乃强、黄国平:《无远弗届——龙游商帮》,商务印书馆 2017 年版,第 21 页。

② 陈学文:《龙游商帮》,台湾万象图书股份有限公司 1995 年版,第 23 页。

③ 林树建:《宁波商帮》,载张海鹏、张海燕主编《中国十大商帮》,黄山书社 1993 年版,第 111 页。

家属等充当监局工匠。

洪武年间，明廷在前朝匠籍制度基础上，从工匠分工、服役方式以及服役时间等方面做了系列改革。如将工匠按户籍特征分为民匠、军匠和灶匠，按服役特征分为轮班匠、住坐匠和存留匠，制订了相应监管规范；按工种不同设置五年、四年、三年、二年、一年为一班的五轮班法，使工匠服役时间相对宽松。

嘉靖以后，随着“以银代役”制度的实施，将近80%的班匠基本上得到了工作上的相对自由。这对于晚明官、私手工业的发展以及雇佣工制度的推行具有重要意义。

七、奴仆与九姓渔民及浙东堕民

（一）对奴仆的解放

明初，朱元璋下诏“诸遭乱为人奴隶者复为民”，还下令由朝廷代赎那些因饥荒而被典卖的男女，并在法律中规定，庶民之家存养奴婢者，杖一百，即放为良，从而使大批奴隶被解放出来。然而，明廷的这一法律实际上并未得到真正的严格执行。在晚明江浙一带，官僚缙绅、庶民地主和富商大贾蓄养奴婢的现象仍较为普遍。

明代，平民仍有沦为奴婢者，当时的奴婢或奴仆，主要是在主人的土地上从事耕作，在家庭手工业作坊里劳作，或为官僚、富豪家承担各种家庭杂役。有些有文化或有一技之长者协助主人外出经商或替人经营店铺，有的甚至成了管家。但是，他们的人身属于主人，可以由主人随意转让、出卖，并包办他们的婚姻，是可以由主人随意支配的私有财产。明末清初理学家、桐乡人张履祥曾描述官僚缙绅欺凌虏使奴婢的情形：“里有贵人，性贪淫，广其田宅童仆，仆人妻无得免于乱者”，“淫其妻女，若宜然矣。”[①]不过至晚明，在江浙等江南地区，已不再称这些家庭服役之人为“奴仆”，而改称“家人”，在士大夫往还的书信中，则称童仆一类为“小价”。

(二)最特殊的贱民阶层：九姓渔民与浙东堕民

明代浙江，存在着所谓九姓渔民和浙东惰民。九姓渔民，特指生活在钱塘江流域干支流的贱民群体。因分属于陈、钱、林、李、孙、许、袁、叶、何九姓而得名。相传九姓渔民的祖先为陈友谅的旧部，其子孙九族家属被贬入舟居而身为贱业。九姓渔民不是普通的汉族，不为四民之列，备受朝廷和民间社会的歧视。他们终身以船为家，男子以捕鱼、运输为生，女子以在船上卖唱度日；他们只能在九姓之内通婚，嫁娶在船上举行；人死亡后丧礼极为简单。浙东堕民，指元明清时期浙江境内集中于浙东绍兴等地且备受歧视的一部分平民。其来源说法有很多，有宋朝罪犯之后裔说，元朝蒙古官僚之部属说，朱元璋击溃的败将部属说，不一而足。这一类人被排斥于士农工商”之外，被视为“贱民”。他们虽与一般平民毗邻相处，然而习俗殊异，地位低下，不得削籍及与一般平民通婚，不许应试科举，多从事婚丧、喜庆、杂役等事务。

第三节　荒政、户籍、医事与养老福利

一、荒政之制、技、法

(一)救荒之制的改进

明代共历 276 年，灾害竟达千余次，其中最多的是水灾。浙

① 张履祥：《杨园先生全集》卷三八《近鉴》，卷九《议・义男妇》，《四库全书存目丛书・子部》第 165 册，齐鲁书社 1995 年版。

江是明代灾害较多的省份之一，除了水灾、旱灾、风灾、蝗灾等外，杭嘉湖地区还有潮灾之患。浙江水旱两灾频发于唐代末期到清代晚期，据统计，频发的 18 省共发生水灾 1058 次，浙江发生 104 次，排频发省的第 6 位；共发生旱灾 1074 次，浙江发生 119 次，排频发省的第 3 位。其中，发生时间又以明代居多。因此，明政府十分重视荒政的实施，包括民间赈灾和政府赈灾。

民间赈灾是民间乡绅志士自下而上的“义赈”，政府赈灾为政府主导的自上而下的“官赈”。随着明代经济社会的发展，民间赈灾的力量悄然增长，在荒政中占有重要地位。

明代浙江的一些仁人志士对荒政思想和体制，提出了不少新的思路。如晚明救荒救灾的思想家、山阴人张陛，著有《救荒事宜》，提出聚米、踏勘、优恤、分别、散米、核实、渐及、激劝、平粜、协力十法。[①] 崇祯十三年（1640），山阴大饥，刘宗周倡议施粥，祁彪佳倡议平粜。张陛与家人、朋友一起，变卖家产，出米三千石以救荒，“活人万余”。

浙地救荒，尤其重视修筑大型河湖水利和海塘工程，政府为政策制定、方案实施、协调组织的主要力量和资金、财物的主要来源。

(二)赈济之法的统摄

输粟纳官之制。明代宗景泰五年（1454），浙江按察司副使罗篪鉴于杭州荒歉，奏请民出粟赈济。他曾请求准照江西先例，劝民出谷 1600 石以上的给冠带，1000 石以上的予旌奖，100 石的享免役。已经有冠带的，出粟 300 石就可得八品以下的官，从

① 张陛：《救荒事宜》，《四库全书存目丛书・史部》第 275 册，齐鲁书社 1996 年版，第731 页。

七品以上至正六品的官，出粟600石的，都升一级，但不克俸给。这个意见得到户部同意，不仅官爵可以买卖，就连学士也可以买卖。①

明代浙江的救荒，形成了完整的荒政体系，包括平粜备荒之需、拨款赈灾之效、粥厂施粥之举、收容抚恤之法、以工代赈之效。正是这些行之有效的举措，推动了浙江有明一代的救荒救灾的巨大成效，如明廷通过以工代赈先后调拨25万人投入救灾，挽救了面临干涸的京杭大运河；又如由家族或僧寺施粥转向粥厂施粥，粥厂遍历州、县、村、墟，可活人以十万计；规模性地扩大居养院、安济坊、福田院等固定收容机构，以收养荒年成千上万的流浪孤寡老人和遗弃小幼；等等。

（三）海塘之技的创新

围绕潮灾治理的海塘建设，为明代浙江荒政的重中之重。明代朝廷的财力支持虽不及前朝、后代，但在修筑海塘的技术上有了突破性进步。陂陀塘工程技术和鱼鳞石塘工程技术的创新及其推广，解决了千年未能解决的塘基坍塌问题，提高了石塘的稳定性，使之能经受住暴风怒涛的袭击而不为所动。②

二、养老福利与医事制度

（一）“以孝治天下”的养老国策

明初，朱元璋秉持“以孝治天下”的原则，在历代养老机构筹建经验的基础上，建立并推广收容孤老和残障人员的养济院。当时浙江杭州的养济院，其体量规模和设施优越程度皆超过历

---

① 邓云特：《中国救荒史》，商务印书馆2011年版，第244页。

② 王永泰：《明清官府海塘建设的政策与潮灾的治理》，载项义华主编《浙江历代灾荒治理与社会救济》，浙江人民出版社2014年版，第83—89页。

代类似机构，出现了可以容纳千人的大型养济院。朝廷还专门制订入院条件和生活标准，规定凡能进养济院的必须是身体残疾的、家中无人照看的、生活特别贫困艰难的老人和残疾人；补贴入院老人及残疾人每人每月三斗米、三十斤柴以及冬夏布匹三丈。同时还制定了严格的管理制度，设立专门的管理机构，派专门官员负责监督检查，这些皆写入《大明律》依法执行。

朱元璋登基以后，在百官与百姓中间推行"孝道"思想，制订了一系列有利于老年人安享晚年的政策措施。洪武元年(1368)，朱元璋制定"免役以奉"政策，凡家中有七十岁以上老人者，可以免除家中一人的徭役以安心侍奉老者。洪武二十年(1387)，朝廷颁布终身养老令，凡八十岁以上老人每月给五斗米、三斤酒、五斤肉，九十岁以上的老人更加给一匹帛和十斤柴，进一步完善了明代的老年福利制度。

同时，社会层面出现了奉行孝道的大孝子。如为母割肉的仁和人郎瑛、以身代父(服刑)的新昌人胡刚、孝行纯笃的余姚人黄骥、哀毁骨立的黄岩人黄孔昭等，成为尊"孝"之楷模。

(二)医事制度的新举措

明朝时期，浙江的医政机构已渐趋完善，机构设置的普遍性高于宋元两朝，各府州县基本上建立了相关组织，并委任了医政官员。据朱德明《浙江医药史》中"明朝浙江各府州县惠民药局设置简表"合计，明朝浙江共有 84 家惠民药局，专司百姓寻医问药之事。[①] 如《仁和县志》卷七中记载："置惠民药局，府设提领，州设官医，凡军民之贫病者给予医药。"到明中后期，惠民药局主要承担瘟疫的治理和百姓的求医问病，平时很少开展医助活动，

① 朱德明：《浙江医药史》，人民军医出版社 1999 年版，第 17—29 页。

这主要是因为倭寇作乱使医助活动难以为继。浙江在发挥民间医疗和寺院、道观医药的作用方面，也多有可称道之处。

明代浙江在城市公共卫生治理方面，基本承继了宋代的一些做法，以清扫街道与清除城市垃圾为重点，在杭州等主要城市、街衢设有专职清洁工打扫，安排有垃圾清除工和泔脚及处理粪便的倾脚头。逢年过节，官府常派人清洁井道、疏通河渠，以保障饮用水卫生和河道水的清洁，并注意改善城市整体环境卫生。同时，注意倡导民间良好的医药卫生习俗和日常生活习惯；重视育婴堂、养济院等妇幼保健及慈善医药卫生事业的发展。

从现有的一些资料可知，明代及清前期浙江有千余名医药学家，分布于全省各地，其中著名者有戴思恭、楼英、虞抟、王纶、高武、徐春甫、马莳、杨继洲、张景岳、卢复、卢之颐、张遂辰、陈司成、赵献可等。[①]

三、"辨贵贱、正名分"的户籍制度

明朝的户籍制度，废除了元代的四大等级，但仍保留了元代的贱民制度。因而明朝总体上将户籍划分为三个等级，其中最高等级为宗室、官绅和文人，其次是庶民，再次是贱民。

从浙江户籍登录的实情可知，当时以"辨贵贱、正名分"为宗旨，按职业为依据，将户籍划分为宗室户、官绅户、民户、军户、匠户、商户、儒户、驿户等九大类，其中民户细分为农、儒、医、阴阳等户，"被编入'里甲制'的机制中"[②]；军户细分为校尉、力士、弓铺手、军匠户等户；匠户细分为厨师、裁缝、马船等户；灶户又分

① 朱德明：《浙江医药史》，人民军医出版社1999年版，第138页。

② ［日］上田信：《海与帝国·明清时代》，高莹莹译，讲谈社《中国的历史》第9册，广西师范大学出版社2014年版，第112页。

出盐户。除此之外，还有诸宗室人口户、荫蔽人口户和少数民族人口户。随着工商业和城市的发展，市籍在浙江有些地方也成了新的户籍被注录。各式户籍世袭职业，不易更改。这一职业制度限制，仿元代的诸色户计方法。明朝还建有一套针对流动人口或移居居民的户籍管理制度，即附籍和客籍的制度。

浙江照例实行户籍黄册制度。洪武二十四年(1391)，朱元璋下令全国府州县开始编制户籍黄册。黄册每十年一造，里长、甲首负责编制后，分别报送省、府、县有关机构及中央户部。黄册和户帖一样详细登记了各户的乡贯和人丁等情况，规定每十年重新核实编造，将本十年内各户人口的增长、财产转移等情况都记录在册，并分别列出旧管、新收、开除、实在这四柱细账。黄册不仅用于检查和管理各类户口，而且还用于赋役征派，是一种严密的户籍制度和赋役管理依据。浙江还将黄册制度与基层里甲制度结合，并由里甲管理辖区人户，规定“农业者不出一里之间，朝出暮入，作息之道相互知”。任何人离乡百里，都必须持“各引”，以作为离乡的证明。同时，政府以户贴、字号编为勘合，用本印钤记，籍截于部，贴给于民。上报方式是由地方基层里甲将当地户口取勘明白，汇集后按县、州、府、布政司、户部的次序逐级上报。

第四节　世俗化的社会生活

一、生活方式的大格局

(一)“吃”：由俭而奢的规制与世风

明初的节俭规制与风尚。洪武二十六年(1393)，明太祖制定了一套崇尚朴素、谨防奢靡的饮食等级制度。例如,“禁种糯”,即禁止民间种植酿酒的粮食,或直接禁止造酒、造曲。同时,就饮食器皿作了具体的规定与限制。洪武二十八年(1395),修成《礼制集要》,严格规定了饮食器皿式样与质料的使用等级。建文四年(1402),又规定即使有品级的官员,也不许僭用黄金制成的酒爵。正德十六年(1521),又定一、二、三品官员的饮食器皿不能用玉器;而商贾、工匠之家,饮食器皿不能用银。凡此种种,意在倡导节俭之风。浙江各地纷纷照例执行,餐食不奢,节俭顿成风尚。据万历《新昌县志》卷四《风俗记》记载,明初绍兴府新昌县,官衙或商贾等宴会除了蔬果以外,再设馔数味,食材皆为土物,器皿一般用瓦器,酒行上五七道即止。平常友朋聚食亦然。嘉兴府桐乡县,平常邻人相聚,坐客或五六人,或七八人,都用冷肴四品,用有蒂瓷钟轮流饮酒,并非一人一杯。各家喜宴,所设不过水果五盘,菜肴六盘,汤三盏。[①]

明中期后市镇餐食日趋奢美。据《明武宗实录》卷一二四“正德十年闰四月癸未”条记载,成化年始,宫廷及士大夫不甘清贫,奢靡之风盛行,一席之资,多达千金。《明神宗实录》卷二八“万历二年八月乙巳条”记载,晚明京城缙绅中的宴会馈问,已是奢靡无度。地方上官宦照例行事。如前述绍兴府新昌县,官家贵族平常设宴,菜肴五干五湿十样,碟盘满桌,杯光斛影。当时出生在钱塘的湖州推官谢肇淛在《五杂俎》中记载,晚明富家巨室设宴,常常是穷山之珍,竭水之错,如南之蛎房,北之熊掌,东海之鳆炙,西域之马奶,无不罗致宴上。[②] 明末史学家、山阴人张

① 李乐:《见闻杂记》卷三,上海古籍出版社1986年版,第299页。

② 陈宝良:《明代社会生活史》,中国社会科学出版社2000年版,第272页。

岱自称清馋好方物，遍尝九州之珍，仅浙地珍奇特产就尝有28味，其祖著有《饔史》4卷，其撰有《老饕集》，专言饮食正味。明代文人、士大夫还好游宴或“妓鞋行酒”之乐。绍兴路诸暨州人杨维桢曾访诗人瞿士衡，饮次，脱妓鞋置杯行酒，称之“金莲杯”。奢侈之状，常人难以想象。不过也有士大夫“出淤泥而不染”，初心未泯，仍保持简朴、清雅之风。

舌尖上的浙味。明代浙江百姓的饮食之本，仍是“柴米油盐酱醋茶”。这七件要务，南北各有所取、各有所法。论柴，江南烧薪，取之于木，江北烧煤，取之于土；论米，南米北面，辅以杂食；论油，南重蒸，北重油；论盐论醋，更有盐筋醋力之说，君子喜食酸，小人喜食咸；论茶，又四时各有所品。七种物，浙江也各有所出：柴，则平原出禾秆，山区出柴薪；米，杭、嘉、湖、绍、金、衢等盛产黄粱米、白米、白晚米、花白米，也产麦粟；油，浙地产豆、青、菜、棉、芝麻等食用油；盐，淮浙盛产盐，浙盐又为上品；酱，绍兴酱缸分细酱（蚕豆为原料）、豆酱（黄豆作原料）；醋，浙地以米醋知名；茶，明代浙江各地均有名茶，龙井为浙茶五魁之首。

明代浙江在餐食养生方面独领风骚，研有秘法。明代著名戏曲家、养生学家、钱塘人高濂从养生学角度，撰有《遵生八笺》。据说他幼年时患眼疾，多方搜寻奇药秘方，终得以康复，遂博览群书，记录在案，汇成《遵生八笺》，以修身养生来预防疾病，达到长寿之效。其中的《饮馔服食笺》三卷是高濂撰写的一部膳食养生类的中医文献，记录了孙真人、黄庭坚、苏东坡及《酉阳杂俎》等书中有关食养的论述，记载各种饮食方253条，分汤品、粥糜、粉面、家蔬、野蔬、酿造、甜食、神秘服食、法制药品等11类，并载录18条治食条例，记载详尽，法式明确，切合实用，标志着明代膳食养生理论和实践的成熟，是中华养生学发展史上的一座重要里程碑。书中收集了浙江等地的38种粥的糜制法;还总结了江南及北方的58种甜点食品,这些甜点在江浙一带城镇糕点铺大多能见着。

浙地饮食结构以素食为多,肉食为佳肴,水产为珍味。明末著名学者、绍兴府余姚县人朱之瑜在日本时曾尊中国“八珍”之肴。据其所释,“八珍”为猩唇、豹胎、金齑、玉脍、紫驼峰、熊掌、龙肝、龙髓。此“八珍”,浙江占有半数以上。明代浙江海洋鱼类和淡水鱼类产出皆丰,舟山大黄鱼时称“海中珍品”,而富春江鲥、鲈更是水中之尊,杭州西湖莼菜也为餐桌之绝。

浙江之饮以茶为首。明代进士、金石学家顾起元曾数各地名茶,记有“越之龙井、顾渚、日铸、天台”四种。明代地理学家、临海人王士性善见新茗,历数滇之太华、蜀之凌云、浙东大盘。万历年进士、鄞县人薛冈历数其乡之朱溪五井、太白、桃花山诸茶,认为皆不在当时名茶松萝之下。同时代文学家、湖北公安人袁宏道品评各地名茶,认为依次应为岕茶、天池、松萝、虎丘、龙井。岕茶出自罗岕,属湖州长兴。饮茶之法,据《金瓶梅》记载,明代江浙一带有杂饮、纯饮、嚼饮,对水质要求甚高。明代虽有“南茶北酒”之说,但浙江黄酒实不输北酒。时浙江酒有名者为绍兴黄酒、兰溪金盘露酒、建德五加皮三骰酒等。南宋之后,宫廷羊羔酒流传于民间。晚明,湖州南浔所酿之酒被推为“吴越第一”。

明代,浙江餐桌摆设与餐具品种繁多,茶具更是各采雅色。越窑青瓷茶具博得陆羽“类冰”“类玉”的赞美,在明代仍为士大夫所爱。

(二)“穿”:服饰等级与“冶容”标记

贵贱有别,服饰有等。洪武年间,朱元璋从面料、样式、尺寸、颜色等方面,制定了明代服饰等级制度,以维系贵贱有别、服饰有等的封建社会等级。尤其是恢复了戒奢侈、求俭素的敦朴之风和端庄规整、勤勉守则的行为准则,以与传统礼教相契合。

“三五冶容,二八曼姬”。明中朝,城市服饰意识与制度受到了世俗风尚的诱惑和冲击,人们僭越规制,违例穿戴,甚至出现厌常喜新、去朴从艳的乱象。“遍身女衣者,尽是读书人。”[①]据田汝成《西湖游览志余》卷二五记载,杭州城专业从事金箔、锁金的工匠、商人所生产及经销的黄金产品除一部分上供朝廷、官府外,大多用于民间百姓的首饰、衣衿,而当时规定百姓家的妇女首饰只能用银。明末杭州人蒋昆为迎合当时的浮华时尚,创制了轻薄的皓纱。明末清初,“秦淮八艳”之一的嘉兴名媛柳如是流落松江府,与复社、东林党人交往,常着儒服男装。当时女子衣服如同文官,裙则如武官,体现了一种女服男装化的倾向。而晚明江南富贵公子的服饰,却大类女妆。明代崇尚胡服之风仍甚,民间的时新装饰常为后宫流行。当时女子“十分打扮是杭州”。明何景明《七述》形容为“三五冶容,二八曼姬”。男子也好“冶容”,日常带着镜奁、梳篦、牙刷等物。余姚人朱之瑜曾向日本人介绍中国的首饰,就谈到簪、钗、花胜、戒指、耳环、耳包、雷圈、纽扣八种,为明一代男、女容饰的“标配”。

多样的面料与丰艳的色彩。明中晚期,江浙一带的丝织行业已普遍使用花机、腰机、绢机、罗机、纱机、绸机等丝织机,促进了面料的多样化发展和棉丝纺织品市场的繁荣,出现了像杭州、嘉兴、湖州、苏州那样的技术先进、品种齐全的丝绸之都。同时还带动了以丝绸生产为主业的专业市镇的蓬勃发展,仅浙江就

---

① 李乐:《续见闻杂记》卷十,上海古籍出版社 1986 年版,第 913—914、817 页。

有乌青镇的大环绵、唐栖镇的绵绸、王店镇的王店绸与画绢、双林镇的色头纱、濮院镇的纺绸等市场。丝绸是制作服装的上等面料,是时品种已有绫、罗、绸、缎、纱、绢、绒、锦、褐、项幅等,细分达几十种之多。西洋布也大量流入中国并就地仿制生产。明晚期,江南一带的染色工艺得到了长足的发展,染色工艺的改进使服饰面料的色彩更趋缤纷。明末,丝绸色彩至少有 120 种,其中 70 种为明代所创。这无疑有利于民间服饰生活的多样化,也为明代服饰时尚之风的流行提供了先决的物质条件。

(三)"住"的等级制、乡居化与墅群世俗化

建筑与居住的等级制。明初,朱元璋从房屋的开间、用瓦、饰物、设色等方面,制定了一整套居舍建造及居住等级制度。这套制度要求上至宫殿、府第,下至庶民百姓、商贾匠人的居舍,尽在等级制度之内。包括:官员盖造房屋不许用歇山转角、重檐重栱、绘画藻井;庶民所居房屋不能超过三间五架,不许用斗拱及彩色装饰;一品官级房屋除正厅外,其余房屋允许根据正屋制度从宜从简盖造,门窗户牖不许用朱红油漆;一般官员之家住宅按照前定大尺,不许多留空地;军民房屋不许盖造九、五间数;凡寺观庵院、殿宇、梁栋、门窗、神座、案桌可使用红色,其余居住房子都不许起造斗拱及彩绘,僭用红色什物、床榻、椅子等。

"崇奢黜俭"与建筑"乡居风"。明中期之后,无论是上层官员还是下层庶民,建房渐尚奢侈之风。明初浙江太平县(今温岭市)"屋室无厅事,高广惟式";至弘治后,庶民之家已是"屋有厅事,高广倍常,率仿效品官第宅"。黄岩也是如此,绍兴更甚。署、衙建筑往往建有一些园亭,以作官吏公事之余的休闲恬息之处,有些甚至奇石壁立,累布轩墀。浙江自六朝时多有园林建筑,明代有过之而无不及。这种"乡居化"倾向,一为由城居地向

乡居地移动,到乡间风景优美处修建别墅园林以作闲居;二为在城内宅院中建造园林美景,以求乡间野趣。

西湖墅群别园,彰显世俗繁华。晚明杭州西湖周边平添私家墅群、园林风光,文人雅士聚居,堂前列舞,堂后度曲,宾客满席。许多著名文人如袁宏道、陈继儒、李流芳、谭元春等曾长期寓居湖上,汪然明的“不系园”更是文人雅聚的绝佳舫园。张岱曾作《西湖梦寻》五卷,内有《包衙庄》《青莲山房》两篇,分别记其祖父的朋友包涵打造楼船、修建“八卦房”、营造山房别墅的轶事。崇祯年间进士、临海人陈涵辉所作《南屏包庄》称包衙庄“一天夜气识金银”,“豪华金谷集文人”。

村落民居显现近世建筑群古风。浙江各地的村落民居自有其风格。如始建于明末的温州府苍南县碗窑古村落,院落布局工坊与民居分离,八角楼、吊脚楼、古戏台、三官庙为公共空间,为浙南一带民居建筑群与山水相融的典型古村落。又如瓯海泽雅镇水碓坑古村落,以功能分区鲜明的建筑布局见长。再如永嘉县茗岙古村落,以陈、胡、徐三大姓宗祠建筑和农作古梯田为突出特色。在浙江,这样的明代古村落保留至今的不下十数个,以浙南为多。

(四)“行”的多重交通与驿递制度

明代是我国古代交通大建设的重要时期。明初,朱元璋下令整顿和恢复全国的驿站,并遣官员到边疆与边远地区置驿修路。至明中后期,陆路交通已极为发达。

明初,朝廷命福建、浙江、广东市舶提举司置驿,以管理海外诸蕃朝贡事务。当时直通福州府的驿路,经由嘉兴府西水驿、杭州府武林驿、严州府富春驿、衢州府上杭埠驿。以南京为中心的驿路，有一条经杭州至福州，与北京至福州的驿路同至福建。[①]以驿路为基础，浙江基本形成了驿路与商路交错、干线和支线相通、水路与陆路并存的省域交通大格局。

一是以北京为扇面轴，按逆时针方向，由北向南依次展开的国家主干道。其中北京直通福州府的，如双面篦子，主干道纵贯浙江南北，支线横连浙北、浙中、浙南。南京至福州的国家主干道浙江段亦然。

二是以杭州府为起点的省域水陆驿路和以处州府为终点的浙西南陆上驿路。以杭州为起点的省域水陆驿路有四条：杭州府经绍兴府、宁波府、台州府至温州府的杭温线；杭州府经水路至嘉兴府的杭嘉线；杭州府经水路至湖州府的杭湖线；杭州府经水路至严州府、兰溪县、衢州府的杭严衢线。以处州府为终点的浙西南驿路有两条：一条从兰溪县、金华府至处州府；另一条从金华府东阳县至处州府。

三是商路与驿路交错的交通网络。浙江的商路通常纵横于城镇之间，以水路为多。明代，钱塘江、京杭大运河南端、浙东运河为浙江最主要的商、驿相融的交通干线；而遍布省域的古道亦构成商、驿并用的道路网络。有些跨省域的干道更是商、驿交错，水陆并存，干线和支线相通相交。如南昌到杭州的水路，渡鄱阳湖，由昌江而上，经景德镇、祁门、休宁、屯溪，再从新安江顺流而下，经淳安、建德、桐庐、富阳到杭州，达千里以上。

四是密织于水网上的塘路与桥。浙江水乡，沿河塘路发达，形成一个特殊的路网系统。如杭嘉湖地区，有乌程到平望的“荻

① 杨正泰：《明代国内交通路线初探》，《历史地理》1990年总第7辑，第96—108页。

塘”，秀水至平望的“土塘”，谓之“官塘”；而城镇往往依河而建，沿河筑路便为塘路。杭州城北余杭塘路，东汉末应已经形成，路上各驿铺绵延十里，是典型的明清规制。绍兴之地，因水而多桥，据统计绍兴现存六百多座古桥中，建于明代的有 41 座。杭州亦然。明代大运河通航至杭州城北，崇祯四年（1631）建拱宸桥，是杭城古桥中最高最长的石拱桥。浙中、浙南及浙西地区也都有古桥且闻名中外，如金华府武义熟溪古桥，九孔十墩，始建于南宋，至明代加了桥屋，成了风雨廊桥，有“中国廊桥之祖”之称。

轿、舟及浙江制造。其一，轿以宁绍所制最为精致。轿为古代出行工具之“娇”者，种类有官轿、卧轿、逍遥轿、女轿、凉轿、暖轿、帷轿等。婚轿又是轿中最为上乘的。明代浙江的制轿技术以其精细程度闻名于世。相传宋高宗赵构落败后逃往宁波，被湖边一女子相救。南宋初，赵构为报答那位女子，下旨“浙东女子尽封王”，出嫁时可享半副銮驾、半副凤仪的特殊待遇；同时允许轿上雕鸾画凤，一直沿用至今。明代，为迎合这种“皇家旧俗”，浙江细作工匠悉心制作婚轿，附金贴银，周雕浮造，甚为精密。其二，舟以吴越最多样。明代江浙之船，根据功能、尺寸、装饰的不同，分为驿站用的站船、游船用的仙船、接渡用的航船、客货两用的游船、进香用的香船、便捷之三橹船、西湖之湖船、歌舞之楼船、专运之长路船、运粮之漕船、水师之战船等。这和明代浙江造船技术的高度发展相关。郑和下西洋船队中的八橹船，出使琉球的封舟均为宁波船厂制造；属浙船体系的宁波船是中国赴日本交往贸易的典型船型之一。浙江为明代重要的造船基地，造船最多的一年为永乐三年（1405），当时朝廷命令浙江都司建造了 1180 艘海船。

客船日夜运行的常态化。江南行船以苏州为界，苏州以北，船只是白天行驶，而无夜行；苏州以南，则船昼夜行止。如从杭州至湖州，有日夜船；从嘉兴到平湖，也有日夜船。湖州到各地皆为夜船，仅震泽、乌镇两处尚有日船可搭。[①]

驿馆、铺舍与客店之繁盛。明代，朝廷建有一套完整的驿递系统，主要有驿站、递运所、急递铺三个机构。其中以驿站最为重要，负有传政令、报军情、接待四方使客之责。递运所负责运输人员、物资及上供物品。急递铺则负责传送公文。根据明廷规定，浙江的这类机构多设置于水陆交通要道，并设有专门的驿官、驿夫、驿卒、驿马、驿船，以备传递。铺舍为急递铺所设，专供歇宿。以金华府为例，总铺设在府前，下分东、南、西、西南、北五路。下面的各县也是以县前的总铺为起点，向四方辐射。客店，即商人所开的旅店。明中期以后，浙江省驿路沿线一般设有店舍，以供商贩、行旅歇宿。

二、士儒介入的宗教生活

(一)佛教的弘扬与整顿

明代，浙江佛教再盛，天台宗中兴，净土宗与禅宗合流，寺院归并逐渐形成佛教丛林，释儒互引形成同源共识，在民间宗教渐入世俗之势。尽管明廷对佛教采取时紧时松的政策，但在佛教重地浙江，杭州仍然居于自六朝以降的佛教中心地位。明初有临海人宗泐(1318—1391)、杭州人溥洽(1346—1426)被朝廷授善世师。宗泐博学通儒，两度受命西行，通诚佛域，行四万里程，

---

① 黄汴：《一统路程图记》，载杨正泰《明代驿站考》附录，上海古籍出版社 2006 年版，第 213—214 页。

为“奉诏归来第一禅”;又两度诏持天界佛寺,明太祖赐诗称其“泐翁”。溥洽为“吴中法师第一”,学徒云集,明太祖赐诗称其“东鲁之书颇通,西来之意博备”,召为僧录司右讲经,命主天禧佛寺。明中晚期,有阳明学派诸宗师引佛入儒。明末,又有莲池、紫柏、蕅益、憨山四大师相继提出了三教同源、援儒入佛和以佛释儒的主张。其中莲池、紫柏、蕅益驻浙,助推佛教的弘扬和发展。

明中晚期,浙江天台宗、禅宗、净土宗皆有所发展。万历年间,由于衢州府太末人传灯大师(1554—1628)入山主天台祖庭,以天台宗义解《楞严》《维摩》,并对天台“性具”“性善”法门作独到阐发,为其时沦丧已久的天台义学注入了新的生机,被后世尊为“天台中兴之主”。明末,净土宗八祖、杭州仁和人莲池(1535—1615)与净土宗九祖及天台宗灵峰派创始人苏州木渎人蕅益(1599—1655),对明代的净土宗、天台宗和禅宗的发展贡献卓著。莲池法师一生致力于弘扬净土法门,住持云栖寺四十余年,融禅净教律为一体,所定十约为僧徒科律;又著作弘化,纳子云集,使云栖成为一大丛林。蕅益大师游历江浙闽皖诸省,普识佛教各宗,以天台宗义解释佛教,行传净土,会通儒释,遍摄禅、教、律而归极于净土,开启了天台宗灵峰派。其著述经弟子成进编次,分宗论和释论传世,其中《灵峰宗论》10 卷 38 子卷、《释论》60 余种 164 卷。明末四大高僧之一、世居吴江的紫柏真可大师(1543—1603),倡刻《嘉兴藏》。

学佛思潮的世俗化倾向。明末,浙江士大夫群体的宗教信仰大体倾向于佛教。阳明学创始人、余姚人王阳明(1472—1529)影响了江南一带士大夫的学术思潮,加以明末佛教四僧的频繁活动,使佛教在江南思想界占有一席之地。著名居士如浙籍士人宋濂、袁宏道、屠隆等都对佛教有相当的理解，也有不少的佛学著作。嘉靖年间进士严纳、钱塘人虞淳熙、桐乡人庄广丕、山阴人鲍宗肇等都跟着莲池、紫柏等大师修习净土法门。吏部尚书、平湖人陆光祖，著名居士、秀水人冯梦桢，国子监祭酒、会稽人陶望龄，进士、嘉善人袁了凡等护持《嘉兴藏》的刻印，对佛教的复兴有很大帮助。万历三十九年(1611)三月朔，文学家、嘉兴人李日华与槜李费伯阇在楞严寺醵钱放生；同年六月十五日，又赴三塔“放生会”。

阳明学派与引佛入儒。阳明心学的创始人王阳明，其心学的形成，经历了由儒入佛、脱佛回儒、援佛入儒的漫长磨练和感悟，他将佛学、心学的精粹揉进儒家心学体系，强调知行合一、践履躬行，创造性地开辟出儒家心学的至高境界。阳明后学传浙中、江右、南中、楚中、北方、粤闽、泰州七个学派，其中浙江主要为浙中王学。其弟子王畿、钱德洪、徐爱、黄绾等皆在不同程度上迎合儒释道合一的倾向，将王阳明的良知说引向禅学，“成为王门后学中左派狂禅一脉的一代硕师和开创者”。

寺院丛林与公寺向私庙变迁。明代的寺院统属按南、北两京分为南北两大系统。寺院住持制度分为官住、住持两类。据明万历年进士、钱塘人葛寅亮《金陵梵刹志》卷二《饮录集》记载，洪武二十四年(1391)六月初一日，天下寺院合并，府、州、县止存大寺观一所，并其余而处之；有佛刹处会众以成丛林。据弘治年进士、平阳人陈谏《雁荡山志》卷二《寺院》记载，洪武二十四年，当时雁荡山能仁寺通过寺院合并，立成丛林，分统八庵，各理田粮以供役事，惟一人住持。明代寺院中，还存在着或皇帝敕建，或官员出资兴建，或民间百姓集资兴建的“香火院”。这种“香火院的出现，说明明代寺院同样经历了一个从公寺向私庙发展的变迁历程”[①]。

几度兴衰、于明复盛的温州佛教。自西晋至明，温州佛教几度兴衰。南北朝至隋唐，温州建寺院近百座。唐天宝年间(742—756)，永嘉玄觉在西山龙兴寺创禅宗道场，弘扬禅法，为江浙一带的禅学中心。会昌年间(841—846)，唐武宗下诏灭佛，寺庙被毁。五代十国时期，吴越王钱俶笃信佛法，在平阳南雁荡山设螺溪“普照道场”，相继建崇教禅寺等18座寺庙及沉香塔。至宋代，温州寺庙达200多座，高僧辈出，天台宗占据优势地位，禅宗深入民间。明代，温州佛教受道教冲击较大，这与明太祖对佛教的严厉约束以及明中期嘉靖帝对道教的格外崇信有很大关系。但由于温州佛教根基已深，又偏安一隅，仍新建有不少名刹且多高僧。明初，瑞安籍逆川法师(1319—1373)受诏赴南京主持钟山无遮法会；回温州后兴建大龙山报恩寺、茶山实际寺等十余座寺院，著作弘化；洪武六年(1373)，逆川又蒙明太祖诏，开座说法于报恩寺，当年八月圆寂，明太祖率百官祭奠。金壁峰禅师(约明太祖时期)创玉卷道场，成为临济宗玉卷派开山法师，其在浙南、闽北多地陆续分化为仙坛、半山庵、岩庵、宝兴庵等师徒相承的子孙派系。自明至清，温州佛教渐以净土宗为主流，盛于民间。

(二)道教的人格化与神格化

先兴后落的明代道教。相较于对佛教的压制，明太祖对道教的管束要宽弛很多，在一定程度上采取了一些鼓励措施，不仅派遣官员在京城周边大建道观并敕赐官额，而且还亲自作《御注道德经》，设立道录司以掌管天下道教之事。至成化年间，明宪

① 陈宝良：《明代社会生活史》，中国社会科学出版社2004年版，第469页。

宗崇尚道教，宠幸方士，奖饰宫观，乐度道童，资授庙户、佃户等。嘉靖年间，明世宗更是崇信道教，六次大规模新建、重修道教宫观，对方士、道人加官封赏，封荫子孙，宠幸备至；并建立各项斋醮，追求法秘之书和长生不老之术，一意在宫内焚修。明穆宗继位后，对道教大加压制，其地位下降。

有明一代，浙江道教的发展总体上说是跌宕起伏，在明代道教史上占有一定的地位。著名高道、钱塘人周思得（1359—1451）得龙虎山正一派之传授，精习灵宝度人之旨，行持五雷火府之法，以显扬宋元道教的灵官法，得明成祖宠信。明晚期，江南全真道龙门派复兴，浙江为重镇。明末至清中期，浙江全真道龙门派以第五代传人、余杭籍高道张静定（约1390—1522）和第五代宗师、句容籍高道沈静圆（？—1466）两支为主体，延及第六代宗师、嘉兴籍高道卫真定（1441—1645）和第十一代传人、吴兴籍高道闵小艮（1758—1836），呈复兴之势。

道教的人格化与神格化。浙江道教的官封之神，除日常所见土地神、山神、火神、河神、门神等之外，比较具有地方特色的有余姚曹娥江"孝女曹娥之神"、运河"金龙四大王"、杭州集庆寺"黑观音"等。官民普遍崇拜的是城隍之神。浙江之地设城隍庙约在唐代乾元年间（758—760），时李冰有《缙云县城隍庙记》一文，其中有言："城隍，祀典无之，吴越有之。"意即唐代城隍之祀并不普遍。洪武元年（1368），诏封天下城隍神，称帝、王、公、侯、伯。洪武三年（1370）所定官方祀典，革去爵号，以府、川、县"城隍之神"称之，赋以人格、神格。杭州的城隍神是周新。据《明史》称，周新者，大理寺评事，以善判疑案著称；明成祖朱棣即位后，任其为监察御史；其刚正不阿，体恤民情，惩治贪官，终因得罪宠臣纪纲，被明成祖处死。临行前大呼："生为直臣，死当作直鬼。”后纪纲罪发被诛，周新沉冤昭雪，成为杭州城隍神，立庙吴山。

民间烧香习俗和宗教信仰。明代，民间的宗教信仰活动形式多样。钱塘人陆次云在《湖壖杂记》中记有《江右客》《鼠听经》等诸多明清僧、客行善积德、乐善好施的佛教故事。徐献忠《吴兴掌故集》卷十二《风土类》记载，在湖州一些村庄，俗以佛经插入劝世文、俗语，什伍成群，相互唱和，称为“宣卷”，村妪更相为主。明代，烧香是一种更为广泛的宗教活动。明廷一方面鼓励普建香火院，另一方面又对烧香祭祀之俗进行管理，将其限定于在家焚香祭神拜佛或至寺观神庙焚香祭拜。民间进香之地主要有泰山、武当山和普陀山。普陀山位于浙江定海300里外的海岛上，修建有普陀寺，是观音大士化现之地、江南佛教圣地。是时，江南地区民间进香，以去普陀山为主，苏州、松江、湖州、嘉兴等府民众到普陀进香，大体上从松江渡口过海。明代，浙江各地民间宗教信仰炽热如火。崇祯年间（1628—1644），有江南法师路经杭州，其讲经大会有听者十数万人，男女夹杂，僧俗皆汇，规模空前。

第八章　清朝:由传统向近代的演进

清朝是中国最后一个封建王朝。以鸦片战争为界,浙江社会范型前后各异。前有康乾盛世,土地赋税"摊丁入亩"以减轻少地无地农民的负担,相对缓解了阶级矛盾,促进了人口增长,然赋税依然沉重;宗族势力张扬,为"补官治不足"而行乡村宗族自治。后遭外夷入侵、拳团起义,为半殖民地半封建社会范型。土地制度变革成为核心问题,《天朝田亩制度》提出"有田同耕"未果;"永田制"在浙江呈现田地所有权与经营权的分离;孙中山倡导"平均地权"。浙江人口呈U字形复苏,聚族而居再度成为宗族组织形态,妇女解放运动逐渐兴起。晚清浙江新兴资产阶级形成,工人阶级独立;大地主阶级受到打压而小土地所有者占据优势;商人重拾升势。荒政臻备,医政完备,福利制度具备。"满汉全席"彰显社会生活之融汇,浙菜系入流;满袍服为旗袍雏形;铁路初建,水泥钢筋开启现代建筑之序幕。佛道皆有复苏。

第一节 鸦片战争前后的社会范型

一、鸦片战争前的浙江封建社会范型

(一)蚕食性向扩张性骤变的土地兼并形态

鸦片战争之前的200年间,浙江社会主要的经济形态是封建社会晚期的小农经济。与前朝不同的是,这种小农经济正在失去其原有土地制度基础。清前期,沿袭了明朝的土地制度。一方面,归还明末被人霸占的田业,以恢复故业、维护明朝的土地制度;另一方面,维护原有的土地名称、归属、经营方式以及承种人。当时浙江等江南地区的屯田、学田、籍田等国有土地大量地向私有土地转化,给了失去土地的自耕农重新获得土地的机会,使这部分农民阶层占有的土地比明末有较大增加,占地百亩或二三百亩的中小地主占整个地主阶级的多数。然而,好景不长,雍乾两朝之后,土地兼并之势卷土重来。杭嘉湖地区一些官绅地主和豪强大族从对土地的蚕食性兼并转向扩张性兼并,出现了占地万亩、数万亩乃至十数万亩的特大型地主阶层。如湖州府归安县东乡大地主卜元吉田连阡陌,跨越杭州、秀水等地;南浔大官董伯念资产甚丰,有田数万亩。杭州、嘉兴也多有置田千顷以上的绅富之家。这种土地的占有和转移又普遍使用契约作为土地所有权的法律凭据。

浙江地区的封建地租剥削十分沉重。清代,地租仍是地主阶级对农民剥削的基本手段,其主要形式可分为分成租和定额租两种。分成租一般是主佃对分或主六佃四。定额租则视各种条件而定;部分地方的地主还采取押租或预租,一般每亩预押数千文，高的达万余文。另有名目繁杂的附加租金和额外花费，谓之“斤鸡斗麦”“脚米斛面”[①]。此外，还有一些地主收取货币地租。乾隆末年，浙江嵊县的竹绍有将山地租给一刘姓种麻，每亩租钱20千文，合银20余两。

（二）沉重的赋税

田赋构成了清朝主要的财政收入。在1850年之前，它长期占到国家财政收入的70%以上，是民众最主要的赋税。雍正时期推出了“摊丁入亩”和“火耗归公”的赋税制度。前者，是清朝政府将历代相沿的丁银并入田赋征收的一种赋税制度，将中国实行了两千多年的人头税（丁税）废除。这是中国封建社会赋税制度的一次重大改革。“火耗归公”，即将明朝以降的“耗羡”附加税改为法定正税及设立养廉银，以打击地主官僚的任意摊派行为。

浙江是全国著名的重赋区。据清末藏书家、吴兴人刘锦藻编的《清朝续文献通考·田赋考》记载，仅杭嘉湖三府的田赋就超过了四川、湖南、贵州三省田赋的总和。浙江各地普遍出现“田归不役之家，役累无田之户”的现象。杭州仁和、钱塘两县多“户绝人亡，迁移转徙”。平湖的匠户“代隔年远，或子孙徙业，匠籍仍存，或人户逃亡，鬼名空寄，以致征解无从，累波宗党”[②]。不过，从另一个角度看，清代的田赋并非“收益税”，而近乎于“财产税”，是最简单的土地税形式。故而，此种税制无法根据农业产量的提高、物价的增长做出相应调整，田赋的增长促进了土地开

① 徐和雍、郑云山、赵世培：《浙江近代史》，浙江人民出版社1982年版，第1—2页。

② 清光绪《嘉兴府志》卷二〇《户口》，《中国地方志集成》，上海书店出版社1993年版，第525页。

发，以扩大纳税田亩。除田赋正税外，还有平余、杂办、漕项、火耗、粮耗、渔税、茶税、酒税、矿税、关税等之类的加征。各级官府和吏役的种种私派更是名目繁多，百姓不堪重负。

高额地租、重赋苛税的榨取，以及高利贷的盘剥，再加上劳役、水旱时疫等因素，加速了农民的贫困破产和土地兼并。

（三）人口的恢复、增长及晚清时的锐减与复苏

浙江人口在顺、康、雍时期逐渐得以恢复，自乾隆时期开始有了大规模增长，从1100余万一跃而至2300多万；到鸦片战争前夕已接近3000万；至道光末年超过3000万。清代前期浙江城镇规模有较大发展，特别是杭嘉湖、宁绍等地，城镇人口占比达到10%以上。据雍正《浙江通志·户口》记载，雍正九年(1731)，浙江各县相关城市人口占比情况：杭州府的钱塘为22.97%，仁和为15.59%，富阳为11.77%；湖州府的武康为14.09%；宁波府的象山为21.31%；绍兴府的山阴为12.13%，会稽为12.53%，萧山为29.32%，余姚为10.57%，上虞为13.29%；金华府的浦江为12.82%；衢州府的常山为20.85%；严州府的建德为11.87%；温州府的瑞安为36.4%，平阳为54.4%。浙江绝大多数地区的男女性别比都在120—150之间，男性人口明显高于女性人口。浙江人口的快速增长，既有政策鼓励和统计方式修改的因素，又有社会经济促进的因素。清朝统治者采取了一系列恢复生产的措施，包括鼓励垦荒、减免赋役等，在一定程度上改善了人口的生活环境；而豁贱为良、加强保甲编户等，使相当一部分人口户籍从编外转到编内，从而增加了统计数量；杭嘉湖、宁绍地区商品经济的迅速发展和市镇的繁荣，有力地促进了人口的转移性增长。

清晚期，浙江的人口曾发生骤减，形成谷底深陷的“U”字型

曲线。1840 年，浙江人口为 2890.9 万，占全国人口总数的 6.9%。咸丰七年(1857)浙江人口达到最高峰的 3059.6 万，占全国总人口数的 7.2%。[①] 但增长速度较之嘉、隆年间有所降低。咸丰十年(1860)以后，浙江人口由缓慢增长转为急剧锐减。咸丰九年(1859)，浙江人口 3039.9 万。翌年锐减至 2696.7 万，年下降率达 112.89‰。至同治五年(1866)，更骤降至 637.8 万，竟下降了 2058.9 万。这一时期，人口下降最多的是杭州、嘉兴二府，其次是湖州、绍兴、严州及宁波、金华、衢州这些太平军与清军交战最激烈的地区。其中，杭州府从咸丰九年的 257.9 万，下降至光绪九年(1883)的 62.1 万，年均人口下降率约为 57.57‰。

至同治六年(1867)，浙江人口自 1860 年来首次出现回升，全省人口数量增加 181.5 万，此后 45 年间，浙江人口呈直线上升趋势，至宣统末年(1911)，人口总数达 2176.5 万，年均增长率为 26.74‰。其中人口增长最快的是杭州、嘉兴、湖州三府。但温州、台州、处州三府因人口外流而出现人口减少现象。

这一时期浙江人口的大幅度增长，主要是为躲避战乱而逃往外地的难民回流、外地垦荒者迁入定居、战后军队官兵[②]就地解散等原因。但由于太平天国运动及其之后一段时间的人口降幅太大，至清亡时浙江在全国人口总数中的占比仍相对较低，为 5.29%。

(四)社会功能日趋强化的宗族

清代前期，浙江山区耕地的大量开发，吸引了福建、江西、安

---

① 赵文林等:《中国人口史》，人民出版社 1988 年版，第 424—425 页。

② 包括流散在浙江各地的官兵、推行“撤勇归农”法后遣散的清军。

徽等省宗族的迁入，他们比较集中地移居到浙西北和浙中南的丘陵地区。原先省内的宗族则主要流向经济富裕的杭州、余姚、萧山等城镇地区。在这一频繁的迁移过程中，为加强同族的凝聚力，各宗族纷纷完善“宗族之制”，置田以保障生计，立祠以嘉善贬恶，修谱以收拢一族，立学以兴教善育，立族长主持族务，置典事处理日常事务以及典礼、族医保康等，每年举行“燕乐之会”以增进族内感情。此一制度“自族而行之乡”，而为“乡党之制”，选乡绅为领袖，设组织，行聚合，以保乡社平安。

浙江宗族的社会功能较之前朝更为强化。明清浙江乡村宗族自治较为普遍，温州尤甚。温州地处浙闽交界，为“补官治不足”而强化乡村宗族自治。历史学家秦晖在《传统中华帝国的乡村基层控制》一文中曾说，国权不下县，县下唯宗族，宗族皆自治，自治靠伦理，伦理造乡绅。王春红在《明清时期温州宗族社会与地域文化研究》一书中，列举了族内自治的一些规则，如“立贤不以长”的族长选择标准；“居家戒讼”的族内纠纷处理原则；实施族内救济和睦族宁乡的族众行为约束，而针对族外则制定了处理好与乡里社会、地方官府关系及宗族自卫等一系列制度和原则，并鼓励族众兴修路桥和水利等地方公共设施。[①]

严密宗族组织，教化各姓族众。浙江各地宗族组织，明代始兴，清前期已严密而完善。具体表现有五：一是重视祠堂的兴修和管理。“立宫室必先立祠堂”[②]，以示祠堂地位重于自己的居所；且聘请专职宗祠人员负责日常事务。二是从官修到私修，从

① 王春红：《明清时期温州宗族社会与地域文化研究》，中国社会科学出版社2016年版，第105—156页。

② 蔡芳：《永嘉东山全氏祠堂记》，载吴明哲编《温州历代碑刻二集》，上海社会科学院出版社2006年版，第61页。

合修一谱到一家一谱的演进。浙江先人们将家谱提到与帝王世系表纪同等重要的位置，认为“谱与纪，名虽异而旨则同也”[①]。清代，浙江逐渐成为修谱大省，产生了一批谱学名家及著作。当时著名方志学家会稽人章学诚，通过长期修志实践和对方志渊源、性质、体例、功用及修纂方法的悉心研讨，形成了一套系统的方志理论，对近代方志学产生了很大的影响。三是不拘一格选任族长、族正。凡族内举族长，不论年龄高卑，必须昭穆居长、正直无私，已然突破了“主嫡以长”的原则。族正为实际总理一族之事者，其选任以勤奋好学、年富力强为标准。四是严格族规家训，重在教化。钱杭等著《十七世纪江南社会生活》记载了山阴吴氏宗族所制定的家训25条，涉伦理之规与治安之要。嘉庆八年(1803)所刊杭州《闻氏族谱》卷八记载的《元子公家范》四则，分敦本、守身、存心、培德四个部分，为伦理教化的基本内容。康熙四十四年(1705)，会稽《顾氏族谱》卷二记录的家范多达32条，每条后又附有详细说明。这些家法规则又往往与乡约相结合，实现了宗族乡约化。五是族产管理规约化。清代温州各县乡宗族对共同生活领域中的族田、水域、山林、墓地等族产，基本上实行规约化管理。

倡导族学，崇文向善的族风起兴。浙江以宗族制度推行孝治，族学为宗族制度的重要内容，宗族把设家塾作为与立祠堂、置义田、修族谱并列的头等大事。清史研究专家冯尔康在《中国宗族史》一书中描述，当时“族学作为义产予以倡导并加以保护”，“设家塾被视为义行，也会受到旌表”。当时县乡还流行“学

---

① 孙衣言:《徐氏宗谱序》，载郑笑笑、潘猛补主编《浙南谱牒文献汇编》第三辑，香港出版社2008年版，第9页。

校为育才之区，而家塾实首教之地”的看法。

兴建公共设施成为宗族义举。浙江各地宗族还将热心地方公共设施的兴修和维护列入自治规约。而兴修水利是首要之事，“水利不讲，恐数十年后民田变沙滩”，“凡吾族人，其敢忽诸！”[①]王毓英的族人世居永嘉，在地方水利设施兴修、维护方面作出了不懈努力，子孙继世，事劳时久，堪称“愚公移山”。又温州府泰顺司前陶氏宗族数代人致力于当地回澜桥、袭庆桥的兴建；乐清缑山万氏宗族四百余年守护着当地万桥的安危。凡此种种，无一不体现着清代浙江宗族对地方社会责任的担当。

二、鸦片战争后的浙江半殖民地半封建社会范型

（一）鸦片战争后的社会形势

道光二十年（1840），帝国主义列强用炮火轰开了中国的大门。道光二十二年（1842）八月二十九日，中英签订《南京条约》，中国开始沦为半殖民地半封建社会。之后，经咸丰六年（1856）开始的第二次鸦片战争和随后签订的《天津条约》和《北京条约》，以及光绪二十年（1894）中日甲午战争后的《马关条约》等一系列不平等条约，加深了中国社会的半殖民地化。至光绪二十六年（1900）八国联军侵华战争和《辛丑条约》的签订，中国社会基本形成半殖民地半封建社会的形态。

半殖民地半封建社会是近代中国特殊的社会形态。史学界认为，处于这一性质的社会形态下，一方面中国从形式上看仍是晚清政府统治的独立政府，但实际上在政治、经济、文化等各个方面受到外国殖民主义者的控制和奴役；另一方面，中国在形式

① 卢礼阳编校：《王毓英集》，中国文史出版社 2011 年版，第 207 页。

上仍是封建统治和自然经济占主导地位，但实际上在政治、经济、文化、社会诸领域已逐渐走向近代化。

浙江地处东南沿海，且临近外国资本集中、买办势力强大的上海，因此受到这双重社会矛盾的冲击和影响尤大，形成形式上二律背反而实际上又互为制约的社会形态。这从社会史的角度看，也是十分明显的。

（二）改革的践行：半殖民地半封建社会的土地制度

1.“招民垦荒”与奖励政策

“招民垦荒”制度与土地占有关系的变动。帝国主义的入侵及太平天国运动等造成的动荡，带来了户口凋零、土地荒芜和农业衰退的严重后果。为尽快恢复农业生产，清政府采取一系列有效措施垦荒复种。同治三年（1864）六月，左宗棠在《浙省被灾郡县同治三年应征钱粮分别征蠲折》中报：“浙省兵燹以后，人民稀少，田地荒芜。经臣谆饬各属招集流亡，劝谕耕垦，并给发耕牛、籽种、农具，借资补助。”所谓招民垦荒，即“广收异乡人，使之分田垦辟，岁令完捐若干缴官，以充地方公用，而赋额则阙而弗征”[①]。这是太平天国运动之后浙江再次实施的招民垦荒政策。同治五年（1866），浙江巡抚马新贻统计 40 多个受灾州县，有荒产 11 余万顷，推行招民垦荒达五万多公顷。至宣统元年（1909），尚有荒芜未垦者 4 万多顷。[②]

奖励垦荒改变了清中期之后的土地占有关系。太平天国运动之后，清政府加大了奖励垦荒的力度，一些流离失所的无地农

---

① 李文治：《中国近代农业史资料》第 1 辑，生活・读书・新知三联书店 1957 年版，第 168—169 页。

② 赵世培、郑云山：《浙江通史》清代卷（中），浙江人民出版社 2005 年版，第 195 页。

民重新得到土地，很大程度上改变了土地占有关系，恢复了农业生产，从而相对消除了社会动荡的因素以稳定摇摇欲坠的封建统治。

2. “永佃制”与土地权益的共享

土地所有权与土地使用权永久分离的“永佃制”。“永佃制”是中国历史上佃民依约向地主交纳地租，得永久使用土地以进行农业生产的一种租佃形式。[①] 这一制度在清代广泛流行于浙江、江苏、江西、安徽、福建等省。清中晚期，浙江等地“永佃制”的实施范围有所扩大。“永佃制”的产生，主要是由于在灾荒或战争以后，为促使农民积极垦荒或进行土地改良，遂给佃农以土地永久使用权，借以维持长期的租佃关系；也有因农民不堪捐税负担和其他各种剥削，陷于贫困而迫不得已将自己的土地所有权出卖，保留了土地使用权，谓之“永佃权”或“田面权”。地方的土地所有权称为“田底权”。“永佃权”和“田底权”一般都可以分别继承、转租或出让。在土地所有权转移时，一般不影响佃农的“永佃权”。太平天国运动后，左宗棠抚浙，招集荒民开垦田地成熟后，许其“佃种权”；固有之田主只能收取租息，完粮为业，佃户可以永佃。[②] 在“永佃制”下，地方和佃农都受到一定的约束，双方都处于互相妥协的租佃关系之中。事实上，作为重赋之地的江南地区农民，依尧子毅《概括中国古代永佃制这一土地制度的主要内容》的观点，“正是依靠了这一制度保障了最基本的生存，同时规避了赋税的风险”。

---

① 辞海编辑委员会：《辞海》第六版缩印本，上海辞书出版社 2010 年版，第 2293 页。

② 李文治：《中国近代农业史资料》第 1 辑，生活·读书·新知三联书店 1957 年版，第 252 页。

3.《天朝田亩制度》与太平天国的土地制度

《天朝田亩制度》是太平天国时期颁布的以土地制度为核心的一部纲领性文件，于太平天国癸好三年(1853)建都天京(今江苏南京)后颁布。《天朝田亩制度》确定了“凡天下田，天下人同耕”的原则，意图建立“有田同耕、有饭同食、有衣同穿、有钱同使”的平等关系；并将田地分为九等，分田时按照人口，不论男妇“好丑各一半”。这一制度实际上仍由土地所有者向佃农收取地租，维持了原有的封建土地所有制。

太平军入浙后，仍然按原有的封建土地状况，颁发田凭，以保护原有土地所有者的田亩、地产等，并按原有的土地占有关系收取土地赋税。“至于业户，固贵按亩输粮，佃户尤当按额完租。兹值该业户粮宜急征之候，正属该佃户租难拖久之时，倘有托词延宕，一经控追，抗租与抗粮同办。”[①]不过，其所征钱粮，比清廷所征为轻；有些新征田捐等也只向地主征缴，佃户不直接承担。《天朝田亩制度》将古代农民的平均主义制度化，使之发展到历史最高峰。

4.孙中山的“平均地权”思想

孙中山在早期革命活动时就重视土地问题。光绪三十二年(1906)孙中山在军政府宣言中明确将“平均地权”表述为“文明之福祉，国民平等以享之”，并提出改良社会经济组织、核定天下定价，其现有之定价仍归原主所有，其革命后社会改良进步之增价则归于国家等政策与举措。在此以后，又逐步提出了“核定地价”“照价纳税”“照价收买”“涨价归公”四项政策，形成资产阶级土地革命的总体制度框架。

---

① 郦纯：《太平天国制度初探》，中华书局1989年版，第103页。

孙中山的“平均地权”就是以田税代地租，把田租转化为国有，也即土地国有。他的“平均地权”思想实际上受英国经济学家约翰·穆勒和美国经济学家亨利·乔治的社会经济思想的影响。前者主张通过征收土地税的方式消除社会的不平等和土地投机行为，最终消除地主土地私有制。后者认为土地被私人占有是社会财富不公的主要根源，主张征收单一的地价税归公共所有。孙中山吸收了约翰·穆勒和亨利·乔治关于土地改革的思想，从地价的核定、纳税的依据、涨价的归公与收买程序以及土地国有等方面，提出资产阶级土地革命目标。

（三）渐行渐远：半殖民地半封建社会的宗族制度

清中期之后，由于人口激增，社会动荡加剧，为维护社会稳定，清政府试图倚重宗族势力来加强封建统治。其时，聚族而居是宗族组织的主要形态；宗族通过族谱对宗支派系的详细记载，掌控着各个宗族的发展规模，使宗族治理更完善；宗族内部各支、各房等宗支派系，形成了族长、支长、房长等一系列完整有序的宗族事务管理者，构成了严密的宗族组织系统。

清代族谱中有关族规家法的内容非常突出，尤其是清中期以后，订立族规家法之风极盛，反映了宗族观念受到基层社会的重视，表现出浓重的封建礼教色彩。《余姚朱氏宗谱》在族规家法中宣传封建伦理道德思想和封建等级制度，以宗族观念规范、教化和约束族众的思想与行为。

由于太平天国运动对封建宗族制度的打压，以及晚清社会的衰落、社会流动的增加与商品经济的发达，乡村“聚族而居”、宗族“各自为村”的社会结构开始瓦解。无论是浙东的宁绍地区，还是浙西的金衢地区，祖姓独居或祖姓居多的村数已大为减少。据奉化县剡源乡、龙游县各乡的调查统计，前者多姓杂居的村数已占全乡的42.33%，后者杂姓总户数占全县12个乡总户数的46.45%。清中晚期以宗法关系为基础的村居习惯开始改变，宗族结构的日渐瓦解已成为浙江农村社会演变的一种必然趋势。

(四)女权的崛起：社会改良和妇女解放

晚清，社会问题突出，积重难返。农民、小手工业者大量失地失业、流离失所、生活贫困、卖儿鬻女、典妻入娼，再加以鸦片毒害、环境恶劣、盗贼四起、瘟疫流行等，百姓苦不堪言。富人中多有生活畸形者，吸食大烟、妻妾成群、生活奢靡，终以破落。为改变这一社会败象，浙江的一些仁人志士如龚自珍、宋恕、陈虬、秋瑾等，奋起批判晚清政府之腐败，提出了一系列针砭时弊、改良社会的方案和解放妇女的一系列举措，如禁止妇女缠足、限制姬妾人数、设女婴堂等，以探索新型的社会模式。

秋瑾(1875—1907)，字竞雄，浙江绍兴人，近代民主革命志士，中国女学与女权的倡导者。1904年7月，她冲破封建家庭束缚，自费东渡日本留学，并与上海《女报》主编陈撷芳发起共爱会，作为开展妇女运动的团体。她一贯以提倡女权为己任，以“鉴湖女侠”的笔名发表《敬告中国二万万女同胞》等文，宣传女权主义。1906年秋冬之际，秋瑾筹资创办《中国女报》，并任总编兼发行人，以通俗易懂的文章宣传妇女解放。她在《警告姊妹》一文中揭露了妇女的悲惨遭遇，呼吁妇女走向社会，“为醒狮之前驱，为文明之先导”①。秋瑾一生都在为伸张女权而奋斗，把妇女运动与反清反封建的革命运动相结合，所创女学女权思想成为近现代中国妇女解放思潮的重要组成部分。她与吕碧城(中

① 《中国女报发刊词》，《中国女报》1907年第1期。

国近代女权运动先驱）被称为“女子双侠”；与唐群英（中国女权运动领袖）、葛健豪（中国早期女权运动先驱）被誉为“潇湘三女杰”。

第二节　民族与阶级的演变

一、鸦片战争后的社会阶级结构

（一）新兴资产阶级的形成与工人阶级的独立趋向

浙江的资产阶级产生于19世纪70年代之后，主要是从投资创办近代工矿交通企业的一部分地主、官僚、买办商人转化而来。19世纪末20世纪初，一般商人、手工业者和士绅创办企业成为清末一股令人瞩目的潮流，其创办者、投资者遂成资产阶级的重要组成部分。辛亥革命前夕，浙江的工商企业发展迅猛，资产阶级已形成一定规模。据汪林茂《浙江通史》清代卷（下）估计，至1911年，浙江全省已成立县、镇商会共79个，入会商号共计16617家，加上各府州商号，至少有2万家。如按民国元年（1912）农商部统计，至1912年，浙江有各类工厂2583家，雇佣工人30人以上的工厂有286家。① 其中纺织业470家，制造业140家，化学业1359家，食品业429家，杂项184家，电气业1家，铁路运输业（5000元以上投资股东）333人，矿业17家，轮船航运业36家，金融业5家，通讯业2家，农牧渔业42家。除此之外，还有中、大型商业企业约10000家。浙江较有代表性的成规

---

①　农商部统计科编制：《第一次农商统计表》，转引自汪林茂《浙江通史》清代卷（下），浙江人民出版社2005年版，第401页。

模企业有杭州同益轮船公司、宁波通利源公司、宁波和丰纱厂、湖州青城造纸厂、宁波禾盛碾米厂、杭州钱江轮船公司、杭州大有利电灯公司、镇海永裕垦务公司、浙西农业股份有限公司、上虞春泽垦牧有限公司、浙江兴业银行、浙江银行等。

晚清时，浙江的资产阶级人数估计有40000人，其中商业资本家约占75%。浙江资产阶级可分为上层和中下层。其上层来源于官僚、买办、豪绅、富商等阶层，拥有比较雄厚的资本，与帝国主义和封建势力关系比较密切。他们是立宪派的社会基础，汤寿潜是这个阶层的典型代表之一。[①] 浙籍资产阶级在省外尤其在上海具有较大的势力，有宁波帮、绍兴帮、湖州帮等，著名者有严信厚、黄佐卿、叶澄衷、经元善、朱葆三、庞元济、宋炜臣、虞洽卿等。下层资产阶级主要来源于普通的工商业者、中小地主、商人、手工业者等。他们缺乏一定的政治背景和雄厚的资本实力，深受帝国主义、封建主义的压迫，同时受到上层资产阶级的排挤和打压。

浙江工人阶级的产生要早于资产阶级。最早出现的是宁波港口装卸搬运出口商品的码头工人、美国长老会在宁波“美华书馆”的印刷工人、美国人贝立斯招雇的在吴淞修船的宁波木工。一些开始成规模发展的私营企业的工人，已开始脱离手工业工人性质，是浙江的第二代工人阶级。

19世纪60年代起，洋务派也经营了一些使用近代大机器的工厂，所以在19世纪70年代中国民族资本产生之前，就已有近代无产阶级。其来源于贫困农民、城镇贫民和失业的手工业劳

① 陶水木、徐海松、王心喜、尹铁编著：《浙江地方史》，浙江人民出版社2012年版，第285页。

动者。据赵世培、郑云山著《浙江通史》清代卷（中）估计，19 世纪末浙江近代工厂的工人人数大致为 7000 人（未包括在外省企业中劳动的浙籍工人），以女工和童工为主。这些工人劳动条件极差，根本谈不上有什么生产安全和劳动保险，且劳动时间长，工资极低。

随着浙江民族工业的风生水起，工人阶级人数也由 19 世纪末的近万人，发展到民国初年的 7 万多人。据陈真、姚洛合编《中国近代工业史资料》第一辑统计，1915 年，全浙江省工厂有男工 53263 名，女工 25902 名，此外还有相当数量的铁路工人、海员工人、搬运工人、店员工人、市政工人、邮政电讯工人以及数量更多的手工业工人，工人阶级人数总计约 25 万。作坊、工场手工业和商贸业已成为资本主义经济体系中的一部分，其中的雇佣劳动者也成为近代工人阶级的成员。庞大的雇佣劳动力市场成为未来工人阶级增长的强大后备力量。

浙江工人阶级的劳动条件极为恶劣，没有人身保障，劳动强度大，劳动时间长，劳动报酬极其低下。因此，浙江工人阶级从其产生时期起，就与资产阶级有着根本性的矛盾。

（二）地主阶级与农民阶级的分化

咸丰元年（1851），太平天国运动爆发并很快波及东南沿海，不久就占领浙江大部分地区。原有的地主势力受到不同程度的打击和摧残，一部分地主失去了土地和财产；而“粮田当自户”的佃户得到太平天国政权的承认和支持，相当一部分无田者也可以通过垦荒等途径获得土地。土地占有关系的改变，使小土地所有者占有压倒性优势。

太平天国运动后，浙江各地较普遍地推广“永佃制”，佃农对土地具有永久使用权以及对田面的买卖转让权等，其身份和经济关系得到了相应地改变。然而，农民的命运总是那样的一波三折。这种自耕农的扩大和佃农的相对解放现象，至同光年间又出现了逆转，大、中地主势力回升，并与官府、商人合流，残酷地欺压和剥削自耕农和佃农，打压小地主阶层。土地又向大、中地主集中，自耕农的生存空间越来越小，无田者的数量复又回升。至清末，浙江农村的农户中，约 4%是占有 50 亩土地以上的地主，40%是失去土地的佃农。据浙江省通志馆《重修浙江通志稿资料》第 41 册《农业》统计，民国元年(1912)浙江的佃农、自耕农、半自耕农占农户的比重，分别为佃农占 41%、自耕农占 27%，半自耕农占 32%。地主阶级与农民阶级的矛盾冲突尖锐而复杂，并一直延续到民国时期。

(三)商人阶层的跃升

有清一代，商人阶层一直是最为活跃的一个社会阶层，其地位从“末”位转而与士工并列，甚至超越农，工商地主的地位远超传统农耕地主。随着城乡商品经济的迅速发展，各社会阶层都有相当数量的人群卷入商界。是时，上至皇亲贵戚、官僚缙绅，下至平民百姓都有经商逐利者，商人阶层由此分化为绅商、买办、儒商、工商、农商等不同群体。

绅商与买办是晚清最有势力的商人群体。甲午战争之后，浙江士绅从商风潮日盛，出现了诸如庞元济、丁丙、楼景晖、高凤德、庄诵先、李拱宸、林友梅、丁玉璋、谭献等商界名流。一些求学之士，其志多在通晓英语与算术，以便他日在商界立足。

官僚买办阶层是鸦片战争之后迅速崛起的一个商业群体。他们受雇于外国商业机构，是外国资本主义在华势力的附庸。浙江最早出现的买办，是宁波开埠后从广东辗转前来的粤籍买办李安波及本地买办方保康。他们分别担任英国太古轮船宁波分公司首任买办和次任买办。[1] 之后，湖州、嘉兴、杭州等地也陆续出现买办商人，较具代表性的是丝业买办商人。据民国《南浔志》卷二一《人物》记载，当地经商上海者日众，与洋商交易通语言者谓之通事，在洋行服务者谓之买办。宁波帮最初形成于上海宁波商人圈中，其代表人物为穆炳元，穆炳元及其徒弟“为上海洋商雇用买办之始”。[2] 买办杨坊、王愧山亦为宁波人。杨坊是上海四明公所董事，曾获清政府授予的二品顶戴道台衔。买办制度分经销制、分伙制、雇用制与经纪人制四种。官僚买办资本是买办资本的最高形式和最后形态。

(四)贱民的悲苦生活与严厉的奴婢制度

清代，浙江各地的胥民、九姓渔户和堕民等贱民阶层的贱民身份和苦难的生活状况并没有大的改变。清末，一些有识之士奔走呼吁，要求朝廷改变贱民的不平等状况。据新编《绍兴市志》记载，光绪三十年(1904)，鄞县士绅卢洪昶向清廷呈文，请求“永除丐籍，销去堕民名目”，并“拟就堕民处所捐建农工小学堂两所，聘延教习，购置仪器，招致堕民子弟入堂肄业，将来毕业，准其升入官私各学堂，给予出身”[3]。翌年，卢洪昶在鄞县县城建起育德农工第一小学堂、第二小学堂，专门招收堕民子弟。至1911年，两学堂共毕业三届70余名学生。此后，绍兴等地加以仿效，办学校教育堕民，以“改贱为良”，振兴农工实业，富强国家。一些堕民通过经营致富，并由此“潜入民籍”，生活发生很大变化。

其实，清代浙江的贱民等级不仅包括胥民、渔户、堕民等，还

① 包俊文：《英商宁波太古公司始末》，《宁波文史资料》第9辑，第83页。

② 姚公鹤：《上海闲话》，上海古籍出版社1989年版，第47页。

③ 新编《绍兴市志》第5册“光绪三十年谕旨”条，浙江人民出版社1996年版，第3378页。

包括奴隶，即奴婢这一庞大的底层群体。清朝前期，沿袭了后金的奴隶制度，统治汉人地区之后，奴隶制度渐被废除，但承袭以身份立法的基本原则，对奴婢的地位作了极不平等的规定。如奴婢属于其主，稍有所失，便由主子惩罚，轻者责骂、殴打，重者致死，当时法律虽已严禁无故任意残杀奴婢，却很难实行。奴婢仍无自由可言，如奴婢与其原来家庭脱籍，其姓名由所买家主更改；婚姻按“良贱不婚”的原则由所买家主做主，奴娶良女则受杖刑，婢女嫁良男不为宗法允许；严格主仆身份及其相关礼数，奴婢僭越得受罚等。正所谓“奴婢贱人，律比畜产”。

二、“满汉一家”与少数民族的发展

清朝统治者提出“满汉一体”的口号，以满蒙联盟为统治基础，重用汉人，推行“汉法”，建立汉族官僚体系，并实施边疆民族事务地方治理、江南地区“旗民分治”以及思想文化领域的“以汉治汉”等一系列具体政策，以实现多民族统一国家的长治久安。清军攻克浙江后，杭州成为内地直省最先设立八旗驻防的三个城市之一。为避免八旗兵骚扰地方，减轻地方负担，清廷在各个驻防地区建立城垣，或划分界地修筑满城，将八旗驻防官兵及其眷属都安置在满城里边，严格限制八旗官兵与当地居民的交往，建立旗民两重体制。这种做法有利于加强驻防将领对八旗兵丁的管理，减少驻防官兵对当地民众的骚扰，缓和两者间的矛盾。但这种管理体制也产生了不少弊端。

清军攻克杭州的消息传到绍兴时，反清志士刘宗周恸哭绝食，清贝勒博洛以礼相聘，宗周“书不启封”，绝食二十三天，于闰六月初八日去世。自顺治开始，中经康熙、雍正、乾隆三朝，浙江等地又发生了庄廷珑明史案、查嗣庭试题案、吕留良文选案等文字狱，案狱数量之多，规模之大，牵连之广，杀戮之血腥，堪称空前。清朝入主中原后，以儒家文化为正宗的汉族知识分子怀有相当强烈的民族主义情绪，民族矛盾曾一度上升为社会的主要矛盾。

清代浙江是以汉族聚居为主体，畲、满、蒙等民族散杂聚居的地区。畲族是浙江人数最多且居住相对集中的少数民族。从唐宋开始，闽地畲族逐渐迁移到浙江垦殖。至清军入关后，畲族大规模迁入浙江，族支有百支之多，分布在温州、处州、杭州、金华、衢州等地的一些县域。

浙江蒙古人的迁入始于元代，以军兵及其家属为主体。清军入浙后又有一些蒙古族兵员迁入浙江。驻防浙江的蒙古族有托尔齐尔等十七氏。满族规模性地迁入浙江，也是以清军入浙为始。当时驻防浙江的满族共有赫舍里等 61 氏。满族人与蒙古族人被统称为“旗人”，地位高于汉人。顺治年间，在杭州城西圈地建八旗驻防营地，是在杭满、蒙八旗大小官兵及其家眷的聚居中心。满族和蒙古族信仰萨满教，有自己的语言文字，但在浙江驻防期间普遍通用汉语。

清代，浙江的回族人数也有一定数量的增多。明清时期，回族在杭州建立东南西北四寺，即板儿巷东寺、楚妃巷北寺、郭家河头西寺、五奎弄南寺。回族人皆依寺而居，信奉伊斯兰教。

第三节　荒政、医事与户籍制度

一、日臻完备的荒政系统

（一）基础设施建设与预前备荒

清代是中国古代灾荒发生最为频繁的历史时期，浙江则是其中发生频率较高的地区之一。据叶建华《浙江通史》清代卷(上)统计,自顺治元年(1644)至道光十九年(1839),浙江遭受水、旱、雹、虫、风、疫及霜雪、地震等灾害合计1669次,年均8.5次,其中水灾795次,旱灾730次。清代浙江地方政府在灾前预防、灾中救助乃至灾后补救等各个方面采取了“消极救荒”和“积极救荒”的政策。[①]

预前备荒,邓云特《中国救荒史》称之为“积极救荒”。浙江地方政府从修筑海、江、湖防洪大堤、发展垦殖农业与备荒仓储建设三大方面,做了积极备荒的准备。在康、雍、乾三朝皇帝对浙江海塘建设的重视、支持下,浙江地方政府先后进行了数十次较大规模的海塘修筑,据不完全统计,共修塘10.41万丈,长堤40里。道光、咸丰、同治、光绪皇帝也都重视浙江海塘的修建,但由于社会的动荡和政治的腐败,工程已然减少。此外,杭嘉湖平原地区的水网圩田、宁绍平原的湖泊水利、浙中南山区的溪泉堰塘水利灌溉等,在清代也有较多兴修。

清代浙江还重视土地资源开发与粮食仓储建设。自顺治末年至嘉庆十七年(1661—1812)的150年间,浙江进行了常平仓、社仓、义仓等的建设和管理。

(二)广救于大荒之时

中国古代荒政,周代已大备;汉代已完备;宋代处于转型期;清代集大成,为中国荒政发展的鼎盛时期。

清代,浙江荒政已形成了一套从报灾、勘灾、审户到发赈、借贷、赈济、调粟、抚恤以及缓征或蠲免赋税的既定规则和程序。清代曾任闽浙总督的汪志伊在其《荒政辑要》中,将荒政的各种

① 邓云特:《中国救荒史》,商务印书馆2011年版,第233、338页。

措施归纳为以下几类：有预备于未荒之前者，有急救于猝荒之际者，有广救于大荒之时者，有力行于遍荒之地者，有补救于已荒之后者。每逢灾害发生前或发生时或发生后，地方上都会及时向官府报灾，并与朝廷派遣的官员共同勘察核实受灾范围、程度，将勘灾结果作为蠲免的依据。如有需要赈济的人户，还要增加审户程序，把灾民划分为报贫、次贫等各个等级。

在救灾赈灾方面，浙江主要抓住赈济、减免赋税、调粟平粜、转移灾民、抚恤安置、劝奖社会助赈活动等环节。赈济以政府行为为主，向灾民无偿发放救济钱物，还用授官赐爵的方法鼓励输粟、输银，以助赈济。调粟政策主要有移民就粟、移粟就民、平粜三项。施行这一政策的前提条件有六，即兴交通、去关禁、除剥削、绝欺压、禁闭籴、严检查。在闹灾期间，浙江还通过施粥、居养、赎子等养恤措施，来解决饥荒危机。清代慈善事业的机构化发展，使普济院、养济院、栖流所、留养局、饭厂（粥厂）等在荒政实施中起到了重要的作用。

浙江在推进近代江南的新型义赈救助体系建设方面起到了先行作用。据《清史稿·灾异志》记载，光绪二年（1876），淮、徐受灾，浙人胡光墉集十余万金往赈，为义赈之始。在胡光墉等富商的影响下，浙江、山东、江苏、上海、安徽等地富商纷纷组织义赈，很快成了当时丁戌奇荒救助体系中重要的组成部分，形成了一批义赈组织。据《经元善集》记载，义赈机构有浙苏协赈公所、扬镇协赈公所、澳门协赈公所、台北协赈公所、安徽协赈公所、烟台协赈公所等 11 处。各地以上海协赈公所为中心并相互协同，扩大了义赈的影响力。义赈机构还把各地善堂统一组织起来，广泛联系电报局、轮船招商局、报馆等，使以往民间的个人义举变成了全社会瞩目的公益慈善事业。义赈与官赈、教（教会）赈、民间义举共同构成晚清赈灾救助体系。

二、医疗与公共卫生体系

（一）太医院与地方医疗卫生机构

清代的中央医疗卫生机构为太医院，这是贯穿浙江地方医事的最高医疗管理机构，其直接负责从中央皇室到地方的医事。除此之外，太医院还负责各府州县惠民药局及边关卫所医官、医士、医生的选派和考核。太医院的中医分科沿用十一科制，包括大方脉（内科）、小方脉（儿科）、伤寒、妇人、疮疡、针灸、眼科、口齿、咽喉、正骨、疫痧等科。清廷后又设医学馆改太医院旧制，以适应医事的发展。

清朝前期，浙江各府州县惠民药局骤减，医学署的设置也少，但出现了新的医疗机构治痘局，医学训科的设置遍及各地。各个时期设立的医疗机构略有不同，有惠民药局、牛痘医局、卫生堂等。[①] 清前期，全省各府州县的医学官员设置较为完备，职掌分明。晚清，浙江各级卫生行政管理机构没有建置，有关管理人员附设在警政机构内。

（二）名家与学派的璀璨

浙江医界自古多名家。据古今文献记载，浙江在中国医药发展史上，对国内乃至世界有影响的医家，约占全国的四分之一。如东汉的王充、魏伯阳；南北朝的徐道度、徐之才；隋唐的日华子、陈藏器；宋代的朱郁肱、王执中；金元的朱震亨、滑寿；明代的张景岳、陈司成、胡瑛；清代的王圣英、俞根初、雷少逸、张志聪、赵学敏等。浙江医家供职太医院者多、御医多、任医官者多。

---

① 朱德明：《浙江医药史》，人民军医出版社 1999 年版，第 29—30 页。

浙江历代形成有诸多医学流派，皆在清代有大的发展。如始于东汉的养生学派、始于唐代的本草学派、始于南宋的针灸学派、始于明代的医经学派、始于清代的温病学派等。这些学派对中国医药学的发展作出了重要贡献。如明末清初医经学派张志聪的《本草崇原》是历史上第一部注释《神农本草经》的药学专著；他还创新了中医授徒的形式。本草学派的赵学敏著作宏富，有丛书《利济十二种》100 卷，其《本草纲目拾遗》为清代最重要的本草著作。

清代，浙江民间创办的京都同仁堂乐家老铺、杭州胡庆余堂名震南北药界。始建于南宋的杭州清河坊药铺长廊，至清末仍存在有桐君堂、方回春堂、张同泰、叶仲堂、“红顶商人”胡雪岩创办的胡庆余堂，还有泰山堂、万承志堂、保和堂等。

三、人、户分立的户籍制度

清代的户籍制度是中国封建社会晚期的一项重要制度，主要是清政府为了掌握人口、管理民众、征税和兵役等而实行的人户管理制度。其户籍主要分为本地户籍与外地户籍两类，户民主要分隶于民、军、商、灶籍。为严格控制社会人户，清廷对隶属民、军等籍的户民实行了严格的编户制度，各色户民编入严密的保甲。户籍由官府负责管理，每个家庭须有一个户口簿，上面详细记录了家庭成员的信息。

在清代，浙江人口大幅度增长，人口结构也极为复杂，特别是回流的难民和闽粤迁入的棚民的入籍问题，给户籍管理带来较大的困难。浙江对移民采取因时制宜的户籍管理措施。其基本政策是：如果户民在寄居之地置有坟庐愈二十年的，准予“入籍出仕”；客民在内地贸易，或置有产业者，与土著一律顺编；在处理移民附籍时，还依据移民在某地的居住年限以及家室情况，分别采取招抚回籍、授田为业安插入籍、间接落籍等方式，正式将移民纳入地方户籍体系。

在明代时，大量闽粤贫民迁入浙江、江西等省下辖府县，被称为棚民。清前期为解决棚民问题，着力将其编入户籍，并为避免土客冲突而新设立了“棚籍”。浙江地区的“棚籍”，采取先入保甲、顶替原户（绝户）的入籍原则。嘉庆二十年（1815），清廷针对浙江棚民规定，租种地亩超过二十年，且有田产庐基、娶有妻室，则准许入籍，年份未久却娶有妻室者，待过二十年期准呈明入籍。[①]

这反映了清廷较为开放的户籍制度。同时，清廷采取近代户籍管理方式，将“人籍”与“户籍”分立。这体现了人格平等，突出了私权保障、户籍管理法制化，从解除人身束缚的角度看还体现了“人民有居住迁徙之自由”的历史大主题。

第四节　社会生活的演进

一、生活方式的民族融合

（一）饮食与生活礼仪

清代浙江民间的日常饮食习俗，主食仍以米饭为主，糜粥次之，杂粮辅之。进餐习俗普遍一日三餐，宁波及绍兴人饭时大都必先饮酒。食性，各州县因地理不同而有较大区别，如宁波嗜腥

---

① 褚宏霞：《清代移民户籍管理措施与移民新趋势》，《清史参考》2019 年第 48 期。

味而喜食海鲜，绍兴嗜臭而喜食霉烂发酵之物。宴习礼仪，席之陈设以左席为大；将入市，主人必敬酒；猜拳行令，率在酒阑之时；粥饭既上，则已终席，是时可别室饮茶。

浙江自唐陆羽著《茶经》之后，便领茶艺之风尚。至清，又以龙井博帝王之喜。清高宗乾隆喜欢龙井新茶，亲授“贡茶”之名。其下江南巡幸杭州，曾在龙井泉赋诗，到狮子峰胡公庙饮茶，将庙前十八棵茶树封为御茶。当时，“夏喝龙井，冬饮普洱”成为清王室的传统。除龙井茶外，浙江还有嵊州泉岗辉白、严州苞茶、金华举岩、余杭莫干黄芽、富阳岩顶、杭州九曲红梅、温州黄汤等，皆闻名于清代。清代贡茶中，浙江呈送的有十数种。

浙江民间饮酒习俗亦浓。清代浙产黄酒，含甜、酸、苦、辛、鲜、涩六味，分元红、加饭、善酿、香雪四大类型，有“越酒行天下”之说。清代各种文化纷呈迭出，酒文化也在前代传承基础上有许多新的突破。当时，酒的品种多种多样：本土的与外来的、酿制的与浸制的、烈性的与舒柔的、北方的与南方的等。乾隆年间钱塘人吴秋渔撰《酒志》28 卷，将酒肆分为南酒店、京酒店、药酒店三类。清初流寓长兴、五迁南浔的进士黄九烟推崇酒德，谓之“三章之戒”。婚事娶嫁、节日时令之际，酒更是不可或缺。清代的酒文化，纵欲于达官贵人的奢靡，撩拨起文人墨客的恣肆，浸漫着纤纤世人的庸欲。

清代浙江菜进入中国十大菜系，即鲁、川、扬、粤、湘、闽、徽、浙、京、楚十大菜系。浙菜系菜肴以杭、甬、绍、瓯四地风味为代表，擅长煮、炖、焖、煨，口味略甜，以烹制河鲜、海鲜见长。又有婺地口味，以火腿为配伍。其中，杭帮菜为浙菜之基，绍、甬、婺菜为浙菜之脉，瓯菜为浙菜之别，各有特色且可容南北之味。

清代浙菜特色鲜明，派系众多，饮食文化思想根基很深，蕴含着深邃的审美伦理、清逸的山海风俗和器形调合的工艺美学。其中,杰出戏曲家、兰溪人李渔著《闲情偶寄·饮撰部》,著名诗人和美食家、钱塘人袁枚撰《随园食单》为代表性饮食著作。《随园食单》是袁枚撰的一部烹饪理论专著,其把元、明尤其是18世纪中叶以来中国的326种菜肴、饭点和茶酒兼收并蓄,将各地区风味特点融汇一册,全书分须知单、戒单、汤鲜单、江鲜单、特生单、杂情单、羽族单、水族有鳞单、水族无鳞单、杂索茶单、小菜单、点心单、饭粥单、茶酒单,共14单。既重视鲜鱼制作的食形韵化,又强调器形结合的美学意境。李渔《闲情偶寄·饮馔部》主张于俭约中求饮食的精美,在平淡处得生活的乐趣,其饮食原则为重蔬食、崇俭约、尚真味、主清淡、忌油腻、讲洁美、慎杀生、求食益。美食家们认为,这正表现了中国传统文化对饮食美学的追求。此外,浙江嘉兴人顾仲的《养小录》、海盐人王孟英的《随息居饮食谱》等亦为清代饮食名著。

(二)发型与服饰

清代发型与服饰的改变,源于清代强行推行的男子“剃发梳辫”“更袍易服”的服饰制度,这是清朝廷对汉族实施政治统治的需要。随着时间的推移,这一发型和服饰逐渐为汉人所接受。浙江市场经济发达,人口流动量大,丝绸和棉布生产技术先进、工艺精湛,又受着时尚之都上海的影响,因此清代浙江民间服饰由传统简朴发展到多样、时尚、高档,尤其是在康熙、乾隆多次南巡后,追求华丽更是成为时尚。[①]

其时,浙江生产的丝织品名目繁多,惊艳绝伦,适应了社会服饰时尚的需求。桐乡濮院在康熙年间所织绸料行销全国。绢

① 叶建华:《浙江通史》清代卷(上),浙江人民出版社2005年版,第177页。

品有花绢、官绢、箩筐绢、素绢、帐绢、画绢；散丝所织的绫品有花绫、素绫、锦绫；罗品有三梭、五梭、花罗、素罗；纱品有花纱、脚踏纱、绉纱等。濮院纺绸练丝熟净、组织工致。当时，湖州产湖绸，杭州产纺线春、杭绸、纺绸、绫罗缎匹，宁波产的宁绸，温州瑞安产的绵绸、瓯绸等也很有名。[①] 慈溪等地生产的棉麻类织物也颇负盛名。当时用葛作为衣料者最多，最普遍；后期有西洋印花布，质薄，清人多用它作衫。[②]

江浙一带服饰的纹样和图案更加多样化。由于染织技术的进步，清中期之后，江浙商业都市中的庶民妇女的衣裙花色式样、发髻鞋履等品种日益翻新。达官士人官服质地之精美和图案纹样之显眼，更是前代所无法比拟的。清末，又多用写实纹样的图案，如牡丹、蝴蝶、石榴、寿桃、喜鹊、佛手、云鹤、折枝花、梅兰竹菊、缠枝花等，无花不有；仕女人物、山水、风景、楼台亭榭等，无景不入。

清初，对士庶的衣冠服饰有严格的等级规定，团龙补服、明珠冠顶等样式，禁止臣民僭用，违者治罪。自乾隆以后，江浙一带服饰的时尚冲破了贵贱等第的界限，恣意穿戴者屡见不鲜。更有甚者，以布为已贱，“绫缎绸布，争为新式新样”[③]。据钱泳《履园丛话·骄奢》中的描述，乾隆后期官府人家，男人俱是轻裘，女人俱是锦绣。光绪中叶至宣统时期，服饰更有大变，男子衣饰尚奕，袍衫之长可履足，马褂背心之短不及脐。妇女衣饰，以清后期上海为例，莫不矜奇斗巧，日出新裁。标榜时尚的沪妓

① 朱新予：《浙江丝绸史》，浙江人民出版社 1985 年版，第 107—109 页。

② 林永匡、王熹：《清代社会生活史》，中国社会科学出版社 2016 年版，第 53 页。

③ 张仁善：《礼·法·社会》，商务印书馆 2013 年版，第 159 页。

喜施极浓之胭脂，大家闺秀纷纷效尤；更有女扮男装者，在闹市中徒步。晚清浙江人服饰之变，由大城市向小城镇扩散，继而影响乡村农家，甚至“下及奴婢”。① 旧时服饰之制几已荡然无遗。

（三）驿道、铁路及民信局的发展

清代浙江重视驿道水陆沟通，至清末遂成六条驿道干线。六条干线均由省会杭县出发，北向有杭县至嘉兴王江泾、杭县至长兴；西向有杭县至昌化、杭县至衢州常山县；南向有杭县至平阳桥墩门、杭县至庆元县。

浙江的出行道路以浙江西部通往闽、赣的最为繁复。明清“一口通商”的时候，处浙闽赣三省交界的广信府成为水陆交通的重要节点，其中由广信府通往浙、闽的水陆交通尤为重要。浙江通广信府后，南可达闽粤，北可达赣皖等地。这条要道以江西信江和浙江钱塘江为主要水道。江西玉山和浙江常山则为重要的转运处。据《天下水陆路程》记载，经玉山县至常山县后转水道达杭州，全程长 1385 里。

随着浙江水道和港口的发展，作为与日本贸易港口的乍浦港显得异常繁华。据日本史学家上田信研究，在日本“正德新例”政策下，半数以上从江南出港的船只领到了信牌，结果使江南的乍浦迅速发展为赴日商船的出港地。“乍浦与宁波隔着杭州湾相对而坐，同时也是掌握与日本贸易主动权的浙江商人的大本营。”②

浙江的铁路和汽车路建设萌发于维新运动时期。1897 年英

---

① 丁世良、赵放主编：《中国地方志民俗资料汇编 · 华东卷》中册，书目文献出版社 1995 年版，第 782 页。

② ［日］上田信：《海与帝国 · 明清时代》，高莹莹译，讲谈社《中国的历史》第 9 册，广西师范大学出版社 2014 年版，第 356 页。

国怡和洋行与清政府签订了《苏杭甬铁路草约》，然江浙两省的各界人士拒绝承认该合同。浙江省率先成立商办浙江全省铁路有限公司，并推选曾挂职两淮盐运使的立宪派人物、萧山人汤寿潜为公司总经理，着手筹办浙江的铁路建造事宜。时年50多岁的汤寿潜顶住了来自清政府和列强的重重压力，通过动员“工商各界缩衣节食勉尽公义”，进行公开募股，至1906年5月，共筹集了400多万银圆的资金。1906年11月动工，于1907年8月运营开通，由杭州江干的闸口起至湖墅的拱宸桥，全长16.135公里，是为浙江省域的第一条铁路。1909年沪杭段通车营运，全长125公里，共有车站16个，设计时速为200公里，是我国最早的铁路干线之一。1910年沪杭甬铁路至曹娥段通车营业，长77.9公里。1914年沪杭甬三段（杭州至枫泾、宁波至曹娥、江干至湖墅）交归国有。浙江铁路有限公司改为交通部直辖甬嘉铁路管理局，同年归入交通部沪杭甬铁路管理局。

1909年，沪杭铁路通车后，在城站火车站附近建设了20米的弹石路，为杭州第一条汽车路，也是浙江现代公路的开始。

清代浙江对传统工具的使用也有许多改进。一是舟车并济。即以车舆置之舟而人坐于车中，江浙二省皆有这种运载模式，以钱塘江渡船为最知名。二是往来有汽船。三是城市以人力车与脚踏车为时尚。轿子仍被日常使用且制作工艺精湛。今浙江省博物馆介绍宁绍婚俗的红妆家具馆内，保存有“清金箔贴花轿”，谓之“世界上最豪华的花轿”。这顶花轿由宁海、象山、奉化等地的十位工匠花了十年时间打造完成，耗费一万多个工时。整顶轿子采用浮雕、圆雕、透雕等工艺手法装饰，雕有250个人物、花鸟虫鱼，有38条龙、24只凤凰、54只仙鹤、74只喜鹊、92只狮子和124处石榴百子等。还有不少著名戏曲场景，金碧辉煌。

清初，通过兵部颁布的有关车马、夫役、邮符、给驿等的规范制度，遵循繁简冲僻区别处理的原则，调整邮驿网路，改革驿银支付办法等有效的整饬措施之后，因战争废弛的浙江驿政已逐渐好转，[①]在具体的站点形式、网路分布、转送工具等方面也有因地制宜的改变。如陆路，浙江兼设骆驼，按地方冲僻及差事的多少，各有定数。水路，浙江有站船和渡船。驿网归属，浙江归由山东东路，即由山东省城出发，至江苏、浙江、福建三省。水路干线，浙江又可直通京城。清代首创"马上飞递"的公文传递形式，浙江至京师四日即可到达。清代继承明代民信局体制，逐渐发展民间通信事业，清中期达到最盛。民信局是由私人经营，为平民百姓传递私人信件、兼办汇款、包裹的商业性民间机构。宁波是全国第一个创办民信局的地区，推进了浙江乃至全国民间通信事业的迅速发展。清中叶以后，民信局不仅遍及国内各大商埠，还把业务扩大到东南亚、澳大利亚、檀香山等华侨聚居地带。

(四)建筑：从传统向现代的转变

水泥与现代建筑的开端。清代是中国传统建筑向现代建筑转变的重要阶段。这一转变的基础是近代水泥和钢铁等建筑材料的进步。浙江是近代中国生产水泥最早的省份之一。当时，浙江宁波、杭州、湖州等地已开始使用水泥，至民国时期已普遍使用于路、桥、高楼等建筑。浙江冶炼历史悠久，春秋后期吴越最先发明了渗碳钢的冶炼技术，南北朝时期上虞人谢平发明的杂炼生铁法，在近代炼钢法应用前一直是一种先进的冶炼技术。

① 林永匡、王熹：《清代社会生活史》，中国社会科学出版社 2016 年版，第 175 页。

由于缺乏铁矿的开采,浙江至晚清时仍没有建立上规模的冶炼企业。但当时浙江对钢铁的使用已较普遍,开始使用钢筋混凝土建造商用大楼、西式教堂和用水泥砂混合土代替石灰砂混合土建造民居,堪称晚清杭州标志性建筑的兴业银行大楼就是使用钢筋混凝土技术建造的。

典型的"洋教"建筑。浙江的西式建筑早期主要是教堂。南明永历二年(1648),意大利人卫洛泰在宁波建立天主教堂。清康熙五十二年(1713),法国人郭忠传在宁波药行街购地建立天主教堂。至雍正即位后被毁。咸丰三年(1853),在药行街原址重建教堂。清同治七年(1868)增建钟楼。同治十一年(1872),由浙江教区的法籍苏主教兴建宁波江北岸天主教堂。光绪二十五年(1899)增建钟楼,高达 30 米。此外,建于光绪十四年(1888)的温州天主教总堂、建于光绪二十八年(1902)的嘉兴文生修道院、建于光绪十八年(1892)的台州海门天主教堂、建于咸丰末年的定海天主堂和定海西门天主堂,也大多为哥特式建筑。

道教建筑的创意。如湖州城南金盖山之古梅花观,是江南最大的道观之一。其主体建筑安设在三条横轴线上,是根据山体自然形状进行布局的。每轴建筑前必有阶数不同的台阶,一轴更比一轴高,这在古建筑中极为罕见,让人一眼望不穿建筑层次,因而更具有神秘色彩。

台门结构、砖雕题刻的村庄建筑。清代浙江村庄富户建筑规整、壮阔,依地形布局,按进区分布功能,细节精致,砖雕题刻,富有明清建筑风格。

台州仙居管山村为明清时期建筑风格村落,集仙居村落古建筑历史文化之精华。其中尤以晚清建造的"南峰耸翠台门"为典型。这一台门占地 1714.75 平方米,主体建筑共有四进。第一进为单檐简易小门楼；第二进是一座规模宏大、气势雄伟的牌坊式八字形石构门楼；第三进穿堂，三开间带二弄，明间设中柱带单步前廊，后壁置挑廊；第四进正屋，七柱八檩，设二层厢房，东西厢房外侧各附有三个小院，正屋后侧附堂轩一个，整个台门建筑平台略近井字型，布局奇特，人物、走兽、花鸟雕刻精湛，镌字遒劲，具有较高的历史、艺术、科学价值。

丽水泰顺塔头底古村落，于康熙己未年始建。村落现存有下厝、中央厝、尾厝等7座清代传统民居。宅院之间特意建成互通的百米长廊，以此象征串起整个家族的脉络。下厝为合院式建筑，为典型的明清民居风格。其特点，一是民居屋架相对矮小；二是使用木质柱础，柱础横纹置放；三是小木雕刻简单朴素，柱头斗拱部分并无丝毫雕镌；尤其是门楼，并不建在庭院的中轴线上，而是建在庭院的左前方，这是典型的"歪门正厅"的做法。七个高挑的檐牙，随处可见的祠堂影壁、石雕花窗以及各类农作工具，透露着浙南古老的"耕读文化"气息。

二、清代浙江宗教的解构与合流

（一）佛教的衰落与归一

清代佛教总体上处于衰落状态，然浙江佛教走出了一条在解构中重整、归一的崎岖道路。这主要表现于以下两个方面：

一是康熙、雍正、乾隆诸帝对浙江佛教的青睐，促使了浙江佛教在明末冤狱迭起、战乱破坏而一度沉寂后的复兴，出现了繁荣局面。杭州大觉寺受登，生于万历三十年（1602），清初期入杭州大觉寺，不懈弘扬天台教义30余年，其弟子灵耀、灵明继续弘扬台教，颇多心得，皆有著述，尤对《嘉兴藏》的补刻及流通很有劳绩。又有天竺寺续法，生于崇祯十四年（1641），杭州仁和人，清顺治十七年(1660)得宝轮大师传授澄观大师的《华严玄谈》后，专阐华严，历驻杭州慈云、崇寿、上天竺等寺，授徒众多，著作有《贤首五教仪》《华严宗佛祖传》等二十余种，累六百余卷。两位高僧佛心坚定，皆为清初佛学大师。江苏宜兴的行策大师，生于明天启六年(1626)，顺治六年(1649)前往杭州理安寺投箬庵通问和尚出家为僧，先期精研天台，后专修净土，于杭州等地复兴莲社，从者如云，所著《起一心精进念佛七期规式》提倡以七日为期持名念佛，为后世"佛七"之始，被尊为净土宗十祖。实贤大师为江苏常熟人，生于清康熙二十一年(1682)，24 岁在杭州昭庆寺受具足戒后依天台宗绍昙法师习《楞严经》等佛典。后于杭州永福、龙兴、梵天等寺专弘净土，主张禅净一致，以净土为指归，对引导人们把禅宗的修持纳入净土念佛法门产生了很大影响；所著有《劝发菩提心文》《西方发愿文注》等，被尊为净土宗十一祖。

清前期，通过朝廷拨款和各界募捐，浙江的大批佛寺得以重建和整修。杭州的灵隐寺、天竺寺、净慈寺等 20 多座寺院，以及浙江其他地区的许多寺院都重建或修葺一新。[①]

二是雍正帝著《拣魔辨异录》，严厉抨击败落中的禅宗，其矛头虽直指临济宗天童系，但实际上打击了整个禅宗。雍正和乾隆等帝大力提倡念佛净土信仰。雍正以云栖袾宏为典范，鼓吹三教合一和禅净合一。乾隆大力支持士大夫提倡念佛净土信仰，以念佛净土为旨归。时禅宗内部派系纷争，矛盾重重，禅风不正，其势日衰。浙江一带的念佛净土信仰有深厚的历史渊源和社会基础，一直是念佛净土信仰的中心。清中期，净土宗在浙

---

① 陈荣富：《浙江佛教史》，华夏出版社 2001 年版，第 534 页。

江进一步兴盛。当时弘扬净土教义有影响者当推谛闲、印光两位大师。谛闲大师为黄岩人，生于咸丰八年(1858)，其弘法40余年，度众10余万，是近代唯一一位专弘天台教观的大师，在清末民初佛教史上有非常广泛的影响。印光大师为陕西人，生于同治元年(1862)，为净土宗十三祖，光绪二十年(1894)适逢普陀山法雨寺化闻和尚入京迎请《龙藏》，遂随化闻南下，居法雨寺藏经楼。翌年，因寺众坚请，讲《佛说阿弥陀佛经要解便蒙钞》，毕，即于殿侧闭关，两期六载，出关后居茅蓬；宣统元年(1909)为温州头陀寺请藏经，事毕北归，仍住法雨寺藏经楼，前后凡20余年；其教义博大精深，所议八字纲宗，义蕴无穷，皈依弟子遍布海内外，被誉为晚清民国净土第一尊宿，有《印光大师文钞》传世，百余万字，对浙江佛教的复兴影响至深。

(二)全真道龙门派的复兴

明清以后，道教日渐衰落。近代以来，道教更受各种冲击，不少道观破败，信众流散。然而，浙江全真道经长期沉寂后，以龙门派为主体出现了一批高道，收拢道众，重盖洞观，整顿教门，呈复兴之势。其中又以台州、湖州、杭州为盛。余杭还崛起全真道华山派，湖州闵氏后学传续不绝。

浙江成为江南全真道龙门派复兴的重镇，得益于龙门派第七代祖师王常月的推动。明末清初，著名道士、山西长治人王常月中年师事全真龙门派第六代律师赵复初；顺治十三年(1656)在北京白云观设坛说戒，受赐紫衣三次，康熙曾从其受方便戒，使道风大振。他提出戒行精严、整顿教门之口号，实现龙门中兴；并嗣而移舄，广演于京城、江浙、中原等地，声名四溢，有《龙门心法》传世，被誉为全真龙门派中兴之祖，尊为龙门派第七代律师。晚年曾到杭州宗阳宫、湖州金盖山等地收徒说教，推动浙江全真龙门派的复盛。

浙江全真道龙门派的复兴,借助于第五代龙门派宗师张静定和沈静圆以及第六代宗师卫真定的势力。康熙二年(1663),湖州武康道士络守延与湖州金盖山古梅花观主持陶靖庵等受王常月法戒,授卷册、如意等法器,皈依龙门派,启龙门云巢,是为初盛;嘉庆元年,著名道士闵小艮修真金盖山,主持教务、注重学术改革教派,是为鼎盛。

金盖山古梅花观是全真道龙门派在江南的活动中心,为江南地区最大的道教子孙丛林。古梅花观工程规模浩大,重殿洞门,深堂邃宇,各路天将、神仙毕至,祖师、真人悉数奉祀,儒、佛、道三教齐集,它以博大的襟怀,包容着道教的诸宗诸派,融合了佛界、道界和儒界的思想和精神。这里曾先后住有正一、灵宝、全真、上清、清微等五个道教门派的道士,各持法义,共究学术。这里更是居士学道、名士悟道以及儒道习学、佛道交流的圣地,许多名人名士甚至一些维新派人物纷至沓来,领悟道学,开创了神仙与忠臣孝子不二,出家与在家、出仕与入山各随方便的气氛,使龙门派日趋世俗化。

金盖山古梅花观是清中期龙门派教义思想改革的重镇。乾隆、嘉庆年间,吴兴望族之后闵小艮创立龙门金盖山闵派,是龙门派第十一代宗师,也是乾嘉年间继王常月之后江南全真道龙门派最有影响力的人物之一。他于天台山桐柏宫拜道士高东篱为师,又奉东篱之命从学于沈太虚,淡泊名利,潜心修道,足迹遍布吴楚燕赵,精研龙门西竺心宗;推动三教同修,至律、法、宗、教四家及居家出仕,皆有实践。理论上主内丹修性,性中兼命,颇不同于他家;倡各随方便法,使道教趋向大众化。著述宏富,有《古书隐楼藏书》《大梵先天梵音斗咒》《金盖心灯》《道藏续编》等。

第九章　民国:共和时代的社会变革

辛亥革命推翻了两千多年的封建王朝,建立了中华民国,浙江社会开启民国资产阶级共和的社会范型。但国民党政府违背了孙中山三民主义的宗旨,使民国始终未能摆脱半殖民地半封建社会的状况。土地革命并未实现“耕者有其田”;妻妾制度依旧,宗族势力仍在发展。浙江为新旧阶级盘旋的大本营,工商地主势力强大,“江浙财团”兴起,买办阶层仍在,工人阶级力量在夹缝中发展壮大,农民阶级不堪沉重赋税,底层生活极其艰难。荒政、户政、医政以及丧葬制度的近代改革有所推进,“新生活运动”推动了公共场所的习俗改革和清洁卫生工作。社会生活的文明程度有所提高,宗教革新大力推进。四明山抗日根据地的新社会建设在探索中前进。

第一节　民国的社会范型

一、土地与赋税制度改革的不同路径

(一)令人怅惘的“耕者有其田”

土地制度的改革是中国资产阶级革命首先推进的社会运

动，也是中国社会由封建制度走向共和制度首先要解决的基础性问题。为此，在辛亥革命“平均地权”的制度框架基础上，孙中山先生在中国国民党第一次代表大会上正式提出了“耕者有其田”的土地革命方针。国民政府多次制订解决农民土地问题的方案、政策、措施，并于1930年颁布《土地法》，在法律上确立土地的私有权，实行官田私有化、土地的自由买卖和租佃经营，彻底废除了封建的人身依附关系。但面对强大的封建残余势力以及盘根错节的官僚资本和大地主阶级，国民政府的土地制度改革非但没有触及封建官僚地主的利益，反而又形成了一批新的军阀官僚地主阶层。

浙江地处东南沿海，耕地数量少，人地矛盾突出，历朝历代土地资源占有不公的状况尤为突出。民国时期，其土地所有制形态表现为地主（含军阀地主、工商地主、平民地主）土地所有、富农（含小土地出租者）土地所有、农民（包括中农、贫农、雇农）土地所有、国家土地所有。据金德祥《民国时期农村土地问题》一书公布的资料显示，民国政府行政院农村复兴委员会于1933年对浙、粤、桂、陕、豫、苏六省进行调查，占六省农村人口数3.6%的地主占土地总计数45.8%的耕地；占农村人口数6.4%的富农占18%的耕地；占农村人口数19.6%的中农占17.8%的耕地，占农村人口数70.4%的贫雇农占18.4%的耕地。又据华东军政委员会土改委员会于1952年编的《浙江省农村调查》提供的1948年丽水县南明乡4个村各阶级占有土地的比重，地主为53.4%，富农为4.82%，中农为25.88%，贫农为15.83%，雇农为0.07%。至1949年5月浙江解放前后，地主抛地现象突出，所占土地数大幅下降。从浙江省土地改革前各阶层土地占有情况看，全省农村有土地1821.07千公顷，其中地主占地

377.57千公顷，占20.67%；半地主式富农占地13.5千公顷，占1.03%；富农占地98.96千公顷，占5.42%；中农占地592.54千公顷，占32.43%；贫农占地316.61千公顷，占17.6%；雇农占地7.14千公顷，占0.39%；小土地出租者占地44.62千公顷，占2.4%；大佃农占地5.84千公顷，占0.32%；工商业资本家占地11.27千公顷，占0.62%；公共占地298.71千公顷，占16.3%；其他占地54.95千公顷，占3%。[①] 此外，浙江的山林、鱼塘、果园、桑园、盐田也集中在地主手中，且占有程度比田地更高。

民国时期，浙江的土地使用制主要为自耕制和租佃制。在半殖民地半封建社会，自耕农大多属中农和部分境况较好的贫农，在农村中占有较大比重。他们是晚清至民国时期中国封建或半封建自然经济的基础。据华东军政委员会土改委员会关于土地改革前的资料，浙江农村以佃农最多，占全省农户的35%；半自耕农次之，占33.6%；自耕农又次之，占23.6%，雇农最少，占7.8%。而自耕农中，中农与部分贫农占57.2%。

民国时期，土地所有权和使用权相分离的永佃制在浙江仍然通行并占有相当比重，约占全省佃耕总数的30%。永佃制形成了“主佃两业”的形态，即地主拥有田底权，其权利包括收租、出卖、典当抵押，但需负担粮税，也无权随意增租夺田和干预佃农耕作。佃农拥有田面权，有继承、出卖、典当抵押、转租等权利，但需向地主缴租，经营的独立性进一步加强。浙江农村地租形式主要为定租、分租、预租、押租、活租、顶租等。一般浙东地区的租额要高于浙西，为正产收获量的40%—60%。

---

① 《中国农业全书》总编辑委员会：《中国农业全书·浙江卷》，中国农业出版社1997年版，转引自《浙江省土地志》，方志出版社2001年版，第156页。

(二)名目繁多的正税与附加税

民国时期,浙江省土地税正税及附加税种类繁多,征收情况复杂,可分为 1912 年至 1931 年以银两为本位的折征银圆时期、1932 年至 1940 年以银圆为本位分上下期田赋征收时期和 1941 年至 1949 年田赋征实时期。然而,每个时期,始终有因赋税过重而未征全齐额的现象,地方与中央也经常发生矛盾。如 1919 年,汪大燮、孙宝琦等人以钱塘道各属赋额过重而联名向财政部呈请核减事;1921 年,又发生核减浙西米事;1949 年,浙江省临时参议会及浙籍参议员、浙江旅沪同乡会以人民不堪再负重荷,先后呼吁减赋等。除上述田赋正税外,1927 年至 1941 年,按国民政府的统一调增,浙江省的附加捐税不断增加,有粮捐、水利费、省税、军事善后特捐、建设附捐、建设特捐。县附加税更是繁复,仅地丁的县附加名目就有 40 多项。其中最重的数保卫团亩捐,其所需械饷费用均在田赋代征。1930 年,国民政府公布《土地法》,决定开征地价税和地价增值税,杭州、温州等地区一直缴到 1949 年。

(三)步履蹒跚的“二五减租”运动

1926 年,中国国民党中央各省各特别区各特别市海外总支部代表联席会议上,正式提出“二五减租”政策以及相应实施措施。1927 年 5 月 27 日,中国国民党中央执行委员会政治会议浙江分会制定、浙江省政府公布《浙江省最近政纲》,在全国最早确立了“二五减租”方案。同年 11 月,经省党政联席会议议决并公布施行《浙江省本年(1927 年)佃农缴租实行条例》。其主要内容为“定正产全收获量百分之五十为最高租额,佃农依最高额减百分之二十五缴租”,从而推开了全省的“二五减租”运动。由于这一政策实质上是对业佃收入分配的调整,减租对地主尤其是中小地主收入影响较大，引起了地主阶级的激烈反对，并形成了党政双方支持与反对“二五减租”政策的对立。后经国民党党中央派戴季陶赴杭州调处，停止减租的提议终被取消。抗日战争全面爆发后，国民党对土地政策作了较大调整，其中规定地租额不得超过地价的百分之七，以进一步减轻佃农的负担。1938 年，薛暮桥在《现阶段的土地问题和政策》一文中提到，在东南，“二五减租”政策实行最见成效的是浙江。解放战争开始后，国民党无暇改良土地租佃制度，更不可能对土地剥削制度作彻底的改革。

(四)日出地平线：中国共产党的土地政策

民国时期，中国共产党根据各个时期的历史特点，在其领导的地区内制定了一系列土地制度。

浙江省是中国共产党的诞生地之一，在土地革命和抗日战争根据地减租减息运动中作出过重要探索和历史贡献。1928 年 5 月 26 日，宁海县亭旁区的中共地下组织曾组织农民武装起义，建立起苏维埃政权，提出没收地主土地、分给农民的革命纲领，并向地主派捐派粮。但因起义失败，土地革命纲领未能实施。是年冬季，闽浙赣根据地开始分田；1929 年开始征收土地税。起初征税办法各地不尽相同，1932 年 4 月赣东北省工农民主政府公布土地税法，随着根据地扩大到浙江，土地税法也随之推广。其要点为：凡根据地农民种有土地者，均缴纳土地税；旱地和水田根据土地好坏分等级计税，分别确定税率，折算成百分比，税率最低为 5%，最高为 18%。1933 年 7 月 1 日，闽浙赣省工农民主政府颁布《闽浙赣省苏维埃政府土地税征收法》，对上述办法加以修订,在原税率基础上每石产量增收半升谷。① 1941 年 5 月至 9 月,新四军浙东游击纵队在姚江以北的余姚、慈溪、镇海三县开辟了抗日根据地,建立敌后临时行政委员会,并按中国共产党在抗日根据地的土地政策,开展减租斗争。1944 年,浙东敌后临时行政委员会颁布《三十三年公粮田赋合并征收办法》,实行田赋征收实物与公粮合并统一征收,一年一次,一次征足。与此同时,根据地还对土地税法实行减免,制定了一系列优待政策。如 1933 年 8 月,三北地委根据党中央统一战线的土地政策、三北地区实际租田状况和风俗习惯与当时具体斗争环境,决定以国民党浙江省政府所颁布的减租与修正减租法令为依据,号召佃农起来进行二五减租,即减轻佃农田租 25%,土地租以不得超过正产收获总额 375‰计算为标准。

二、人口、婚姻与宗族形态

(一)动荡的社会人口形态

民国时期,先后经历了初期的军阀混战与北伐的统一战争,九一八事变后的日本帝国主义侵华战争与卢沟桥事变后的全面抗日战争,战事频繁,难民流离,人口凋敝,社会极不稳定,在人口发展史上处于极动荡的时期。

1922 年,据《内政调查统计表》第 4 期各县查报,浙江省人口为 20545641 人。与全国类似,民国浙江的人口呈高出生率、高死亡率、低增长率的特点。当时全国的人口死亡率为 2.76%,人均寿命只有 35 岁,城市约 40 岁;男女性别比为 110∶100;东南

① 翁礼华、何兆龙、吕有才:《浙江省财政税务志》,中华书局 2002 年版,第 168—169 页。

沿海地区人口密度大。

1921年的杭州，荒凉破败，经济萧条，百废待兴，频受战争影响，人口流动较频繁。北伐战争结束后，至1937年抗日战争全面爆发，国民政府有了一个相对稳定的十年发展期。据1937年3月统计，杭州人口达到民国时期的峰值，为596205人。但受1937年8月淞沪会战的影响，杭州逃难避战人口骤增，据1938年6月统计，杭州人口仅剩180807人。一年不到时间，杭州人口骤减约41万。从1941年3月杭州城站火车站始建至1942年3月竣工，杭州流入人口快速增加，人口数增至424356人。1945年8月日军投降后，杭州人口再度流入，至1949年达到528600人。①

全面抗日战争之前，浙江省各县人口数都比较多。以1932年为例：全省有县74个，其中30万人口以上的县有26个，40万人口以上的县有14个，50万人口以上的县有9个。这9县分别是吴兴667493人、永嘉683765人、绍兴1212568人、诸暨521982人、余姚592676人、瑞安536742人、平阳616960人、鄞县720130人、东阳567886人。当时浙江划分为杭县、海宁、吴兴、绍兴、鄞县、临海、建德、兰溪、衢县、永嘉、丽水、龙泉十二个区。绍兴区划人数最多，为316.3万人。

侯杨方对1918年中国50个10万以上的城市作了排名，浙江有杭州、宁波、绍兴、温州上榜，杭州以65万人位列第5名，列广州、上海、天津、北京之后。

民国时期，浙江出现过因人口压力过大而向东北移民的举

---

① 《杭州市社会经济统计概要》，杭州市政府社会科1932年编印版；《民国时期杭州市政府档案史料汇编1927—1949》，杭州市档案馆1990年编印版。

措。1930 年,经发动,全省当年报名移民的共有 603 户、1990 人,但实际成行的移民仅 90 户、309 人。同年 5 月 2 日,309 名浙江移民到达吉林省怀德县八屋村,耕种经营土地 5000 亩,由此开始了他们的东北生活。

(二)亦进亦退:对"一妻多妾"制的社会改良

纳妾制度,包括纳婢为妾、买妓为妾、买良为妾等,起源于先秦媵妾制度,其根源是古代的宗法制度。唐宋以后,一般家庭不再有原来意义上的媵妾,明清的法律中就只有"妻妾"。民国时期,国人明显意识到这一陋俗与近代制度相悖,废止纳妾是社会进步的必然要求。早在辛亥革命之前的 1900 年,国民党四大元老之一的绍兴人蔡元培在续弦时公开提出男子不娶妾、男子死后女子可以改嫁、夫妻不和可离婚等征婚条件。辛亥革命胜利后,他与宋教仁、李石曾、吴稚晖等 20 多位政府要员及社会名流一起,倡议创立社会改良会,以人道主义及科学知识为标准,提出包括废妾在内的 36 种改良社会恶习的办法。当时,中华民国进德会、中华青年维德会、世界道德学会等都规定,其成员以不嫖不赌、不嗜烟酒、不纳妾来收束身心。1913 年,由易昌楫、史济成、陆绍芬等人发起成立的中华民国家庭改良会,其章程总则中规定"厉行一夫一妻制""置纳妾不得为本会会员"。这一规定得到了蔡元培、章炳麟、伍廷芳等浙籍官员和学者的支持。浙籍学者杜亚泉曾撰文对纳妾制度作以深刻的民族自嘲。

随着女权运动的日益高涨,社会各界特别是妇女阶层的废妾呼声越来越高。1921 年,浙江女子争取制宪权时,就特别指出"应该将娼妓婢妾制度永远废止之"的条文写入宪法。1924 年,上海各妇女团体发起大规模女权运动,呼吁废止纳妾制度。1929 年,面对纳妾之风日甚一日的现象,宁波鄞州县妇女协会提出改革的五条办法，其核心是要对男子纳妾以重婚论罪。

1930年民国政府颁行的《民法》确立了一夫一妻的原则，妾制遂在法律上正式废除。但妇女仍然没能摆脱被玩弄、欺压与奴役的命运，而《民法》施行前所纳之妾，法律上也允许其存在。实际上，纳妾制度一直到中华人民共和国成立，才得以彻底废止。

（三）衰落与拯救：半封建时代的宗族制度

民国时期的宗族制度，其变迁经历了缓慢而复杂的历史过程。一方面，宗族制度受到经济发展、政治变革和社会革命的猛烈冲击而呈现逐渐衰落的趋势；另一方面，这一时期农村宗族制度赖以生存的小农经济基础并未动摇，而国民党政府代表着大地主阶级的利益，无力也无意于摧毁宗族制度，以及宗族制度本身的应时性变迁，使得宗族制度在缓慢衰落的同时，又呈现出一些发展和变异的新特点。[①]

民国时期的宗族制度传承着宋明以降的封建宗族制度模式，即个体小家庭聚族而居为众、累世同居共财的大家庭为强的功能性宗族组成模式；以族产、族权、祠堂和族谱为主要内容的事务管理；在总体衰落的过程中寻求因地因时因势而变的生存法则，以保持与社会发展的平衡。

这一过程，实际上是民国时期宗族制度自我调整和改革的过程。辛亥革命荡涤了延续两千余年的封建政体，旧式宗族制度受到猛烈冲击。民国新法律废除了传统的宗祧继承制度，确定了一夫一妻制与男女经济地位平等原则，使宗族制度失去了旧有的法律保护和政府庇护。面对这种状况，浙江一些地方宗

---

① 杨婉蓉：《试论民国时期农村宗族的变迁》，《广东社会科学》2002年第2期。

族的家法、族规在近代社会法律演变背景下主动进行了调适和转变，用“民主”这种权力话语取代宗法，用民主评议会这种方式为族规提供新的合法性。以龙泉司法档案中围绕本地大族季氏1929年至1932年修谱前后所发生的诉讼案为例，反映了民国时期龙泉本地大族季氏关于修谱的谱例、机构、经费等所履行的董事会、评论会、列席会、各房支系讨论会以及公决会等民主化程序。尤为典型的是“民国二十二年季观周等诉季贤僖等妄图争继案”。该件诉讼案背景为1930年南京国民政府公布的民法亲属编和继承编中不再有宗祧继承的规定，使地方宗族在处理立嗣和族产继承问题时失去了法律依据。[①] 季氏修谱时按照法律判决意见，修订族规中关于继承问题的条款，这涉及民国时期浙江地方宗族族规与国法关系的重要变革。

民国初期，浙江沿海社会观念发生了急剧的变化，出现了新旧观念的冲突及入谱人身份的争议与诉讼。如优伶入谱的争议、耶稣徒入谱的争议、妇女再醮入谱的争议。1918年的浙江奉化张阿明等与张孙氏因谱牒涉讼上告案，即因族谱中被告人名下应否添注“改醮”字样而起。由此案件看，张氏宗族在对待改嫁妇女的观念上已经比较开明，不再在改嫁妇女名下加注“改醮”二字；但当这种谱例变革涉及族中各家的经济利益时，引来部分族人的不满，他们要求恢复旧的习惯。[②] 同时，还多有宗法观念与民法意识抵牾的诉讼，对族谱在民事诉讼案中的利用价值也有争议。因谱涉讼案中的诸多争议，实际上反映了新时代

---

① 杜正贞：《民国时期的族规与国法——龙泉司法档案中的季氏修谱案研究》，《浙江大学学报（人文社会科学版）》2017年第1期。

② 阎爱民：《凑聚之道：古代的家族与社会群体》，天津古籍出版社2012年版，第164—165页。

的个人意志与传统宗族群体理念的矛盾。这种矛盾的激化，正是民国时期宗族制度走向衰落的重要原因之一。

三、风俗形态的整饬与改良

中华民国成立前夕，浙江军政府成立后，颁布和实施了许多社会改革的政令，其中包括对旧社会风俗的整饬。据金普森等著《浙江通史》民国卷（上）记载，主要集中于禁鸦片、惩匪盗、罚丐头、禁缠足、治赌博等，且颇多成效。

整饬鸦片之恶俗。浙江曾一度为沿海重要的罂粟产区，烟毒流布甚广。浙江军政府设立了“专理禁绝鸦片事宜”的禁烟处，公布了《浙江省实行禁绝鸦片议决案》，严定1912年2月17日为全省禁绝鸦片之期。截止期限，浙江省“勒闭土商三千余家，亏耗亿万”[①]。

整饬匪盗之歪风。民国初年，浙江匪迹蔓延，民不堪命。军政府建立后，把惩匪盗视作一项稳定社会的重要任务，严令地方巡防痛剿；并联手江苏都督，特令浙洋水师，清剿太湖盐枭，痛击沿海盗匪。军政府专门制定《取缔民间枪弹规则》《民团章程》，严格管制枪弹，着力筹办民团，助力地方保治，以有效控制匪患。

整饬男子索辫之遗风。男子索辫是清贵族奴役汉人的标志，浙江军政府成立后致各属电文，限令军民在一个月内“一律剪辫”，以消除封建遗风影响。

整饬丐头盘剥之市风。晚清，浙地行乞成为职业，丐头成了市霸。1912年4月末，军政府通令各县，一律取消丐头等名目，遂使市风端正，百姓安宁。

---

① 《申报》，1912年4月18日。

整饬女子缠足之陈规。缠足是封建社会压迫妇女的千年旧规。南京临时政府期间，浙江军政府发布《令各县知事禁止缠足文》，责成各知事切实谕禁，敦促自治会广为劝导，以期禁绝缠足陋习，解放妇女之天足。

整饬赌博之陋习。1912 年初，南京临时政府颁布禁赌令。浙江军政府出示晓谕，从严禁赌，屡犯者严办，以涤赌博之污习。

民国初期，浙江军政府的这些举措，大开民国社会新风尚之先河。

四、四明山革命根据地的社会建设

四明山革命根据地，又名浙东抗日根据地，是中国共产党领导下的南方七大游击战区之一。四明山革命根据地以浙东四明山为中心，包括四明、会稽、三北（指余姚、慈溪、镇海三县姚江以北地区）和浦东四个地区，总面积达 2 万多平方公里，人口 400 多万。创建于 1942 年，撤离于 1945 年。

四明山革命根据地按"三三制"原则，建立县、区、乡抗日民主政府，不仅建立起较系统的战时政治、经济、文化制度体系，而且在社会建设方面也有不少制度和政策安排。这对于战时根据地的阶级力量整合、社会秩序稳定、社会生活相对安定起到了不可忽略的积极作用。

战时的土地赋税政策和货币制度。四明山革命根据地按照战时农民和地主的土地占有状况，建立起合理的土地赋税制度，推行"二五"减租政策；废除原有的各种苛捐杂税，按财产和收入多少征税，且只收粮赋、货物税；坚持一物一税的统一税制，过境只要缴一道税；成立浙东银行并发行抗币，对开垦荒山发展生产的农户，由民主政府购买种子，实行低息贷款。

相对融合的阶级结构。全面抗日战争时期,“中日民族间的矛盾依然是基本的,国内阶级间的矛盾依然是处在从属的地位”①。浙东是中国沿海最发达的地区之一,新兴资产阶级和封建地主阶级势力都很强大。但是在抗战这一立场上,他们的大部分人都是爱国的,他们支持抗日,对根据地的建设或多或少有过帮助,是中国共产党建立统一战线的团结对象。因此,中共浙东区党委经常就抗战的大政方针问题征求他们的意见,积极主动邀请他们参与重要会议,担任重要职务。即使对一些竭力维护封建社会关系的大地主、大商人及部分顽固反动的群体,仍在对待抗日的共同目标上,“综合联合和斗争两方面的政策”②。当然,四明山革命根据地最基本的依靠是农民、工人和手工业劳动者等劳苦阶层。

以人为本的社会管理与公共服务。中共浙东区党委把严明军纪作为社会治理的首要任务,把“三大纪律八项注意”作为最核心的社会秩序法则,如有违反则严惩不贷。根据地政府积极建立了医疗卫生、环境卫生、社会救济、文化教育等公共服务体系和公共基础设施。如1942年,根据地初建时期,在慈北鸣鹤场建立流动疗养所,接纳、医治战斗中负伤的人员,后流动疗养所转入各地山区的寺庙和临时搭建的草棚等相对稳定的后方医院。同时,根据地也积极地参与地方公立卫生院和私立门诊所的医政管理,以更好地发挥地方医疗力量;并建立社会保障服务和生活保障系统,包括浙东银行、被服厂、医院、浙东报社、造纸厂、印刷厂、布厂、粮站、学校、书店等后勤保障机构。1944—

① 《毛泽东选集》第二卷《关于打退第二次反共高潮的总结》,人民出版社1991年版,第781页。

② 《毛泽东选集》第二卷《论政策》,人民出版社1991年版,第763页。

1945年,随着根据地的日益巩固和发展,中共浙东区党委又创办了"浙东鲁迅学院"与"浙东抗日军政干部学校",为根据地的建设输送了优秀的骨干力量。[①]

第二节　近代社会的阶级结构

一、资产阶级与无产阶级

(一)区域性成长与扩张的新资产阶级阶层

依情势不同而滋长的买办、财东与新贵。近代宁波、温州、海门以及杭州先后开埠,除海门外均设立租界,浙地由此滋生了一定数量的本地买办阶层以及在上海外国洋行帮佣的浙籍买办阶层,并逐渐与资本结合而形成实力雄厚的官僚买办资产阶级。一些乡绅地主依靠地方资源并抓住市场机会投资工商业,形成庞大的工商地主身份的新财东阶层。以香港地区为跳板的远涉重洋的浙籍华侨工商阶层,也在晚清民国时期快速崛起,成为欧美唐人街的新贵。

蒋家王朝四大家族中的陈氏财阀。民国时期,四大家族即蒋介石、宋子文、孔祥熙和陈立夫、陈果夫四个家族,是以蒋介石为首的资产阶级官僚买办统治集团。四大家族官僚资本的迅速膨胀和垄断地位的加强,是依靠政治特权和经济掠夺来实现的。陈立夫、陈果夫是吴兴人氏,国民党元老、蒋介石义兄陈其美的侄子,长期掌管国民党党务,编织了庞大的特务系统。陈果夫利

---

① 周云安、李华忠、张水春、李建中:《浙江省中国共产党志》,浙江人民出版社2007年版,第759页。

用政治特权发展官僚资本，先于1935年控制中国农民银行，与蒋介石、宋子文、孔祥熙共同垄断全国金融，继之兴办和投资了许多企业。抗日战争胜利后，又以经营“党营生产事业”为名，接管大批敌伪资产，开办公司、厂矿、银行等，还将文化、新闻、电影、广播单位改为“党营”；先后担任中国农民银行董事长、中央合作金库理事长、土地开发公司理事长、中央财务委员会主任等职，是CC系官僚资本的首领人物。

江浙财团之浙籍上层资产阶级。民国初期，在上海形成了一个以江浙最有影响的金融家和企业家为主体的资产阶级利益集团，史称“江浙财团”。这一财团不但经济实力强大、政治影响广泛，而且在一定程度上与帝国主义也有各种联系。这一集团以浙籍人士（主要是宁波帮）的实力为最强。据1925年上海银行界统计，浙江帮控制了上海银行公会22家银行中的14家，而这14家银行在1925年掌握了上海银行总资产的84%。[①] 其中头面人物有严信厚、李葆三、方椒伯、虞洽卿、钱新之、秦润卿、俞佐庭、盛丕华等浙籍银行家、实业家。至20世纪30年代，形成有以宁绍、宏安、宁新轮船公司为中心的虞洽卿资本集团，以方椒伯为代表的镇海方氏资本集团，吴蕴初“天字号”资本集团等浙籍资本集团，以及浙江实力银行、浙江兴业银行、上海商业储蓄这样的“南三行”与宁波系的四明银行、中国通商银行、中国垦业银行等实力银行为基础的金融资本体系。其代表人物曾表现出一定的反帝、反官僚军阀政府的积极性，他们中某些人也支持过第一次国共合作时的广东革命政府；但当工人运动高涨时期，

① ［美］帕克斯·M.小科布尔：《上海资本家与国民政府1927—1937》，杨希孟译，中国社会科学院出版社1988年版，第212页。

又表现了较强的动摇性和妥协性。随着蒋介石独裁统治的加强和四大家族官僚资本的形成，江浙财团在经济上逐渐失去了主导地位，沦为四大家族官僚资本的附庸。

除上述新的资产阶级买办、财团、财阀外，浙江还存在着成长于本土的地方资产阶级势力。包括以宁波、温州、处州为区域核心的海外华侨和旅居港澳的工商资本家阶层，当时有华侨华人和旅居港澳人士约120万人，遍布五大洲117个国家和地区。还包括以路桥商街为代表的台州十大商街旧式财东转型为地主并工商的新兴财东（即资本家）阶层；以兰溪工商业界为代表的沿浙赣铁路杭江线发展的金衢资本家阶层，形成了浙中民族工商资本群体。

浙江各区域近代资产阶级的政治态度、经济地位和社会地位，亦是各不相同。

（二）大机器生产与现代产业工人阶级的崛起

民国时期，随着民族工业的较快发展，浙江工人阶级队伍逐渐壮大。据相关统计，浙江的工厂工人，1912年为22662人，至1916年达到79165人，其中男工53263人，女工25902人。[①] 此外还有一定数量的海员工人、铁路工人、搬运工人、店员和市政工人以及手工业工人、苦力等。1920—1927年，浙江工人队伍增长更快。全省共建有市、县总工会35个，拥有会员30多万人。据此推算，当时全省工人数约有30万—40万。至1952年底，全省已有基层工会4613个，工会会员41.89万人，占总职工人数

① 傅永珍、黄德然、马正泉、葛济民：《浙江省工会志》，中华书局1997年版，第94页。

的 82.57%。[①] 参考此比重计算,1952 年底全省共有职工 50.73 万人。产业工人集中于杭州、宁波、绍兴、嘉兴、湖州等工业较为发达的城市。

浙江近代产业工人的劳动方式,到民国时期有了较大的变化,主要表现为机器生产比重日益增多和手工业、半手工业生产的比重逐渐减少。据 1943 年国民政府资源委员会调查统计,使用蒸汽机、柴油机、发电机、空气压缩机等从事生产的产业部门,有木材制造业、家具制造业、冶炼业、机械及金属制品业、交通用具制造业、土石制造业、建筑材料业、水电业、化学工业、纺织工艺、服用品制造业、皮革及橡胶制造业、饮食品制造业、造纸印刷业、饰物仪器制造业十六大类。[②] 在这些采用大机器生产的近代工厂中,工人的劳动方式自然以机器生产为主,但也有一些辅助性的手工业。工人劳动方式的变化,并没能改变工人阶级受剥削受压迫的地位。在半殖民地半封建社会的旧中国,浙江工人阶级不仅没有任何政治地位,而且经济地位也十分低下;还出现了大批儿童加入劳工队伍的现象。全面抗日战争时期,大批城市工人失业、流离甚至沦为侵略者的劳工。

抗日战争胜利后,国民党再度挑起内战,加重了对人民的压迫和剥削,处在社会底层的浙江工人生活更加困难。至 1949 年初,浙江全省失业和半失业工人达 10 多万人,各地工运风潮不断,连续发动了大规模罢工运动。

---

① 周云安、李华忠、张水春、李建中:《浙江省中国共产党志》,浙江人民出版社 2007 年版,第 497、500 页。

② 《中华民国史档案资料汇编》第 5 辑第 1 编《财政经济分册》,凤凰出版社 1994 年版,第 298、330 页。

二、地主阶级与农民阶级

(一)地主和农民的划分

近代中国农村，土地兼并或低价购置土地现象依然十分突出，形成大、中、小地主阶层。随着封建主义的逐步瓦解和资本主义的发展，前期占地万亩、数万亩的大地主已渐渐消弭，地主内部结构性差异日渐缩小；农民的分化加剧，形成雇农、贫农(包括佃农)、上下中农(包括自耕农、半自耕农)、富农等阶层。

民国初期，浙江农村各阶级状况和土地占有状况大致如下：其中大地主有田地 500—5000 亩，约 200—250 人，拥有千亩以上者减少，工商地主数量增长且多分布在浙西商业经济发达的地区；中小地主有田地 100—500 亩，占人口的 1%，浙江的地主以这类拥有数百亩田地的小地主为多；富农有田地 40—100 亩，占人口的 4%；自耕农(上下中农)有田地 10—40 亩，占人口的 12%，半自耕农有田地 1—20 亩，占人口 22%；佃农无田，占人口的 30%；雇农无田，年收入 10 元至数十元不等，占人口的 8%左右。[①] 浙江人多地少，土地问题原本就突出，大部分土地又为少数地主所占有，占浙江人口 85%以上的约 1975 万农民只占有极少数土地。

根据 1950 年 6 月 30 日公布施行的《中华人民共和国土地改革法》关于阶级的划分标准，凡拥有土地，家庭成员不参加劳动，只依靠地租收入或雇佃农耕种的，属于“地主”；凡家庭拥有土地，虽然也收取地租或雇佣农工，但自己和家庭成员也参加劳动的，为“富农”；凡家庭拥有土地，但基本是自给，不收取地租，

① 金普森等：《浙江通史》民国卷(上)，浙江人民出版社 2005 年版，第 144 页。

属于“中农”；如果在农忙时也雇佣临时工（雇农），要算取雇工与自己全家劳动所得的比例，即超过20%为“富裕中农”或“上中农”，低于20%的为“中农”；如果家庭收入不足且尚需外出打工，为“下中农”；凡家庭只有很少土地，主要收入依靠打工，为“贫农”；凡家中没有土地，完全依靠打工为生，为“雇农”。

地主阶级是地主制经济的主要剥削阶级。他们中的大地主阶层具有较高的社会地位，享有一定的政治特权，是地主阶级中最保守、腐朽的阶层。在半殖民地半封建社会，他们代表了中国最落后、最反动的生产关系，阻碍了生产力的发展。自耕农是以小块土地私有制为基础，以单个家庭为经济单位，从事耕织相结合的个体农业的农户，他们经济地位极不稳固，两极分化极为显著。半自耕农、贫农属于农村中的半无产阶级，雇农属于农村中的无产阶级，这部分人数量庞大，受压迫和剥削程度最深，是中国革命的一股强劲势力。民国时期，浙江农村中还存在数目不少的游民阶层。

（二）捐税与借贷：农民不堪重负

除在政治上受到地主、乡绅、族长的压迫外，浙江农民阶级在经济上更是受到各种捐税和高利贷的层层压榨。国家捐税使农民不堪重负，有田赋、开货税、丝捐、茧税、棉花捐、盐捐、酒捐等。各县地方捐税，更为杂乱，有田赋附加税、警税等。田赋附加税又分地丁项下附加及抵补金项下附加，每种又分水利、教育、自治等费以及县税、县附捐等，随事带收，甚至以筹办地方自治之名而设村捐税。由于政府官员的徇私舞弊以及官绅地主的勾结欺压，农民实际所缴的捐税往往要比规定的多得多，苦不堪言。

浙江农村还普遍存在高利息贷款。在乡村中有权有钱的地主、乡绅等将自己合法和非法所得转化为金融资本,放贷给农民,以获得20%—30%的年利。绝大多数农民一旦背上债务,利滚利,就只能在地主、乡绅的盘剥中生活。

三、激进的知识分子阶层

晚清,中国社会掀起了留学海外的潮流。浙江地处沿海,又受新文化运动影响较大,较早派遣留学生到日本留学。辛亥革命以后,浙江的留学浪潮进一步高涨,但多改赴欧美国家留学,留学时间也较清末要长,这对于推动西学东渐起到很大的作用。

清末民初,浙江也创办了大批新式学堂,结合西学培养了一大批青年学生。留学和新式学堂的培养,造就了中国新一代知识分子。在新文化运动前后,浙江不仅出现了蔡元培、鲁迅这样的新文化运动先驱,还涌现了邵飘萍、经亨颐、刘大白、施存统、陈望道、夏丏尊、李次九、冯雪峰、沈雁冰、沈泽民、胡愈之等一大批革命文化名人。他们推崇科学、民主和文化革命,向封建伦理道德和旧传统观念发起了猛烈冲击,为新文化运动在浙江和全国的发展作出了杰出贡献。①

四、边缘化了的贱民阶层

民国时期,浙江绍兴、宁波、舟山等地,仍有堕民世代聚居。他们身处社会底层,地位低贱,生活困苦。据10个堕民相对集中的所在县的资料,其遗留人口数为:上虞3295人,慈溪2210人,奉化2000人,镇海1316人,定海6650人,余姚383人,东阳

---

① 金普森等:《浙江通志》民国卷(上),浙江人民出版社2005年版,第153—154页。

2864人，温岭2112人，义乌1874人，象山385人。新昌、诸暨、萧山、乐清、长兴等地也有堕民分布。其中堕民人数最多的是绍兴，最多时达30000多人。堕民世代聚居，有固定的居住范围，如绍兴城内的永福街、唐皇街与学士街；宁波慈城镇东门外天门下堕民村；舟山定海城区吉庄里堕民聚居地等。①

民国时期，堕民的社会地位和生活条件并没有随着社会的文明进步而有所改变。由于世俗意识的影响和民国政府政策的不力，这一阶层仍然低人一等，其"贱民"身份世代相传，不得改变。他们只能做一些当时被认为最低贱的职业，如收旧货、收鸡毛、挑换糖担、抬棺材、抬轿、理发、唱戏等。绍兴一带的女性堕民还有一种叫"老嫚"的特殊职业，专门在四时八节、红白喜事、建房迁居时上门做事，并借此讨些赏钱、赏物。一些有识之士为使贱民摆脱不平等的社会地位，仿效卢洪旭、张震昌建立农工学堂的做法，通过对贱民阶层进行普及教育的办法，使贱民摆脱原来的社会地位和生活境况。

民国社会也没能改变新安江九姓渔民的命运。对流寓在新安江上捕鱼的陈、钱、林、李、袁、孙、叶、许、何等九姓渔民阶层，民国政府曾作出"准予自由上岸"的承诺，但由于世俗偏见，"九姓渔民"仍受到不同程度的歧视和冷落。直至新中国成立以后，这种世俗偏见才得以彻底改变。所谓的"九姓渔民"终于上了岸，与岸上百姓享受同等权利和义务。

① 俞婉君：《绍兴堕民》，人民出版社2008年版，第32页。

第三节　医事、荒政、户政与丧葬改革

一、医疗与公共卫生的新起色

（一）现代公共卫生事业初现端倪

浙江地处东南沿海地区，较早受到西方公共卫生意识的影响，在民国初期就重视制定相关公共卫生制度和法规，并从环境卫生、食品卫生、饮水卫生、学校卫生、劳动卫生以及民众的健康教育等方面，努力付诸实践，取得了一定成绩。①

环境卫生是民国时期牵涉面最广的公共卫生项目。浙江省政府设立省卫生处，由卫生处牵头、以县为基本管理单元形成了一套以卫生警察管辖为主的城镇公共卫生制度和相关规划条例，设立公共垃圾箱和公共厕所，雇佣清道夫清扫和处理城镇街区公共垃圾。全省制定有《公厕建设实施方案》等条例，各县制定有《管理菜市场规则》《清洁饮料水规则》《建立公坑取缔私坑规则》《掩埋孩尸及死狗死猫简章》《清洁道路规则》等卫生法则。以杭州为例，1915 年 11 月，杭州所属临安、於潜、昌化县政府相继公布《市街扫除章程》。1928 年，三县警察所均设立卫生警和清道夫、清河夫、卫生稽查员、挑粪夫，开展一系列卫生大扫除。之后，包括临安、於潜、昌化在内，余杭、杭县、建德、寿昌四县也出台整顿公共卫生方面的相关条例，并从给水工程改造、水井改良、取缔私厕建公厕、垃圾箱及垃圾处理、饮食卫生场所管理、清扫街道等方面着手整顿城镇公共卫生。浙江大部分州县成立卫

① 张瑞彬：《民国时期公共卫生事业研究述评》，《新西部》2019 年 3 月下旬刊。

生委员会，颁布了城乡卫生整顿条例，设立卫生警察，县域城镇公共环境卫生相比晚清有了较大改善。

食品卫生特别是饮用水卫生受到浙江省政府及各地区、县政府的重视。政府和社会组织合力开凿自流井，以解决城镇居民的日常饮用水问题。至 1930 年底，全省有水井 3042 口，平均约 20 户合用一口水井。为更好地提高饮用水水质，1931 年 1 月杭州清泰门自来水厂首先建成使用。衢县是抗日战争期间日军轰炸投毒的重灾区。1935 年，衢县对城内沿街 37 口公井加盖管理。1944 年，衢县、龙游、江山、常山、开化五县对公、私水井实施漂白粉消毒处理。1940—1944 年，省卫生处所属 69 个医疗机构先后改良水井 1384 口。

民国时期，浙江各地的学校卫生、劳动卫生、健康教育等公共卫生工作也得到了不同程度的改进。但由于战乱破坏、资金受限、意识滞后等，全省公共卫生服务水平仍然低下，城乡公共卫生面貌仍处于脏、乱、差的困境。

（二）疫疠与转型中的医疗改革

民国时期，中、西医经历了从相左到相融的曲折转型过程。1929 年 2 月，国民政府卫生院召开第一届中央卫生委员会会议。会上中央卫生委员会委员、镇海人余云岫与国民卫生建设委员会委员长、吴兴人褚民谊等人论战，提出废止中医等四项提案，经多方协调，以通过《规定旧医登记案原则》为终。这一登记案引发江、浙、皖等十数省中医师和中医团队的竭力反对，在上海等地社会媒体和一些国民党元老的支持下，中央卫生委员会只得明令取消废止中医的相关提案和做法，维护了中医、中药的地位，促进了中医药的革新与改良。这一时期西医也得到很大的发展。朱德明《浙江医药史》提供的数据表明，在晚清民国期间浙江西医医院、卫生院和诊所的兴建数量总计有1010家,其中杭州地区200家,宁波地区171家,温州地区30家,嘉兴地区201家,湖州地区29家,绍兴地区86家,金华地区101家,衢州地区55家,台州地区78家,丽水地区59家。同一时期,浙江中医院和私人诊所有553家,其中杭州市中医医院和诊所46家,私人诊所120家,其他55个县的公私立医院177家,诊所199家,产院所11家。近代浙江中、西医院和诊所规模、质量和数量均处全国较领先行列,在中国医疗史上占有重要地位。

民国时期浙江疫疠流行十分严重。全面抗日战争的相持阶段,日本侵略军在宁波、衢县、金华等地使用细菌武器,造成区域性鼠疫大流行。据不完全统计,1940—1948年,浙赣线沿线各县鼠疫发病总人数在1000人以上,死亡近千人。为防控鼠疫等传染病,浙江省政府于1929年设立传染病医院。1936年嘉兴成立防治吸血虫病工作队。1938年设立战时医疗防疫总队。1940年设立第一、第二浙西巡回医疗防疫队等机构,主导全省各州县的防疫工作。为更有效地推进全省卫生防疫工作,省政府还在76个州县成立防疫委员会,并设立县卫生院、临时救急站以及防疫医院、牛痘局等防疫实体。1943—1944年,杭州城内流行鼠疫,省政府专门设置省会临时防疫委员会,设立两支省级医疗队,原省会临时防疫委员会改设为省会临时防疫大队。为防止大区的传染病流行,1943—1948年,省政府在浙西、浙南等地设立检疫站,以阻断疫情的区域流行。浙江省卫生处及州县颁布了一系列防疫的法规法令。

二、荒政:赈灾机构、赈款与赈务

民国期间,浙江灾荒频繁,受灾区域也较广。据相关资料,

1912—1948年的36年中,浙江有27年发生了严重的自然灾害,危及全省大部分市县,多达709县次,平均每年约有19.69县次。对此,浙江省各级政府和地方社会将传统救荒手段与西方较先进的救灾理念相结合,树立"预筹御荒"的备荒意识,坚持"救人救彻"的救荒原则,采取以工代赈、以农代赈的救助对策;充分利用浙江近代铁路、邮电、报刊等传输、传媒优势,发挥民间性、社会性、国际性的赈灾、慈善组织的作用;从防灾意识、救灾组织、救荒措施、灾后保障、救济策略、赈灾方式、灾民教育等方面,对灾荒实施有力、有效的治理,逐渐实现了浙江荒政模式的近代转型。为应对壬戌(1922)、甲戌(1934)等几次特别严重的水灾和旱灾,浙江省政府成立临时性和常设性救灾、赈灾机构,先后组建浙江壬戌水灾筹赈会、浙江省赈务会、浙江甲戌临时防旱委员会、甲戌全浙救灾会,并倡导建立民间社会慈善机构,共同实施灾荒的救助和赈济。

浙江的赈务在民国时期有很大的推进。其一,荒政赈务结合社会福利,按救济院与旧式慈善团体举办的种类,整合成近代赈务体系。类别包括养老、孤儿、育婴、施医、残疾、贷款、济贫、救灾、习艺、丧葬等十大类,每大类又分若干小类。如救灾类,又可细分为赈济、调粟、养恤、除害、安缉、蠲缓、放贷、节约8个分类。每个小类又可分细类,如赈济又可分为赈谷、赈银、工赈、农赈等。就"赈"的字义分析,还可分赈济(用财物救济)、赈捐(赈济捐助)、赈恤(赈济抚恤)、赈灾(赈济灾荒、灾民)、赈贫(救济贫困)、赈赡(以财物周济)、赈廪(以粮食赈救贫民)、赈饥(救济饥民)、赐赈(给予赈济)、蠲赈(免除租税、救济流民)、赈贷(赈贫贷乏)、放赈(发放钱粮赈济难民)、赈款(用于救济的款项)等。其二,浙江的赈款,除政府的下拨资金外,很大一部分是政府通过发行赈灾奖券、赈灾公益债和银行抵押贷款以及民间团体和个人捐银等筹募方式而来，以弥补政府赈灾的不足。[①] 其三，浙江的赈务依托民国铁路交通和邮电事业的发展，不断提高了防灾救灾的赈务手段和水平。

全面抗日战争时期，难民救济是浙江官方面临的最大难题。1937 年末，随着浙西各地沦陷，出走难民约有 500 万。[②] 这些难民大多涌入浙东、浙南、浙东南的后方以及上海租界、福建、江西、安徽、四川、云南等地。[③] 为救济难民，浙江省政府成立难民救济委员会浙江分会，后期独立为浙江省赈济会，统一协调难民的救济工作，并动员各方力量，按国民政府制定的《非常时期救济难民办法大纲》《非常时期难民移垦规则》《非常时期难民服役计划纲要》等一系列文件，从"消极救济"与"积极救济"两个方面推进浙江的难民救济工作。

三、户籍制度的新变化

北洋政府时期的户籍法律体系总体上承接了晚清《户籍法》的规制，颁布了一系列细节条款，包括 1915 年的《警察厅户口调查规则》《县治户口编查规则》，1916 年又编制了《京兆各属户口编纂单行细则》等条例，统一了户籍登记的主要课目和事项，如姓名、年龄、性别、已未嫁娶、有无子女、籍贯、居住地所及年限、职业、教育程度、盲哑病癫与残疾、户内人口对于户主之称谓等，

---

① 俞强：《清末民初浙江灾荒救济中的西方理念和实践》，载项义华主编《浙江历代灾荒治理与社会救济》，浙江人民出版社 2014 年版，第 156 页。

② 张根福：《抗战时期的人口迁移——兼论对西部开发的影响》，光明日报出版社 2006 年版，第 171 页。

③ 张学继：《抗战时期浙江难民及其救济问题初探》，载项义华主编《浙江历代灾荒治理与社会救济》，浙江人民出版社 2014 年版，第 167 页。

并注重对年届20—40岁的壮丁、曾受到刑事处分者、素行不正或形迹可疑者、户内杂居多数非家属人者的编查。

1912年,南京国民政府成立以后,将户籍法的制定定为“训政时期初步最要工作”[①]。1932年,国民政府正式颁布了中国历史上第一部具有近代法律意义且付诸实施的《户籍法》,于1934年修正后施行。该法分通则、籍制登记、身份登记、迁徙登记、变更登记、登记申请、罚则、附则,共八章61条。与晚清的《户籍法》相比,民国《户籍法》确立了以户立户的编户原则,将人事登记与户籍登记合并,并推行身份证制度等。清末民国时期的户籍制度变革,不仅解除了封建户籍管理对民众的人身束缚,而且使城与城、城与乡之间的人口从封闭走向开放、从静止走向流动。但是,当时国民党政府更多地关注对中国共产党的围剿,因此非但《户籍法》得不到很好的实施,而且还走回了明清两代户籍制度与保甲连坐制度合一的老路子。

1929年,浙江省统一调查户口,计算户口“均以现住者为准”。1935年,浙江省推行保甲制,设立县、区、保、甲级行政组织。1937年,浙江省颁布保甲章程,浙江各地开始印户帖,户内人口若有增减,随时在帖内注明。1943年,户帖废止,改为户牌,凡户有变动,内保长在牌上注明原因及时间。1944年6月,整编保甲并实施《户籍法》。

1928年,南京国民政府内务部要求浙江、江苏、安徽三省首先进行人口普查。浙江省民政厅即颁布《浙江省第一期调查户口办法》,附以《调查表》式样五种,以及预算标准等项,要求各县

① 谢振民:《中华民国立法史》上册,中国政法大学出版社2000年版,第507页。

实施。市县政府依照期限酌定各市县调查进行次序，以定全境查竣日期。此次调查户口以市县政府各级警察局署为调查机关，以各地乡警、里正、牌甲或村耆为调查人员。①

四、丧葬改革的进程

民国时期，浙江各地主要流行土葬、火葬与水葬等葬法，以土葬为主。浙东地区和舟山群岛一带渔民中流行海葬，九姓渔民中流行水葬。当时，浙江一些地区仍可见到旧式的丧葬仪式。如金华地区复杂的丧葬仪式，包括送终、移尸、送无常、报丧、买水浴尸、穿寿衣、敲七、送棺、停棺出殡、入穴，以及安葬后的做丧、送火种、拜七、百日祭、周年祭。② 在湖州、嘉兴和绍兴等地流行丧吊时"吃豆腐饭"的习俗。温州地区的灵堂"礼鬼"丧俗虽然俗套，但在民国时期仍很流行。

民国初期，浙江一些具有新思想的有识之士对传统丧葬礼俗提出了一系列改革要求。1912 年，蔡元培、王正廷（奉化人）等人发起社会改良会，提出"婚、丧、葬等事不作奢华迷信活动"，提倡"心丧主义，废除居丧守制"之形式，"戒除供奉偶像的牌位"，提倡公坟制度等。这对推动民国初年丧葬改革具有推波助澜的作用。③

1916 年，北洋政府公布《国葬法》，礼制馆编定《新丧礼》，对旧式丧礼进行重大改革。1928 年，国民政府制定《礼制案》，对其

① 李钦予：《浙江省人口及粮食问题》，民国铅印本，浙江图书馆古籍部藏，第 50 页。

② 《浙江风俗简志》，浙江人民出版社 1996 年版，第 447 页。

③ 蔡元培：《社会改良会宣言》，《新青年》第 1 卷第 1 期，1919 年 10 月 1 日，载《蔡元培全集》第二卷，中华书局 1980 年版，第 138—140 页。

中《丧礼草案》的报丧、亲殓、受节、祭祀、别灵、出殡、葬礼等诸方面礼节作了具体规定,“专注矫正奢侈,破除迷信,提倡质朴”。同年,国民政府又颁布《取缔停柩暂行章程》,规定所有厝棺和田亩内坟墓均迁葬公墓。随后,各省分别制定实施办法,建立自由公墓区。1936 年,国民政府内务部通令各地实施《婚丧仪仗暂行办法》,浙江相应制定细则,逐步实施。这一系列的法令法规的制定颁布,推进了民国时期丧葬礼俗的改革。

浙江是旧式丧葬礼俗根基较深的省份,省政府制定了一系列具体实施细则,推行新式丧葬制度。一是对传统丧葬礼俗的简化,反对厚葬久葬,提倡薄葬短丧;禁止沿用含有封建色彩或迷信性质的仪仗。二是引入丧葬礼服、公墓、追悼会等西式丧葬形式。三是推行火葬与公墓制度。浙江最早的公墓制度推行于 1944 年 12 月,“四明特办”和新四军浙东游击纵队为悼念在“抗日反顽”战斗中牺牲的烈士,建立了“四明烈士陵园”。

第四节　中西碰撞的社会生活

一、生活方式的活泛与嬗变

(一)“衣”生活的变迁:剪辫易服与旗袍、西装、中山装

服饰制度的变迁在民国社会生活的诸多领域显得格外耀眼与多彩。近代女子在讲求衣服样式、颜色及时尚的过程中,逐渐抛弃了传统的等级观念,开始追求自由平等之风;缠足的废除与足部的解放,有助于新一代女性的健康发育和自由活动,从而为广大妇女走出闺阁,参与广泛的社会活动奠定了必要基础。男子从清末开始剪去象征奴性的辫子,到民国成立时进一步改良

传统的长袍马褂,试穿全套西装,进而设计出既有中国特色又为世界认可的中山装,展示了健康而富有阳刚之气的新国民形象。[①]

剪辫易服的热潮涌起。辛亥革命期间,象征开创新时代的剪辫运动在江浙沪一带首先兴起,遂使延续近三百年的蓄辫习俗失去了存在的社会基础。剪辫风潮之后,讲究头发式样的理发业逐渐取代单调的剃头业,帽子的式样及其功能有了很大改变。服饰出现了多元与趋新倾向,西装、汉装、满装及各式其他少数民族装应有尽有,不可胜数。

"废除缠足"与"三寸金莲"绣花鞋的终结。早在维新运动时期,近代启蒙思想家、温州人宋恕所著《卑议》一书,就对封建意识形态的纲常伦理大加鞭挞,其中包括对女子缠足现象的批判。中华民国建立后,民国临时大总统孙中山通电全国劝禁缠足。五四新文化运动后,禁止缠足成了进步人士热议的话题。温州的废除女子缠足运动开浙江风气之先。1902 年,瑞安城里大沙巷的孙宅(孙诒让家)从老太太起以至奶奶、小姐、孙女率先解缠放脚,并印发《解缠公文》。妇女自行放足后,也讲究鞋的样式,经历了从挤足适履到适足择履的进步。

张扬女权运动的旗袍改良。20 世纪 20 年代初,旗袍成了中国最为普遍的女子穿着,乃至流行于全球华人圈大半个世纪,成为新潮女子争女权争平等的"副产品"。在旗袍改良运动中,浙江是先行者。著名民主革命家秋瑾在辛亥革命前夕,常常身穿一件玄青色长袍,头梳辫子,加上青辫穗,放脚,穿黑缎靴。辛亥革命后,即使如鲁迅母亲鲁瑞那样出身于封建大家庭的旧式妇

---

① 左玉河:《民国社会生活史》,广东人民出版社 2019 年版,第 79—80 页。

女，在鲁迅先生的主张下，也放天足剪头发，甚至也穿过旗袍，撑阳伞，戴眼镜，比同龄人开放许多。1929 年，国民政府将旗袍确定为国家礼服之一。宁波奉化的红帮裁缝对旗袍的改良起到了重要作用。正是由于红帮裁缝的改良和推广，使旗袍成为一个时代女性服装的时尚。红帮裁缝制作的改良旗袍式样刊登在 1930 年《中国大观图画年鉴》上，成为"海派旗袍"的经典。

寓意凝聚"共和"的中山装。自 1923 年诞生至 20 世纪 80 年代初，中山装成为中国男性中通行和喜欢穿着的服饰。现有的一些资料表明，中山装是孙中山起意，经由宁波红帮裁缝张方诚、王运才依照广东裁缝黄隆生的初样，先后两次修改后制作的中式礼服。根据孙中山的意思，中山装四个口袋分别代表礼、义、廉、耻，衣袋上的四个纽扣意含人民拥有选举、创制、罢免、复决四权，笔架盖象征对文化人的倚重，五个门襟扣寓意五权宪法，三个袖扣则代表三民主义。中山装具有中西合璧的特征，是中国服装史上的一个创举。

西装的平民化与国产化。中国第一套国产西装出现在辛亥革命期间，由红帮裁缝王睿谟为民主革命家徐锡麟制作。中华民国成立后，首先在上海形成了"西装热"，并影响了浙江的服装时尚。据《鄞县通志》记载，当时宁波裁缝纷纷去上海，开了一家又一家西装店。从 1896 年奉化人江良通在钜鹿路开设上海第一家西服店"和昌号"起，到 1950 年的 50 余年间，上海的西服店最多时达 710 余家，其中宁波人开的就有 420 多家，占总数的 60%。杭州的西装时尚也盛于民国，其区别于其他地区的是西装用杭州著名的丝绸面料"纬成缎"做成。1918 年，在巴拿马国际博览会上，纬成缎赢得了金奖。

红帮裁缝是一个对中国近代服装业的形成与发展作出重要

贡献的产业群体,在中国服装史上人数最多,分布最广,技艺最精,成就最大,影响最为深远。在民国前后,这一近代服装业产业群体进军上海,转而北上、南下、西进,迅速抢滩南京、北京、哈尔滨、天津、青岛、重庆、昆明、兰州、香港以及日本东京、苏联符拉迪沃斯托克(海参崴)等大中城市,创造了中国服装史上多个"奇迹"。在香港产业大转型的关键时期,以上海培罗蒙服装公司为代表的红帮名店相继迁往香港。1933 年,红帮裁缝核心人物顾云天出版了中国第一部西服理论著作《西服裁剪指南》,协助上海市西服商业同业公会王宏卿等创办了中国第一所西服工艺职业学校。

(二)"食"生活的演进:浙菜及其五大从系的创新

民国时期,浙菜已定型、成熟,与鲁、川、粤、苏、闽、湘、徽同为汉民族饮食之"帮口",被称为"八大菜系"。[①] 浙菜素以口味清淡著称,菜式精巧玲珑、清逸俊秀,菜品鲜美滑嫩、脆软清爽。民国浙菜烹饪技法丰富,善用香糟、黄酒调味,在烹制海鲜、河鲜方面有独到之处,注重保持食材的本色和真味。浙菜从系在创新过程中保留有地方偏好,浙北偏甜,浙东南偏咸,浙西偏辣,成熟后定型为杭、甬、温、绍、金衢五个从系。

杭帮菜原先分为"湖上帮"和"山里帮"(也称为城厢帮)两大风味,皆强调原料鲜嫩,现取现烹。其原料以鱼、虾、禽、畜、时蔬为主,讲究刀工,突出本味;制作精细,变化多样,色泽清丽,喜以风景命名菜品。"山里帮"还善理野味。

宁波菜咸鲜合一,以烹制海鲜见长,以甜、咸、鲜、臭适味。烹饪技法以炒、蒸、烧、炖、腌为要,喜大汤大水,原汁原味。

---

① 汪绍铨:《我国的八大菜系》,《人民日报》1980 年 6 月 20 日,第 4 版。

温州菜仍以“东瓯菜品”为本,又称“瓯菜”。菜品多以海鲜入馔,清鲜多料,淡而不薄。技法讲求“二轻一重”,即轻油、轻芡、重刀工,自成一体,别具一格。

金华菜为浙菜之台柱,以烧、蒸、炖、煨、炸为主。尤以火腿作料为名,创制有菜品300多道,其菜不宜红烧、干烧、卤烩,在调配作料中忌用酱酒、醋、茴香、桂皮等,也不宜挂糊、上浆,以保持火腿的独特香味。

绍兴菜品有百余种以上,但最有名的菜品仍当属绍三鲜、梅干菜焖肉、油炸臭豆腐、清汁醉鸡、清汤越鸡等。

浙菜主食仍以米饭、面食为主;点心以团、糕、羹、粽、面、汤圆为多,口味佳。名点如嘉兴粽子、宁波汤圆、杭州片儿川面、湖州大馄饨、永康芋头饺、临海肉麦饼、龙游发糕、温州敲鱼饼、舟山糍饭糕等,皆上浙菜的餐桌。名菜如龙井虾仁、西湖莼菜、虾爆鳝背、西湖醋鱼、宋嫂鱼羹、冰糖甲鱼、剔骨锅烧河鳗、苔菜小方烤、雪菜大黄鱼、荷叶粉蒸肉、黄鱼海参羹等,皆入浙菜谱系

民国时期,杭、甬、温等主要城市的餐饮业极其兴旺,饭庄林立,食铺遍布,生意兴隆。各地方菜甚至乡帮菜已从民间餐桌、食铺、饭摊走入市镇酒肆,应验了“酒香不怕巷子深”“肴佳不屑店门窄”之俚语。1916年,冲斋居士的《越乡中馈录》集绍兴地方菜之大成,记述了越地饮食的种种习惯、嗜好、忌讳和传统技法。清末民初,杭县人徐珂编《清稗类钞》,在第47卷《饮食》中提出中国菜品的地方概念,并对49种猪肉菜肴、11种羊肉菜肴、2种牛肉菜肴、45种禽类菜肴、82种河鲜海鲜菜肴、22种其他动物肉类、28种酒水饮料、49种蔬食菜肴、76种粥饭点心、4种调味品、8种水果均加以介绍。洋洋十数万字,堪称清末民初的“吃货宝典”。

据我国原国内贸易部授予的六批“中国老字号”以及浙江省政府授予的“浙江老字号”名单,浙江 1949 年以前成立的老字号餐饮店共有 24 家,其中“中华老字号”有 1788 年创建的杭州西乐园羊汤饭店、1848 年创建的杭州楼外楼、1867 年创建的杭州奎元馆、1894 年创建的绍兴咸亨酒店、1901 年创建的温州县前汤团店、1903 年创建的杭州山外山、1913 年创建的杭州知味观、1927 年创建的宁波缸鸭狗等。浙江老字号先后 6 批公布的有 1870 年创建的杭州状元馆、1927 年创建的宁波东福园、1941 年创立的嘉兴四如春餐馆等 16 家。

清末民初,西餐开始进入杭、甬、温等沿海城市,较知名的西餐店有杭州协兴番菜馆、杭州蝶来饭店等。与此同时,咖啡也在杭州、宁波等地开始流行,较知名的咖啡店有杭州海丰茶楼(兼营西餐)等。

当然,上述中式餐饮名店和西餐厅的入堂者多为士人、商贾和文化名人等富裕及身份地位较高的阶层。普通百姓的饮食生活则是平淡、朴实的,其中的贫困者甚至处于较为艰难的处境。

(三)“住”生活的融合:西式建筑的引入与中式建筑的演变

清末民初,以杭、甬、温为代表的浙江沿海民居建筑处于承前启后、中西交融、新旧更替的过渡时期。传统古典建筑、传统改良建筑、西式洋楼建筑与中西合璧建筑,互相影响、互相补拙、互相融合,不仅为近代浙江城市增添了神韵风采,更成为延续文脉、见证历史的象征,代表了一个个历史文化符号,蕴含着一个个时代文明碎片,已完全融入浙江城乡近代化的嬗变中去。

民国时期,杭州新建的民居建筑多为有中式墙门(也称石库门)的西式洋楼。是时,中式墙门往往建于杭州城里弄街巷,为晚清民国达官贵人、富商家族之官邸、家宅。由蔡禹龙《清代杭州城市街区与社会变迁》一文可知，杭州在光绪年间的街道、坊巷、里弄是清代各时期最多的，有649条。如按每一街巷里弄年均20个墙门计算，1908年前后，杭州大致有13000个墙门。[①] 这些建筑一般为砖木结构，布局呈回廊式、天井递进式、庭院递进式等。民国时期，杭州陆续新建了一批有规划的石库门建筑。如湖滨地区龙翔里、长生路一带的思鑫坊，类似旧上海的里弄模式，青泥砖墙，屋顶露台，木格窗棂，介于中式和西式之间，是当时的房地产项目，居住对象为中产阶级和富裕的小资产阶级。

杭州西式洋楼主要集中于中山中路和环西湖一带。中山中路一线自羊坝头始，有浙江金银饰品公司大楼、浙江兴业银行、浙籍留日设计师沈理源设计的金融业建筑群、伊斯兰教凤凰寺、万源绸庄、亨得利钟表店、广兴顺保佑坊等20多幢以商业为主的大楼。环西湖的西式洋楼以别墅为主，从里西湖断桥开始，有蒋经国旧居、蒋介石宋美龄曾居住的澄庐、张静江夫妇的静逸别墅、张啸林的林海幽居、杜月笙购置的孤山杜庄、新新饭店、史量才沈秋水夫妻的秋水山庄，至玉泉路有蔡元培旧居，至南山路有恒庐、润庐等。这些别墅见证了杭州的历史沉浮。

民国时期，浙江的西式别墅建筑群要数德清莫干山为最多。清末民初，风景宜人、气候宜居的莫干山已名扬四海，英、美、法、德等国人趋之若鹜，中国达官名流也接踵而至。他们在莫干山建造风格迥异的别墅，有田园牧歌式、欧罗巴城堡式、地中海的简阔廊拱、中世纪巴洛克的奢华以及近代中西合璧的简约，多达265幢别墅深隐于山岚云岫之中，留下诸多历史名人的风流佳话，莫干山也被誉为“世界建筑博物馆”。

---

① 顾建武：《杭州老墙门，悲喜大世界》，《城市秘密》特邀，2021年8月30日。

宁波、温州分别于1844年、1877年开埠。宁波老外滩开埠要早于上海外滩20多年,是中国历史上第一个近代意义上的“外滩”,建有大量异国风格的洋楼和宅舍。现留存有英国领事馆和巡捕房、浙海关、天主教堂、江北耶稣圣教堂、宁波邮政局、通商银行等,这些建筑见证了中国曾经经历的屈辱历史和近代发展的漫漫历程。温州开埠后西方建筑传入的最典型代表是温州天主教堂以及五马街上的商业大楼。据2007年全国文物普查,仅鹿城区登录的有文物价值的近代建筑就有244处。建筑形式多为巴洛克式、装饰艺术派和折中主义风格。[①] 绍兴、舟山、嘉兴、金华等地也建有不少西式教堂和医院。民国时期,中国工匠学会把西方的建筑新材料、设计新结构与新工艺相结合,并开始用钢筋混凝土替代砖木灰砂浆,建设下水道、阴沟等配套设施,同步形成城市公共设施系统,推动了沿海城市的近代化进程和生活方式的变迁。

民国时期,浙江城镇底层民众的贫民窟、棚户区在城乡接合地段仍触目可见。据《民国杭州社会生活》一书记载,杭州有几处出了名的贫民窟:一是在菩提寺路的二百间头。在破陋的二百间小屋中,容住有一千多人,每间常住两到三户人家,每户租金约12元。二是在武林门头多小贩的蓬埔、土桥头人力车夫的草棚。其他棚户区分布于杭城十几处热闹的河埠、码头、桥洞等地段。

(四)“行”生活的延伸:道路、车辆与电讯

民国时期,浙江在交通工具与技术,铁路、公路与空中航线

---

① 《温州历史文化街区有哪些代表性“中西合璧”公共建筑》,《瓯江新闻》APP“温州三十六坊”栏目,2021年8月27日,引用于2022年5月3日。

方面都有很大的发展与变化。交通工具方面，从人力黄包车、汽车到有轨电车、机动车船，还有火车以及刚起步的飞机运输，无一不打破传统车船模式，彰显近代交通的巨大进步。

浙江近代铁路发展历史。杭州江墅线于1907年建成、运营，沪杭铁路于1909年建成、运营，全长125公里。浙赣铁路始建于1899年，其中的杭江铁路路段建成于1928年，并为此成立杭江铁路工程局，至1933年杭江铁路（杭州到江山及至江西玉山）正式通车，全长360公里。是年，杭江铁路局改组为浙赣铁路联合公司，继续展筑杭江铁路至萍乡，与萍株铁路连接而完建浙赣铁路，至1937年全线贯通，全长1008公里。杭甬铁路始建于1910年，其中的萧甬铁路至1933年通车运营，全长171公里。全面抗日战争时曾被毁坏。

浙江公路建设的发轫期为1916—1927年间，是时省筑公路有萧绍、嵊新、黄泽三路，计87公里，商筑公路完成线路有杭余、余临、余武、杭富、瓶湖双等11路，计188公里。1928年4月，浙江省公路局正式成立。1929年4月，浙江省建设厅制定了全省公路路线网计划，准备建设10条干线，其中6条经线、3条纬线、1条沿海线，全长2795公里，通达省内较大城市及邻省；派生支线40条，计3953公里，遍及全省各县。1929年2月，经省政府第190次会议通过并颁布《浙江省各县修筑道路暂行办法》，规定重要线路由省修筑，其他线路由县修筑。至1949年新中国成立，全省公路10条主干线已基本修筑完成，而县支线建设则相对落后许多。

晚清民国，浙江道路与河道交通的规模建设和空中航线的开发，促进了火车、汽车、轮船和飞机等交通工具的划时代进步。晚清民初，杭、甬、温等主要城市的高档交通工具主要是轿子。

当时杭州城的轿埠有178家,轿夫2000多人,是出行的第一行业。甲午战争后,杭州设立了日本租界,从日本引入的人力车即黄包车占领客运市场,轿子逐渐退出历史舞台。至1947年,杭州黄包车多达6000多辆,最远的可拉到富阳。与此同时,满足个人单骑的自行车从欧美传入,成为有钱人家上班族的出行工具。1917年,淞沪护军使杨善德任浙江都督,带来浙江第一辆汽车。1922年,杭州第一次有了公共汽车。1932年,由永华公司投资的从西湖边新市场到灵隐的杭州首条柏油马路建成。浙江铁路机车主要是国产的,驼峰牌、虎头牌为当时的国产名牌;其车厢分卧铺和座位两种,分一、二、三等。民国时,浙江有笕桥机场、衢州机场,为军用机场,并建有笕桥中央航校,是当时中国规模最大的航空专业人才培训基地。

民国时期,浙江的电讯事业也有很大发展。在长途电话方面,全省完成了电话八大干线的建设,并分别铺设支线与乡线;又将省域划为七区,将杭州、嘉兴、鄞县、临海、永嘉、丽水、兰溪设为七区中心局。市内电话方面,1929年12月,浙江省长途电话局更名为浙江省电话局,投资229170美元,向比利时订购了7-A旋转式3000号自动交换机,开启了杭州自动电话的历史。1932年3月,全省域按计划落成通话,并以长途电话、市内电话和城镇电话构成省内电话网。1937年5月19日,杭州首先开办国际长途电话业务,由此进入与世界交流的电话时代。这一时期,浙江省电报事业也有较大的发展。

二、民国宗教的发展态势

(一)佛教的改革与复兴

民国时期,浙江与全国一样,一度受战争影响,许多佛教寺院被毁坏,"庙产兴学",部分寺院被改作他用,僧尼被迫流离还俗。鉴于佛教发展的颓势,高僧桐乡人释太虚和近代爱国高僧、福建古田人圆瑛等倡导佛教改革的近代化运动,[①]寺院及僧民协力,广大居士参与,涌现了谛闲、弘一、太虚、巨赞、印光、圆瑛等近代高僧,促使佛教各宗在江浙重新活跃。

浙江佛教审时度势,爱国爱教,推进僧育,谋划创新,诸宗皆有光大。天台宗,自清末民初以降,有谛闲、宝静、静修、兴慈等数代宗师竭力弘扬,说法利人,扶衰起敝,洁身护法,使天台宗再度中兴。华严宗,自清代高僧、仁和人续法与冀州人通理两位大师之弘传,至民国又有名僧月霞、应慈以及著名居士、上虞人马一浮等著述,结社弘扬,严持戒律,明心通教,僧育人才,儒佛互摄,使之得以重振。法相宗,经清末民初著名居士、安徽石埭县人杨文会与余杭人章太炎以及桐乡人太虚大师等创社弘扬,宣扬唯识之学和其他佛学思想,使法相宗得以改造、发展。律宗,清末高僧发朗的弘传光大,促成律宗中兴;又有弘一法师潜学研究,使宋元以降700余年湮没未传的南山律宗重见天日、弘扬传布。密宗,自唐代僧人顺晓在越州龙兴寺弘传后,逐渐影响浙江;至1923年,经僧人持松、大勇在杭州传授密宗入教灌顶仪式;后又有藏传佛教格鲁派活佛班禅九世额尔德尼在灵隐寺举行法会,有组织有计划地向东南沿海地区传播藏传密宗。禅宗,至清末民初,经寄禅及之后圆瑛、虚云等大师的弘扬,在浙江得以再度复兴。净土宗,近代浙江佛教各宗重新活跃,旨归净土法门,其中对浙江净土信仰影响最大的是印光大师。[②] 其他派的宗

---

① 左玉河:《民国社会生活史》,广东人民出版社2019年版,第937页。

② 陈荣富:《浙江佛教史》,华夏出版社2001年版,第561页。

师兼弘净土,以净土为旨归,如天台谛闲法师、禅宗圆瑛大师、嗣法法师等,世俗人士也因净土简便易行而修行净土。

浙江各地佛教事业也在复兴中有所发展。民国时期,杭州寺庙众多,寺产厚实,僧尼数量也多。据李叔同《我在西湖出家的经过》一文记录,时杭州共有僧尼 3298 人,其财产有田 4634.67 亩,地 389 亩,山 3457.6 亩,荡 305 亩,房屋 145 所计 437 间,尚有寺院 676 所。每届香讯,四方信徒来杭进香,摩肩接踵。是时,"宁波丛林,龙象辈出",开辟了近代佛教的新气象,奠定了宁波在民国佛教界的先导地位。这一新气象的孕育与浙籍高僧太虚发动的新佛教改革运动有着直接的关系。[①] 温州居士佛教盛行,净土宗在温州中兴。1921 年,弘一大师来温驻锡庆福寺、江心寺,闭关潜修,振兴律宗。温州地区佛教最盛时,驻寺高僧有数十位之多,寺院千余座,僧尼两千多名,其中护国寺、太平寺、嘉福寺、天宁寺皆为古刹,高僧辈出。

浙江佛教组织兴盛,办学之风骤起。光绪三十四年(1908),杭州佛教总公会成立,是杭州最早的佛教组织。辛亥革命后,上海逐渐成为全国佛教中心,浙江也随之成立了许多佛教组织。包括由马一浮成立的般若学会,寄禅任会长的中华佛教总会鄞县、慈溪、镇海、奉化、象山五县分部,由居士吴璧华为首任会长的杭州佛教联合会,由宁波各大寺住持联合成立的宁波佛教联合会,由高僧圆瑛任会长的宁波七邑佛化同志会,由圆瑛任会长及太虚等浙籍高僧为常务委员的中国佛教会及浙江各地分会,以温州为中心的鳌江居士林、鳌江净土会、乐清虹桥居士林、温

① 陈永革:《论太虚大师与民国宁波佛教》,载释怡藏、温金玉编《潮音永辉:纪念太虚大师示寂 60 周年文集》,宗教文化出版社 2008 年版,第 136 页。

州菩提佛学会，以及宁波佛教居士林、玉环西青山居士林等。[①]辛亥革命前，浙江佛教掀起办学之风，有杭州僧教育会、宁波僧学堂、宁波僧教育会，是浙江最早的佛教办学机构。民国时期，浙江各地佛学院校相继涌现。1949 年 10 月前，浙江比较有名的佛教院校有华严大学、观宗讲舍、浙江佛教师范学院、天台宗佛学院、吴山中国佛教学院、武林佛学院、浙南佛学院、护国寺山家讲舍、七塔寺报恩佛学院等。

（二）道教的衰落与维持

中华民国成立后，道教虽以宗教自由而合法存在，但已失去了政府册封和财政支持，生存和发展都受到限制。五四新文化运动提倡民主与科学，道教因其理论上的神鬼宣传和实际中的迷信活动受到了普遍的社会批判和沉重打击。1928 年，南京国民政府公布《神祠存废标准》，大量道观被捣毁，或改成学校、机关、军营。为适应社会的变化，扭转道教的颓势，中央道教总会、中华民国道教总会于 1922 年在北京、上海先后成立，并提出了道教复兴计划，虽然成效甚微，但道教在推进民间宗教、支持抗战爱国、行医治病救人、求福禳灾，以及整饬教务与斋醮科仪以维护本土宗教等方面作出了积极努力。

浙江道教在历史上根基较深，但至民国也走向衰落。不过杭州、台州、湖州等地的道教也有所发展。据《杭州玉皇山志序》记载：光绪二十二年丙申，蒋律师羽化，继主观务为紫东道人，道人姓李，名理山，籍南通，本观弟子，中年曾云游四方，民国八年己未，道众公推为本观方丈，受任以来，即力图恢廓，始则修山路、砌山塍而造山寺，作山房，后乃筑亭叠石，布置井然。其次则

① 陈荣富：《浙江佛教史》，华夏出版社 2001 年版，第 563—571 页。

开紫来洞,辟太极园。李理山其人,自幼在玉皇山宫观中学经习武,精通道教斋醮科仪、内家拳技及天文数术,福星观经他修整扩大,在江南道教界名声大振,稳固了玉皇山宫观在道教全真派江南苏、浙、皖、赣、闽五省第一座“子孙丛林”的地位。全面抗战时期,李理山以民族自尊和爱国情怀,救助千余名难民于玉皇山宫观达一年之久。他还派人接收管理余杭大涤山洞霄宫,使其一度兴旺。全面抗战期间蒋介石到西天目视察时,曾两度造访洞霄宫观。

台州道教历史悠久。浙江之地,十大洞天有三,皆在台州;三十六小洞天有九,台州有一;七十二福地有十六,台州有七。清嘉庆后,台州道教中心转移到黄岩委羽山大有宫以及今温岭一带。民国时期,台州道教仍有发展,并涌现了陆致和、金理筌、蔡理鉴、黄理贯、沈广明、高宗净、任成根、王宗平、程诚佐、陈宗绪、闻理朴、蔡至敬、许明宝、邵永律等名道。他们或监院,或修宫观,或著道学,皆厥功甚伟。清至民国,黄岩新建的龙门派宫观尚有 18 处,其中民国新建 8 处。清至民国,温岭有宫观 30 余处,不少为民国所建。[①] 1940 年,道士蔡理鉴、蒋崇瀚和黄岩人王松梁于委羽山大有宫编纂《续纂龙门宗谱》4 卷 47 册,分藏于所属道观和道士。修成之时,龙门派大有宫支派在台州有道观 116 所,在温州有 148 所,占两地道观总数的 99%,出自大有宫的道士亦占两地道士总数的 97%以上,影响绵延整个民国时期。

湖州道教自清嘉庆初年闵一得入住乌程金盖山,重建龙门宗坛至盛并延及民国。民国初年,高清和升任金盖山古梅花观董事会董事,开启湖州玄云坛支派,遂成分坛皈依之势,遍及江

① 左玉河:《民国社会生活史》,广东人民出版社 2019 年版,第 700—701 页。

浙沪地区，吴兴龙门派道教进入发展的全盛时期。据《道统源流》的道士名录，自第十七代起分别记录宗坛和分坛的道士约600名，记录的分坛有15个。另据王圆贵《全真道在湖州地区的传承与演绎》一文，古梅花观的分坛共有72个，已查清的有68个，遍及湖州城区、织里、菱湖、双林、南浔及长兴、德清、安吉、嘉兴、海宁、诸暨、广德、苏州、平望、盛泽、太仓、上海等地。其中尤以诸暨觉云坛和上海觉云坛最为兴旺，且主要活跃于民国时期。这与全真派布道立场的改变有很大关系，即由强调出家清修和拒世离俗转向经世致用、广结人缘、布施慈善，把善堂看作是其发展的一种媒介。时以姚秉成、姚来鉴创办的湖州仁济堂、庞元济创办的承济善堂及庞氏兄弟的义庄等最为有名。

第十章　新民主主义社会的过渡与中国特色社会主义社会的现代化

从1978年12月中共十一届三中全会至2012年11月中共十八大的召开这一时期，浙江逐渐建立了中国特色社会主义的社会范型。土地的家庭联产承包责任制开启了浙江新时期改革开放的序幕；《婚姻法》的修订很大程度调整了新历史时期的社会主义婚姻家庭关系，宗族活动的复苏助推社会安定团结。小康社会的目标被提出及践行，和谐社会得到规划及推进，“八八战略”助燃小康社会、和谐社会整体推进的浙江热情并指导网络社会的健康发展。知识分子成为工人阶级一分子，乡镇集体所有制企业职工队伍庞大，“农民工”被列入城市职工之中，工人阶级队伍得以空前发展壮大；农业较高程度的机械化和现代农业组织的推广，造就了新一代的农民阶级；私营企业主与个体经营者逐步成为社会的重要阶层；新兴产业及其部门正酝酿着新社会阶层的形成。现代医疗与公共服务事业高度发展；社会保障制度、社会灾荒救助体系逐步完善，社会慈善事业整体进步。社会生活水平节节攀高，悄然拉开高质量社会发展和共同富裕的序幕。

第一节 现代社会范型

一、新民主主义社会向社会主义社会过渡的社会范型

(一)新民主主义社会范型:土地、人口、风俗与家庭的变迁

新中国成立后,我国进入新民主主义社会。作为沿海区域半殖民地半封建社会的缩影,浙江通过镇压反革命、剿匪以及荡涤旧社会遗留的嫖娼、吸毒、赌博、迷信等腐朽的社会恶习,稳定了社会秩序,并于1950年开展了轰轰烈烈的土地改革运动。

新中国成立之前,浙江农村的大量土地被地主阶级占有,广大贫雇农则没有土地或只有少量土地。土地改革运动在全省消灭了地主阶级土地所有制,建立了农民的土地所有制。全省78个县5338个乡,除位于沿海少数岛屿的28个乡外,99.5%的地区完成了土地改革,340万农户分得了土地,占全省农户的70%。农业合作化时期,全省农村土地一般由生产队经营,初步实现所有权和经营权的分离。1949年9月,浙江省开展了减租和征粮工作,全省约有500万农民投入减租斗争,到年底占全省农村85%的地区已基本完成减租任务。① 新中国成立后,浙江省人民政府废除了旧的田赋制度,建立了新的农业税制度。

浙江的新民主主义婚姻家庭制度的确立,始于1950年5月1日公布实施的《中华人民共和国婚姻法》(以下简称《婚姻法》)。《婚姻法》确立了新中国处理婚姻家庭关系的基本原则,从根本

---

① 中共浙江省委党史研究室、当代浙江研究所:《当代浙江简史》,当代中国出版社2000年版,第163页。

上打破了旧的封建主义的婚姻家庭制度。全省积极推进对《婚姻法》的学习教育与贯彻实施，有 27.34 多万名区乡干部和积极分子参加了《婚姻法》轮训班，全省城乡有 60%—70% 的成年男女受到了教育。至 1952 年 7 月，全省 39 个县中自由恋爱登记结婚的有 2.29 万对，离婚、解除婚姻的有 2.3 万多对。一批长期受旧婚姻制度伤害的妇女获得解救，迈入婚姻自由、男女平等的新民主主义社会。

(二)社会主义制度确立后的社会范型

土地改革之后，浙江农村随之开展了从初级农业合作社到高级农业合作社再到人民公社的运动，建立了农村土地集体所有制，历经探索之路而定格为“队为基础、三级所有”的土地集体所有的土地使用权制。至 1962 年底，全省人民公社调整为 3033 个，比 1959 年增加了 2402 个，规模相当于原来的乡；生产大队约 4.4 万个，比 1959 年增加了约 1.48 万个，规模相当于原高级社；生产小队 34.4 万个，每个队平均 17 户，相当于原来的初级社。永嘉县曾尝试“包干到户”的生产管理责任制，因遭到严厉批评而被取消。“文化大革命”期间，永嘉县的“包干到户”再次受到批判。全省根据实际情况，对农业税税率及相关附加税减免等作出地方规定。财务体制也随时代变迁有多次改变。

浙江省家庭户的数量一直处于增长状态，1953 年为 579.96 万户，1964 年为 656.63 万户，1982 年为 955.86 万户。家庭规模逐渐缩小，家庭结构日趋简化；核心家庭比重上升，主干家庭(两代户)发展平稳，联合家庭(三代及以上户)比重下降。

全省逐渐推行计划生育，人口再生长模式从 1949 年前的高出生、高死亡和低增长转为低出生、低死亡、低增长。至 1978 年底，全省总户数 897.2 万，总人口数 3750.96 万，其中男性

1948.29 万，女性 1802.67 万，农业人口 3321.96 万，非农业人口 429 万。

二、改革开放新时期的土地与财税制度

（一）从家庭联产承包责任制到农户土地使用权制度

党的十一届三中全会以后，浙江省委、省政府遵循党中央《关于加快农业发展若干问题的决定》精神，在农村进行了以家庭联产承包责任制为中心内容的经济体制改革，撤销了人民公社，调整了农村生产关系，从而确立了在集体土地所有制基础上的农户土地使用权制度。1982 年 8 月，浙江省召开全省农村工作会议，其中一项重要议题，就是加强和健全对土地承包合同的管理，完善农户土地使用权制度。这项制度涉及六个方面的内容：

一、延长土地承包期，让农民对农业生产有长远的规划。浙江农村初期实行的家庭联产承包责任制，土地的承包期普遍过短。1984 年春，浙江各地政府普遍开展了延长土地承包期的工作，水田的承包期一般延长到 15 年以上，山林等多年生的作物承包期延长到 30 年以上。这项制度性改革，极大地提高了农民在土壤改良和兴修水利方面的积极性。

二、调整承包土地，推行“两田制”，以稳定土地承包制。所谓的承包土地调整，就是对承包不合理和划分过散的田地，根据“大稳定、小调整”的原则进行适当调整。调整方式，或由集体统一调整，或由农民之间相互协商对调，尽可能的使农户经营的土地能相对连片集中；对少数确实不甚合理的承包土地，根据承包期内可能出现的人口、劳力变化情况，作较大幅度的调整，并规定包定年限内土地不再变动。至 1984 年，全省完成了首轮承包

土地的调整，调整面在10%左右。20世纪90年代，由于人口变动大、村镇建设用地征用多等，全省对原承包土地又作了新一轮的调整，在调整承包土地的同时，全省还实行口粮田和责任田(即商品粮田)分离经营的“两田制”。至1992年，全省实行“两田制”的耕地达797.88千顷，占耕地总面积的57.7%。

三、加强承包合同管理，并在实践中不断加以完善。1984年春，全省农村有80%的生产队签订了家庭联产承包责任制合同。至1987年，浙江省人民政府制订颁发了《浙江省农业承包合同管理试行办法》，推行了统一签订、统一鉴证、统一结算兑现和统一调处纠纷的管理办法，并建立县(市)农业承包合同管理委员会，建立村农业承包合同管理小组。1987—1990年间，全省共续签了214万份到期承包合同，补充修订了280万份不够完善的承包合同，重新签订了112万份问题较多的承包合同。至1990年，合同兑现率达85%以上，合同纠纷率下降到0.1%左右。[①]

四、调整和改革了土地使用权制度，使家庭联产承包制作为一项基本制度得以长期稳定。浙江各地从实际出发，引导推动土地的适度规模经营，经历了从劳动力转移后的土地转包、土地规模经营到农业企业化经营的递进过程，从而形成了种粮大户家庭农场、农业车间和农业技术集团的多层次、多形式的农村土地规模经营模式。这种土地规模经营是在“同生产力水平相适应、坚持群众自愿”原则下推动的，是在坚持土地公有制不变、家庭联产承包责任制不变、双层经营体制不变的前提下所实行的土地所有权、承包权、使用权的三权分离，并建立土地使用权流

① 梁敬明、张国斌、侯慧彝：《浙江省土地志》，方志出版社2001年版，第185—186页。

转机制。1994 年，全省 15 个试点县实行土地规模经营的实体发展到 24971 个，经营耕地达 2.7 万公顷；逐步将粮田适度规模经营扩大到 25 个县。这一规模经营模式被之后中国农村发展的实践证明是一种必然的历史趋势。1998 年初，省委、省政府部署开展以延长土地承包期 30 年不变和核发集体土地承包权证为主要内容的第二轮土地承包工作，使土地承包经营向农业企业、专业合作组织、科技人员和专业大户流转。

五、建立了集体土地建设用地使用制度与国有土地有偿使用制度。集体土地建设用地主要指乡（镇）村企事业用地和农村宅基地。农业合作化时期和人民公社化时期，浙江省农村土地的私人所有制向集体所有制转变，但农民仍拥有宅基地使用权。早在 1963 年 3 月，中共中央下达的《关于对社员宅基地问题作一些补充规定的通知》规定："社员的宅基地，包括分建筑物和没有建筑物的空白宅基地，都归生产队集体所有，一律不准出租和买卖。但仍归各户长期使用，长期不变，生产队应保护社员的使用权。"从农村土地集体所有制确立到 20 世纪 80 年代末，农民使用宅基地的，经过一定程序审批，一律无偿无期限使用。之后为了控制当时农村过热的建房势头，浙江省曾实施过农村宅基地有偿使用制度。直至 1993 年，为减轻农民负担，国家终止农村宅基地有偿使用的做法。1995 年，根据国家土地管理局的《确定土地所有权和使用权的若干规定》，浙江省进一步规范了全省农村集体土地建设用地的审批和使用。城镇国有土地使用制度主要指向国有土地使用权的划拨政策、国有土地有偿使用制度、股份制企业和转制企业土地使用权管理制度、外资投资企业土地使用制度。从新中国成立到 20 世纪 80 年代末，浙江省一直实行单一的、以行政手段为主的土地使用权划拨制度。随着改革开放的深入，这种土地使用权制度逐渐出现种种弊端，为此浙江省人民政府相关部门对划拨土地的范围作出相应限制，随着国有土地有偿使用制度的推行，形成了土地使用权的划拨制度和有偿出让制度，二者共同构成我国城镇土地使用制度的基本模式。确立国有土地有偿使用制度是浙江省土地使用制度改革的重点。土地使用制度的改革，就是要把过去无偿、无期、无流动的土地变为有偿、有期、有流动的土地，以引入市场机制，优化土地资源配置，发挥土地的最佳效益。1992—1998 年，全省共出让地块 68353 宗，出让土地面积 19712 万平方米，有偿出让土地收入人民币 3187358 万元，外币 18710584 万美元。[①]

六、逐步培育、建立土地市场，使国有土地使用权和集体土地使用权成为土地市场交换的主要内容。1990 年国务院发布《城镇国有土地使用权出让和转让暂行条例》之后，浙江省的土地市场初步形成一个以国有土地使用权出让为基础，以土地使用权转让、出租、抵押相配套，以地价评估等各项服务相协调的土地市场体系。至 20 世纪 90 年代后期，全省进入市场流转的土地大幅度增加，市场管理机制逐步完善。至 1997 年，全省已建立土地市场专管机构 66 个，配备专职人员 600 多人，在杭州等 22 个市、县建立土地交易市场；并初步建立由基准地价、宗地标示价和土地使用权出让底价构成的土地价格体系，形成由政府垄断一级市场，放开搞活二级市场的土地市场基本格局。[②] 2000 年，为了推进土地市场更加透明公平，实现由协议出让向市

---

① 梁敬明、张国斌、侯慧彝：《浙江省土地志》，方志出版社 2001 年版，据第 202—203 页《浙江省国有土地使用权有偿出让情况表》(一)(二)相关数据统计。

② 梁敬明、张国斌、侯慧彝：《浙江省土地志》，方志出版社 2001 年版，第 205 页。

场化出让的转变，浙江全省各市县按国土资源部出台的新法规，对商业、旅游、娱乐等用途的土地使用实行“招、拍、挂”的转让制度，到2010年采用“招、拍、挂”方式转让的土地面积达到了90%以上。在土地供给用途结构方面，浙江工业用地占比整体上先上升后下降，于2006年前后达到高峰。住宅用地占比在2010年前后达到高峰，而且居住用地价格与工业用地价格之间的价差拉大，杭州与北京、上海、广州这四座城市的比值最为突出，2007年和2010年的峰值出现在杭州。

（二）财政税收制度改革

财政是国家治理的基础和重要支柱，财税体制在治国安邦中始终发挥着基础性、制度性、保障性作用。中国共产党历来高度重视财政工作与财税改革，在建立适应中国特色社会主义发展要求的财政制度方面进行了不懈探索。从1978年12月中共十一届三中全会，至2012年下半年中共第十八次代表大会的30多年中，浙江省紧跟全国财税体制改革，经历了地方包干制、分税制、现代财税制度改革三个重要阶段。

1994年1月30日，国务院令第143号发布《关于对农业特产收入征收农业税的规定》，农业特产品实际收入由当地征收机关按照农业特产品实际产量和国家规定的收购价格或者市场收购价格计算核定。2004年，按国务院的要求，浙江开始实行减征或免征农业税的惠农政策。2006年12月29日，第十届全国人大常委会第19次会议通过废止《中华人民共和国农业税条例》的决定，自2006年1月1日起，全面取消农业税，这意味着在我国沿袭了两千年的这项传统税收的终结。

1998年国家明确提出构建公共财政框架后，浙江省在现代财税体制改革方面连续迈出四大步。2003年之后进一步完善公共财政体制，以回应市场经济改革的要求，实现了城乡统一财政待遇。2009年1月1日，取消城市房地产税，并入房产税，从此内外资税收制度全面统一。为适应市场经济对财政管理效率的要求，全省又推进了财政管理的改革，推动政府采购制度的建立，使财政支出通过政府采购的方式进行。这一次改革，是中共十四大提出建立社会主义市场经济体制后的真正意义上的财政改革。省财政继续深化企业财务体制的改革，事业单位财务管理改革、财税体制改革，大力支持农业生产、工业技术改造、外向型企业，促进了经济建设和社会各项事业的发展。[①] 全省各级财政确立了"以人为本"的主导思想，强化、创新财源建设和财政扶贫工作思路，分别对富裕县、贫困县、次贫困县采取了不同财政政策。

浙江省自1994年以后的一系列财税改革增强了省级财政的活力和财力。至2000年，全省财政总收入达658.42亿元，跃居全国第5位，为全省的改革开放和社会主义市场经济的繁荣提供了有力保障。至2002年11月中共第十六次代表大会前，浙江省从预算外资金管理、整顿规范税收秩序、提高纳税信誉等级等方面，巩固财税体制改革成果。尤其是2002年7月1日省政府在全省范围内实行农村税费改革，进一步深化了浙江省的财税体制改革。这次改革可减少63%的全省农村居民人均负担，年人均税费负担从2001年的92元降到34元左右。[②]

① 翁礼华、何兆龙、吕有才：《浙江省财政税务志》，中华书局2002年版，第11页。

② 潘捷军主编：《浙江省改革开放40年大事记》，红旗出版社2019年版，第274页。

三、家庭的变迁与宗族观念的复苏

(一)《婚姻法》修订与婚姻家庭观念及关系的变革

婚姻家庭制度是20世纪80年代至21世纪初期浙江社会变革的重要领域。这期间经历了两次《婚姻法》的修订。第一次是1980年对1950年的《婚姻法》的修订颁布,重申了婚姻自由、一夫一妻、保护妇女和子女合法权益以及禁止重婚和包办婚姻等原则和制度,并将实行计划生育的内容首次写进法律。这部修订后的《婚姻法》推动了新时期浙江城乡婚姻观念和家庭关系的变革。由于修订后的《婚姻法》将男女的结婚年龄各提高了2岁,并提倡晚婚晚育,浙江的实际平均初婚年龄总体有所上升,从1983年的23.61岁、1988年的23.35岁,上升到1995年的24.13岁;且人们对结婚的物质要求也逐步提高。20世纪末之后,对自主婚房的要求逐渐被提到婚事的首位。在此期间,全省的离婚人数呈上升趋势,1978年离婚人口为1.29万人,至2000年达到8.58万人,是1978年的6.6倍;1985年离婚率为0.25‰,1995年升至0.61‰。是时“包二奶”、家庭暴力等问题逐渐成为社会关注的焦点。

第二次是2001年所进行的对1980年修订颁布的《婚姻法》的修订。这次修订时,婚姻自由观念基本上已深入人心,感情因素成为婚姻的基础,所以在这部《婚姻法》中进一步明确了法院认定的“感情确已破裂”的具体事由;禁止家庭暴力首次写进了法律,从原则性规定到具体保障条款,使家庭内部平等得以更深刻地体现。这部《婚姻法》修订颁布之时,正是浙江社会处于平均初婚年龄继续上升、结婚排场趋于奢靡、离婚率继续走高之时,至2010年,居民平均初婚年龄升为25.19岁;需要花费十多万或者几十万元举办一场现代婚礼，自主婚房已成为婚事的标配；是年离婚夫妻达到8.77万对，[①]且趋于低龄化。随着人们社会观念的变化，年轻人择偶越来越将对象本身的人品、素质、经济条件放在重要位置，传统的"经济合作社""生育共同体"式婚姻正在消失，婚姻的目的从传宗接代向主要满足个人感情需要的自身利益转变，婚姻家庭的维系与稳定因素从外部转向内在。[②] 据"第六次全国人口普查"资料显示，2010年，浙江省30岁至49岁的未婚人口在同龄人中的比例为13.17%，比1990年和2000年分别提高了2.39%和2.49%，其中30—34岁的未婚人口比重最高，是年为6.67%。为此，婚姻介绍所和婚姻介绍公司在浙江各市县城镇普遍设立，成为婚姻介绍最主要的社会性机构；集体婚礼在一定层面上也有所推广。

（二）家庭规模和结构继续朝核心化、小型化发展

新中国成立后，浙江省家庭户的数量一直处于增长状态。1953年为579.96万户，1982年为955.86万户，1990年为1168.47万户，2000年为1478.97万户，2010年为1885.37万户。

浙江省近50年家庭户数的增长，与家庭规模的缩小和家庭结构的简化有着很大的关联。1990年，全省家庭户主要以2人户、3人户、4人户的核心家庭为主，这三类家庭户的比重占全部家庭户总数的68.63%，相比1982年上升了18.57个百分点。如以核心家庭、主干家庭、联合家庭互比，1990年核心家庭占重

---

① 浙江省统计局、国家统计局浙江调查总队：《浙江统计年鉴2011》，中国统计出版社2011年版，第525页。

② 陈敏、张祖民、丁建红、施幼薇：《浙江通志·人民生活志》，浙江科学技术出版社2021年版，第403页。

要地位，并且比重有所上升，主干家庭发展平稳，联合家庭比重下降。至 2001 年，全省一代户 909.42 万户，占全省总户数的 48.23%；二代户 741.58 万户，占全省总户数的 39.33%；三代户 224.56 万户，占全省总户数的 11.91%；四代户 9.84 万户，占全省总户数的 0.52%；集体单身户 383.96 万户，占全省总户数的 20.36%。

在家庭财产继承与处理方面，浙江省按照 1980 年修订的《婚姻法》和 2001 年修订的《婚姻法》的原则，积极处理夫妻之间、父母与子女之间、非婚生子女与婚生子女之间、继父母与继子女之间的财产关系，以符合改革开放后家庭逐步富裕的形势下财产关系及财产处理关系的法律需求和观念变化。

（三）独生子女政策与农村“二胎”的探索

从 1980 年开始，浙江省的计划生育工作重点从“晚、稀、少”转向“普遍提倡一对夫妇只生一个孩子”，计划生育工作被提到基本国策的高度并得到广泛宣传。1984 年，开始对生育政策进行小范围调整。1989 年 12 月，修订《浙江省计划生育条例》，稳定现行人口政策，并积极探索在改革开放和社会主义市场经济新形势下计划生育工作的新途径和新方法，把计划生育工作与发展农村经济、群众致富奔小康有机结合起来，拓宽了计划生育服务领域。

1993 年，浙江省计划生育工作委员会根据本地区经济和社会发展水平、特点，提出“新家庭计划”，鼓励城乡社会营造少生优生、文明富裕、健康幸福的现代型家庭。具体内容包括帮扶居民脱贫致富的少生快富工程、开展婚育新风进万家的家庭文明工程、生殖健康优质服务的生殖保健工程和对独生子女家庭的社会保障工程等。[①] 在实施这一计划的过程中，全省还积极引进和推广优生检测、干预神经管畸形儿出生等新技术，以提高生殖健康服务能力；同时，加强计划生育服务网络建设，至 2004 年，全省已建立市县计划生育指导服务站 99 个，乡镇服务站 1642 个，40 多个市县成立生殖保健院（中心），规定了开展生殖健康服务的职责和服务范围。

计划生育这一基本国策，对中国人口问题和发展问题的积极作用不容忽视，但也带来了人口老龄化等问题。2002 年 9 月 3 日，浙江省第九届人民代表大会常委会第三十六次会议通过《浙江省人口与计划生育条例》，提出了 11 条可以再生育一个子女的条件，允许农村符合条例的夫妻可以生育"二胎"，逐步开启了人口计划生育的"二胎"时代。

（四）宗族文化与宗族活动的复苏

宗族是维系中国社会结构的一条纽带，是中华民族文化内涵的重要承载者。宗族文化是宗族长期演化过程中形成的一种文化和生活方式。

20 世纪 70 年代末、80 年代初，随着改革开放的逐渐推开和深入，中国社会发生了巨大变革和转型，乡村及城镇的宗族和宗亲活动随之复苏，并在组织形式、修坟祭祖、续编家谱、修缮祠堂、调处族内和社区事务等方面展现出一定组织活力和活动能量。浙江省特别是温州市是宗族与宗亲活动恢复较早且发展较快的地区之一。

结合现代社团组织理念和形式，恢复城乡宗族组织。以温

---

① 杨张乔、蔡永波、王曙光、汪茵等：《浙江省青年运动志》，浙江人民出版社 2011 年版，第 101 页。

州市县为例，一些宗族按传统采取族长制，选出族长负责家族事务；但更多的家族没有选举族长，而是实行族人代表大会和理事会制度，有办会和活动宗旨，有些还设有族规和族籍。如温州苍南县华氏家族的《族内守则》(试行稿)规定："本族的代表大会，是统一部署和解决族内一切事务的最高权力机构，下设理事会，由代表大会产生。"[①]体现了现代社会宗族发展的民主化趋势。

积极修缮祠堂，普遍开展祭祖活动。随着宗族与宗亲活动的恢复，一些经济实力较好的乡镇家族视修缮祠堂为族内要务。如20世纪90年代初，苍南县"新建重建宗祠约2000个，四分之三的族姓建有自己的宗祠"，与20世纪80年代中期的498个相比，增长了约4倍。当然，这只是经济较早发展地区的个例。有些地区利用仓库、小学校改建宗祠。如金华市高儒村虞氏祠堂，1945年就为小学所使用，至1983年趁学校维修恢复为祠堂。而乐清、平阳、苍南等地的大姓宗族更是始建大宗祠，占地广阔，雕梁画栋，回廊照壁，电梯贯通，中有戏台，体现出本地与宗族特色。杭嘉湖、甬绍台、金丽衢等地修建祠堂之风亦盛，许多乡镇祠堂成了地方的标志性建筑，带有浓厚的宗族文化印记。[②]祠堂的大量修建、重建又助推了祖坟的修建和宗族祭祖、家庭祭祖活动的兴盛。宗亲活动逐渐从本乡本县向跨省域的全国性范围乃至跨国度的世界性范围延伸发展。

家谱、族谱的研究与新编。新中国成立以后，家谱、族谱因被当作封建残余而遭到排斥。直至20世纪80年代以后，浙江

① 刘小京：《宗族·宗教·拳派——传统民间社会组织的恢复与重建》，《中国农民》1994年第10期。

② 冯尔康：《中国宗族制度与谱牒编纂》，天津古籍出版社2011年版，第205页。

的家谱学开始复苏，一大批史志学者相继从事谱学研究和家谱整理。上海图书馆编辑出版的《中国家谱总目》共收录 52401 种谱牒，其中标明为浙江各县市者有 13556 种，占该书存谱总数的 25.9%，其中新中国成立以前编撰且现存的有 11626 种。这些家谱皆为明清以及民国时期编撰的，明代以前编撰的家谱已无存。2003 年，浙江学术界参加在上海召开的"迈入新世纪中国族谱国际学术研讨会"，会后又参与主编《中华谱牒研究》。这方面，浙江籍学者所撰论文和专著有葛剑雄的《家谱：作为历史文献的价值和局限》、王泉根的《中国谱牒学及其八九十年代研究综述》、来新夏、徐建华的《中国的年谱与家谱》、钱杭的《中国宗族制度新探》等。温州图书馆成立了浙南谱牒收藏研究中心，出版有《浙南谱牒研究丛刊》《浙南谱牒文献汇编》等。在《中国家谱总目》中，新中国成立后至 2004 年间编撰的有 9883 种，其中谱籍属于浙江的有 1930 种，1949—1979 年编撰的有 255 种。

宗族内部管理与社会参与。宗族内部管理主要内容为互帮互助、人伦教育、调解纠纷、干预处罚等。如互帮互助，最明显地反映在农村家庭生产责任制状况下，各个家庭没有以前的集体可以依靠了，于是宗亲之间自发的互帮互助的功能显得尤为重要。又如人伦教育，主要是教导族人以孝道处理父子关系、以相敬协调夫妻关系，形成良好的族风家风。浙江宗族积极参与地方的公共事务，在扶贫救济、兴修水利、铺路修桥、兴办义学等方面作出了贡献。浙江各地宗族管理也存在许多弊端，其中最严重的是因利益关系而形成的宗族矛盾。[①]

---

① 冯尔康：《中国宗族制度与谱牒编纂》，天津古籍出版社 2011 年版，第 212 页。

四、全面小康社会建设"进行时"

小康社会是中国古代思想家描绘的一种社会理想，它反映了普通百姓对宽裕、殷实、安宁的理想生活的追求。建设小康社会是20世纪80年代以来浙江改革开放最重大的战略目标之一。邓小平在规划中国社会发展蓝图时提出了小康社会概念，并把它作为中国式现代化的雏形。1997年9月，中共第十五次代表大会上，江泽民总书记提出"建设小康社会"的历史新任务。2002年11月，中共第十六次代表大会进一步提出全面建设小康社会，加快推进社会主义现代化。其基本形态为经济更加发展，民主更加健全，科教更加进步，文化更加繁荣，社会更加和谐，人民生活更加殷实。这次大会提出了实现小康社会的16项指标。在经济方面，提出了人均GDP、非农产业就业比重、恩格尔系数、城乡居民4项指标；在社会方面，提出了基尼系数、社会基本保险覆盖率、平均受教育年限、出生时预期寿命、文教体卫增加值比重、犯罪率、日均消费性支出小于5元的人口比重7项指标；在环境方面，提出了能源利用效率、使用经改善水源人口比重、环境污染综合指数3项指标；在制度方面，提出了廉政建设、政府管理能力2项指标。

浙江省小康社会建设走在全国的前列。尤其是在邓小平南方谈话之后，浙江于全国率先进行农村粮食购销市场化、审批制度等改革；开始建立城镇职工养老和医疗保险制度，全面推进建立基本养老保险与企业养老保险和职工个人储蓄养老保险相结合的制度以及医疗卫生的市场化机制改革；先后累计设立各种性质的医疗卫生机构5300多家，建立城乡社区服务中心和卫生服务站8300多个，极大地推动了公共环境和公共卫生事业的发展。全省各地普遍建立救灾工作分级负责,救灾款分级负担的体制,全面启动自然灾害应急援助预案建设,从而提升政府的应急响应能力、城乡的抗灾减灾能力、民众的生存自救能力与社会的援助关爱能力。经过在经济领域、政治领域、文化领域和社会领域的一系列重大改革,浙江逐步形成社会主义市场经济体制。1992—2001年,浙江经济高速发展,GDP平均增速达14.3%,比此前阶段高2.1个百分点。2001年GDP增至6928亿元,在全国各省(区、市)居第4位;人均GDP增至14726元,居各省(区、市)第4位。城镇、农村居民人均可支配(纯)收入分配增至10465元和4582元,均居各省(区、市)第3位。根据国家统计局制定的《全国小康生活水平标准》,1999年浙江总体小康实现程度达100%,可以说是提前实现总体小康。在改革开放后短短的20年时间内,浙江已从一个欠发达的农业省份、经济实力居全国中游和人均GDP低于全国平均水平的省份,一跃发展成为全国经济大省和居民人均收入最高的省份之一。中共第十六次全国代表大会后,浙江省朝着全面建设小康社会、构建社会主义和谐社会的战略目标迈进。2002年11月,习近平同志担任中共浙江省委书记。2003年7月,习近平同志在省委十一届四次全体(扩大)会议上作出了进一步发挥"八个方面的优势",推进"八个方面的举措"的重大决策部署,简称"八八战略"。浙江开始了作为习近平新时代中国特色社会主义思想重要萌发地的探索和实践。

"八八战略"开启了浙江全面小康社会建设的新征程,中共浙江省委、省政府以"八八战略"为指引,从五个方面推进全面小

康社会建设：①

第一，拉开了新一轮的脱贫致富攻坚战的序幕。通过“山海协作”推动欠发达地区奔小康，推动搬迁下山异地脱贫，把省内许多偏远的自然村进行合并撤并，帮助山上、库区的老百姓转移出来，安置在交通、经济等方面比较发达的乡镇和县城。政府还安排专项资金扶持接纳异地安置农民的乡镇建设“下山脱贫小区”，对下山农户建房给予专项补贴；当地政府采取优惠政策和农村信用社发放贷款，建设下山农民脱贫小区。每年异地安置5万—6万贫困区的农民，稳步而持久地推进下山异地脱贫工作。2002年底，浙江完成“百乡扶贫攻坚计划”，100个贫困乡镇全部实现脱贫目标。到2007年，80%以上欠发达乡镇的农民年人均纯收入都超过当年全国的平均水平，年均1000元以下收入的人口少于所在乡镇人口的3%。

第二，推进从环境治理起步的生态省建设。2003年7月，中共浙江省委、省政府召开全省生态省建设动员大会，提出了建设生态省的发展目标。整个生态省建设分启动、推进、提高三个阶段。2006年到2010年是生态建设的推进阶段，省政府制定了相应的“811”环境污染整治行动计划。通过启动、推进阶段，全省在5年里投资400多亿元，包括万里清水河道建设、城市污水和生活垃圾处理设施建设，环境污染和生态破坏的趋势基本得到控制，环境污染问题基本得到解决；并率先在县以上城市建成污水和生活垃圾集中处理设施，率先建成环境质量和重点污染源的自动监测网络。2005年8月15日，时任中共浙江省委书记的

① 中央党校采访实录编辑室：《习近平在浙江》（上），中共中央党校出版社2021年版，第13—24页。

习近平同志在安吉县天荒坪镇余村调研中提出著名的“绿水青山就是金山银山”的重要论断，为正在开展的“千万工程”和整个浙江的发展注入了全新的理念。浙江农村呈现出了一大批美丽乡村和农(渔)家乐等“生态文旅”新景象。

第三，推动新型城市化和新农村双轮驱动的城乡一体化建设。2004年1月，习近平同志在全省农村工作会议上提出：“力争在统筹城乡经济社会发展上走在全国前列，积极探索有浙江特色的全面建设农村小康社会的新路子。”之后，制定并推出《浙江省统筹城乡发展推进城乡一体化纲要》，对城乡发展一体化的内涵和目标任务作了系统阐述。从2003年6月开始，全省用5年时间，把农民反映最强烈的坏脏乱差问题作为突破口，对10303个村进行了整治，建成了1181个“全面小康建设示范村”，浙江农村出现了一片欣欣向荣的新气象。

第四，推开农村医疗卫生服务和大社保体系建设。在非典型性肺炎疫情以后，加强农村公共卫生成为当务之急，医疗制度改革也使得农村的公共卫生工作设施得到很大提升。从2004年开始，浙江省在全国率先实行农民基本卫生服务、农村重点人群享有重点医疗服务、农民每两年进行一次免费体检等制度，进而决策建立全省的“大社保体系”。这一体系的目标是为广大群众系上一个保障基本生活的安全带，做到了城乡所有人群全覆盖，实现了“保基本、多层次、可持续”的要求。浙江成为全国第一个提出大社保体系规划的省份。浙江还率先出台覆盖城镇职工、农村企业职工、农民工的养老保险制度；率先将非公有制企业、个体工商户、灵活就业人员纳入职工养老保险的范畴；率先建立了覆盖城乡的最低生活保障制度；率先实施了孤寡老人的集中供养。通过这些措施，初步建立了较为完善的、覆盖城乡的社会保障体系。

第五,启动农村中小学“四项工程”以进一步完善农村中小学教育。2005 年启动了农村中小学“四项工程”,即农村家庭经济困难的中小学生所有的书本费、学杂费、代管费等费用的全免工程、农村中小学的“爱心营养餐工程”、学校宿舍的改造工程、教师素质提升工程。启动了新一轮的农村中小学教师全员培训,3 年内完成 17 万名农村中小学教师的培训。

经过浙江人民的共同努力和奋斗,浙江不仅成为全国最早消除绝对贫困县的省份之一,也是全面建成小康社会的先行省。在全国城市小康建设指数排行榜中浙江所有城市均进入 50 强,综合成绩在全国各省(区、市)中名列第一。

在庆祝中国共产党成立 100 周年大会上,中共中央总书记习近平同志庄严宣布,我们在中华大地上全面建成了小康社会。小康是中华民族自古以来追求的理想状态。改革开放初期党中央提出小康社会战略构想,经过全党全国各族人民持续奋斗,我们实现了全面建成小康社会的第一个百年奋斗目标,正在意气风发向着全面建成社会主义现代化强国的第二个百年奋斗目标迈进。[①]

五、萌生与变奏:浙江的网络社会

互联网的出现是人类历史上一次重大技术飞跃。它全面重构了人类的经济、政治、观念和生活方式,生成了一种全新的人类社会组织和生存模式,形成了一种与以往人类社会全然不同

---

① 中共中央党史和文献研究院:《全面建成小康社会大事记》,新华社北京 7 月 27 日电,2021 年 7 月 27 日。

的社会形态——网络社会。

中国正悄然而至的网络社会是真实的存在而不是虚构的"乌托邦"。正如相关研究指出,"互联网络正在造就有史以来最为奇特的人文景观,信息共享正在把地球变成一个小小的村落"[①]。在这个电子世界里,"正在进行着有史以来规模最大的文明集结和一种全然不同于以往任何方式的交流和融合"[②]。

浙江是中国较早将互联网全面应用到现实生活中的省份之一,是电子商务模式的发源地。从某种意义上说,浙江人最早领略和体验到被称为"网络社会"的真实存在和丰富内涵。1999年,以马云为首的18人在杭州创立了阿里巴巴集团,首个网站是英文全球批发贸易公司并推出专注于国内批发贸易的中国交易市场平台。在之后的10余年里,阿里巴巴发展成为拥有淘宝电子商务、大数据云计算、跨境贸易、广告媒体及其他互联网业务的服务系统,形成了一个通过自有电商平台沉积以及UC、高德地图、企业微博等端口导流,围绕电商核心业务及支撑电商体系的金融业务,以及配套的本地生活服务、健康医疗等,囊括游戏、视频、音乐等泛娱乐业务和智能终端业务的完整商业版图,并深入人民生活的经济、文化、社会等层面,以"相会在阿里巴巴""工作在阿里巴巴""生活在阿里巴巴"的理念和愿景,推动了中国网络社会发展的历史进程。除阿里系外,浙江的互联网企业还有网易云音乐、微医、有赞、同花顺、曹操出行、蘑菇街、网商银行、网易严选、考拉海购、婚礼纪、花瓣网、19楼、51信用卡、CityDo、呼啦网络等;还有浙江人喜欢并接入手机端口的,如喜

① 胡泳、范海燕:《网络为王》,海南出版社1997年版,第26页。

② 郭良:《网络创世纪——从阿帕网到互联网》,中国人民大学出版社1998年版,第205页。

马拉雅、爱奇艺、优酷视频、唯品会、美团、京东、拼多多等。

这些集聚于计算机、手机上的各种各样的网站，每天每时每刻产生出天文数字的、让人眼花缭乱、数不胜数的商品、社交场景、口舌之战和网娱节目；每天每时每刻都能让你有意无意间了解到海量的信息，可以让每个社会人在一天之内轮番经历喜怒哀乐，反复体验着在现实社会里不经常能接触到的现象与场景。

当然，从一个更大的社会范畴来看待互联网所带来的网络社会，无可否认，互联网的出现正在改变着人们的生产方式、生活方式和社会结构。这从浙江的互联网发展过程中可以很清晰地见到和很深切地体会到。

互联网重构了人类生产方式，改变了产业形态、生产过程、生产要素结构，颠覆了人对自身智力的价值评估。浙江创造了中国乃至世界范围内互联网产业的辉煌。2010 年只是一个起点。之后，浙江的数字经济核心产业从 2854 亿元增加到近万亿元，数字经济增加值占 GDP 比重达 48.6%，位居全国省(区、市)第一。这中间包含了被互联网所改变了的浙江传统制造业。聚焦工业经济、数字经济两大赛道，浙江正在发力于制造业强省和数字经济强省建设，实现传统产业转型升级，促进新兴产业发展壮大。

互联网重构了人类的生活方式。“作为先进生产力水平体现的互联网，不仅规定着社会生活的本质特征，而且对某一时代生活方式的特定形式发生直接影响。”以互联网智慧养老为例，首届世界互联网大会上推出了互联网智慧养老服务中心，在桐乡乌镇打造有全国首家“互联网医院”和全国首个“无感支付”景区等公共服务数字技术，并围绕智慧助餐、智慧康养、智慧居养三个维度，推出智能检测椅、助餐一体机、智慧一体机、智慧康养床位等服务，数字赋能助力乌镇居民的共同富裕。互联网完全改变了人们的购物习惯，拓展了文化传播的途径和享受各种公共服务的渠道。

互联网不断创新着社会成员的社交方式和社会组织的运行功能。从浙江的网络社会发展状况看，网络社会常常处于无限制、无约束的状态，带来了新的社会问题，由此催生了网络安全和网络治理方面的一系列法律法规，以加强网络信息安全，建立网络综合治理体系，营造清朗的网络空间。

中共中央总书记习近平在第二届世界互联网大会开幕式上指出，网络空间是人类共同的活动空间，网络空间前途命运应由世界各国共同掌握。随着信息技术的快速发展，网络空间已成为信息传播的新渠道，生产生活的新空间，经济发展的新引擎，文化繁荣的新载体，社会治理的新平台，交流合作的新纽带，在网络空间中，人类是命运相联的共同体。

第二节　社会阶级结构的重组

一、过渡时期的阶级结构

（一）社会主义改造与阶级结构的变化

新中国成立后，浙江省通过没收官僚、买办资本，官僚阶层和买办资产阶级已经被消灭；通过土地改革与对农业、手工业和资本主义工商业的社会主义改造，阶级结构发生很大变化。原来的地主、富农被改造成自食其力的劳动者。通过“和平赎买”与从低级到高级的“国家资本主义”形式，把民族资本主义经济逐步改造成为社会主义国营经济，民族资产阶级大多由拿股息者转变为自食其力的管理型为主的劳动者；1956 年 8 月 14 日，中共浙江省委常委会通过《关于组织和帮助资产阶级分子进行政治学习和理论学习的三年(1956—1958)规划》。至同年 10 月，杭州等 7 个主要城市的原私营工商业主参加学习会、讲座和经常性学习的达 22987 人，私营工商业者家属参加学习的有 5535 人。

在轰轰烈烈的土地改革运动中，浙江对农村中的阶级成分作了重新划分与界定。如按其中农民概念的主体即中农、贫农、雇农计算，户数为 4159875 户，人口为 16210519 人，占全省农村人口的 82.95%，占全省第一次人口普查数的 70.89%。农民阶级是拥有土地的个体劳动者并通过农业合作社的升级转变为社会主义集体所有制组织的劳动者，他们是新民主主义革命、社会主义革命和建设的生力军，是以工农联盟为基础的人民民主专政的重要阶级力量。

在社会主义改造的过程中，手工业者或成为企业工人或转变为手工业合作社劳动者，至 1956 年底，全省手工业合作社(组)由上年的 5329 个增加到 8428 个，社(组)员由 34.3 万人增加到 77.8 万人。1962 年 3 月底，手工业所有制逐步从个体合作社所有制转为人民公社和大队集体所有制，绝大多数手工业者已转为集体企业职工身份。至 1978 年，从事手工业的职工人数由 1952 年的 1.54 万人上升到 129.75 万人，成为工人阶级队伍的重要组成部分。

随着社会主义革命和建设事业的不断发展，浙江工人阶级的队伍和力量不断壮大，从 1949 年的 31.67 万增加到 1978 年的 312.89 万，分布在工业、交通运输业、建筑业、商业等 10 多个行业。工人阶级数量和所处环境发生了根本变化，但其阶级本质和特征没有改变，仍是我国社会主义革命和建设的领导阶级与中国共产党的核心力量。

新中国成立以后，浙江的知识分子作为小资产阶级，广泛参与了历次社会改革运动和各项经济建设。1956 年，中共浙江省委印发《浙江省 1956 年到 1957 年知识分子纲要（草案）》，大力推进党的知识分子工作。中共“八大”以后，省委、省政府贯彻执行党的“百花齐放、百家争鸣”的方针，进一步团结广大知识分子阶层，加强了工人、农民和知识分子的联盟。

（二）社会主要矛盾的变化

新中国成立后到 1952 年底，浙江社会的主要矛盾是无产阶级领导的人民大众和帝国主义、封建主义与官僚资本主义三大敌人残余势力的矛盾。1949 年 8 月，浙江军区在中共浙江省委的统一领导下，在浙江全境开展剿匪斗争，至 1951 年底，共歼匪 6.35 万人，取得剿匪斗争的胜利。在抗美援朝和土地改革的同时，中共浙江省委、省政府深入开展镇压反革命运动，其重点打击对象除土匪（匪首、惯匪）外，主要是国民党统治时期的特务、恶霸、反动道会门头子和反动党团分子。到 1953 年 10 月，全省镇压反革命运动结束，基本上扫除了国民党反动派遗留在浙江的残余势力。

在新民主主义社会向社会主义社会的过渡时期，社会主要矛盾表现为工人阶级与资产阶级、社会主义道路与资本主义道路的矛盾。1951 年到 1952 年 10 月，浙江开展了“三反”“五反”的运动，即在党政机关工作人员中开展“反贪污、反浪费、反官僚主义”和在私营工商业中开展“反行贿、反偷税漏税、反盗窃国家财产、反偷工减料、反盗窃国家经济情报”的斗争。1964 年秋冬至 1965 年春夏，受“左”倾思想的影响，浙江城乡的社会主义教育运动发生了阶级斗争扩大化的问题。“文化大革命”期间，浙江与全国各地一样，以阶级斗争为纲，经历了长达10年的动乱时期。历史教训极其深刻而沉痛。

二、改革开放新时期工人阶级队伍的规模及分布

（一）工人阶级队伍的分布

中共十一届三中全会之后，随着一、二、三产业结构的大幅度调整，浙江工人阶级队伍总数有了规模性增长。据《浙江统计年鉴2011》统计，1985年底，浙江第二产业、第三产业从业人员总数为1045.31万人，至2010年底，这一数字上升到3054.15万人，是1985年底统计数的2.92倍。第二、三产业的从业人员，除主要不是靠工资收入的私营企业主、个体工商户以及以技术入股的部分知识分子和技术人员等从业人员外，绝大部分从业人员都是单位职工或职员，广义上从属于工人阶级范畴。其分布在采矿业、制造业、电力煤气及水生产和供应业、建筑业、交通运输与仓储及邮政业、信息传输与计算机服务和软件业、批发和零售业、住宿和餐饮业、金融业、房地产业、租赁与商务服务业、科学研究与技术服务和地质勘查业、水利与环境和公共设施管理业、居民服务和其他服务业、教育、卫生与社会保障和社会福利业、文化体育与娱乐业、公共管理和社会组织等18个行业。其中制造业、批发零售业、建筑业、交通运输和仓储及邮政业、住宿和餐饮业位列前5位，分别为1472.59万人、446.98万人、316.75万人、145.46万人、145.03万人。

（二）工人阶级队伍的多重结构

工人阶级队伍来源的产业结构。以2009年为例，浙江省19个分行业（其中农林牧渔1个行业为第一产业，其余18个为第

二、三产业）从业人员，总数为 3591.98 万人。其中城镇为 1585.34 万人，从事农林牧渔的 4.4 万人（为农业企业或研究单位职工）；乡村为 2006.63 万人，除去农林牧渔业 653.55 万人（为集体土地承包），在 18 个工业和服务业行业的从业人员（绝大部分为农村户口）为 1353.08 万人。改革开放新时期城乡从事第二、三产业的人员均被称为企事业单位职工。其中很长一段时间里，乡村职工主要是乡村办企业职工（镇办企业已归口城镇企业从业人员统计）。

工人阶级队伍的所有制结构。1978 年，全省全民所有制单位职工 183.14 万人，城镇集体所有制单位职工 129.75 万人，城镇个体劳动者 1.51 万人，总计 314.4 万人，当时无对私营企业的统计。至 2009 年，全省国有单位职工 207.25 万人，城镇集体单位职工 29.43 万人，其他单位职工 577.25 万人，城镇私营单位职工 491.28 万人，城镇个体单位职工 258.57 万人，合计 1563.78 万人。其中城镇私营单位从业人员数与城镇个体单位从业人员数分别列第一、第二位。

工人阶级队伍中农民工所占的结构比例。改革开放新时期，农民工是中国改革开放和工业化、城镇化进程中涌现的一支新型劳动大军。他们户籍仍在农村，但主要已从事非农产业，有的在农闲季节外出务工、亦工亦农，有的长期在城市就业，已经成为产业工人的重要组成部分。浙江省历来外出务工人员较多，以农民工加入工会人数作为参考，2005 年，全省各级工会通过“三级联创”活动，吸引大批农民工加入工会组织，建立乡镇总工会79个,"农民工会员已占全省工会会员的半数以上"。[①] 至2009年底,全省农民工会员达7176808人,其中新增1077902人,占全省会员总数的54.90%。4年后,全省农民工会员突破1000万人。

工人阶级队伍中,与互联网相联系的新职业群体正在滋长。21世纪初期,以阿里巴巴为代表的浙江互联网平台企业迅猛发展,与互联网紧密相联的灵活就业的新职业群体快速滋长并成为工人阶级的新成分。比如个体的、形式多样的电商与网店、网络配送、网约车等从业人员。据中国社科院中国社会状况综合调查(CSS)数据显示,2008年,"自由职业者"在职业阶层结构中的比例为0.1%,并以每年0.4—0.5个百分点的增速增长。互联网迅速发展所催生的新型网络工作,大都呈现"新型零工"的灵活就业方式,劳动者与传统单位职工不一样,他们不再受用人单位直接控制,而是通过平台直接与市场对接,进行价值交换。这对传统的劳资关系和社会保障政策体系都是一个巨大的冲击。

(三)工人阶级队伍的文化与技术素质

工人阶级队伍中"知识型职工"成分实现有计划的增长。改革开放以来,浙江工人阶级队伍的文化与技术素质逐年提高。其提高原因,一是每年有大批大中专毕业生充实到企业职工队伍;二是企业职工参加自学高考等各类学历教育和非学历教育的自我提升;三是全省工会组织举办的各类学历教育与非学历教育后的职工队伍的技术晋升。以浙江省工会系统改革开放以

---

① 《浙江省工会志(1993—2015)》编纂委员会:《浙江省工会志(1993—2015)》,浙江古籍出版社2019年版,第72页。

来的学历教育与非学历教育为例。全省工会职工教育事业自1978年恢复办学，到1992年，已有职工（工人）业余大学3所，职工中专4所，职工学校71所。市、县工会办学（班）面占94.7%，专职教职工350多人，兼职教师逾千人。有61个市、县（区）工会建有校舍5万多平方米。十多年来，工会系统各类职工学校共吸引了116万职工入学，各类毕、结业生43万余人，其中大专毕业生6千余人，中专毕业生3千余人。2006年，浙江省贯彻全国总工会《关于工会系统职工学校改革与发展的意见》，形成了科学化管理、市场化运作、规模化发展的工会办学新格局。2002年10月，省教育厅、省劳动和社会保障厅、省经贸委、省总工会印发《关于组织开展企业百万职工双证制教育培训的意见》，全省实施"百万职工双证制教育培训工程"（双证指初级技术等级证书和高中学历证书）和继续实施"百万农民工培训工程"，全面提高从业人员素质和国民整体素质。2003年，全省工会系统开展"创建学习型组织，争做知识型职工"活动，至2010年，全省各级工会组织了6万余家企业600万名职工参加这一活动，推广了1300多个以工人名字命名的先进操作法，创建了65个"高技能人才创新工作室"。

（四）工人阶级队伍的收入水平

改革开放新时期工人阶级职工队伍收入水平普遍提高，但行业之间差距较大。在岗职工平均工资从1985年的1159元增至2009年的37395元，其中国有单位从1985年的1226元增至2009年的59550元，城镇集体单位从1985年的1071元增至2009年的31653元，其他单位从1985年的1247元增至2009年的29618元。城镇单位在岗职工平均货币指数从1985年的116.1上升至2009年的3226.5，平均实际指数从109.2上升至

2009 年的 704.5。但 19 个行业之间城镇单位在岗职工平均工资差别较大。据 2009 年底统计，全年平均工资在 5 万元以上的 8 个行业分别为金融业，为 102433 元；信息传输与计算机服务和软件业，为 78660 元；电力、燃气及水的生产与供应业，为 71959 元；公共管理和社会组织，为 61906 元；教育，为 60698 元；卫生、社会保障和社会福利业，为 57861 元；科学研究、技术服务和地质勘查业，为 56145 元；文化体育和娱乐业，为 54959 元。对比最低的未超过 3 万元的 4 个行业，分别为住宿和餐饮业，为 23418 元；制造业，为 25287 元；建筑业，为 27220 元；采矿业，为 27326 元。最低的住宿和餐饮业与最高的金融业相差 4 倍多。是年，城镇居民家庭平均每人全年消费性支出总平均数为 16683 元，也即未超过年平均工资的 4 个行业的职工家庭，全年按平均消费水平消费后，略有积余。①

职工个人之间的差异也很明显，有些公有制企业承包人与高级管理人员、高级技术人员等综合实际收入远高于一般企业职工。如阿里巴巴等互联网企业不但综合实际收入高，而且实行员工持股的激励制度，享受每年分红。至于工人阶级职工队伍整体与私营企业主之间的实际收入差距更为巨大，形成贫富不均现象。从这一意义上说，浙江社会不同程度上存在着相对贫困化。

三、农民：进军城镇与规模转移

改革开放以来，浙江工业化和城镇化迅速展开，引发了农民

① 浙江省统计局、国家统计局浙江调查总队：《浙江统计年鉴 2010》，中国统计出版社 2010 年版，第 164—166、201—202 页。

的大规模分化和转移，由此也带来被工业化、城镇化的农民阶级结构和身份的转变。

1978 年，浙江省农业人口 3321.96 万人，占全省总人口数的 88.56%；至 2009 年，农业人口 3282.23 万人，占全省总人口数的 69.60%，下降 18.66 个百分点。按三次产业的从业人员划分，1985 年第一产业从业人员 1273.21 万人，占全省三次产业从业总人数的 54.90%；至 2009 年全省第一产业从业人数降至 657.95 万人，占三次产业从业总人数的 18.32%。

乡镇企业的迅猛发展改变了农业人口的从业结构。浙江农村工业化经历了从社队企业向乡镇企业的演变。浙江社队企业初兴于 1958 年的“农村工业化”，它是人民公社及其所属生产大队经营的各种社会主义集体所有制企业经济的统称。“文化大革命”结束后，社队企业有了较快的发展。至 1978 年，全省社队企业产值达到 26 亿元。1983 年 10 月至 1984 年，由于人民公社体制的撤销，社队企业改称“乡镇企业”。由于国家政策的支持和自身的活力，全省乡镇企业得以迅猛发展。至 1988 年，其产值达到了 621.6 亿元，占农村社会总产值的 66.2%。其中建筑业、运输业、商业与饮食服务业（非农产值）更占到 69.9%，而相应的农业产值比重下降到 30.1%；被乡镇企业吸收的农村劳动力人数已达到 540.3 万人，合计二、三产业劳动力已达 726.9 万人，比 1978 年猛增 562.6 万人。[①] 这是浙江农村劳动力第一次规模性转移，在一定意义上也是浙江农民阶级的结构性分化。据《浙江统计年鉴 2010》公布，1988 年浙江农村的农林牧渔业从业人员为 1260.80 万，工业从业人员为 409.16 万，建筑业从业

① 浙江省统计局：《奋进中的浙江》，1989 年 5 月印刷，第 34 页。

人员为78.27万，交通运输、仓储、邮政及信息传输、计算机业为46.56万，其他非农行业为268.11万。1992年邓小平同志南方谈话之后，中国大踏步地迈入改革开放新时期，浙江农村非农产业有很大发展，至2002年，工业从业人数上升至582.4万，建筑业从业人数上升至122.71万，交通运输、仓储、邮政及信息传输、计算机业从业人数上升到76.18万，其他非农从业人数上升到474.71万，而农林牧渔业从业人数下降至为929.58万，较改革开放以来最高点1992年的1338.56万减少408.98万。

浙江农民阶级人数规模缩减的另一个重要原因是大批农民工进城谋业。农民工，是20世纪80年代之后对离开农村到城市打工农民的称谓。在计划经济时期，到城镇谋业的农民工作为流民性质的群体被加以限制并遣返。自改革开放和沿海经济特区设立后，市场经济和现代化建设快速发展，大批农村剩余劳动力因家庭和个人发展需要而涌入城镇劳动力市场成为历史的必然趋势。改革开放之后，浙江这个人口密度很大而耕地面积紧张的省份拥有大批农村剩余劳动力，很大一部分涌入省内外城镇成为农民工。据2010年版《浙江统计年鉴》公布，至2009年在农村实有劳动力中外出的劳动力高达404.44万人。

改革开放以来，浙江农村发生了翻天覆地的变化，广大农民的劳动环境、劳作能力和生活水平都有很大提高。各地党和政府在产业扶持、税收减免、农机具革新、良种培育、农产品商品化等方面制定了一系列政策，推进农林牧渔业的现代化发展。2009年，全省农村居民全年总收入12695元，全年纯收入10007元，是1988年902.38元的11.09倍。其中工资性收入5195元，家庭经营收入3788元，其他收入1025元。农村居民人均全年总支出10762元，其中生活消费支出7375元，家庭经营费用支出2192元，文教娱乐用品及服务支出803元，医疗保健支出615元，交通和通讯支出866元。全省农民的政治、经济、文化和社会地位有很大提高。

四、专业技术人员成为新社会阶层的主体

专业技术人员是经国家认可、取得相应技术资格，并在企事业单位和各种经济、社会组织中从事专业技术工作的人员，是一个以教师、医生、律师、工程师、经济师、科研人员、记者、编辑、演员、作家、艺术家等为主体的职业群体。这一群体，我国习惯称为"知识分子"，在改革开放之前甚至被称为"小资产阶级"；改革开放之后，随着这一群体经济与社会地位的提高，他们中的大部分人被称为"白领阶层"，从阶层属性上，被纳入工人阶级队伍，成为新社会阶层的主体。

浙江的专业技术人员分散在各行各业，活跃在各管理和技术岗位，成为推动社会主义四个现代化建设的重要骨干力量。自改革开放到2002年，浙江省历年地方企事业单位各类专业人员人数呈上升趋势，至2009年在15个大类地方企事业单位的专业技术人员总数已达760410人，其中工程技术人员56622名，农业科技人员17596名，科学研究人员6425名，卫生技术人员168870名，教学人员431594名，其他专业技术人员79303名。以全省地方企事业的工程技术、农业科技、科学研究、卫生技术、教学五类专业技术人员数为例，1987年这五类专业人员数为23.64万名，至2009年增加到68.11万名，约增加2.88倍。是时，全省这76万多名专业技术人员在农林牧渔水利业、采掘业、制造业、电力煤气业及水的生产和供应业、建筑业、交通运输邮电通讯业、地质勘察业与水利管理业、批发和零售贸易餐饮

业、金融与保险业、房地产业、社会服务业、卫生体育和社会福利事业、教育文化艺术和广播电视事业、科学研究与综合技术服务业及其他产业发挥了举足轻重的作用;同时还在本专业范围内发表自然科学研究的科学论文和科技著作。浙江在改革开放以来的 30 多年间,逐年增加对科学研究和综合技术服务业的固定资产投资和基本建设投资,前者在 1990 年、2000 年、2009 年的投资额分别为 3808 万、27906 万、3114717 万;后者在 1990 年、2000 年、2009 年的投资额分别为 3523 万、39547 万、139366 万。在自然科学研究与开发机构及课题方面,县级以上政府部门也有较大的投资。其中,2009 年在 3132 项课题方面投入 101017 万元,在 97 家开发机构经费投入 315769 万元中政府拨款 202051 万元。这些投资有助于改善专业技术人员的工作、科研和生活条件。

浙江的专业技术人员队伍随着改革开放的深入和社会主义市场经济体制的确立,其政治、经济和社会地位都发生了很大的变化。在政治地位方面,根本改变了历史形成的资产阶级知识分子属性和“被思想改造”的处境,不仅成为工人阶级的一部分,而且成为知识“创造”、科技“创新”的主体。在经济地位方面,改变了改革开放初期经济收入“脑体倒挂”的现象,他们的工资收入一般高于公务员的平均水平。随着科研体制改革的深入,一些单位由原先国家全额拨款转型为差额拨款和自收自支乃至企业体制。在社会地位方面,专业技术人才受到社会普遍重视,浙江高端专业技术人才著名者比例也比较高。1955 年至 2012 年间,浙江省共有“两院”院士 345 人,他们参与到各个学术团体,成为学术带头人。

五、私营企业主阶层的崛起与新劳资矛盾

1978—2010 年的 30 多年间，浙江的私营经济经历了个体经济的滋生发育，已经成为国民经济的重要组成部分，并成为其中最活跃的经济增长点。在一个特定时间节点，私营企业的增长从发展初期向发展中期转变，向着规模性、规范性的现代企业方向前进。

浙江在改革开放之后出现的私营企业大多从城镇劳动者个体户、农村专业经营户、手工业主起家，通过资本积累和机制转型，一步一步地形成家庭式或家族式企业，并按照现代企业的要求规范制度体系，以适应社会主义市场经济发展的需要。

浙江的私营经济在 1995—2009 年有一个大的发展。1995 年，全省私营经济的户数为 71556 户，从业人员 1053253 人，总产值与营业额分别为 811.02 亿元、314.76 亿元。2009 年增长到 566595 户，是 1995 年的 7.92 倍多，从业人员 7984910 人，是 1995 年的近 7.58 倍，总产值和出口交货值分别为 17804.88 亿元、3536.46 亿元。

作为私营经济进阶基础的个体经济，浙江从 1988 年的 943683 户、从业人员 1395337 人，至 2009 年发展到 1986913 户、从业人员 4294888 人，户数增加了 1.11 倍，从业人员增加了 2.08 倍。这些个体户分布在手工业、运输业、建筑维修业、商业、饮食业、服务业、修理业及其他行业。1995 年个体工商户营业额为 1244.99 亿元，2009 年个体工商户营业额为 8189.51 亿元，营业额快速地倍数增长，催生了个体工商户向私营企业发展的愿望。

私营企业的资产属于私人所有，这是它与国营企业和集体

企业的本质区别，决定了私营企业的资产者（一个人或若干人）同工人是雇佣劳动关系。私营企业的分配原则，严格意义上说不属于按劳分配，而是属于按生产要素分配，是凭借资本、技术、土地、劳动力等生产要素而取得个人收入的分配方式。私营企业主是按资本要素分配，通过生产经营取得税后利润。在私营企业或外资企业的员工主要根据劳动力要素分配，根据员工给用工单位创造的效益来决定工资待遇，所以私营企业在遵守国家最低工资保障制度的前提下，一般都设立基本劳动岗位工资和劳动绩效工资，一并考核计算。在浙江的一些私营企业里，也有一些科技工作者、信息工作者提供新科技和信息资料，或折成工资、股份，以取得比较丰厚的收入。私营企业主要有三种类型：第一种为一般人投资经营且投资者对企业债务负无限责任的独资企业；第二种为两人以上按照协议投资、共同经营、共负盈亏且合伙人对企业债务负连带无限责任的合伙企业；第三种由股东以其出资额为限对公司承担且公司以其全部资产对公司的债务承担责任的有限责任公司。

浙江的私营企业在发展过程中，也存在着不少制度性、经营性和竞争性的弊端与矛盾，这些弊端和矛盾在很大程度上阻碍了私营企业的发展。虽然私营（民营）企业家从本质上说是资本所有者，但是“中国的民营企业家和资本主义国家的资本家在本质上是有区别的”[①]，曾任浙江省省长的柴松岳在接受中国新闻社记者王旻、严格、柴燕菲采访时如是说。

---

① 柴燕菲主编：《浙江改革开放40年口述历史》，柴松岳口述《浙江的发展是中国改革开放的缩影》，浙江科技出版社2018年版，第23页。

第三节　社会保障、社会救助、社会福利及其他

一、改革开放前的社会制度与社会政策

（一）全面系统地建立医疗卫生制度

新中国成立以后，中共浙江省委、省政府十分重视医疗卫生工作，在控制传染病和消灭人体寄生虫方面取得很好的成绩；基本防治了肺吸虫对劳动人群的感染，全力防治了姜片虫、血吸虫等寄生虫的传播。从 1949 年底至 1952 年底，全省系统地建立了各级卫生组织和医疗卫生制度。1958 年 1 月，毛泽东同志视察杭州小营巷居民区卫生工作；翌年，浙江的中医工作与中西医结合的做法，受到毛泽东同志的肯定，指示要好好推广。1949—1978 年，浙江的医疗卫生事业得到了很快的发展。全省卫生机构数从 1949 年的 288 家增加到 6939 家，其中医院从 1949 年的 104 家增加到 3512 家，门诊部、所从 76 家增加到 3176 家，其他卫生机构从 3 家增加到 105 家。全省建立并完善了城乡三级预防保健网，全面开展爱国卫生运动。

（二）有计划、有步骤地改革工资与福利制度

新中国成立后，浙江省政府采取实物折算发放工资的办法，使原国民党统治时期的名义工资变成实际工资。1952 年初开始，浙江省根据中共中央华东局、华东财委的指示，以建立职务等工资制为重点有计划、有步骤地对工矿企业的工资制度进行改革，完成了 1817 家企业、80710 名职工的工资改革任务。1952 年 2 月之后，浙江省进行第二次工资改革，45 万职工参加了这次工资改革，改革后的工资总额比改革前增长了 11.7%。翌年，全

省又推行新公私合营企业工资制度改革，增加工资的职工有61977人，增资面为64.44%。1963年，根据国务院下发的《关于1963年调整职工工资的决定》，全省71万多名职工上调了工资。同时，还多方位改善了机关事业单位的工资和福利待遇。

（三）有针对性地推行社会救助政策

新中国成立初期，浙江采取以工代赈、介绍就业、生产自救、还乡生产、训练就业和捐献救济等方式，做好了失业、半失业工人的救济和安置工作；政府协调、多方筹资，妥善解决城镇困难职工的生活救助，并建立农村"五保户"的定期补助制度；还建立了稳定的劳动保险。浙江地处东南沿海，每年都不同程度地发生台风、暴雨、干旱、水涝等多种自然灾害，浙江省委、省政府采取生产救灾、春荒救济救助、抗台风综合救助等荒政措施，保护人民群众的生命和财产安全，帮助受灾区域恢复生产以救助受灾的人民群众。

二、改革开放新时期的社会制度与社会政策

（一）预防和救助并重的灾害救助

浙江自古多灾害性气候。20世纪80年代以来，浙江各地每年都有局部地区发生比较严重的水旱、洪涝、台风等自然灾害。各级政府加强了灾前预防和灾时救助工作，灾民的生活均得到妥善的救助和安置。

推行家庭财产保险的新改革措施。20世纪80年代，浙江各地逐渐引入社会保险，推进了农村灾害救助体系的初步改革。1983年，诸暨县民政局与县保险公司合作在全县推行住房家庭财产保险，运用保险手段把救灾与保险结合起来，弥补国家救济的不足。是年，全省参加保险的农户达122万户。至1985年，

共承保全省农户313万户，承保面达到30%，保费收入1030万元，赔款700万元。1986年，全省农户承保数达390万户，占全省农户总数的38%，投保家财总额150多亿元，理赔支付1100多万元。是年4月，全省7个市、地的222个乡镇遭暴风雨和冰雹灾害袭击，共有4万多户保险户家庭受灾，保险公司及时支付赔款160多万元。这对当时全省的灾害救助起到了很大的辅助作用。[①]

推动构建灾前预防和灾时救助并举、分级分工和分级负担并重的灾害救灾体系。20世纪90年代，浙江省灾害救助体系发生重大变革，由原来的灾时救助转向灾前预防和灾时救助并举。其中，灾前预防，除了筹建灾情应急预案体系，还将救灾物资储备建设作为减灾备灾的一项重要工作，确保救灾物资在灾害来临时的及时供给。至2000年，浙江各地普遍建立救灾工作分级负责、救灾款项分级负担的体制。[②] 全省95.7%的乡镇设立了地方自然灾害救济事业费。

启动自然灾害应急救助预案建设。至2010年，省、市、县、乡镇、村（社区）基本建成五级预案体系，90%左右的农村社区有了较为系统的应急救助预案。是年，全省共支出自然灾害生活救助资金1.12亿元。

（二）医疗卫生事业与医疗保障制度

1.蓬勃发展的医疗卫生事业

20世纪80年代之后，浙江推进了局部的医疗卫生制度的调

① 陈敏、张祖民、丁建红、施幼薇：《浙江通志·人民生活志》，浙江科学技术出版社2021年版，第378页。

② 陈敏、张祖民、丁建红、施幼薇：《浙江通志·人民生活志》，浙江科学技术出版社2021年版，第378页。

整,加快了医疗卫生体制的市场化机制改革。1999 年率先在全国开展城乡联动的社区卫生服务,建立健全以社区卫生服务中心(站)为主体,以诊所、医务所(室)等其他基层卫生机构为补充的社区卫生服务网络。

21 世纪以来,为进一步解决居民群众“看病难、看病贵”的问题,浙江着力推进医疗卫生体制改革,将医疗机构分为非营利性和营利性两类,并放开营利性医疗机构的服务价格,引入竞争机制。至 2010 年,全省医院数增加到 687 家,卫生人员数 33.56 万人,平均每千人口医生数 1.91 名,护士 1.31 名,医疗床位数 3.07 张。全省建立非公立医疗机构(含私人诊所)4687 家,其中民营医院 278 家,执业(助理)医师 10506 人,护士 5348 人,医院床位 8360 张。同时,还建立惠民医院或惠民医疗机构 85 家,设立济困或扶贫病床 7618 张。城镇居民人均医疗保健支出 1033.7 元,比 2000 年增长 91.1%。全省医疗卫生事业有了很大的发展。① 与此同时,浙江省妇幼保健事业有了很大的发展,全省建立了以省级、市级、县级为主的城乡三级妇幼保健网络。

浙江农村医疗卫生事业也有了根本性的变化。全省围绕完善城乡公共卫生服务体系,深入推进医药卫生体制改革,完善基层卫生机构管理体制,强化公共卫生服务,统筹推进城乡公共基础设施建设,以改厕、改水、改路和垃圾集中收集处理为重点,大力改善农村人居环境。至 2009 年,全省完成 3000 个村庄环境整治任务,建成 100 个镇的生活污水处理设施,县级以上集中式

① 浙江省统计局、国家统计局浙江调查总队:《浙江统计年鉴 2011》,中国统计出版社 2011 年版,第 382—386 页。

饮用水源地水质达标率达到85%以上。[①] 至2010年，全省已建立农村社区卫生服务中心1106个，农村卫生服务站（室）6319个，乡村医生和卫生人员11000人，86个农业人口的县（市、区）已全部实施新型农村合作医疗制度，参加新型合作医疗人数达3009万人，参合率达90%。据浙江省农村住户抽样调查资料显示，2010年，浙江农村居民人均医疗保健支出651.82元，占农村人均生活消费支出的7.77%。2003年，全省在建立浙江省疾病预防控制中心和浙江省卫生监督所基础上，在全国率先建成省级突发公共卫生事件应急指挥决策信息网络和信息平台，"非典型性肺炎"等突发公共卫生事件得到了有效控制。

2. 医疗保障

推行医疗费用与职工个人挂钩。20世纪80年代，浙江省各类企业支付的职工医疗保险费和机关单位支付的公费医疗费用迅猛增加，职工医疗保险和公费医疗的弊端越来越突出。1984年下半年，全省各地从"保证医疗，克服浪费，节省开支"的原则出发，开展医疗费管理的试点，并于1989年，全省普遍实行医疗费用和职工个人挂钩的办法，门诊或住院个人自付一定比例的医药费，由此减轻了公费医疗费用支出的压力。

推行大病医疗保险的制度。1997年4月，浙江省劳动厅出台《浙江省企业职工大病医疗保险暂行办法》，提出建立全省大病医疗保险基金，明确大病医疗费用由大病医疗保险基金、企业、职工个人三方共同负担。大病医疗保险基金按照"以收定支，收支平衡，略有结余"的原则，由劳动行政部门所属的社会保

---

① 《浙江省人民政府关于加快推进基本公共服务均等化进一步改善民生的若干意见》，浙政发〔2009〕16号，2009年3月15日。

险管理机构统一筹集,专款专用。

建立社会统筹与个人账户相结合的医疗保障制度。2000 年 6 月,浙江省政府正式启动全省城镇职工基本医疗保险制度改革。其覆盖范围包括企业、机关、事业单位、社会团体等所有城镇用人单位和职工。基本医疗保险费用由单位和个人共同缴纳,根据以收定支、收支平衡的原则,合理确定用人单位基本医疗保险基金的缴费标准和职工缴费比率,并建立个人账户以与统筹基金分开管理。随着改革的推进,为保障非职工城镇居民的基本医疗服务需求,浙江省政府出台了《关于推进城镇居民医疗保障制度建设试点工作的意见》,至 2010 年全省各地均建立了城镇居民医疗保障制度。至此,浙江省形成了城镇职工基本医疗保险制度和城镇居民医疗保障制度双轨并行的城镇医疗保障制度。全省基本医疗保险参保人数 1874 万人,参保率达 92%。

全省新型农村合作医疗基本实现了"应保尽保"。这对于减轻农民医疗费用的负担、分担因病致贫的风险起到了重要的作用。

(三)养老保险制度的改革

改革初期退休基金的社会统筹。20 世纪 80 年代,随着经济体制改革深入,养老金制度的改革被提上了政府工作的议事日程。1983 年 7 月,在全省商业系统首先实行以县、市商业局为统筹单位的退休金统筹制度。1984 年,浙江省开始改革养老保险制度,在温岭、海宁对国有企业实行离退休费用统筹开展试点,后在全省逐步推广。实行退休基金社会统筹,缓解了企业间退休费用负担畸重、畸轻的状况,保障了职工按规定享受退休养老待遇。

建立基本养老保险、企业补充养老保险和个人储蓄性养老保险相结合的养老保险体系。这一体系建立的一个重要突破，就是全面实行个人缴纳基本养老保险费制度。2000年，全省参加职工养老保险的职工561.75万人，提取统筹基金84.83亿元。城镇住户抽样调查资料显示，2010年，全省城镇居民缴纳的人均养老基金为860.3元，人均养老金或离退休金收入为5417元，是2000年的3.4倍。为预测21世纪上半叶浙江省社会养老保险支付能力，浙江省政府早在1994年就委托浙江省社会科学院牵头，会同省城市调查队、省劳动厅等进行《浙江老龄化高峰与社会保障对策》研究，形成《21世纪上叶浙江老龄化峰值与社会养老保险支付能力的预测》的报告。[①]

20世纪90年代，为解决农村以"家庭养老、土地保障"为主体的传统养老模式所产生的种种弊端，按照国家开展农村社会养老保险试点工作要求，1992年4月，全省在杭州市西湖区等14个县(市、区)进行农村社会养老保险制度改革试点，并于1993年5月，全省全面开展农村社会养老保险工作。至2000年，全省农村累计参保人数600万人，入保率为40%，是年领取养老金的共有3.2万人。2010年1月1日，全省建立并推行城乡居民社会养老保险制度，当年全省城乡居民参保人数达1213.96万人，城乡居民社会养老保险制度的实施，逐步使全省居民人人享有基本的养老保障。

(四)社会救助与社会福利

1. 从救济到救助的新型社会救助体系

从救济到扶贫的城乡之路。新中国成立后，浙江省延续历

---

① 杨张乔、张敏杰等:《21世纪上叶浙江老龄化峰值与社会养老保险支付能力的预测》,《浙江学刊》1995年第1期。

史上惯用的急赈办法，对贫困人群、孤寡人群等进行急时或长期的救济，提供物质上的帮助。中共十一届三中全会之后，随着社会经济的恢复和发展，浙江多次调整城镇救济标准，农村集体经济对困难户的供给补助也逐步恢复，使贫困人群、孤寡人群受到较好照顾。随着农村经济体制改革的深入，浙江逐步在各县推进农村扶贫工作，动员和组织社会力量，将经济手段与行政手段相结合，帮助贫困户发展生产。其资金来源由单一的国家拨款发展为国家、集体、个人多渠道多形式筹集。

对传统社会救济制度的改革与新型社会救助体系的覆盖。从 1995 年开始，全省开始探索对传统的社会救济制度进行重大改革，至 1998 年全省着手建立城乡最低生活保障制度。凡人均收入低于户籍所在地的县(市)或设区的市最低生活保障标准的居民，均可从当地政府获得基本生活物资帮助。2003 年，浙江省基本形成新型社会救助体系。这一体系涉及最低生活保障救助、特困人员供养、医疗救助、扶贫救助、受灾救助乃至教育、住房等方面。至 2010 年，全省城乡居民最低生活保障对象有 70.67 万人，全年发放保障资金 14.71 亿元，人均保障资金 2080.6 元。至此，新型社会救助体系已基本覆盖全省城乡贫困家庭。[①]

2. 福利事业的社会化

以收养城市“三无”人员和供养农村“五保户”为重点的城乡社会福利事业有规模性发展。城市“三无”人员，即无家可归、无依无靠、无生活来源的孤老残幼、患精神病的人员。1979 年，全

① 陈敏、张祖民、丁建红、施幼薇：《浙江通志·人民生活志》，浙江科学技术出版社 2021 年版，第 381—382 页。

省有16所社会福利院、5所儿童福利院、3所精神病院，共收养住院老人1504人，残疾人268人，儿童与婴幼儿895人，精神病患者539人。20世纪90年代，全省各地采取多渠道集资方式，加快发展社会福利事业。1998年，全省累计兴建敬老院1950所，基本实现每个乡镇都有敬老院。翌年，全省共有各类收养性单位2101所，收养各类人员3.56万人。21世纪初，全省各地按照“政府主导、政策扶持，扩大社会参与、引入市场机制”的原则，探索并推动建立以居家养老为基础、社区服务为依托、机构养老为补充的养老服务体系，取得较好成效。由于全省城乡家庭经济状况的普遍提升，收养性社会福利单位相对逐渐减少，但床位数成倍提高，基础设施条件有很大的改善。其中床位数由2003年的7.38万张扩大到2009年的17.25万张，收养人数从2003年的5.46万人增加到2009年的10.4万人。①。2010年，农村“五保户”供养对象和城镇“三无”对象的集中供养率分别达到96.9%和99.5%，供养标准进一步提高。全省城乡最低生活保障人数从2003年的55.24万人增加到70.4万人。

第四节　现代化进程中的社会生活

一、现代化与生活方式的变化

(一)改革开放前的社会生活

1.制度、人口红利与物质生活“增长极”

从1949年至1978年12月中共十一届三中全会之前，浙江

① 浙江省统计局、国家统计局浙江调查总队:《浙江统计年鉴2010》,中国统计出版社2010年版，第522页。

城乡人民生活(吃、穿、住、行)经历了三个时期:第一个时期为1949—1957年较快发展期;第二个时期为1958—1965年调整发展期;第三个时期为1966—1978年十年动乱及之后拨乱反正期。从总体趋势上讲,由于新生社会主义的制度红利(包括土地改革后的土地制度、生产资料的全民所有制和集体所有制、按劳分配制度等)、人口红利(包括人口数量、体质、综合素质等),浙江人民生活处于单元空间的“增长极”,城乡居民的总体生活水平呈曲折上升趋势。农民人均收入从1949年的47元增加到1978年的165元,人均生活费支出从1949年的45元增加到1978年的157元。城镇居民人均生活费收入从1949年的116.7元增加到1978年的304元,人均生活费支出从106元增加到1978年的300.8元。

2.城乡居民消费结构

从浙江城乡居民人均消费结构看,占主要比例的消费仍为吃穿,但用的消费后势强劲。尤其是耐用消费品方面,已由原来重食物性消费转变到以食物性为主、追求耐用品与文化性消费的理念,开始购置手表、自行车、缝纫机、收音机、照相机等当时的高档生活和文化用品。浙江分别建立缝纫机厂、照相机厂、手表厂、电视机厂,自产高档耐用消费品。“浙菜”系中杭、甬、温、绍、金的地方性菜品和食品在全省得到推广。在交通建设方面,全省公路里程超万公里,铁路里程已近千公里,开通国内和国际航线,基本建成了初具规模的铁路－公路－城乡道路与河道－空域海域组合的立体交通网。全省邮电事业也有了很大发展。至1965年,全省设有邮电局、所591个,比1949年增加501个;邮路及农村投递线路14.99万公里,比1949年增加11.98万公里;电报电路215路,比1957年增加44路;长途电话电路439

路，比 1957 年增加 256 路。城乡居民的居住条件和环境发生很大的变化，由传统向现代的"住"过渡。代之而起的城市化带动的现代建筑，代表着一个城市新的气息和标志。

（二）改革开放新时期的生活方式变化

1."吃"的多元化

由定量凭票供应转向敞开无限量供应、由欲求吃饱转向多品种多口味吃好。这一饮食的生存型向消费享受型的转变，直接促使了中共十一届三中全会之后浙江的恩格尔系数的持续下降。以浙江农村为例，1978 年全省农村恩格尔系数为 59.1，1980 年为 56.08，1985 年为 52.1，1990 年为 50.4，2000 年为 43.5，2003 年为 40.5，接近富裕水平，2006 年为 35.5，处于富裕水平的中位线。长期以来城乡居民的食物结构中以主食为主的消费状况已经改变。城镇居民的主食消费比重由 1981 年的 10.19％下降到 2009 年的 5.46％，而副食品和其他食品的消费占食品消费比重则由 40.09％上升到 65.8％。农村居民主食消费占食品消费的比重由 1978 年的 59.8％下降到 2009 年的 10.96％，副食品与其他食品消费由 1978 年的 29％上升到 2009 年的 72.75％。其中肉类由 1987 年的 13.21 公斤增至 2009 年的 15.76 公斤，鱼虾类由 1987 年的 7.16 公斤增至 2009 年的 14.65 公斤，家禽类由 1987 年的 2.0 公斤增至 2009 年的 5.47 公斤，鲜蛋类由 1987 年的 3.06 公斤增至 2009 年的 7.17 公斤，鲜奶类由 1987 年的 0.01 公斤增至 2009 年的 4.78 公斤。干鲜瓜果及制品由 1987 年的 11.63 公斤增至 2009 年的 17.41 公斤，啤酒饮品由 1987 年的极少饮用增至 2009 年的 18.63 公斤，白酒（含黄酒）的消费量由 1987 年的 22.0 公斤增至 2009 年的 25.48 公斤，增量不大。

浙江社会“吃”的大众化满足与现代化提升，取决于食材品种、质地的多样化增长与精细化栽培、饲养。20 世纪末至 21 世纪初，是浙江农业现代化发展的重要时期，常规的现代化农业如大棚栽培已经在叶菜、菇类、瓜果、药材等领域得到了大面积推广，使城乡居民餐桌的蔬菜瓜果供应进入无季节、反季节时代。同时，又逐步引入无土栽培、立柱式栽培、墙体栽培、生态餐厅、智能温室农业等新型农业种植技术，推动全省农业技术从粗放型向集约型转变。它融合了第二产业和第三产业的技术应用，提高了单位面积产量，既为振兴乡村、脱贫致富探索了新路，又丰富和提高了食材的品种与品质。1995 年至 2009 年，全省农、林、牧、渔业分项产值，除粮食中的谷类、薯类和油料呈下降趋势外，其他分项均呈增长趋势。其中，豆类从 6.85 亿元增长到 11.41 亿元；糖料从 4.32 亿元增长到 10.98 亿元；蔬菜从 83.44 亿元增长到 257.85 亿元；茶桑果从 51.07 亿元增长到 238.26 亿元；牲畜繁殖、增长增重产值从 78.54 亿元增长到 284.61 亿元；家禽饲养从 18.36 亿元增长到 47.84 亿元；活的畜禽产品从 21.97 亿元增长到 35.15 亿元；其他动物饲养从 23.16 亿元增长到 36.95 亿元；海水产品从 158.22 亿元增长到 304.75 亿元，淡水产品从 36.59 亿元增长到 130.73 亿元。农、林、牧、渔业各项产业的发展极大地丰富了餐饮市场，使城乡居民实现了从“吃饱”向“吃好”的重大转变。

餐饮经济的市场化扩展，方便和促进了浙江城乡居民的食用消费和社交消费，有力地推动了社会各类人群的经济交流和人际交往。1995 年至 2009 年的 14 年间，城镇居民家庭平均每人年消费支出中在外饮食费由 266 元增加到 1610 元，其中最低收入户人均支出 640 元，低收入户人均支出 842 元，中等偏下户人均支出1013元，中等收入户人均支出1452元，中等偏上户人均支出1879元，高收入户人均支出2380元，最高收入户人均支出3760元。农村居民人均在外饮食费也由45元增加到422.87元。

餐饮市场的繁荣是经济、文化和社会进步的一个标志。1995年至2009年，是浙江餐饮业快速发展的时期，1995年限额以上餐饮企业96个，至2009年增加到878个，从业人员从12063人增加至105744人，资产总额从5.97亿元增加到152.29亿元，营业收入增加到166.49亿元；个体饮食业从1995年的102314户增加到2009年的123034户（未含私营餐饮业6476家），从业人员从178315人增加到341228人；私营饮食业从1995年的423户增加到2009年的6476户，从业人员从5016人增加到96871人。引导、推进和管理好"吃"的市场，有利于解决社会就业问题，有利于商业、服务业的发展并连带推动农产品生产、相关制造业以及物流配送业等十数个产业的发展。

中国传统饮食文化博大精深、源远流长。自古就有饮食乃男女之大欲存焉、"民以食为天"的说法。其丰富意涵不仅反映在烹饪文化中，而且反映在餐饮礼仪文化和酒文化、茶文化中。作为中国八大菜系之一，"浙菜"通过不断地挖掘、改良本土名菜作为创新的源泉，其中"杭帮菜"以符合现代人健康的清淡格调走向沿海诸省并影响到中西部地区的饮食口味。

2."穿"的时尚：由蓝黑白向七彩的转型

史学家常将服饰作为一种制度加以讨论。人类服饰从羽叶遮身到布帛衣冠的演变，是社会进步的表征。新中国成立之前的漫长历史时期是如此，之后的70余年发展更是如此。

新中国成立以后，除军队、警察、海关、商检等特殊部门和行业外，凡机关企事业单位干部、职工和乡村干部及农民的服饰，一概不作等级区别。现代服饰制度更多体现出民俗的延续、职业的规范、时尚的感召、品牌的追捧等社会性趋同。这种趋同性往往对个体与群体产生心理暗示和行为约束。在现代文明社会，描述人的服饰形象，只有将服饰与经济、文化及社会发展背景相结合，才具有更为普遍的意义。

服饰与经济的联系主要反映在纺织业发展、城乡居民收入与消费支出能力等方面。浙江是中国纺织业、服装业和服装市场发达的省份之一。从 1988 年到 2009 年，全省纱产量从 22.62 万吨增长到 195.62 万吨，布（含棉混纺交织布）产量 12.79 亿米增长到 139.22 亿米，毛线产量从 20779 吨增长到 21305 吨，丝产量从 14793 吨增长到 16434 吨，丝织品产量从 4.65 亿米减少到 3.28 亿米，呢绒产量从 2305 万米增长到 11503 万米。而化学纤维（人造纤维、合成纤维）作为一种新型纺织原料，从 1988 年的 6.13 万吨大幅度增长到 2009 年的 1207.16 万吨，合成纤维增长到 1161.86 万吨。从 1988 年到 2009 年，全省纺织业净产值从 39.29 亿元增长到 4691.54 亿元，缝纫业净产值从 5.77 亿元增长到 1392.76 亿元，皮革、毛皮及其制品业净产值从 2.84 亿元增长到 1071.38 亿元，化学纤维工业净产值从 2.38 亿元增长到 1424.41 亿元。

纺织工业、化纤工业和皮革工业的快速发展，奠定了 20 世纪 90 年代至 21 世纪初浙江服装工业的发展基础，并极大地繁荣了布匹、皮革与服装市场。从 1988 年到 2009 年，全省衣着类别包括棉布、棉纤混纺布、纯化纤布、呢绒、绸缎、针织内衣裤、各种服装、毛线、皮鞋、胶鞋的批发零售金额从 1988 年的 52.14 亿元增长到 2009 年的 1630.5 亿元，增长了 31 倍之多。

改革开放以来，浙江人的服饰呈现出多样化、艺术化趋向，而温州是浙江服饰业繁荣和艺术创制的重镇。温州服饰的时尚、浪漫与上海服饰的端庄、经典汇集于杭州、宁波等大、中城市，由地摊经济到专业市场，形成服饰世界的万花筒。

从路边地摊到鞋帽专柜，鞋类多种多样，品种上有贵族拖鞋、布底绣花鞋、牛筋旅游鞋、航空鞋、武术鞋、牛仔皮鞋、磨光高跟鞋、西伯利亚牛皮鞋；品牌上从国内的红蜻蜓、奥康、金利来、意尔康、七匹狼等，到国外的阿迪达斯、耐克、百丽、爱步、沙驰、其乐等，汇集中外古今。

从广场衣市到品牌专卖，衣裤式样众多，有束腰的、宽腰的、拉链的、揿扣的、拼花的、单式的、带帽的、卷边的、对称的、杂拼的、无袖的、吊带的、圆领的、立领的、蝴蝶领的、蝙蝠式、蘑菇形、袋鼠式、巴拿马式、巴西式、英国式、韩版、日制、牛仔等，让人目不暇接。

无论是杂摊还是贵重饰品店，汇集有钻石戒指、白金耳环耳钉、红宝石项链、翠玉镯子以及胸针发夹、指甲片、假发套等；混杂有仿玉子环、镀金首饰、人造珍珠等大众饰品；更有变色口红、进口蓝眼膏、法国香水、男士头油以及英国绅士帽、丹麦烟斗、古巴雪茄等，琳琅满目。

当然，对服饰时尚追求的同时，并没有忽略服装设计的功能性。改革开放之后，浙江服饰发展的一个重要特点，就是将时尚艺术注入服饰的季节功能、职业功能、旅游功能等方面，一改传统四季服装的形规、作业服装的呆板、休闲服装的拘谨，赋予了季节的灵动、职业的风采、休闲的洒脱。尤其是羽绒和弹力棉的广泛使用，使冬装的设计摆脱了“老棉袄”的俗套，创造了如无肩式、夹克式、风衣式、长袍式、披风式、背心式等多种形制。色彩也是七彩百搭，斑驳绚丽。这一时期的工作服亦是样式多变，在强调职业主体的前提下贴上时尚的标签。

在时代的大变革中，人们的时间观念也发生了很大变化。在浙江这样的沿海省份，夜生活成了生活方式变迁的一个重要衡量指数。而推动现代生活向夜间延伸的，除了现代社交的需求外，夜宵的形式丰盛，形态的自我表现，歌舞的心灵撼动，亦是沿海夜生活率先兴起的重要支撑。

3.从公房到私房的居住方式变迁

自改革开放以来，中国在居住方式方面最重大的变动莫过于通过房产所有权改革，从原来的城镇单位公房出租过渡为房产私有，并逐步转为房地产市场化的投资运作。这一改革牵动了十四亿中国老百姓的利益，实现了数千年来都未能真正实现的“居者有其屋”的社会理想，从而极大地繁荣了房地产市场，房地产业也成为中国经济发展的强大动力。

自中共十一届三中全会后，浙江省城镇居民的住房仍然沿袭单位公建职工租用体制；农村居民则采用申报宅基地私人自建自住的形式；农村集体所有制单位采取公建加职工租用的制度。在20世纪80年代，全省城乡掀起了一股建设公建住宅的热潮。1990年至2009年，浙江的房地产业骤然兴起、快速发展，开发投资额从1990年的9.54亿元增加到2009年的2254.27亿元，其中住宅投资从7.81亿元增长到1581.32亿元，住宅建筑面积从431.85万平方米增长到13945.98万平方米，住宅竣工面积从237.66万平方米增长到2783.23万平方米；销售面积从207.19万平方米增长到4760.11万平方米。与此同时，城镇集体经济单位住宅投资、城镇和工矿区私人建房也有发展。

为确保城乡房地产市场的健康发展，全省建立统一的房地产建设用地的土地使用权制度和建设用地审批管理制度，并统一印制土地使用权证、房产所有权证和契税证，以保障购房者和建房者的个人权益。2007 年 3 月 16 日，第十届全国人民代表大会第五次会议通过了《中华人民共和国物权法》，对包括房地产在内的公民不动产登记和业主权益保护等作了具体规定。

20 世纪 80 年代以来，随着社会经济的迅速发展和家庭收入的不断提高，浙江省住房体制的改革和房地产市场的逐步开放极大地改善了城乡居民的居住条件。1988 年末，城镇居民人均居住实际面积从 1981 年的 6.4 平方米增长到 9.3 平方米，增长了 45.3%。人均居住实际面积 8 平方米以上的户数比重由 1981 年的 23.9%上升到 1988 年的 58.6%，拥挤户、不方便户、无房户的户数比重由 29.2%下降到 7%。住房的质量和设施条件逐步得到改善，1988 年末，城镇住户中独用自来水、厨房和厕所的户数比重分别已占到 87.1%、85.9%和 45.6%。[①] 至 1988 年，农村居民人均住房面积达到 25.98 平方米，比 1981 年增长了 85.69%。在新建房屋中，砖木结构房屋面积占 42.2%，钢筋混凝土结构面积占 56.8%，楼房面积所占比重达 69.1%。至 2009 年，浙江城乡居民的住宅面积和设施条件更是有了翻天覆地的变化。城镇居民人均住房建筑面积达到 35.1 平方米，年家庭居住支付 1486 元，家庭设备用品及服务支付 829 元，分别占家庭年消费总支出的 8.9%与 4.97%。农村居民人均居住面积达到 59.29 平方米。城乡居民家庭都选择性地购置有洗衣机、电冰箱、微波炉、空调、热水器、消毒碗柜、洗碗机以及摩托车、助力车、家用汽车、彩色电视机、移动电话（手机）、家用电脑、组合

① 浙江省统计局：《奋进中的浙江》，1989 年 5 月印刷，第 61 页。

音响、照相机、中高档乐器、健身器材等家用设施和器具。

浙江的城市(镇)房地产开发的广域化,是在城市规划设计和城市形象定位的大前提下推进、发展的。以省会杭州市为例。1996年,浙江省委、省政府决定在钱塘江两岸,从萧山、余杭各划出三个乡镇给杭州市区,设立滨江区,启动了杭州市“沿江、跨江、向东走”的城市发展规划。2001年3月,萧山、余杭撤市设区,杭州市区数量由6个增加到8个,面积由683平方公里扩大到3068平方公里。整个城市布局由以西湖为中心转向多中心,这标志着浙江城市化的现代转型,也宣示着浙江房地产组团式开发的起步。“城市东扩,旅游西进,沿江开发,跨江发展”的城市化战略被提升到新的高度。随着钱江新城核心区项目的启动,与“两横九纵”道路和“两大水体”为主的基础设施方案的落地,杭州由此拉开了从“西湖时代”向“钱塘江时代”迈进的大幕。省城杭州这一城市化发展战略,带动了宁波、温州等及浙东南地区的城市房地产业的发展。1990—2000年,浙江省房地产开发投资额从10亿元增加到了362亿元,增长了35倍之多;至2009年,达到2254.26亿元,其中住宅投资额为1581.32亿元,施工面积为46734.65万平方米,竣工面积为12499.12万平方米。当时杭州市、温州市商品房每平方米均价超过万元,分别为10613元、14086元。浙江房地产市场的发展走在了全国前列,被房地产业界称为“浙江现象”。

在迅猛发展的房地产市场的冲击下,浙江较早掀起了建筑式样和装饰艺术的“居室革命”,展现了改革大潮推动下城乡居民居住意识的巨大变革。20世纪80年代后期至21世纪初,居室这一名词早已被注入了新的理念。“它不仅仅是指人们劳作一天后的栖身养息之地,它更处处渗透着人类精神和文化的特质，寄托着人们对生活中美好感受的向往，折射出人们的修养、情趣、气质和个性。”[①]这场“居室革命”最初发生在欧美各国建筑式样对本土建筑艺术的冲击中，并逐渐影响到装饰审美艺术和施工技术的变革。在中国沿海地区，这场“居室革命”最初引入的建筑理念和风格，包括文艺复兴时代及之后形成的意大利巴洛克式、法国洛可可式、中欧的地中海式、北欧的简欧式及美国的田园式以及吸收了现代化元素的新中式等。其风格特征主要为简约、轻奢、混搭、自然、动感、古朴、庄重等，但也不乏华贵、辉煌、张扬、雕琢等。这一时期浙江的“居室革命”还突破性地注重功能的设计，尤其注重厅、厨、厕、书房及阳台的空间结构安排，从而为现代家庭生活提供更舒适的交流空间、文化与学习空间及相对私密的空间。

城镇公共厕所的建立与发展和家庭如厕器具从旧式马桶到坐便器的进化堪称“厕所革命”。城镇的公共厕所从无到有，从简坑到专用空间，从蹲厕到坐厕，再到被称作“第五空间”的多功能服务性收费公厕，直接反映了城镇化所推动的社会文明与进步。

艺术环境的营造勾勒了浙江现代住宅区的新形象。浙江的城市建设经历了从单一的建筑规划到城市形象的综合设计的过程；而城镇住宅区的艺术环境营造则直接关系到城市形象的评价。杭州、宁波、温州等中心城市商业建筑和住宅建筑设计将本土特色和现代都市风格相结合，使建筑与自然、人文景观相融合。20 世纪末，浙江在全国率先推开了社区建设进程，为居民营

---

① 毛增南、刘绪恒：《居室革命：海派住宅样板房装潢设计精选》，上海科学普及出版社 2000 年版，《前言》页。

造了更为绿色环保且更具归属感、安全感及充满家国情怀的幸福家园。

4.从千年古道到现代高速公路、高铁

20世纪80年代以来,随着国民经济建设的发展和交通运输体制的深入改革,全省交通运输业进入新的发展时期。浙江省域铁路、公路、航运、航空客运量从1949年的790万人增加到2002年的135995万人,增长171.15倍。这与改革开放以来浙江交通运输业的迅猛发展有很大的关系。1987年时,全省全民所有制和城镇集体所有制交通运输业基本建设投资额为3.99亿元,新增固定资产为2.23亿元;至2009年,分别达到200.18亿元与149.16亿元,比1987年增长了49.17倍与66.89倍。四类运输线路公里数及客运量快速增长,1987年时铁路营业里程为832.3公里,客运量为3258万人,旅客周转量为83.94亿人公里;公路通车里程为27844公里,客运量为34777万人,旅客周转量为112.55亿人公里;内河通航里程为10626公里,客运量为8256万人,旅客周转量为17.19亿人次;民用航空航线里程为12232公里,客运量为30万人。至2009年,铁路营业里程增至1665公里,客运量增至6508万人,旅客周转量增至291.30亿人公里;公路通车里程增至106942公里,客运量增至210584万人,旅客周转量增至853.63亿人公里;内河通航里程为9709公里,客运量为3680万人,旅客周转量为7.45亿人公里;民用航空航线增至206条,客运量增至1358万人。除内河航运里程、客运量、旅客周转量数相对减少外,其余各项均有大幅度增长。

这一时期,浙江的客运交通运输机动车使用量逐年增长。民用汽车从1987年的112565辆增加到2009年的1078311辆,增长约9倍，其中载客汽车从34574辆增加到587846辆，增长16倍；轮胎式拖拉机从171929辆增加到431700辆，增长1.51倍；摩托车从67637辆增加到3053672辆，增长44.15倍；航运的客运机动船从3864辆减至3615辆，减少249辆，明显是受到公路客运、铁路客运、航空客运的冲击。

20世纪90年代至21世纪初，高速公路的全省联网是浙江现代交通运输业发展的最亮眼成就。1998年底全线建成通车的沪杭甬高速公路是浙江开建的第一条高速公路，途经嘉兴、杭州、绍兴、宁波四座城市，全长248公里。2003年，浙江提出"长三角3小时城际公路圈"，正式出台浙江接轨上海的公路、水路计划，在2010年之前，分别完成沪杭甬高速公路、申苏浙皖高速公路、沪杭高速公路复线、杭州湾后浦至慈溪通道、杭州湾嘉兴至绍兴通道以及杭州湾跨海大桥工程，里程为3298公里，为之后浙江高速规划"两纵两横十八连三绕三通道"的公路主骨架和"县县通高速"打下初步基础。[①] 2010年10月，沪杭高铁建成通车，沿途设9个车站，设计时速350公里，是浙江省第一条高速铁路。

在家庭交通工具的改进方面也有根本性变化。二轮车从脚踏自行车逐步发展到电动助力车、山地自行车等众多品种，摩托车从公车为主逐步发展为私车为主。至2002年，浙江电动自行车产业发展迅速，各项经济技术指标在全国同行业中名列前茅，在全国电动自行车产业发展中具有举足轻重的地位。其中有电动自行车企业近300家，产品达数百种，产量连年翻番。2000年

① 浙江省统计局、国家统计局浙江调查总队：《浙江统计年鉴2010》，中国统计出版社2010年版，第355页。

全省电动自行车产量为7万辆，2002年为47万辆，2006年突破300万辆。[①] 2003年，浙江城镇居民家庭平均每百户耐用消费品电动助力车(电动自行车)拥有量为15.89辆。农村由于道路条件等限制，电动自行车的使用并不普遍，仍以脚踏自行车为主，其家庭平均每百户耐用消费品脚踏自行车拥有量为175.1辆。2003年，城镇居民家庭平均每百户耐用消费品摩托车拥有量为25.53辆；农村居民家庭平均每百户耐用消费品摩托车拥有量为47.6辆。四轮车从公车为主发展到私车为主，2009年民用汽车拥有量为9177947辆。

二、浙江宗教：基础性恢复、法制化推进、中国化发展

(一)佛教的新生与道教的革新

新中国成立后，浙江废除了千余年宗教封建特权和压迫剥削制度，确立了党的宗教信仰自由政策，佛教事业获得新生。20世纪50年代初，许多寺、庵虽年久失修，破败不堪，但还是保存了下来。据陈荣富《浙江佛寺史话》统计，杭州有寺、庵607座，僧尼1136人；温州有寺、庵990座，僧尼2802人；宁波有寺、庵2456座，僧尼4724人；金华有寺、庵211座，僧尼约351人；衢州(1953年)有寺、庵114座，僧尼61人。南宋评定的禅宗"五山十刹"中的浙江名山名刹，除杭州径山寺于1949年倾圮外，"五山"中的杭州灵隐寺、净慈寺、宁波天童寺、育王寺，"十刹"中的杭州中天竺寺、湖州道场寺、温州江心寺、金华双林寺、宁波雪窦寺、天台国清寺也都保存了下来，并得到了一定程度的修缮和恢复。

---

① 张顺荣：《浙江电动自行车发展势头强劲》，《电动自行车》2004年第3期；方祖汉《浙江省电动自行车产业继续保持强劲势头》，《电动自行车》2007年第5期。

道教通过对反动道会门的打击和清除，革除了宫观封建经济，实现了民主管理，古老的道教宫观进入了一个新时代。

“文化大革命”时期，党的宗教方针政策受到严重破坏，浙江佛教、道教遭受了巨大摧残。“文化大革命”结束后，浙江的宗教工作重新出现转机，杭州、宁波、温州等地一大批寺观得到整修或重建。

（二）拨乱反正后的基础性恢复及此后的发展

新中国成立后，党和政府十分重视宗教和宗教工作，但受意识形态和阶级斗争的影响，宗教政策和宗教工作一直处于反复变化的状态中。1966—1976 年，浙江宗教工作受到“文化大革命”猛烈冲击，全面瘫痪，造成了十年的低谷时期。

1978 年 12 月，中共十一届三中全会召开后，浙江的宗教事务工作在拨乱反正过程中得以较快恢复。在中共浙江省委、省人民政府领导、支持下，浙江宗教事务的基础性建设在以下四个方面得到了推进：其一，恢复和建立系统的宗教管理组织。1978 年、1979 年先后建立省委统战部宗教、民族、侨务工作处和省人民政府民族宗教事务处，并积极恢复和建立杭、甬、温等地市的民族宗教事务管理组织；1992 年成立浙江省民族宗教事务委员会，统管全省的民族宗教事务。其二，恢复、维修和新建宗教活动场所。至 21 世纪初全省已审批的宗教活动场所达上万所，并在基层宗教管理中积极开展以“爱国爱教、信仰纯真、管理规范、团结和谐、服务社会”为内容的“五好场所”评选活动和“创建和谐寺观教堂”等活动，佛教、道教、基督教、天主教、伊斯兰教都有了健康发展。其三，宗教社会团体的组建。1980 年、1999 年先后成立浙江省佛教协会、浙江省道教协会；一些地市的基督教三自爱国运动委员会、天主教爱国会先后恢复活动，1980 年浙江省天主教爱国会成立，1982年浙江省基督教协会成立，[①]浙江省伊斯兰教协会于2011年7月成立，这些宗教团体的相继成立，成为各宗教组织联系党和政府的桥梁和纽带，对浙江宗教事务的恢复和发展起到很重要的作用。其四，宗教理论研究与院校建设。新中国成立之前，浙江宗教理论研究主要体现于对宗教问题的讨论并开始运用宗教学研究视角和方法。新中国成立后直至20世纪70年代，浙江的宗教学研究处于较长的停滞期；70年代末之后，浙江的宗教学研究得以恢复和发展，开始由宗教界内部走进院校和学术界，并取得了一批有分量的研究成果，在国内外有一定的影响。在基础理论研究方面，著名神学家、中国系统神学倡导者赵紫辰著有《佛教哲学》《马克思主义宗教观研究》《全球宗教哲学》等数十部力作。佛教研究方面，系统完成《浙江佛教史》《杭州佛教史》及一些地市的佛教史研究，以及出版了《晚明佛教思想研究》《天台宗研究》《京畿莲邦》《禅学丛书》《杭州净土文化》等数十种著作。道教研究方面，稍有逊色，出版有《浙江道教史》《原始道教——五斗米道和太平道》等著作。[②]

浙江的宗教院校建设启动于21世纪初，2004年设立佛学研究所；2005年成立杭州佛学院（省级）；2010年设立佛学艺术院。杭州佛学院设有教理院、艺术院和外语院，其中吴越佛教、因明、唯识研究为其学术强项。

（三）宗教管理：政策管理、法制管理与法治治理

中共十一届三中全会提出了“加强社会主义法制”的治国理

---

① 周云安、李华忠、张水春、李建中：《浙江省中国共产党志》，浙江人民出版社2007年版，第328页。

② 张伟斌、葛立成、杨张乔：《浙江通志・哲学社会科学志》，浙江人民出版社2018年版，第131—132、145页。

念和方略，这对我国的宗教工作产生了重大影响。1982 年，中共中央印发《关于我国社会主义时期宗教问题的基本观点和基本政策》，开启了浙江依法管理宗教事务的探索历程。是时，由于宗教法规尚未完善，党的宗教政策一度成为政府主导宗教工作和活动的主要依据。在这样的背景下，"文化大革命"结束后，浙江的宗教管理工作得以迅速恢复，并取得一定成果。1990 年，全国召开宗教工作会议，并下发《中共中央、国务院关于进一步做好宗教工作若干问题的通知》，明确提出了依法管理宗教和宗教立法的任务。宗教管理进入法制化建设轨道，相继出台了宗教社会团体登记管理、境内外国人宗教活动管理、宗教活动场所管理等一系列单项法规，并于 2004 年出台了《宗教事务条例》。①

浙江全面贯彻党的宗教工作基本方针，在保障宗教自由的同时，坚持运用法制思维和法制方式开展宗教工作，积极推进宗教领域的法治建设。浙江省民族宗教事务委员会贯彻落实了中央和省委宗教工作有关文件修订了《浙江省宗教事务条例》，出台了《浙江省宗教团体管理办法》《浙江省非通常宗教活动管理办法》《浙江省寺院教堂和其他固定宗教处所区分标准》《浙江省宗教团体、宗教院校和宗教活动场所财务管理办法》《浙江省宗教活动场所信用监督管理办法（试行）》等一系列规范性文件，并下发《浙江省宗教工作手册》，全省宗教治理的法治框架初步形成。全省积极落实宗教"大综合一体化"的行政执法改革，省级和各区（市）建立统战、公安、国安、网信和教育五部门快速联动机制，建成有关工作小组 1.92 万个，实现省域全覆盖并延伸至

① 国务院新闻办公室：《中国保障宗教信仰自由的政策和实践》白皮书，2018 年 4 月 3 日发布，据新华社 2018 年 4 月 3 日电，记者王琦、王笛。

民间信仰活动场所。

全省宗教活动场所信用评价、标准化理念在宗教领域中实践应用，相继建立起宗教界代表人士“百千万”立体评价体系、“平安宗教活动场所”创建“1＋9”指标体系、湖州“生态寺院”标准化体系等，并严格落实《浙江省宗教活动场所消防安全专项整治三年行动实施方案》，极大地提高了浙江省宗教法治化治理能力和水平。佛教和道教信徒数量得以常态化发展，各类宗教活动被纳入了法治化轨道。

(四)宗教中国化：健康传承、“五百五进”

坚持宗教中国化方向，是宗教健康传承的必由之路。浙江宗教界通过开展“寻梦中国 · 正言正行”教育实践活动，推进浙江的宗教中国化进程。同时，开展“五教同行 · 奋进新时代”红色教育“五百”行动、“五进”宗教活动场所全覆盖等活动；支持宗教界开展名山、名寺、名人、名校“四名”文化建设，讲好宗教文化故事，不断开拓活动形式和内容，引导宗教界人士和信教群众培育和践行社会主义核心价值观。省市县相关部门还联动组织宗教界代表人士走进革命老区、改革开放先行区和对口支援地区，以实现中国梦的共同理想凝聚宗教界能量。[①]

在推进宗教中国化发展进程中，浙江积极开展对口宗教交流活动。2006 年 4 月，中国佛教协会和中华文化交流协会在杭州市和舟山市举办了首届“世界佛教论坛”。论坛主题为“和谐世界从心开始”，共有 37 个国家和地区的佛教人士、专家学者和政界工商界人士参加了这次论坛。

---

① 中国新闻网浙江新闻(2022 年)9 月 10 日电(郭其钰)：《统一战线“浙”十年：共奏民族和睦乐章 共绘宗教和顺画卷》，中国新闻网 2022-9-10。

三、浙江民族史回眸

(一)民族的融合与发展

远古以来,浙江就有古人类活动的踪迹。考古发掘发现有百万年前长兴七里亭遗址古人类踪迹,80 万年前安吉上马坎遗址古人类踪迹,10 万年前"建德人"踪迹,8 万年前桐庐智人踪迹,1 万年前浦江小黄山遗址母系社会古人类踪迹,7000—8000 年前余姚河姆渡遗址大面积发现的古人类聚居踪迹,史学家认为这些原始居民为越族的先人。其曾从浙江中部山区迁移到宁绍平原,后因六七千年前的海侵而分散退却到浙南丘陵山地和浙北、浙东沿海岛屿,分别形成"内越"与"外越"。而另一部分人越过杭州湾进入浙西和苏南丘陵并先后形成"马家浜文化"和"良渚文化""崧泽文化"等,后与中原南下的吴民族逐渐融合而成"句吴"。至夏代,古越族文化又逐步延伸,有九州"百越"之说。春秋战国之际,吴越之争最终以越国胜出告结,越势力北进至齐(今山东境内)。吴越文化高度融合,越文化习俗融入吴地,吴文化亦反过来影响越人,是为"同为本源""同气共俗"。公元前 306 年的楚越之战,越败而分崩离析,惟浙南瓯越地理偏僻、相对独立而存。

秦汉六朝时期,浙江经历了多次规模较大的民族交流与融合。秦统一六国后,为防止大越人的反抗,下令将大越民北迁到浙西和皖南山区,并从北方迁华夏人到大越及其东部地区,形成浙江历史上第一次规模较大的民族交流和融合。经历了汉武帝对瓯越人的两次北迁(江淮)和西汉初年、西汉末年、东汉末年先后三次汉人南移后,浙江进入了越民族与华夏民族融合的新时期,初步奠定了浙江以汉族为主体的人口格局。"历经秦汉,这里的人们开始有了相当明确的‘民族国家’的观念。”[①]正如葛兆光考察汉代会稽铸造的出土铜镜铭文后认为，“汉”成了民族、国家的共同名称。[②] 秦汉之后的六朝是一个人口大迁徙的时代，北方人口于东汉末年至三国吴、两晋永嘉之乱时先后两次南移；而孙吴政权对长期深居山地、游离于政府统治秩序之外的山越，实行强制性外迁政策。这些不仅促进了浙江境域的人口增长和经济发展，而且进一步推动了浙江境域汉民族的融合与发展。

隋唐时期，浙江的民族关系和民族心态呈现开放、包容、共同发展的特点。隋朝的民族政策顺应了魏晋南北朝民族大融合的历史趋势，加强了汉族与南方少数民族的友好交往关系，巩固了多民族国家的安定统一。浙江的汉族士族势力有所削弱，但由于科举制度的推行，汉族的整体社会力量得到提升，民族关系进一步得到改善。唐太宗对隋朝的民族政策多有借鉴吸收，推崇“视华夷如一家”的民族观，在一定程度上改善了汉族与各民族的关系。唐永泰二年(766)，有畲族人家从福建罗源迁移到浙江景宁，并陆续向浙南地区扩散，进入相对地广人稀的汉族未开垦地区，由此开启了浙江汉、畲民族交流和融合的历史。

两宋是浙江汉族和少数民族人口增长较快、人口结构变化较大的时期。是时，北方战乱不休，促使了自魏晋南北朝之后中国自北而南的第二次人口大流动，使浙江的人口结构和数量发生了巨大变化。尤其在南宋建都临安的过程中，浙江的原住汉民和北来人口融合，使浙江人口大增。自北宋中期至南宋嘉定年间，两浙路人口增长迅猛。元丰三年(1080)统计为 1778963

① 王志邦:《浙江通史》秦汉六朝卷，浙江人民出版社 2005 年版，第 181 页。

② 葛兆光:《七世纪前中国的知识、思想与信仰世界》,《中国思想史》第一卷，复旦大学出版社 1998 年版，第 339 页。

户、3223699 口；至嘉定十四年（1221）两浙有 2898782 户、5839787 口，户数、口数分别增长 162.95%和 181.15%，增加的人口绝大部分为汉族人口。

元代实行民族歧视和民族压迫政策，全国分四等人，一等为蒙古人；二等为色目人；三等为汉人，指较早被蒙古人征服的地区的汉人；四等为南人，指生活在江浙、江西、湖广等最后被元朝征服的南宋境内的相关民族。浙江是南人为主的区域，在政治上受到元朝统治者多方面的防范和控制。元代，浙江北部有相当大一部分南迁的回族人，其社会地位高于汉人和南人，他们中多有官员、商人，受到统治者的重视和重用。

明朝是中国历史上最后一个由汉族建立的大一统王朝。在吸取了元代深重的民族危机教训后，明朝继续推行隋唐以来的"华夷一家"的民族观念，以维护和发展多民族共存的民族关系。为抗击倭寇，明嘉靖年间在浙闽沿海实行严厉的海禁政策和军卫所制度，涌现了戚继光、俞大猷等一批抗倭英雄。

清朝时期，统一的多民族国家得到巩固和发展。至康雍乾时期，全国人口突破四亿，约占当时世界人口的 40%。清代浙江的民族构成主体为汉族；少数民族主要是畲族、回族和满族等，人口仅几万人。由于康熙、雍正两朝采取刺激人口增长的政策，浙地又无战乱，自乾隆朝以来人口呈高速增长之势，至 1857 年达到浙江人口的最高峰即 3059.6 万人，占全国人口总数的 7.2%。1860 年后，浙江成为太平军与清军交战的主要战场，因战争死亡或战后难民逃离，浙江人口大跌，至 1866 年仅为 637.8 万人。1873 年才重回 1000 万以上，至 1911 年回升到 2126.5 万人。

近代以来"外夷"入侵，严重威胁到中华民族的生存，国人的民族主义意识逐渐被激发。如清末诗人黄遵宪1903年在所著《致革命书》中说:“倡类族者,不愿汉族、鲜卑族、蒙古族之杂居共治,转不免受治于条顿民族、斯拉夫民族、拉丁民族之下也。”维新运动失败后,康有为的“文化民族”观与章太炎的“历史民族”观针锋相对,展现了不同的民族国家图景。孙中山提出三民主义,将民族主义放在首位。中国共产党自建党初期就提出民族平等的原则,之后又陆续提出了一系列解决民族问题的主张。在漫长的历史长河中,浙江畲族等少数民族人民多次与汉族人民一起反抗统治阶级的剥削与压迫,“特别是中国共产党成立以后,从土地革命、抗日战争,到解放战争,畲族人民都踊跃参加,为祖国的解放事业作出了贡献”[①]。

汉语属汉藏语系,有七大方言。浙江方言的分布情况比较复杂,境内存在着吴语、徽语、闽语、客家语、官语、蛮语、赣语等不同的汉语方言。吴语是浙江的主体语言,使用人口占浙江总人口的98%以上。浙江主要的少数民族畲族所讲的畲话为客家语,因此在一定程度上讲,浙江全省基本使用汉语方言。

(二)少数民族的成长与进步

浙江先秦越族自秦汉逐步同化于南迁汉族。至隋唐始有畲族、回族、蒙古族迁入。唐永泰二年(766),第一支畲族人家从福建迁移至景宁,宋代又陆续有所迁入。至明清时期,由于原居住地统治者严酷的军事镇压和经济剥削,为求生存,明代有46支、清代有28支畲族支系先后迁入浙江,人口约万计。唐代在杭州等地经商、传教、结婚、定居的波斯、阿拉伯人群,是浙江回族的

① 金永汉、雷耀铨、雷弯山:《浙江省少数民族志》,方志出版社1999年版,第7页。

先民；现浙北的回族相当一部分是元代由北方南迁至浙江的；温州的回族则是明、清时期从福建晋江等地迁入的，[①]人数少于畲族。满族人口入迁始于清军的进驻，后有留在浙江的。其他少数民族大多在 1949 年 10 月新中国成立后因婚姻、从军、经商、求学、工作等原因定居浙江，散居于汉族中间。

中华人民共和国成立后，中国共产党实行民族平等、民族团结和民族地域自治政策。浙江的畲族较早（1956 年）由国家确认民族身份并定名称为"畲族"，于 1985 年 4 月正式成立景宁畲族自治县；相应成立各民族乡镇和民族行政村。浙江各民族之间交流融合，少数民族政治地位提高，历届各级党代会、人民代表大会、政治协商会议均有少数民族代表，重视少数民族干部的选拔培养，少数民族区域的经济、文化、社会皆有较快发展。1953 年第一次全国人口普查，全省有 16 个少数民族，83530 人；1964 年第二次全国人口普查，全省有 23 个少数民族，106634 人；1982 年第三次全国人口普查，全省有 33 个少数民族，161605 人，为浙江少数民族人口较快增长期；1990 年第四次全国人口普查，全省有 49 个少数民族，212752 人；2000 年第五次全国人口普查，全省汉族 4637.01 万人，占人口总数的 99.15%，少数民族 39.97 万人，占人口总数的 0.85%，与第四次全国人口普查相比增加了 87.89%，为浙江少数民族人口第二个较快增长期；2010 年第六次全国人口普查，全省少数民族达 55 个，首次涵盖全国所有少数民族，少数民族人口首次突破百万，达到 121.47 万，增长 207.22%，占总人口数的 2.23%，为浙江省少数民族人口第三个

① 金永汉、雷耀铨、雷弯山：《浙江省少数民族志》，方志出版社 1999 年版，第 445—446 页。

较快增长期。

浙江省多年来少数民族人口实现较快增长,并一跃成为多民族省份的原因有四:一是21世纪以来浙江外来人口增长迅速,在超2000万外来人口中,有186.38万少数民族人口,约占浙江外来人口数的9.3%,约占浙江全部少数民族人口的84.04%。二是对少数民族实行计划生育宽松政策,使其自然增长率不断提高。三是浙江与全国少数民族地区的关系紧密,对口支援、对口帮扶、对口合作涉及8个省区、100多个县(市、区),大部分是少数民族地区,对口引入少数民族人口到浙江工作并长期居住也增加了统计基数。四是浙江有全国唯一的景宁畲族自治县,为华东唯一的少数民族自治县,畲族自治的交流融合示范对全国少数民族人口来浙有一种心理上的归属感和安全感。五是浙江城乡居民收入普遍较高,尤其是少数民族农村居民的人均可支配收入较高,这也对全国少数民族人口来浙具有较强的吸引力。[①]

① 周云安、李华忠、张水春、李建中:《浙江省中国共产党志》,浙江人民出版社2007年版,第322—325页。

主要参考文献

一、基础理论类

1. 冯尔康:《中国社会史概论》,高等教育出版社 2004 年版。

2. 许俊达等:《中国社会主义社会形态论》,学习出版社 2006 年版。

3. 冯尔康主编:《中国社结构的演变》,河南人民出版社 1994 年版。

4. 金海年:《制度红利:制度对经济增长的决定性影响》,中国经济出版社 2014 年版。

5. 陈宝良:《中国的社与会》,浙江人民出版社 1996 年版。

6. 韩锴:《中国民本思想》,红旗出版社 2006 年版。

7. 中央党校采访实录编辑室:《习近平在浙江》(上、下),中共中央党校出版社 2021 年版。

8.《毛泽东选集》第 1—4 卷,人民出版社 1991 年版。

二、一般历史研究类

1. 司马迁:《史记》,中国文联出版社 2016 年版。

2. 金普森、陈剩勇主编:《浙江通史》第 1—12 卷,浙江人民出版社 2005 年版。

3. 陶水木、徐海松、王心喜、尹铁等编著:《浙江地方史》,浙江人民出版社 2012 年版。

4. 徐和雍、郑云山、赵世培:《浙江近代史》,浙江人民出版社 1982 年版。

5. 孟文镛:《越国史稿》,中国社会科学出版社 2010 年版。

6. 赵轶峰:《明清帝制农商社会》(初编、续编),科学出版社 2017 年版。

7.《浙江省民政志》,中国社会出版社 1994 年版。

8. 袁宣萍、徐铮:《浙江丝绸文化史》,杭州出版社 2008 年版。

9. 董楚平等:《广义吴越文化通论》,中国社会科学出版社 2012 年版。

10. 滕复等:《浙江文化史》,浙江人民出版社 1992 年版。

11. 陈荣富:《浙江佛教史》,华夏出版社 2001 年版。

12. 孔令宏、韩松涛、王巧玲:《浙江道教史》,中国社会科学出版社 2015 年版。

13. 潘捷军主编:《浙江省改革开放 40 年大事记》,红旗出版社 2019 年版。

14.《浙江通志・人民生活志》,浙江科学技术出版社 2021 年版。

15.《浙江通志・哲学社会科学志》,浙江人民出版社 2018 年版。

16.《浙江省土地志》,方志出版社 2001 年版。

17.《浙江省工会志》,中华书局 1997 年版。

18.《浙江省财政税务志》,中华书局 2002 年版。

19.《浙江省中国共产党志》,浙江人民出版社 2007 年版。

20.《吴越春秋》,崔冶译注,中华书局 2019 年版。

21.《越绝书》,张仲清译注,中华书局 2020 年版。

22. 刘志宽、缪克沣、胡俞越主编:《十大古都商业史略》,中国财政经济出版社 1990 年版。

23.《浙江简史》,当代中国出版社 2000 年版。

24.《浙江省少数民族志》,方志出版社 1999 年版。

25.《浙江统计年鉴》1989、2003、2010、2011、2021,中国统计出版社出版。

三、社会史研究类

1. 宋镇豪:《夏商社会生活史》,中国社会科学出版社 1994 年版。

2. 王凯旋:《秦汉社会生活史稿》,东北大学出版社 2016 年版。

3. 李斌城等:《隋唐五代社会生活史》,中国社会科学出版社 1998 年版。

4. 朱瑞熙等:《宋辽西夏金社会生活史》,中国社会科学出版社 1998 年版。

5. 史卫民:《元代社会生活史》,中国社会科学出版社 2005 年版。

6. 陈宝良:《明代社会生活史》,中国社会科学出版社 2004 年版。

7. 林永匡、王熹:《清代社会生活史》,中国社会科学出版社 2016 年版。

8. 左玉河:《民国社会生活史》,广东人民出版社 2019 年版。

9. 朱德明:《元明清时期浙江医药的变迁》,中医古籍出版社2007年版。

10. 项义华主编:《浙江历代灾荒治理与社会救济》,浙江人民出版社2014年版。

11. 邓云特:《中国救荒史》,商务印书馆2011年版。

12. 梁庚尧:《中国社会史》,东方出版中心2016年版。

13. 吕思勉:《中国社会史》,上海古籍出版社2007年版。

14. 谢和耐:《中国社会史》,黄建华、黄迅余译,江苏人民出版社2010年版。

15. 张云燕等编著:《中国社会生活史》,黑龙江大学出版社2014年版。

16. 曼纽尔·卡斯特主编:《网络社会》,社会科学文献出版社2009年版。

17. 郝其宏编著:《网络社会学》,吉林大学出版社2022年版。

18. 段兴利、叶进编:《网络社会学词典》,甘肃人民出版社2010年版。

19. 周仲强:《诗性婚俗——台州"洞房经"的审美研究》,中国社会科学出版社2015年版。

20. 吴次芳、吴丽:《土地社会学》,浙江人民出版社2013年版。

21. 费孝通:《乡土中国》,中信出版集团2019年版。

22. 陈翰笙:《现代中国的土地问题》,商务印书馆2021年版。

23. 夏卫东:《民国时期浙江户政与人口调查》,中国社会科学出版社2011年版。

后　记

古稀之年，有幸参加《浙江简史》课题组，承担了《浙江社会简史》的写作，这对我来说，实际上是对区域社会史研究的一次十分有意义的探索。当我着手写这篇《后记》时，松了一口气，却捏了一把汗，有“丑媳妇见公婆”般的紧张与忐忑！

我一直从事社会学的现实问题研究，与历史学研究的关系，缘于2000年我的《历史与意志——毛泽东邓小平社会思想与20世纪中国社会变革》一书的出版。后又与方志结缘，分别主编与执行编纂了《浙江省青年运动志》《浙江通志·哲学社会科学志》。但这些研究，在内容、体例和方法上都与区域社会史有着很大的区别。因此，于我而言，本书的写作是一个不断学习与探索的过程。这方面，原先一些从事历史研究且已有名望的老同事给了我许多指点与帮助，在此谨表谢意！

其实，浙江学者对本土社会史研究的范围很广，除本书涉及的范畴外，还有一些专题研究和专业史研究。专题研究方面有社区研究、妇女研究、青年研究、家庭研究、社会问题研究等；专业社会史研究成果有《中国救灾史》《浙江妇女发展史》《明清时期温州宗族社会与地域文化研究》等。浙江人民出版社在20世纪 90 年代出版过一套《中国社会史丛书》，共 5 批 20 种，如《中国秘密社会》《近代上海黑社会研究》《中国近代人口史》《清代社会的贱民等级》《十七世纪江南社会生活》等，涉及面较广，视角深邃，对我们今天开展专业社会史研究很有启发。只可惜本书因篇幅有限，未能将上述研究成果充分吸收和反映。甚为遗憾！

当然，本人还是很幸运的，能有机会体验一把"老骥伏枥"的艰辛，这得感谢浙江省方志办原主任潘捷军，他邀请我参加《浙江简史丛书》之《浙江社会简史》课题的研究，并给予许多指点与帮助，使我能顺利地完成这项研究任务。在《浙江社会简史》课题立项和实施过程中，浙江省社会科学联合会、浙江省社会科学院相关领导和部门给予了很大的支持。在本课题书稿评审和出版过程中，《浙江通史》(12 卷)主编、资深学者陈剩勇教授、社会学学者陈微教授、浙江大学出版社宋旭华副编审、本书责任编辑蔡帆等提出了许多尖锐而中肯的修改意见，使我在修改定稿中少走了不少弯路。在此一并深表谢意！

杨张乔

2023 年 10 月金秋

图书在版编目（CIP）数据

浙江社会简史 / 杨张乔著. -- 杭州 ：浙江大学出版社，2025. 6. -- ISBN 978-7-308-25893-7

Ⅰ. K295.5

中国国家版本馆 CIP 数据核字第 20254H246F 号

浙江社会简史

杨张乔　著

责任编辑　蔡　帆
责任校对　潘丕秀
封面设计　周　灵
出版发行　浙江大学出版社
（杭州市天目山路 148 号　邮政编码 310007）
（网址：http://www.zjupress.com）
排　　版　大千时代(杭州)文化传媒有限公司
印　　刷　杭州宏雅印刷有限公司
开　　本　880mm×1230mm　1/32
印　　张　13.25
字　　数　306 千
版 印 次　2025 年 6 月第 1 版　2025 年 6 月第 1 次印刷
书　　号　ISBN 978-7-308-25893-7
定　　价　88.00 元

浙江大学出版社市场运营中心联系方式：0571-88925591；http://zjdxcbs.tmall.com